MIGUEL ÁNGEL GARCÍA

ANUARIO BIBLIOGRÁFICO HONDUREÑO

(Revistas, libros y periódicos publicados de 1961 a 1971)

ERANDIQUE

COLECCIÓN

ANUARIO BIBLIOGRÁFICO HONDUREÑO
MIGUEL ÁNGEL GARCÍA

©Colección Erandique
Supervisión Editorial: Óscar Flores López
Diseño de portada: Andrea Rodríguez—Mariana Turcios
Administración: Tesla Rodas—Jessica Cordero
Director Ejecutivo: José Azcona Bocock
Primera Edición
Tegucigalpa, Honduras—Junio de 2025

UNA DÉCADA DE REVISTAS, LIBROS, DOCUMENTOS…

Este libro es un viaje que inicia en 1961 y concluye en 1971. En el paisaje, el lector podrá admirar revistas, libros, documentos, nombres insignes de escritores, poetas, historiadores, narradores…

Son parte de la historia bibliográfica hondureña.

Muchas de las publicaciones han desaparecido, pero esperan en los archivos del país a que alguien pregunte por ellas y las descubra. ¿Les suena Faro Josefino, publicado en 1956 en San José, Copán?

¿O qué tal Futuro, El Hondureño, La Luz, Kukulkán, Guardia Civil, Eureka, En Marcha, El Alfiler, Centinela, El Fuego, Semáforo, El Sindicalista o El Trópico?

También aparecen otras más conocidas como Ariel —tercera etapa, dirigida por Medardo Mejía—, El Tornillo Sin Fin —irreverente, mordaz—, Extra, Honduras Ilustrada…

Patrocinado por el Banco Central, el Anuario Bibliográfico Hondureño de Miguel Ángel García también detalla los libros y periódicos publicados durante una década.

Grandes firmas, plumas inolvidables como Rómulo E. Durón, Matías Funes Cárcamo y su hijo, Matías Funes Valladares, el propio Medardo Mejía, Claudio Barrera, Roberto Sosa, Clementina Suárez, Longino Becerra, José Reina Valenzuela, Ernesto Alvarado García, Constantino Suasnávar, Aníbal Delgado Fiallos y Víctor Meza.

La guía sirve para picar la curiosidad del lector.

La recopilación de todas esas publicaciones, con su fecha, número de página, autor y otros detalles de importancia, es de aplaudir, porque se trata de un esfuerzo pocas veces realizado en Honduras.

A pesar de ello, en la primera edición (15 de agosto de 1973), se hace una advertencia que hay que considerar para evitar malos entendidos o reclamos:

"La catalogación de publicaciones, sobre todo cuando es ambiciosa, implica siempre errores graves u omisiones peligrosas; pero si nunca se intenta el trabajo, las consecuencias resultan peores. Compilar los trabajos anteriores al presente, no solo es reconocer sus méritos, prolongar su utilidad y premiar la laboriosidad de quienes los han hecho, sino también invitar a todos a contribuir al perfeccionamiento de la obra señalando aquellos errores y omisiones. En el múltiple propósito de honrar a la nación, a sus pensadores, a los guardianes de ese pensamiento y a los que se sirvan del mismo para provocar evolución progresiva, el BANCO CENTRAL DE HONDURAS saluda a la Patria en el ciento cincuenta y dos aniversario de su independencia política."

A pesar de eso, no hay nada que objetarles a Miguel Ángel García y al Banco Central. Pues el Anuario Bibliográfico Hondureño es un tesoro.

En Colección Erandique lo publicamos convencidos de que este libro llevará al público a otros libros, lo que les permitirá enamorarse un poco más de su país. Con eso nos sentiremos más que satisfechos.

Este viaje literario se extiende en más de quinientas páginas que provocarán recuerdos, nostalgias, risas, perplejidad y curiosidad.

ÓSCAR FLORES LÓPEZ
Editor Colección Erandique

1961: OBRAS GENERALES

BLOQUE de Prensa de Olanchito
Congreso de la Asociación de Periodistas y Escritores Norteños
(7) Olanchito, Yoro. Bloque de Prensa. 1961. 39p. 26cm.

ROSALES, Jesús
El Presentón. Vocero de la ciudadanía de Danlí y Teupacenti.
Anual. Danlí, El Paraíso. Jesús Rosales. 1961. 24p. 33cm.

SERVICIO Voluntario Menonita
Avance. Savá, Colón. Elán Stauffer. 1961. 34p. 20cm.

VALLE, Rafael Heliodoro. 1891-1959
Bibliografía de Porfirio Barba Jacob. Ordenada por Emilia de
Valle. Bogotá. Instituto Caro y Cuervo. 1961. 107p. 22cm.

FILOSOFÍA

MARTÍNEZ, Sebastián
El Cristianismo y el Comunismo frente a frente. Tegucigalpa. Tip.
Ariston. 1961. 12p. 21cm.
– La Moral en la Historia del Mundo. Tegucigalpa. Imp. Gómez.
1961. 150p. 22cm.

RELIGIÓN

HAZELTON, Roger
La vida de la Iglesia. Guía de Estudio. El Progreso, Yoro. Imp.
Calderón. /1961/. 54p. 22cm.
PROGRAMA de los actos que se desarrollarán en la Feria de
Santa Cruz. Amapala. Imp. Calderón. Teg. 1961. 27p. 21cm.

WHITE, Elena C. de
Lemerina Cristo. Miskito. Traductor, Francisco M. Solano.
Tegucigalpa. Imp. López y Cía. 1961. 108p. 20cm.

SOLANO, Francisco M. Véase: WHITE, Elena C. de

CIENCIAS SOCIALES

ALEMÁN, Vicente. 1914-1971
Pregones de Tegucigalpa. Tegucigalpa. Imp. Calderón. 1961. 7p. ilus. 26cm.

ALVARADO, Florencio
Folleto Histórico Cívico. San Pedro Sula. Guardia Civil. 1961. 16p. 22cm.

ANTÚNEZ CASTILLO, Rubén. 1899-
Lola y Lelo. Libro de Lectura. Primer Grado. Treceava edición. San Pedro Sula. /Editorial Antúnez/. 1961. 100p. ilus. 22cm.
La Patria Grande. Libro de Lectura para el Cuarto Grado. Undécima edición. San Pedro Sula. /Editorial Antúnez/. 1961.
144p. ilus. 22cm.
Un Mundo Nuevo. Libro de Lectura para el Sexto Grado. Sexta edición. San Pedro Sula. Editorial Antúnez. 1961. 143p. ilus. 22cm.

ATCON, Rudolph
Principios de la Reforma Universitaria. Tegucigalpa. UNAH. 1961. 39 p. 22 cm.
BANCO Centroamericano de Integración Económica
Convenio Constitutivo y Reglamento del Banco Centroamericano de Integración Económica. Tegucigalpa. BCIE. 1961. 42 p. 23 cm.

BANCO Nacional de Fomento
Memoria de las actividades 1960. Tegucigalpa. BANAFOM. 1961. 77 p. 20 cm.
—Planta de Productos Lácteos. Comayagüela. BANAFOM. 1961. 32 p. 20 cm.

BARRERA, Claudio. Seud. Véase: Alemán, Vicente.

BECERRA, Longino
Reforma de la Educación Media en Honduras. Lima Nueva, Cortés. Mimeo. 1961. 87 p. 28 cm.

BLANCO, Francisco J. (1915–)
La Nueva Juventud. Tegucigalpa. Imp. López y Cía. 1961. 12 p. 15 cm.

CAMPOS, Manuel Guillermo
Mensaje al estudiante hondureño. Tegucigalpa. Editorial Paulino Valladares. 1961. 13 p. 13 cm.

CONTINENTAL Allied Company
Helping Honduras Industry: A Diagnostic Study. Tegucigalpa. Banco Central de Honduras. 1961. 132 p. Apénd.; 26 cm.

COOPERATIVA de Servicios Múltiples de las Empresas Bananeras
Libro contentivo de las Leyes de la Cooperativa USULA. San Pedro Sula. CSMEB. 1961., 64 p. 20 cm.
CARE
Actividades durante 1961 en Honduras. Tegucigalpa. Cooperativa Americana de Remesas al Exterior. 1961. 4 p. 28 cm.

CORTÉS, Carlos R.
Usted puede escribir materiales educativos. Tegucigalpa. Dirección General de Educación Primaria. 1961. 18 p. 22 cm.

CRUZ, Ramón Ernesto (1903–)
En defensa de la Soberanía Hondureña. Tegucigalpa. Imp. La Democracia. 1961. 49 p. 22 cm.

DAHL, Frederick H. y Carlos M. Zacarías
Comercialización de granos básicos en Honduras. Tegucigalpa. STICA. 1961. 30 p. 28 cm.

DAMAS Rotarias
Programa del Festival Rotario. Souvenir. La Ceiba. Damas Rotarias. 1961. 12 p. 20 cm.

DÍAZ, Rodolfo
A lo que el sirviente tiene derecho. Trabajadores domésticos. Tegucigalpa. Imp. La República. 1961. 30 p. 13 cm.

FÁBRICA de Manteca y Jabón Atlántida
Reglamento de Higiene y Seguridad. La Ceiba. Imp. Lafitte. 1961.
11 p. 14 cm.
— Estatutos de la Fábrica de Manteca y Jabón Atlántida. La Ceiba. Imp. Lafitte. 1961. 62 p. 13 cm.
FEDERACIÓN de Asociaciones Femeninas de Honduras
Día de la Mujer Hondureña. Tegucigalpa. FAFH. 1961. 25 p. ilus. 28 cm.

FEMMERLING, G. B.
Estudio de las posibilidades de preparación de alimentos envasados en Honduras. Tegucigalpa. CCTI. 1961. 14 p. 25 cm.

FERROCARRIL Nacional de Honduras
Contrato Colectivo de Trabajo celebrado entre el Ferrocarril Nacional de Honduras y el Sindicato de Trabajadores. San Pedro Sula. FNH. 1961. 78 p. 16 cm.

FLORES, Oscar Armando. (1912–)
Mensaje a los trabajadores de Honduras, en el Día del Trabajo. Tegucigalpa. Tip. Ariston. 1961. 15 p. 23 cm.
— Presencia de la Patria. Tegucigalpa. Tip. Ariston. 1961.
9 p. 16 cm.
— Mensaje el Día del Soldado. Tegucigalpa. Tip. Ariston. 1961.
15 p. 23 cm.
— Trabajo y Previsión Social al servicio de la Patria. Tegucigalpa. Ministerio de Trabajo y Previsión Social. 1961.
12 p. 16 cm.

GARCÍA PAZ, Norman. (1943–)
La Revolución Industrial y la industria hondureña. Comayagüela. Instituto San Miguel. 27 h. 28 cm.

GIRÓN LÓPEZ, Roberto
Prontuario de Leyes de Honduras 1929–1954. Tegucigalpa. Imp. La Libertad. 1961.
14 p. 21 cm.

GUILLÉN DÍAZ, Isabel. (1917–)
Mario y Lilia. Primer Libro de Lectura. Primera edición. Tegucigalpa. SCIDE. 1961.
100 p. ilus. 22 cm.
— Rosita y los Pollitos. Segundo Libro de Lectura. Primera edición. Tegucigalpa. SCIDE. 1961.
30 p. ilus.; vocab.; 22 cm.
— Capullo y Colita. Tercer Libro de Lectura. Primera edición. Tegucigalpa. SCIDE. 1961.
30 p. ilus.; vocab.; 22 cm.

LOGIA Fraternidad No. 10
Reglamento Interior de la Logia Simbólica N.º 10 de La Lima, Cortés. San Pedro Sula. Imp. La Juventud. 1961.
20 p. 13 cm.

MANZANARES A., Rafael. (1918–)
Por los senderos del civismo. Tegucigalpa. SCIDE. 1961.
50 p. 27 cm.

MARTÍNEZ ORDÓÑEZ, José. (1899–)
Discurso en la inauguración de la Escuela República de Honduras. Tegucigalpa. Ministerio de Educación Pública. 1961.
14 p. 22 cm.

MEJÍA, Medardo. (1907–)
Apuntes de Ciencias Sociales. Tegucigalpa. Imp. La Democracia. 1961. 114 p. 21 cm.

MEJÍA COLINDRES, Vicente. (1878–1966)

Algunos comentarios sobre el funcionamiento de la II República en el decurso de 3 años de ejercicio. Tegucigalpa. Tip. Nacional. 1961. 22 p. 21 cm.

PERSONAL Docente Escuelas de San Pedro Sula

La Patria Amada. San Pedro Sula. Personal Docente Escuelas. 1961. 28 p. 21 cm.

PUBLICIDAD Rigal

Guía Práctica de Negocios. San Pedro Sula. Publicidad Rigal. 1961. 55 p. 14 cm.

ROTH, Christine

Títeres en la Escuela. Tegucigalpa. SCIDE. 1961. 7 p. ilus. 22 cm.

SERVICIO Cooperativo Interamericano de Educación

Actividades propias para los Estudios Sociales en la Escuela Primaria. Tegucigalpa. SCIDE. 1961. 31 h. 28 cm.

— Anteproyecto de la Unidad "El Día de las Madres". Segundo Grado. Tegucigalpa. SCIDE. 1961. 7 p. 28 cm.

— Contenidos de Educación Fundamental. Tegucigalpa. SCIDE. 1961. 7 p. ilus. 28 cm.

— Desarrollo de Unidades del Programa del Sexto Grado. Tegucigalpa. SCIDE. 1961. 8 p. 28 cm.

— Lectura en los Estudios Sociales. Tegucigalpa. SCIDE. 1961. 3 h. 28 cm.

— El Método de Trabajo en Equipos. Tegucigalpa. SCIDE. 1961. 6 h. 28 cm.

— Organización e Higiene Escolar. Tegucigalpa. SCIDE. 1961. 71 p. 28 cm.

— Orientaciones sobre Principios de Educación. Tegucigalpa. SCIDE. 1961. 16 p. 28 cm.

— Proyecto de Lectura. Tegucigalpa. SCIDE. 1961. 9 h. 28 cm.

— Proyecto N.º 17. Cuestionario de Selección para Maestros Rurales en Servicio. Tegucigalpa. SCIDE. 1961. 5 p. 28 cm.

— ¿Qué es la Educación Fundamental? Tegucigalpa. SCIDE. 1961. 10 p. 28 cm.

— Carteles de Lectura. Tegucigalpa. SCIDE. 1961. 27 p. ilus. 28 cm.

— Cómo usar el Tablero de Franela. Reproducción del original preparado por Gustavo Gatli, Paraguay. Tegucigalpa. SCIDE. 1961. 15 p. 28 cm.

— La Comunidad Nacional. Tegucigalpa. SCIDE. 1967. 48 p. 28 cm.

— Plantas industriales de Honduras. Tegucigalpa. SCIDE. 1961. 25 p. 28 cm.

— Proyecto N.° 19. Segundo Taller Pedagógico. Tegucigalpa. SCIDE. 1967. 31 h. 28 cm.

SAHSA–Sittah
Contrato Colectivo de Condiciones de Trabajo. Tegucigalpa. SAHSA. 1961. 32 p. 22 cm.

SINDICATO de Trabajadores de la Fábrica de Manteca y Jabón Atlántida. Aclaraciones al Contrato Colectivo. La Ceiba. Imp. Lafitte. 1961. 11 p. 13 cm.

SOCIEDAD Protectora de la Infancia
Estatutos de la Sociedad Protectora de la Infancia. Tegucigalpa. Sociedad Protectora de la Infancia. 1961. 16 p. 21 cm.

SOSA, Joaquín Arturo. Relaciones humanas en los negocios. San Pedro Sula. Comunicaciones Eléctricas. 1961. 78 p. 21 cm. TABACALERA Hondureña, S. A. Reformas al Contrato Social y Estatutos autorizados por escritura pública el 20 de diciembre de 1960. San Pedro Sula. Tabacalera Hondureña, S. A. 1961. 18 p. 18 cm.

UNESCO
Curso Elemental de Estadística aplicada a la educación. Tegucigalpa. Hondunesco. 1961. 135 p. 32 cm.

— Declaración Universal de los Derechos Humanos. Tegucigalpa. Hondunesco. 1961. 5 p. 22 cm.

— 24 de Octubre. Día de las Naciones Unidas. Tegucigalpa. Hondunesco. 1961. 31 p. 28 cm.

UNIVERSIDAD Nacional Autónoma de Honduras
Memoria de la Universidad 1960/1961. Tegucigalpa. UNAH. 1961. 706-ix p. 22 cm.

VÁSQUEZ, José Valentín. (1890–)
Calendario Cívico Hondureño. Tegucigalpa. Imp. La República. 1961. 133 p. ilus. 21 cm.

VILLAFRANCA R., Augusto. (1908–1965)
Mensajero Infantil. Libro de Lectura para el Primer Grado. Octava edición. Tegucigalpa. Librería Molino. 1961. 56 p. ilus. 22 cm.

— Tierra Natal. Libro de Lectura para el Cuarto Grado. Quinta edición. Tegucigalpa. Librería Molino. 1961. 124 p. ilus. 22 cm.

— Educación Moral y Cívica. Segundo Curso del Ciclo Común de Cultura General. Segunda edición. Tegucigalpa. Librería Molino. 1961. 115 p. ilus. 22 cm.

VILLEDA MORALES, Ramón. Pres. (1908–1971)
Discurso pronunciado con ocasión de la inauguración de la Planta de Productos Lácteos SULA. Tegucigalpa. Oficina de Relaciones Públicas. 1961. 7 p. 25 cm.

— Discurso pronunciado en la XVII Graduación de la Escuela Agrícola Panamericana. Tegucigalpa. Oficina de Relaciones Públicas. 1961. 14 p. 22 cm.

— Honduras–Centro América. V Camporee Centroamericano. Tegucigalpa. Oficina de Relaciones Públicas. 1961.
8 p. 22 cm.

ZAVALA, Héctor R. Memoria del Club de Leones 1960. Tegucigalpa. Club de Leones. 1961. 10 p. 24 cm.

ZÚÑIGA J., Román

Nociones de Práctica en los Juzgados de Letras y de Paz de lo Criminal. Tegucigalpa. Imp. Bulnes. 1961. 112 p. 22 cm.

LINGÜÍSTICA

ANTÚNEZ CASTILLO, Rubén. (1899–).
Idioma Nacional. Tercer Curso. Ciclo Común de Cultura General. Primera edición. San Pedro Sula. Editorial Antúnez. 1961. 99 p. 22 cm.

HEATH, C. R. y W. Marx
Diccionario Miskito. Miskito–Español. Español–Miskito. Segunda edición. Tegucigalpa. Imp. Calderón. 1961. 236 p. 20 cm.

CIENCIAS PURAS

ANTÚNEZ CASTILLO, Rubén. (1899–)
Matemáticas I Curso. Ciclo Común de Cultura General. Segunda edición. San Pedro Sula. Editorial Antúnez. 1961. 223 p. ilus. 21 cm.

Matemáticas III Curso. Ciclo Común de Cultura General. Primera edición. San Pedro Sula. Editorial Antúnez. 1961. 12 p. 21 cm.

CHÁVEZ, Natalia de y Marta Salinas
El Mundo de los Insectos. Tegucigalpa. SCIDE. 1961. 13 h. ilus. 28 cm.

LANDA, Luis. (1875–)
Aves regionales de Honduras. Tegucigalpa. Imp. López y Cía. 1961. 47 p. ilus. 25 cm.

SERVICIO Cooperativo Interamericano de Educación
Ciencias Naturales. Finalidades de la Asignatura. Tegucigalpa. SCIDE. 1961. 3 h. ilus. 28 cm.

VILLAFRANCA R., Augusto. (1908–1965)

Ciencias Naturales. Segundo Grado. Cuarta edición. Tegucigalpa. Librería Molino. 1961. 103 p. ilus. 22 cm.

— Ciencias Naturales. Tercer Grado. Séptima edición. Tegucigalpa. Librería Molino. 1961. 101 p. ilus. 22 cm.

— Ciencias Naturales. Quinto Grado. Cuarta edición. Tegucigalpa. Librería Molino. 1961. 122 p. ilus. 22 cm.

— Ciencias Naturales I Curso. Ciclo Común de Cultura General. Primera edición. Tegucigalpa. Librería Molino. 1961. 259 p. ilus. 22 cm.

— Ciencias Naturales II Curso. Ciclo Común de Cultura General. Primera edición. Tegucigalpa. Librería Molino. 1961. 278 p. ilus. 22 cm.

CIENCIAS APLICADAS

ANECEH
Directorio Telefónico de la República de Honduras 1961. Tegucigalpa. Asociación Nacional de Empleados de Comunicaciones Eléctricas de Honduras. 1961. 370 p. ilus. 21 cm.

BANCO Central de Honduras
El café en Honduras. Tegucigalpa. Banco Central de Honduras. 1961. 35 p. 26 cm.

BLANCO, Francisco J. (1915–)
Cartilla para parteras empíricas. Tegucigalpa. s.c.; mimeo. 1961. 30 h. 22 cm. — Preguntas y respuestas sobre el Cáncer. Tegucigalpa. Ministerio de Salud Pública. 1961.
12 p. 15 cm.

CERRATO MEDINA, Reginaldo
La anestesia aplicada a la Odontología. Comayagüela. Imp. Bulnes. 1961. 63 p. 21 cm.

GUERRA H., Max
Lecciones Prácticas de Contabilidad de Costos. Cuarto Curso. Tegucigalpa. s.e.; s.i.; 1961. 12 p. 21 cm. Folleto N.º 1 y 2.

— Lecciones Prácticas de Contabilidad de Costos. Cuarto Curso. Tegucigalpa. s.e.; s.i.; 1961. 14 p. 21 cm. Folleto N.º 3.

— Lecciones Prácticas de Contabilidad de Costos. Cuarto Curso. Tegucigalpa. s.e.; s.i.; 1961. 14 p. 21 cm. Folleto N.º 4.

— Lecciones Prácticas de Contabilidad de Costos. Cuarto Curso. Tegucigalpa. s.e.; s.i.; 1961. 12 p. 21 cm. Folleto N.º 5.

— Lecciones Prácticas de Contabilidad de Costos. Cuarto Curso. Tegucigalpa. s.e.; s.i.; 1961. 11 p. 21 cm. Folleto N.º 6.

Lecciones Prácticas de Contabilidad de Costos. Cuarto Curso. Tegucigalpa. s.e.; s.i.; 1961. 11 p. 21 cm. Folleto N.º 7.

— Lecciones Prácticas de Contabilidad de Costos. Cuarto Curso. Tegucigalpa. s.e.; s.i.; 1961. 11 p. 21 cm. Folleto N.º 8.

— Lecciones Prácticas de Contabilidad de Costos. Cuarto Curso. Tegucigalpa. s.e.; s.i.; 1961. 11 p. 21 cm. Folleto N.º 9.

— Lecciones Prácticas de Contabilidad de Costos. Cuarto Curso. Tegucigalpa. s.e.; s.i.; 1961. 11 p. 21 cm. Folleto N.º 10.

LÓPEZ VÁSQUEZ, Rolando
Introducción al estudio de los Recursos Ganaderos en Honduras. Comayagüela. BANAFOM. 1961. 129 p. 32 cm.

MARTÍNEZ R., Livia
Haga sus propios patrones. Tegucigalpa. STICA. 1961.
39 p. ilus. 28 cm.

MUÑOZ, Fernando A.
Tratamiento de la Fiebre Biliosa Hemoglobinúrica. El Cianuro de Mercurio. Segunda edición. San Pedro Sula. Editora Nacional. 1961. 10 p. 21 cm.

NUFIO GAMERO, Mario y Emilio Crespo Nini
Programa de Desarrollo Ganadero. Choluteca y Valle. Estudio. Problemas económicos. Perspectiva. Comayagüela. BANAFOM. 1961. 64 h.; tabs.; 28 cm.

RAMÍREZ A., Miguel Ángel
Curso Elemental. Nociones acerca del Tránsito Moderno para la Escuela Nacional de la Guardia Civil de la República de Honduras. Tegucigalpa. Guardia Civil. 1961. 65 h. 28 cm.

SERVICIO Cooperativo Interamericano de Salud Pública
Buen mantenimiento y uso de la letrina. Tegucigalpa. SCISP. 1961. 15 p. ilus. 28 cm.
— Cómo protegerse de la mosca. Tegucigalpa. SCISP. 1961.
7 h. 28 cm.
— Ensayo de un Programa de Salud Escolar. Tegucigalpa. SCISP. 1961. 28 p. 28 cm.

SERVICIO Técnico Interamericano de Cooperación Agrícola (STICA)
Informe anual 1960–1961. Tegucigalpa. STICA. 1961. 89 p. 28 cm.
— Injerte su cacao. Tegucigalpa. STICA. 1961. 8 p. 18 cm.
— Manual de Contabilidad y Auditoría. Parte I: Contabilidad. Tegucigalpa. STICA. 1961. 76–14 h. 28 cm.
— Manual de Contabilidad y Auditoría. Parte II: Auditoría. Tegucigalpa. STICA. 1961. 62 h. 28 cm.
— Patrones de pantalones para niños. Tegucigalpa. STICA. 1961. 13 p. ilus. 28 cm.
— Prepare sus semilleros de cacao. Tegucigalpa. STICA. 1961. 6 p. 28 cm.
— El Zompopo. Tegucigalpa. STICA. 1961. 4 p. ilus. 28 cm.

SUÁREZ ROMERO, Justa
La Cocina Moderna. Tegucigalpa. Litografía Suárez Romero. 1961. 125 p. 28 cm.

UNIVERSIDAD Nacional Autónoma de Honduras
Aspectos jurídico-laborales de la actividad agropecuaria. Tegucigalpa. UNAH. 1961. 54 p. 32 cm.

ARTE Y RECREACIÓN

Cancionero Escolar Hondureño. Primera edición. San Pedro Sula. s.e.; s.i.; 1961. 56 p. 22 cm.

ACEVEDO, Benjamín. (1921–)
Catrachita. Vals-canción. Tegucigalpa. s.e.; 1961. 4 p. 24 cm.
— Hondureño soy. Canción. Tegucigalpa. s.e.; 1961. 4 p. 24 cm.
— Hondureñito. Cancionero. Primera edición. San Pedro Sula. s.e.; 1961. 32 p. 22 cm.
— Hondureñito. Cancionero. Segunda edición. San Pedro Sula. s.e.; 1961. 32 p. 22 cm.
— Tegucigalpa. Canción-vals. Tegucigalpa. s.e.; 1961. 4 p. 24 cm.

ARDÓN, Víctor Figueroa. (1898–)
De nuestro Himno Nacional. Reforma o sustituciones. Tegucigalpa. Imp. La República. 1961. 27 p. 21 cm.

DOMÍNGUEZ AGURCIA, Roberto
Valsino N.º 1. Tegucigalpa. Imp. Calderón. 1961. 2 h. pleg. 32 cm.

FIGUEROA LÓPEZ, Raúl
La Charamusca. Sique. Tegucigalpa. Imp. Calderón. 1961. 2 h. pleg. 24 cm.

MARTÍNEZ CASTILLO, Mario Felipe
La Escultura en Honduras. Tegucigalpa. Instituto Hondureño de Cultura Hispánica. 1961. 27 p., 3 h.; ilus. 23 cm.

MILLA, Serafina de
Despertar hondureño. Sique. Tegucigalpa. Imp. Calderón. 1961. 4 p. 22 cm. — El Guacalito. Sique. Tegucigalpa. Imp. Calderón. 1961. 4 p. 22 cm.
— Ña Facunda. Sique. Tegucigalpa. Imp. Calderón. 1961. 4 p. 22 cm.

PAN AMERICAN World Airways
Posibilidades turísticas de la República de Honduras. Miami, Florida. Tegucigalpa. Panam. 1961. 58 h. 22 cm.

LITERATURA

ARDÓN, Víctor F. (1898–)
Geometría Sentimental. Tegucigalpa. Imp. La República. 1961. 21 p. 21 cm.

CASTAÑEDA BATRES, Óscar. (1925–)
Madre Hondureña. México. Edit. Los Insurgentes. 1961. 29 p. 22 cm.

FIGUEROA, Camilo
Álbum. Tegucigalpa. Imp. La República. 1961. 187 p. 20 cm.

LUNA MEJÍA, Manuel. (1911–)
Índice General de la Poesía Hondureña. México. Edit. Jakes. 1961. 1.126 p. 21 cm.

MACHADO VALLE H., Vicente
24 poemas para Ana Lourdes. Tegucigalpa. Imp. Calderón. 1961. 131 p. 21 cm.

MEJÍA COLINDRES, Vicente. (1878–1966)
Recuerdos del Camino. Comayagüela. Imp. Soto. 1961. 212 p. 22 cm.

MURILLO DURÓN, María Elena
El Fénix de los Ingenios. Comayagüela. Imp. Bulnes. 1961. 21 p. 22 cm.

SUASNÁVAR, Constantino. (1912–)
Poemas. Tegucigalpa. Imp. La Democracia. 1961. 16 p. 21 cm.

TARRIUS, Edith. (1931–)
Agonía del Sueño. Comayagüela. Imp. Bulnes. 1961. 33 p. 13 cm.

THAIS, Eva. Seud.
Véase: Tarrius, Edith.

VALLE, Ángela
Inicial. Tegucigalpa. Imp. La Libertad. 1961. 52 p. 23 cm. (Cuadernos Pegaso)

VIDAL M., Antonio. (1895–1968)
Petite Anthologie de Poètes Honduriens. Francés–español. París. A. Roques y Cía. 1961. 58–iii p. 17 cm.

HISTORIA Y GEOGRAFÍA

ALVARADO GARCÍA, Ernesto. (1904–1972)
La Independencia de América. Madrid, España. Edit. Guadarrama. 1961. 70 p. 23 cm.
/ALVARADO GARCÍA, Ernesto/
Véase: MÁRQUEZ, José Antonio.

CENTENO, Presentación. (1888–1960)
Homenaje de la Sociedad La Juventud a la Memoria del distinguido consocio Doctor Presentación Centeno, en el primer aniversario de su fallecimiento. San Pedro Sula. Imp. La Juventud. 1961. 14 p. 22 cm.

DÍAZ MANZANO, Raúl y Óscar Vega Núñez
Homenaje cívico al Paladín. Tegucigalpa. s.e.; s.i.; 1961. 18 p. 22 cm.

ESCUELA Normal de Señoritas
Morazán, sus ideales y la juventud. Tegucigalpa. Ministerio de Educación Pública. 1961. 22 p. 22 cm.

FERRARI C., Luis
Una Orquídea Marchita. Comayagüela. Imp. La Libertad. 1961.
15 p. 21 cm.

MÁRQUEZ, José Antonio. (1802–1832)
Semblanza del Benemérito Coronel José Antonio Márquez.
Preparada por Ernesto Alvarado García. Tegucigalpa. Fuerzas
Armadas de Honduras. 1961. 18 p. 20 cm.

MARTÍNEZ ORDÓÑEZ, José. (1899–)
La ilustre personalidad del Dr. Gregorio Marañón y Posadillo.
Tegucigalpa. Ministerio de Educación Pública. 1961. 12 p. 22 cm.

RAMÍREZ DELGADO, Rafael. (–1966)
Viaje a Europa y otras narraciones. Tegucigalpa. Talleres
Gráficos. 1961. 116 p. 22 cm.

REINA VALENZUELA, José. (1907–)
El Doctor don Rómulo E. Durón. Ensayo biográfico. Tegucigalpa.
Ministerio de Educación Pública. 1961.
— Estampas de Comayagua. Tegucigalpa. Tip. Nacional. 1961.
55 p. ilus. 18 cm.

ROCA, Blas
La Verdad de Cuba. San Pedro Sula. Imp. Sula. 1961. 36 p. 18
cm.

ROSA, Marco Antonio. (1899–)
Honduras de Honduras. Primera edición. Tegucigalpa. Tip.
Ariston. 1961.
84 p. 20 cm.

/ROSA, Ramón/ (1848–1893)
Promoción Ramón Rosa. Tegucigalpa. Ministerio de Educación
Pública. 1961. 20 p. ret. 20 cm.

TREJO CASTILLO, Alfredo. (–1966)
Retazo de Historia Documentada. Comayagüela. Imp. Atenea. 1961. 326 p. 17 cm.

VILLAFRANCA R., Augusto. (1908–1965)
Estudios Sociales para Primer Grado. Quinta edición. Tegucigalpa. Librería Molino. 1961. 45–iii p. ilus. 22 cm.
— Estudios Sociales para el Tercer Grado. Octava edición. Tegucigalpa. Librería Molino. 1961. 136 p. ilus. 22 cm.
— Estudios Sociales para el Cuarto Grado. Octava edición. Tegucigalpa. Librería Molino. 1961. 22 p. ilus. 22 cm.
— Estudios Sociales para el Quinto Grado. Octava edición. Tegucigalpa. Librería Molino. 1961. 121 p. ilus. 22 cm.
— Estudios Sociales. Primer Curso. La Comunidad Nacional. Segunda edición. Tegucigalpa. Librería Molino. 1961. 233 p. ilus. 22 cm.

VILLEDA BERMÚDEZ, Rubén. Historia clínica de un pueblo. Madrid, España. 1961. 13 p. 21 cm.

PUBLICACIONES GUBERNAMENTALES

CONGRESO Nacional
Contestación del Presidente del Congreso Nacional al Informe del señor Presidente de la República. Tegucigalpa. Oficialía Mayor del Congreso Nacional. 1961. 7 p. 22 cm.

CONSEJO Civil de la Defensa Nacional
Informe Final del Consejo Civil de la Defensa Nacional. Tegucigalpa. CCDN. 1961. 22 h. 28 cm.

CONSEJO Nacional de Economía
En Marcha hacia el Progreso. Tegucigalpa. Secretaría Técnica del Consejo Nacional de Economía. 1961. 107 h. 27 cm.
— Informe de Labores 1960/1961. Tegucigalpa. Secretaría Técnica del Consejo Nacional de Economía. 1961. 27 h. 27 cm.

— Plan Cuatrienal Agropecuario. Tegucigalpa. Secretaría Técnica del Consejo Nacional de Economía. 1961. 50 h. + ap. 30 cm.

— Plan Cuatrienal de Educación. Tegucigalpa. Secretaría Técnica del Consejo Nacional de Economía. 1961. 55 p. + 8 h. 27 cm.

— Plan Cuatrienal de Salud Pública. Tegucigalpa. Secretaría Técnica del Consejo Nacional de Economía. 1961. 30 h. 30 cm.

CONSEJO Técnico de Educación
Muebles Escolares. Tegucigalpa. Ministerio de Educación Pública. 1961. 12 p. 27 cm.

— Planeamiento Integral de la Educación. Tegucigalpa. Ministerio de Educación Pública. 1961. 75 h. 28 cm.

CONTRALORÍA General de la República
Informe al Congreso Nacional 1960/1961. Tegucigalpa. Contraloría General de la República. 1961. v. I–II. 27 cm.

CORTE Suprema de Justicia
Informe rendido al Congreso Nacional 1960/1961. Tegucigalpa. Corte Suprema de Justicia. 1961. 36 p. 28 cm.

— Autos Acordados 1908–1961. Tegucigalpa. Corte Suprema de Justicia. 1961. 112 h. 28 cm.

DIRECCIÓN de Aeronáutica Civil
Almanaque Hondureño 1961. Tegucigalpa. Servicio Meteorológico Nacional. 1961. 64 p. 21 cm.

DIRECCIÓN General de Cartografía
Mapa de Honduras. Departamento de Francisco Morazán. Cedros. Tegucigalpa. D.G.C. 1961. 1 hoja. Proyección Transversal de Mercator. Escala 1:50.000; ref. hoja N.º 2750-I. Color. 74 x 52 cm.

— Mapa de Honduras. Departamento de Cortés. San Pedro Sula. Tegucigalpa. D.G.C. 1961. 1 hoja. Proyección Transversal de Mercator. Escala 1:50.000; ref. hoja N.º 2760-II. Color. 74 x 52 cm.

— Mapa de Honduras. Departamento de Atlántida. Punta Sal. Tegucigalpa. D.G.C. 1961. 1 hoja. Proyección Transversal de Mercator. Escala 1:50.500; ref. hoja N.º 2363-III. Color. 74 x 52 cm.

— Mapa de Honduras. Departamento de Cortés. Puerto Cortés. Tegucigalpa. D.G.C. 1961. 1 hoja. Proyección Transversal de Mercator. Escala 1:50.000; ref. hoja N.º 2363-IV. Color. 74 x 52 cm.

DIRECCIÓN General de Cartografía

— Mapa de Honduras. Departamento de Comayagua. Minas de Oro. Tegucigalpa. D.G.C. 1961. 1 hoja. Proyección Transversal de Mercator. Escala 1:50.000; ref. hoja N.º 2760-III; color; 74 x 52 cm.

— Mapa de Honduras. Departamento de El Paraíso. Soledad. Tegucigalpa. D.G.C. 1961. 1 hoja. Proyección Transversal de Mercator. Escala 1:50.000; ref. hoja N.º 2756-II; color; 74 x 52 cm.

DIRECCIÓN General de Educación Primaria

Instrucciones para la práctica de Exámenes en la Escuela Primaria. Tegucigalpa. Dirección General de Educación Primaria. 1961. 15 p. 22 cm.

—Jornalización global por trimestres de los Programas de Estudio de la Educación Primaria en sus materias básicas. Segunda edición. Tegucigalpa. Dirección Gral. de Educación Primaria. 1961. 22 p. 27 cm.

— Planes y Programas de Educación Primaria para el Segundo Grado. 1951. Segunda edición. Tegucigalpa. Dirección Gral. de Educación Primaria. 1961. 154 p. 22 cm.

— Planes y Programas de Educación Primaria para el Sexto Grado. 1951. Primera edición. Tegucigalpa. Dirección Gral. de Educación Primaria. 1961. 132 p. 22 cm.

— Planes y Programas de Educación Primaria para el Sexto Grado. 1951. Segunda edición. Tegucigalpa. Dirección Gral. de Educación Primaria. 1961. 132 p. 22 cm.

DIRECCIÓN General de Estadística y Censos

Anuario Estadístico 1960. Tegucigalpa. D.G.E.C. 1961. iv-155-114-26 p. 28 cm.

— Censo de Población y Vivienda de Tegucigalpa. Tegucigalpa. DGEC. 1961. xx-43 p. 30 cm. apais.

— Censo de Población y Vivienda de San Pedro Sula. Tegucigalpa. DGEC. 1961. xix-41 p. 29 cm. apais.

Censo Experimental de Vivienda y Población de Santa Rita, Macuelizo y Azacualpa. Tegucigalpa. DGEC. 1961. iv-60 p. 32 cm.

Comercio Exterior de Honduras. Cuarto trimestre 1960. Tegucigalpa. DGEC. 1961. 62 p. 28 cm.

Comercio Exterior de Honduras. Primer trimestre 1961. Tegucigalpa. DGEC. 1961. 26 p. 23 cm. apais.

Comercio Exterior de Honduras. Primer semestre 1961. Tegucigalpa. DGEC. 1961. 74 p. 28 cm.

— Comercio Exterior de Honduras. Enero–septiembre 1961. Tegucigalpa. D.G.E.C. 1961. 85 p. 28 cm.

Comercio Exterior de Honduras. 1960. Tegucigalpa. DGEC. 1961. iii-410 p. 28 cm.

Directorio Educacional 1961. Tegucigalpa. DGEC. 1961. ii-86 p. 32 cm.

— Entrenamiento de Delegados. Tegucigalpa. DGEC. 1961. 82 p. 28 cm.
Estadísticas educacionales. 1960. Tegucigalpa. DGEC. 1961. iii-180 p. 28 cm.

— Información Agropecuaria. Precios recibidos por el productor e índices de precios. Cuarto trimestre 1961. Tegucigalpa. DGEC. 1961. 28 p. 28 cm. apais.

—Información Agropecuaria. Precios recibidos por el productor e índices de precios. Primer trimestre 1961. Tegucigalpa. DGEC. 1961. 25 p. 22 cm. apais.

— Información Agropecuaria. Precios recibidos por el productor e índices de precios. Primer semestre 1961. Tegucigalpa. DGEC. 1961. 29 p. 28 cm. apais.

— Información Agropecuaria. Precios recibidos por el productor e índices de precios. Tercer trimestre 1961. Tegucigalpa. DGEC. 1961. 26 p. 28 cm. apais.

—Números índices del comercio exterior. 1960. Tegucigalpa. DGEC. 1961. xii-43 p. 28 cm.

— Investigación Comercial 1959. Tegucigalpa. DGEC. 1961. vi-42 h. 20 cm. apais.

—Movimiento comercial enero–septiembre 1960. Tegucigalpa. DGEC. 1961. 83 p. 28 cm.

—Programa censal 1961. Tegucigalpa. DGEC. 1961. 17 p. 30 cm.
—Resumen preliminar Censo Nacional de Vivienda y Población 1961. Tegucigalpa. DGEC. 1961. 20 p. 28 cm.

— Resumen preliminar de Vivienda y Población en cabeceras municipales, aldeas y caseríos. 1961. Tegucigalpa. DGEC. 1961. iii-23 p. 28 cm. apais.

DIRECCIÓN General del Folklore Nacional
Canciones de mi tierra. Tegucigalpa. Ministerio de Educación Pública. 1961. 80 p. 26 cm.

DIRECCIÓN General de Presupuesto
Liquidación del Presupuesto de 1959. Tegucigalpa. Dirección General de Presupuesto. 1961. s.p. 68 cm. apais.

DIRECCIÓN General de Recursos Naturales
Informe de Labores al señor Ministro de Recursos Naturales. 1960/1961. Tegucigalpa. Dirección Gral. de RR. NN. 1961. 50 p. 28 cm.

INSTITUTO Nacional de Investigaciones y Estudios Sociales
Reforma Agraria en Honduras. Tegucigalpa. s.l.; s.e.; s.i.; [1961]. 11 h. 26 cm.

JUNTA Nacional de Bienestar Social
Centro Comunal N.º 1. Tegucigalpa. JNBS. 1961. 16 p. 25 cm.
— Memoria anual 1960. Tegucigalpa. JNBS. 1961. 89 p. ilus. 28 cm.

LEYES, Decretos, etc.
Convenio Centroamericano sobre Equiparación de Gravámenes a la Importación. Tegucigalpa. Ministerio de Economía y Hacienda. 1961. 29 p. 28 cm.
— Decretos Legislativos del Congreso Nacional Extraordinario 1960. Tegucigalpa. Ministerio de Gobernación y Justicia. 1961. 37 p. 29 cm.
Ley del Banco Municipal Autónomo 1961. Tegucigalpa. Ministerio de Gobernación y Justicia. 1961. 13 h. 24 cm.
— Ley Forestal. Tegucigalpa. Ministerio de Recursos Naturales. 1961. 52 p. 21 cm.
—Ley Orgánica de la Dirección General de Asistencia Médico Social. Tegucigalpa. Ministerio de Salud Pública y Asistencia Social. 1961. 9 h. 33 cm.
— Ley Orgánica de la Procuraduría General de la República. Tegucigalpa. Procuraduría General de la República. 1961. 15 p. 21 cm.
— Ley de Policía 1906 y sus reformas. Tegucigalpa. Sociedad de Municipios de Honduras. 1961. 87 p. 27 cm.
— Presupuesto General de Egresos e Ingresos. Ejercicio Fiscal 1961. Tegucigalpa. Dirección General de Presupuesto. 1961. 383–xxii p. 27 cm.

— Tratado General de Integración Económica Centroamericana. Tegucigalpa. Ministerio de Economía y Hacienda. 1961. 38 p. 1 h. 28 cm.

PROCURADURÍA General de la República
Memoria 1960/1961. Tegucigalpa. Procuraduría General de la República. 1961. 345 h. 28 cm.

SECRETARÍA de Comunicaciones y Obras Públicas
Informe presentado al Congreso Nacional 1959/1960. Tegucigalpa. Ministerio de Comunicaciones y Obras Públicas. 1961. 433 p. maps. 28 cm.
— Informe presentado al Congreso Nacional 1960/1961. Tegucigalpa. Ministerio de Comunicaciones y Obras Públicas. 1961. s.p.; gráfs.; tabs.; maps.; anexos; 28 cm.

SECRETARÍA de Defensa y Seguridad Pública
Informe anual presentado al Congreso Nacional 1960/1961. Tegucigalpa. Ministerio de Defensa y Seguridad Pública. 1961. 106 h. 27 cm.

SECRETARÍA de Economía y Hacienda
Informe presentado al Congreso Nacional 1960/1961. Tegucigalpa. Ministerio de Economía y Hacienda. 1961. 129 p. + 52 h. 31 cm.
— Honduras: un país propicio para la inversión privada extranjera. Tegucigalpa. Ministerio de Economía y Hacienda. 1961. 24 p. 20 cm.

SECRETARÍA de Educación Pública
Informe presentado al Congreso Nacional 1959/1960. Tegucigalpa. Ministerio de Educación Pública. 1961. 103 p. 30 cm.
— Informe presentado al Congreso Nacional 1960/1961. Tegucigalpa. Ministerio de Educación Pública. 1961. 127 p. 32 cm.
— Reincorporación de las Islas de la Bahía a la soberanía de Honduras. Tegucigalpa. Ministerio de Educación Pública. 1961. 79 p. ret. 22 cm.

SECRETARÍA de Gobernación y Justicia
Informe presentado al Congreso Nacional 1960/1961. Tegucigalpa. Ministerio de Gobernación y Justicia. 1961. 133 p. 22 cm.

SECRETARÍA de Recursos Naturales
Informe presentado al Congreso Nacional 1960/1961. Tegucigalpa. Ministerio de RR. NN. 1961. 95–7 h.; 88 p. 28 cm.

SECRETARÍA de Relaciones Exteriores
Informe presentado al Congreso Nacional 1960/1961. Tegucigalpa. Ministerio de Relaciones Exteriores. 1961. 937 h. map.; ind.; 28 cm.
— Decisión del Embajador Vicente Sánchez Gavito sobre el desacuerdo surgido en la Comisión Mixta. Aceptación oficial del Gobierno de Honduras. Tegucigalpa. Ministerio de RR. EE. 1961. 39 p. map.; 27 cm.
— Lista Diplomática 1961. Tegucigalpa. Ministerio de RR. EE. 1961. 128 p. 12 cm.

SECRETARÍA de Salud Pública y Asistencia Social
Informe presentado al Congreso Nacional 1960/1961. Tegucigalpa. Ministerio de Salud Pública y Asistencia Social. 1961. 154 p. ilus. 33 cm.

— Informe de la Reunión de Ministros de Salud Pública de Centro América y Panamá (4). Tegucigalpa. Ministerio de Salud Pública y Asistencia Social. 1961. 15 h. 27 cm.
— Proyecto de Organización Médico Sanitaria para las zonas de reforma agraria de Honduras. Tegucigalpa. Ministerio de Salud Pública y Asistencia Social. 1961. 31 h. 28 cm.

SECRETARÍA de Trabajo y Previsión Social
Accidentes de trabajo en 1960. Tegucigalpa. Ministerio de Trabajo y Previsión Social. 1961. 17 h. 28 cm.

— Índice de precios al por menor. Tegucigalpa. Instituto de Investigaciones y Estudios Sociales. 1961. 15 h. 28 cm.

Informe presentado al Congreso Nacional 1960/1961. Tegucigalpa. Ministerio de Trabajo y Previsión Social. 1961. 204 p. 27 cm.

Lo que el trabajador debe saber. Tegucigalpa. Ministerio de Trabajo y Previsión Social. 1961. 16 p. 22 cm.

— Organizaciones Sindicales de Trabajo. Tegucigalpa. Ministerio de Trabajo y Previsión Social. 1961. 48 p. 28 cm.

SNAAN
Álbum del Servicio de Alimentación del Niño. Tegucigalpa. Servicio Nacional de Asistencia y Alimentación del Niño. Tegucigalpa. Ministerio de Educación Pública. 1961. s.p. 36 cm. apais.

SNEM
Compañía de Erradicación de la Malaria. Tegucigalpa. Servicio Nacional de Erradicación de la Malaria. 1961. 10 h. anexos. 26 cm.

VILLEDA MORALES, Ramón. Pres. (1908–1971)
Discurso en la Reunión de Ministros de Relaciones Exteriores y de Economía del Istmo Centroamericano. Tegucigalpa. Oficina de Relaciones Públicas de Casa Presidencial. 1961. 17 p. 22 cm.

— Discurso pronunciado con ocasión de la inauguración de la Planta de Productos Lácteos Sula. Tegucigalpa. Oficina de Relaciones Públicas de Casa Presidencial. 1961. 7 p. 25 cm.

— Discurso en contestación al pronunciado por el Presidente de Nicaragua, Ingeniero Luis Somoza Debayle en la reunión de El Espino. 10 de enero de 1961. Tegucigalpa. Oficina de RR. PP. de Casa Presidencial. 1961. 15 p. 25 cm.

Discurso al inaugurar el Banco Centroamericano de Integración Económica. Tegucigalpa. Oficina de RR. PP. de Casa Presidencial. 1961. 11 p. 27 cm.

Contestación al discurso del Decano del Cuerpo Diplomático con motivo de las festividades patrias. Tegucigalpa. Oficina de RR. PP. de Casa Presidencial. 1961. 7 p. 22 cm.

Mensaje al pueblo hondureño. Aniversario de la Sentencia de la Corte Internacional de Justicia. Tegucigalpa. Oficina de RR. PP. de Casa Presidencial. 1961. 19 p. 25 cm.
— Mensaje en el Día del Soldado. Tegucigalpa. Oficina de RR. PP. de Casa Presidencial. 1961. 8 p. 16 cm.

Mensaje al Congreso Nacional con motivo de la inauguración de sus sesiones extraordinarias. Tegucigalpa. Oficina de RR. PP. de Casa Presidencial. 1961. 7 p. 25 cm.
Mensaje al pueblo hondureño con motivo de haber tomado posesión de La Mosquitia autoridades hondureñas, a consecuencia del Fallo de La Haya. Tegucigalpa. Oficina de RR. PP. de Casa Presidencial. 1961. 33 p. 21 cm.

— Mensaje al pueblo hondureño para informar sobre las negociaciones directas relacionadas con la ejecución inmediata del Laudo del Rey de España Alfonso XIII. Tegucigalpa. Oficina de RR. PP. de Casa Presidencial. 1961. 1 h. 25 cm.

Homenaje del Gobierno y pueblo de Honduras al Gobierno y pueblo de Venezuela. Tegucigalpa. Oficina de RR. PP. de Casa Presidencial. 1961. 19 p. 22 cm.

— Informe del señor Presidente de la República al Congreso Nacional 1960/1961. Tegucigalpa. Oficina de RR. PP. de Casa Presidencial. 1961. 219 p. 23 cm.

1962: OBRAS GENERALES

MIDENCE, Alfredo C.
Discurso. Inauguración del Instituto Hondureño de Seguridad Social. Tegucigalpa. Imp. Ariston. 1962. 10 p. 22 cm.

PORTALUPI, Sante. Mons.
Discurso del Decano Mons. Sante Portalupi y contestación del Presidente de la República. Tegucigalpa. Tip. Nacional. 1962. 8 p. 22 cm.
— Discursos cruzados entre el Decano del Cuerpo Diplomático Mons. Sante Portalupi y el Presidente de la República. Tegucigalpa. Imp. Ariston. 1962. 6 p. 25 cm.

VILLEDA MORALES, Alejandrina B. de
Palabras con ocasión de la primera piedra al Monumento de la Madre en San Pedro Sula. Tegucigalpa. Imp. Ariston. 1962. 12 p. 22 cm.

FILOSOFÍA
MELARA, José Héctor
Verdades en forma de refranes y máximas. San Francisco de Sensenti. Tegucigalpa. Imp. Calderón. 1962. 12 p. 21 cm.

RELIGIÓN
ASOCIACIÓN de Jóvenes Esperanza de la Fraternidad
Liturgia Oficial. San Pedro Sula. Imp. La Juventud. 1962. 30 p. 24 cm.

COMISARIATO de la T.O.S.F. de la Inmaculada Concepción
Ritual de la Tercera Orden de San Francisco. Tegucigalpa. Imp. López y Cía. 1962. 55 p. 22 cm.

COMITÉ Pro-Feria Isidra
Gran Feria Isidra. La Ceiba, Atlántida. Imp. Moderna. 1962. 12 p. 26 cm.

— Programa Feria Isidra. La Ceiba, Atlántida. Imp. Moderna. 1962. 16 p. 22 cm.

SANTOS HERNÁNDEZ, Héctor Enrique y otros
Carta Pastoral colectiva de los Obispos de Honduras sobre el Comunismo y la política de partidos. Tegucigalpa. Imp. Censa. 1962. 12 p. ilus.; rets.; 22 cm.

VEGAS M., Juan Antonio. Padre
Cultura religiosa. Apuntes para la Escuela de Capacitación de Auxiliares de Enfermería. /Tegucigalpa/. Hospital San Felipe. /1962/. 32 p. 22 cm.

VISCARDI hijo, Henry
(Give Us The Tools) Dadnos la Herramienta. Comayagüela. Imp. Bulnes. 1962. 32 p. apénd. 21 cm.
(Tomado de Selecciones del Reader's Digest; marzo de 1960).

CIENCIAS SOCIALES

ACCIÓN Cultural Popular Hondureña
El Alfabeto en las ondas. Primera edición. Tegucigalpa. ACPH. 1962. 69 p. ilus. 22 cm.

ALTAMIRANO, Victoria y otros
Las artes del lenguaje. Lenguaje. Lectura. Escritura. Tercera edición. Tegucigalpa. SCIDE. 1962. 351 p. ilus. 20 cm.

BANCO Central de Honduras
Metodología elemental de la Contabilidad de Costos Bancarios. Tegucigalpa. Banco Central de Honduras. 1962. 21 h. 28 cm. mimeo.

BANCO Centroamericano de Integración Económica
Primera Memoria de Labores. Año de 1961–1962. Comayagüela. BCIE. 1962. 4 p. fots. 26 cm.

BANCO Municipal Autónomo
Souvenir. Comayagüela. Banco Municipal Autónomo. 1962. 20 p. fots. 22 cm.

BANCO Nacional de Fomento
Memoria 1961. Comayagüela. BANAFOM. 1962. 41 p. ilus. 27 cm.
— Operaciones bancarias 1961. Comayagüela. BANAFOM. 1962. 68 h. 28 cm.
— Operaciones crediticias efectivas 1961. Comayagüela. BANAFOM. 1962. 143 h. 28 cm.
— Resoluciones crediticias 1961. Comayagüela. BANAFOM. 1962. 46 p. 28 cm.

BARJUM, Salomón M.
El Problema de Palestina. La paz, para confirmar la agresión no es la paz. Tegucigalpa. Alto Comité Árabe de Palestina. 1962. 20 p. 20 cm.

BLANCO, Francisco J. (1915–)
La Nueva Juventud. Segunda edición. Tegucigalpa. Imp. López y Cía. 1962. 12 p. 22 cm.

BUESO ARIAS, Jorge y otros
Discursos del Licenciado Jorge Bueso Arias, Licenciado Roberto Ramírez, Doctor Ramón Villeda Morales y del Doctor Felipe Herrera, en la inauguración de la Oficina Regional del Banco Interamericano de Desarrollo en Centro América. Tegucigalpa. Imp. Calderón. 1962. 28 p. ilus. 24 cm.

BURROWS, Charles R.
Alianza para el Progreso. Tegucigalpa. USIS. 1962. 20 p. ilus. 22 cm.

CAMPOS, Manuel Guillermo
Cómo estudiar. Consejos a los jóvenes. Tegucigalpa. Editorial Paulino Valladares. 1962. 12 p. 15 cm.

CARDONA, María Cristina Alfaro de
y Aura Julia M. de Matute
Mi Mejor Amigo. Libro de Lectura para Adultos. Primera edición. Tegucigalpa. Ministerio de Educación Pública. 1962. 61 p. ilus. 22 cm.

COLEGIO Médico Cubano
A la Asociación Médica Mundial y a la Organización Panamericana de la Salud. Tegucigalpa. Laboratorio "Blanco Sánchez". 1962. 12 p. 22 cm.

COMPAÑÍA AZUCARERA Hondureña
Contrato Colectivo de Condiciones de Trabajo celebrado entre la Compañía Azucarera Hondureña, S. A. y el Sindicato de Trabajadores de la misma. San Pedro Sula. s.e.; s.i.; 1962. 25 p. 14 cm.

COMPAÑÍA de Seguros Interamericana
Hay protección en el hogar si hay Seguro Familiar. Tegucigalpa. 1962. 20 p. 22 cm.

COSMMAC Ltda.
Libro contentivo de las Leyes de la Cooperativa de Servicios Múltiples de Maestros del Departamento de Cortés. San Pedro Sula. Imp. Renovación. 1962. 141 p. 16 cm.

DÍAZ CHÁVEZ, Finlander
Raíces del hambre y de la rebeldía a la Explotación. (Un ensayo sobre la pereza). Tegucigalpa. Imp. Calderón. 1962. xv-141 p. 20 cm.

DUMAS RODRÍGUEZ, Edgardo
Manual de Derecho de Trabajo Hondureño. San Salvador. Tip. La Unión. 1962. 173 p. 22 cm.

FÁBRICA de Manteca y Jabón Atlántida, S. A.
Estatutos del Sindicato de Trabajadores de la Fábrica de Manteca y Jabón Atlántida, S. A. La Ceiba. Imp. Lafitte. 1962. 62 p. 22 cm.

FIALLOS, Federico y José Ángel Lara
Por la grandeza de Honduras y la Unidad del Partido Liberal.
Tegucigalpa. Imp. La República. 1962. 24 p. 20 cm.

FLORES, Oscar Armando
Ideas sobre un Plan Mínimo de Gobierno. Tegucigalpa. Imp.
López y Cía. 1962. 30 p. 22 cm.
— Una voluntad al servicio del pueblo. Tegucigalpa. Rev.
Sucesos. 1962. 11 p. 22 cm.
— Voz de alerta al Liberalismo. Tegucigalpa. Tip. Ariston. 1962.
11 p. 22 cm.

FRENTE Unido Universitario Democrático
Universidad Autónoma de Honduras. Tegucigalpa. FUUF. 1962.
7 p. 24 cm.

GUILLÉN DÍAZ, Isabel. (1917–)
Siempre amigos. Libro I-1. Primera edición. Tegucigalpa.
Ministerio de Educación Pública. 1962. 103 p. ilus. 20 cm.
— El Premio de Luis y Elena. Libro I-2. Primera edición.
Tegucigalpa. Ministerio de Educación Pública. 1962. 98 p. ilus. 21
cm.
— Guía del Maestro para el uso de los Libros de Lectura Básica:
"Siempre Amigos", Libro I-1; y "El Premio de Luis y Elena", Libro
I-2. Primera edición. Tegucigalpa. Ministerio de Educación Pública.
1962. 57 p. ilus. 21 cm.
— Mario y Lilia. Libro de Lectura. Segunda edición. Tegucigalpa.
Ministerio de Educación Pública. 1962. 35 p. ilus. 22 cm.

HERRICK, Virgil E. y otros
La Escuela Elemental. Vertido al español por el SCIDE.
Tegucigalpa. SCIDE. 1962. 287 p. 25 cm.

HENRÍQUEZ VALLE, Micaela
Memoria de la Tesorería Municipal. San Pedro Sula. Imp.
Renovación. 1962. 28 h. 28 cm.

KUHN, Tillo E.
Empresas Públicas. Planificación de Proyectos y Desarrollo Económico. Tegucigalpa. Banco Central de Honduras. 1962. 49 p. 26 cm.

LEIVA VIVAS, Rafael
El Sistema Interamericano y la Cooperación Económica. Tegucigalpa. Editorial Paulino Valladares. 1962. 175 p. 22 cm.

MATUTE CAÑIZALES, Eugenio
Verdad versus Falacia. Tegucigalpa. Imp. La República. 1962. 24 p. 22 cm.

NAVARRO, Miguel. (1904–)
Libro de Lectura. Segundo Grado. Séptima edición. Tegucigalpa. Publicaciones Navarro. 1962. 170 p. ilus. 22 cm.

— Libro de Lectura. Tercer Grado. Cuarta edición. Tegucigalpa. Publicaciones Navarro. 1962. 179 p. ilus. 22 cm.

— Libro de Lectura. Quinto y Sexto Grados. Quinta edición. Tegucigalpa. Publicaciones Navarro. 1962. 211 p. ilus. 22 cm.

PINTO MEJÍA, Edmundo
Temas Masónicos. Tegucigalpa. Imp. La República. 1962. 250 p. 22 cm.
RIVERA TORRES, Rafael
Comentario al artículo 104 de la Constitución de la República. Tegucigalpa. Imp. Bulnes. 1962. 59 p. 22 cm.

SCOTT, Grace
Las Destrezas de la Lectura. Tegucigalpa. Agencia Internacional para el Desarrollo. 1962. 88 p. 27 cm.

SCIDE
Didáctica de la Educación Musical. Tegucigalpa. SCIDE. 1962. 28 p. 28 cm.

— Planes de Gimnasia Educativa en forma de Historietas. Tegucigalpa. SCIDE. 1962. 14 p. 28 cm.

SITRATERCO
Contrato Colectivo de Trabajo celebrado entre la Tela Railroad Company y el Sindicato de Trabajadores de la misma. La Lima. Editora Nacional. 1962. 81 p. 18 cm.

SOCIEDAD Protectora de la Infancia
Memoria 1961/1962. Tegucigalpa. Sociedad Protectora de la Infancia. 1962. 19 p. 15 cm.

STANDARD Fruit Company
Contrato Colectivo de Trabajo celebrado entre la Standard Fruit Company y el Sindicato de Trabajadores de la misma. La Ceiba. Imp. Lafitte. 1962. 35 p. 18 cm.

TEGUCIGALPA. Instituto.
Memoria 1961/1962. Tegucigalpa. CENSA. 1962. s.p. ilus. 28 cm.

UNIVERSIDAD Nacional Autónoma de Honduras
Memoria 1961/1962. Tegucigalpa. UNAH. 1962. 1.452–vii p. 22 cm.

VÁSQUEZ, José Valentín. (1890–)
Lo que debe saber todo buen ciudadano. Tegucigalpa. Imp. La República. 1962. 65 p. ilus. 22 cm.

VILLAFRANCA R., Augusto. (1908–1965)
Educación Moral y Cívica. Tercer Curso del Ciclo Común de Cultura General. Primera edición. Tegucigalpa. Librería Molino. 1962. 128 p. 22 cm.

VILLEDA MORALES, Ramón. Pres. (1908–1971)
El hombre es amigo del hombre. Discurso en el Día de la Amistad (23 de febrero). Tegucigalpa. Tip. Ariston. 1962. 6 p. ilus. 28 cm.

— Mensaje en ocasión de las celebraciones del Colegio Médico Cubano en el exilio. Miami; diciembre de 1962. Tegucigalpa. Tip. Ariston. 1962. 10 p. 28 cm.

ZALDÍVAR, Raúl. (1900–1955)
Mi Tesoro. Libro de Lectura para el Primer Grado. Décima edición. Tegucigalpa. Lito. Suárez Romero. 1962. 48 p. ilus. 22 cm.

LINGÜÍSTICA

ANTÚNEZ CASTILLO, Rubén. (1899–)
Idioma Nacional. I Curso. Ciclo Común de Cultura General. Tercera edición. San Pedro Sula. Edit. Antúnez. 1962. 225 p. 21 cm.

— Idioma Nacional. II Curso. Ciclo Común de Cultura General. Segunda edición. San Pedro Sula. Edit. Antúnez. 1962. vi-339 p. 22 cm.

ELVIR ROJAS, Felipe. (1927–)
Apuntes de Castellano. Primer Curso. Ciclo Diversificado (Bachillerato). Primer Trimestre. Tegucigalpa. Mimeo. 1962. 82 p. 32 cm.

CIENCIAS PURAS

GIRARD, Rafael
Los Mayas Eternos. México. Editorial B. Costa Amic. 1962. xiv-493 p. ilus. 22 cm.

HERNÁNDEZ, Benigno. (–1969)
Ciencias Naturales. I Curso. Primera Unidad. Primera edición. Tegucigalpa. Multilith. 1962. 81 p. ilus. 21 cm.

— Ciencias Naturales. I Curso. Segunda y Tercera Unidades. Primera edición. Tegucigalpa. Multilith. 1962. 140 p. ilus. 21 cm.

NÚÑEZ CHINCHILLA, Jesús. (–1973)
Las Ruinas de Copán. Guía completa de la Gran Ciudad Maya. Tegucigalpa. Banco Central de Honduras. [1962]. 106 p. ilus.; lám.; maps.; 19 cm.

/OCAMPO, Valentín/ Seud.
Véase: HERNÁNDEZ, Benigno.

SERVICIO Técnico Interamericano de Cooperación Agrícola (STICA)
Pastos para Honduras. Tegucigalpa. STICA. 1962. 7 h. 28 cm.

VILLAFRANCA R., Augusto. (1908–1965)
Ciencias Naturales. Tercer Grado. Octava edición. Tegucigalpa. Librería Molino. 1962. 106 p. ilus. 22 cm.

— Ciencias Naturales. Cuarto Grado. Séptima edición. Tegucigalpa. Librería Molino. 1962. 93 p. ilus. 22 cm.

CIENCIAS APLICADAS

ACCIÓN Cultural Popular Hondureña
Ara... y Siembra. Tegucigalpa. STICA y SCIDE. 1962. 108 p. ilus. 22 cm.

ALCOHÓLICOS Anónimos
La bebida, el peor refugio. Grupo Número 1. Tegucigalpa. Imp. Calderón. 1962. 19 p. 22 cm.

BLANCO, Francisco J. (1915–)
Importancia del examen médico prenupcial. Tegucigalpa. Lotería Nacional. 1962. 11 p. 20 cm.

— Preguntas y respuestas sobre la tuberculosis. Tegucigalpa. Imp. La República. 1962. 24 p. 21 cm.

CABALLERO ERAZO, Servio Tulio
Síndrome disentérico para el niño multiparasitado. Tegucigalpa.
s.e.; s.i.; 1962. 29–30–31–3 p. 24 cm.

COMPAÑÍA Empacadora ALUS
Reglamento Interno de Trabajo de la Compañía ALUS. San Pedro
Sula. ALUS. 1962. 26 p. 21 cm.

COOPERATIVA de Servicios Múltiples Cartográfica Gracias a
Dios
Estatutos de la Cooperativa de Servicios Múltiples Cartográfica
Gracias a Dios. Comayagüela. s.e.; s.i.; 1962. 40 p. 14 cm.

DROGUERÍA Nacional, S. A.
Productos veterinarios. San Pedro Sula. Droguería Nacional.
1962. 10 p. 28 cm.

ESCUELA Agrícola Panamericana
Boletín Oficial 1962/1963. Tegucigalpa. Imp. Calderón. 1962. 80
p. 22 cm.

GUTIÉRREZ MINERA, Leonel Alejandro
Historia de la Aviación de Honduras. Comayagüela. Escuela
Militar. 1962. 17 h. 28 cm.

FLORES, Conchita Murillo de
Botánica. Recetario de plantas medicinales. Tegucigalpa. Imp.
Calderón. 1962. 56 p. 18 cm.

/MENCIA, Mario/
Tipógrafos. Comayagüela. Imp. Cultura. 1962. 30 p. 25 cm.

NEW YORK & Rosario Mining Company
Reglamento de Higiene y Seguridad. El Mochito, Santa Bárbara.
San Pedro Sula. Imp. Renovación. 1962. 72 p. 18 cm.

PÉREZ ORDÓÑEZ, Antonio
Manual para campaña de control del Tórsalo. Comayagüela. STICA. 1962. 1.452 p. 22 cm.

POLICLÍNICA Sosa
Convenio de Servicios de Maternidad. San Pedro Sula. Imp. Serrano. 1962. 8 p. 22 cm.

RIVERA MARADIAGA, Gastón Enrique
Apicectomía. Comayagüela. Imp. La Libertad. 1962. 39 p. 21 cm.

SALAS L., Luis Alejandro
Cartilla de salud e higiene. "La llave de tu salud". Adaptada por el Departamento de Educación Sanitaria del SCISP. Tegucigalpa. Ediciones Acción Cultural. 1962. 74 p. 22 cm.

SERVICIO Técnico Interamericano de Cooperación Agrícola (STICA)
Informe campaña regional contra el Tórsalo. Comayagüela. STICA. 1962. 7 h. 28 cm.

— Aprenda a usar fertilizantes y cal. Comayagüela. STICA. 1962. 12 h. 28 cm.
— Cómo hacer una cuna. Comayagüela. STICA. 1962. 8 h. 28 cm.

— Uvas. Aprenda a cultivarlas. Comayagüela. STICA. 1962. 7 h. 28 cm.

SIERRA GARCÍA, Donaldo
Timpanoplastia. San Pedro Sula. Imp. Renovación. 1962. 80 p. 23 cm.

SUÁREZ ROMERO. Editorial
Atlas Anatómico. Tegucigalpa. Editorial Suárez Romero. 1962. 172 p. ilus. 26 cm. apais.

TALANGA, Municipalidad
Reglamento Provisional para el Servicio de Agua Potable. Tegucigalpa. Imp. La República. 1962. 10 p. 24 cm.

VILLEDA SOTO, Eduardo
Trastornos de la erupción del tercer molar. Tegucigalpa. Imp. Ariston. 1962. 35 p. 23 cm.

ARTES Y RECREACIÓN

ARITA, Carlos Manuel. (1912–)
Canto a Honduras y El Salvador. Tegucigalpa. Tip. Ariston. 1962. 1 h. pleg. 25 cm.

CLUB Olimpia
Álbum de Oro del Club Olimpia. Tegucigalpa. Imp. Calderón. 1962. 216 p. ilus. 26 cm. apais.

COELLO, Jorge A.
Historia del Himno Nacional de Honduras. Comayagüela. AABAH. 1962. 33 p. apénd. 14 cm.

MEDINA, Juan Ángel
Música y Recreación. Tegucigalpa. SCIDE. 1962. 22 p. 28 cm.
MOTO Club Hondureño
Entre ruedas y caminos. Edición histórica con motivo de la Primera Competencia Hondureña de Motocicletas en círculo cerrado. Tegucigalpa. s.e.; s.i.; 1962. 32 p. ilus. 22 cm.

PICOT
Cancionero Picot. Tegucigalpa. Imp. López y Cía. 1962. 32 p. 20 cm.

REGIONAL Deportiva del Centro
Reglamento de Campeonatos y Competencias de Fútbol. Tegucigalpa. ARDC. 39 p. 21 cm.

ROGERS, Francis

Informe sobre el estudio de las posibilidades del turismo en Honduras. Tegucigalpa. Imp. Calderón. 1962. 52 p. 23 cm.

LITERATURA

ACOSTA, Oscar. (1933–)

Tiempo Detenido. San Salvador. Ministerio de Cultura. 1962. 25 p. 22 cm.

GUERO, Juan Ramón. (–1971)

Hablan los Perros. Comayagüela. Imp. La Libertad. 1962. 51 p. 22 cm.

AMAYA AMADOR, Ramón. (1916–1966)

Destacamento Rojo. Portada de Álvaro Canales. Primera edición. México. Ediciones Palomar. 1962. 276 p. 21 cm.

ARITA, Carlos Manuel. (1912–)

Cantos del Trópico. Segunda edición. Tegucigalpa. Ministerio de Educación Pública. 1962. 162–ii p. 20 cm.

— Saludo Lírico a Comayagua, con ocasión de haber sido declarada capital de la República, durante la visita que hiciera el Presidente Dr. Ramón Villeda Morales. Tegucigalpa. Tip. Ariston. 1962. 15 p. 26 cm.

KNOTT, Fredrick

Dial "M" for Murder. Tegucigalpa. Grupo Dramático Tegucigalpa. 1962. 30 p. ilus. 24 cm.

LÓPEZ ARIAS, Salvador

Cuentos Hondureños. Segunda edición. San Pedro Sula. Editorial Antúnez. 1962. 44 p. ilus. 22 cm.

MARIÑAS OTERO, Luis

Huellas Ochocentistas de España. Tegucigalpa. Instituto de Cultura Hispánica. 1962. 31 p. 24 cm.

MONTERO, Ranulfo. Seud.
Véase: Agüero, Juan Ramón.

RAMÍREZ, Douglas
Sangre y Estrellas. Comayagüela. Imp. Bulnes. 1962. 32 p. 21 cm.

SUASNAVAR, Constantino. (1912–)
La Siguanaba y otros poemas. Tegucigalpa. Imp. La Democracia. 1962. 20 p. 25 cm.

HISTORIA Y GEOGRAFÍA

ALVARADO GARCÍA, Ernesto. (1904–1972)
Historia de Centroamérica y Nociones de Instrucción Cívica y Geografía de Centro América. Tercera edición. Tegucigalpa. Imp. Calderón. 1962. 376 p. 21 cm.

CANALES SALAZAR, Félix
Reseña de la vida y obra cultural del Licenciado Federico C. Canales. Tegucigalpa. Imp. La República. 1962. 48 p. ret. 21 cm.

CANTARERO SUAZO, Santos
Gonzalo, el mejor amigo del pueblo. Reimpresión. Tegucigalpa. Imp. Gómez. 1962. 26 p. ret. 22 cm.

CARRASCO, Bonifacio A.
Vida de Aristóteles. Choluteca. Imp. El Sol. 1962. 10 p. ilus. 26 cm.

DURÓN, Francisco José. (1903–)
Las Islas del Cisne (Swan Islands) en la Cartografía de los siglos XVI al XX. (Reseña histórica). Londres. 1962. 118 p. map. 22 cm.

/FLORES, Alejandro/
Datos para una Biografía del Doctor Alejandro Flores. El Paraíso, Depto. de El Paraíso. Instituto Alejandro Flores. 1962. 60 p. 33 cm.

LEURINDA, María
Peregrinación por Europa y Tierra Santa. Comayagüela. Imp. Soto. 1962. 121 p. ret. 22 cm.

PINEDA MADRID, Pedro. (1914–)
Kampai Nipón. Tegucigalpa. CENSA. 1962. 48 p. 21 cm.

REINA VALENZUELA, José. (1907–)
El Prócer Dionisio de Herrera. Tegucigalpa. Imp. La República. 1962. 120 p. ret. 22 cm.

RIVERA, Joaquín. (1775–1845)
Semblanza sobre la vida del Coronel Joaquín Rivera. Tegucigalpa. Estado Mayor de las FF. AA. 1962. 10 p. 21 cm.

ROSA, Marco Antonio
Honduras de Honduras. Primera edición. Tegucigalpa. Imp. Calderón. 1962. 76 p. 18 cm.

VÁSQUEZ, José Valentín. (1890–)
Homenaje de la Masonería Hondureña a don Benito Juárez. Grado 33. Rasgos Biográficos. Comayagüela. Imp. Gómez. 1962. 15 p. ret. 21 cm.

VILLAFRANCA R., Augusto. (1908–1965)
Estudios Sociales para el Tercer Grado. Novena edición. Tegucigalpa. Librería Molino. 1962. 160 p. ilus. 22 cm.

— Estudios Sociales para el Sexto Grado. Séptima edición. Tegucigalpa. Librería Molino. 1962. 170 p. ilus. 22 cm.

— La Comunidad Mundial. Tercer Curso del Ciclo Común de Cultura General. Primera edición. Tegucigalpa. Librería Molino. 1962. 202 p. ilus. 22 cm.

— Comunidad Nacional. Primera edición. Tegucigalpa. Librería Molino. 1962. 202–v p. 22 cm.

PUBLICACIONES GUBERNAMENTALES

CONGRESO Nacional
Contestación al señor Presidente de la República al inaugurarse las sesiones ordinarias. Tegucigalpa. Oficialía Mayor del Congreso Nacional. 1962. 6 p. 24 cm.

CONSEJO Nacional de Economía
Plan Bienal de Educación Pública. 1963–1964. Tegucigalpa. Secretaría del Consejo Nacional de Economía. 1962. 120 h. 28 cm.

— Informe del Gobierno de Honduras a la Conferencia sobre Educación y Desarrollo Económico y Social en América Latina. Santiago de Chile. Marzo de 1962. Tegucigalpa. Secretaría del Consejo Nacional de Economía. 1962. 91 p. gráfs. 32 cm.

CONSEJO Técnico de Educación
Planeamiento Integral de la Educación 1961. Tegucigalpa. 1962. 75 h. 28 cm.

CONSEJO Nacional de Elecciones
Informe anual 1961/1962. Tegucigalpa. 1962. 34 p. 28 cm.
— Instructivo de Trabajo para los Consejos Locales de Elecciones. Tegucigalpa. Consejo Nacional de Elecciones. 1962. 26 p. 22 cm.

CONTADURÍA General de la República
Codificación de las dependencias de los Poderes del Estado. Tegucigalpa. Contaduría General de la República. 1962. 5 h. 32 cm.
— Codificación de los Bienes del Estado. Tegucigalpa. Contaduría General de la República. 1962. 61 p. 32 cm.
— Codificación de Marcas de Activos. Tegucigalpa. Contaduría General de la República. 1962. 47 p. 32 cm.
— Codificación de Lugares. Tegucigalpa. Contaduría General de la República. 1962. 91 p. 32 cm.

— Codificación de Materiales. Tegucigalpa. Contaduría General de la República. 1962. 4 h. 32 cm.

— Codificación por nombre de razas. Tegucigalpa. Contaduría General de la República. 1962. 5 h. 32 cm.

CONTRALORÍA General de la República
Informe al Congreso Nacional. 1961. Tegucigalpa. Contraloría General de la República. 1962. t. I–II; 31 cm.

CORTE Suprema de Justicia
Informe al Congreso Nacional correspondiente a 1961/1962. Tegucigalpa. Corte Suprema de Justicia. 1962. 18 p. 28 cm.

DIRECCIÓN General de Aeronáutica Civil
Almanaque Hondureño 1962. Tegucigalpa. Dirección General de Aeronáutica Civil. 1962. 64 p. 21 cm.

DIRECCIÓN General de Agricultura
Informe Bimestral. Tegucigalpa. Dirección Gral. de Agricultura. 1962. 48 h. 28 cm.

DIRECCIÓN General Agropecuaria
Neguvon. Preparado. Tegucigalpa. 1962. 8 p. 28 cm.

DIRECCIÓN General de Cartografía
Baracoa. Departamento de Cortés, Yoro y Atlántida. Tegucigalpa. DGC. 1962. 1 hoja. Proyección Transversal de Mercator. Escala 1:50.000; ref. hoja N.º 263-III; color; 74 × 52 cm.

— Laguna de Los Micos. Departamento de Atlántida y Yoro. Primera edición. Tegucigalpa. DGC. 1962. 1 hoja. Proyección Transversal de Mercator. Escala 1:50.000; ref. hoja N.º 2663-II; color; 72 × 52 cm.

— Lepaterique. Departamento de Francisco Morazán. Primera edición. Tegucigalpa. DGC. 1962.

1 hoja. Proyección Transversal de Mercator. Escala 1:50.000; ref. hoja N.º 2758-III; color; 74 × 52 cm.

— Mesapa. Departamento de Atlántida. Primera edición. Tegucigalpa. DGC. 1962. 1 hoja. Proyección Transversal de Mercator. Escala 1:50.000; ref. hoja N.º 2626-I; color; 74 × 52 cm.

— San Pedro de Zacapa. Departamento de Santa Bárbara. Primera edición. Tegucigalpa. DGC. 1962. 1 hoja. Proyección Transversal de Mercator. Escala 1:50.000; ref. hoja N.º 2550-II; color; 74 × 52 cm.

— San Juan de Lima. Nicaragua–Honduras. Primera edición. Tegucigalpa. DGC. 1962. 1 hoja. Proyección Transversal de Mercator. Escala 1:50.000; ref. hoja N.º 2855-IV; color; 74 × 52 cm.

— Santa Cruz de Yojoa. Departamento de Cortés. Primera edición. Tegucigalpa. DGC. 1962. 1 hoja. Proyección Transversal de Mercator. Escala 1:50.000; ref. hoja N.º 2660-IV; color; 74 × 52 cm.

— Somotillo. Nicaragua–Honduras. Primera edición. Tegucigalpa. DGC. 1962. 1 hoja. Proyección Transversal de Mercator. Escala 1:50.000; ref. hoja N.º 2855-III; color; 74 × 52 cm.

— Taulabé. Departamento de Comayagua. Primera edición. Tegucigalpa. DGC. 1962. 1 hoja. Proyección Transversal de Mercator. Escala 1:50.000; ref. hoja N.º 2660; color; 74 × 52 cm.

— Tegucigalpa. Departamento de Francisco Morazán. Primera edición. Tegucigalpa. DGC. [s.f.] 1 hoja. Proyección Transversal de Mercator. Escala 1:50.000; ref. hoja N.º 2758-II; color; 74 × 52 cm.

— Vallecillo. Departamento de Comayagua y Francisco Morazán. Primera edición. Tegucigalpa. DGC. 1962. 1 hoja. Proyección Transversal de Mercator. Escala 1:50.000; ref. hoja N.º 2758-I; color; 74 × 52 cm.

DIRECCIÓN General de Estadística y Censos
Anuario Estadístico 1961. Tegucigalpa. DGEC. 1962. v–91–76–72–6 p. 28 cm.

— Comercio Exterior de Honduras 1955–1961. Tegucigalpa. DGEC. 1962. 110 p. 28 cm.

— Comercio Exterior de Honduras 1961. Tegucigalpa. DGEC. 1962. iv–357 p. 28 cm.

— Comercio Exterior de Honduras con Centroamérica 1958–1961. Tegucigalpa. DGEC. 1962. 155 p. 32 cm. apais.

— Comercio Exterior de Honduras. Primer trimestre 1962. Tegucigalpa. DGEC. 1962. 100 p. 28 cm.

— Datos Preliminares del Censo Nacional de Población. Abril 1961. Tegucigalpa. DGEC. 1962. 220 p. 32 cm. apais.

— Determinación de algunos indicadores demográficos de Honduras. Tegucigalpa. DGEC. 1962. 28 p. 32 cm. apais.

— Directorio Educacional 1962. Tegucigalpa. DGEC. 1962. 90 p. 32 cm.
— Directorio Industrial 1962. Tegucigalpa. DGEC. 1962. 72 p. 28 cm.

— Estadísticas Educacionales 1961. Tegucigalpa. DGEC. 1962. xvi–229 p. 28 cm.

— Información Agropecuaria. Precios recibidos por el productor e índices de precios. Cuarto trimestre 1961. Tegucigalpa. DGEC. 1962. 77 p. 27 cm. apais.

— Información Agropecuaria. Precios recibidos por el productor e índices de precios. Primer trimestre 1962. Tegucigalpa. DGEC. 1962. 27 p. 27 cm. apais.

— Información Agropecuaria. Precios recibidos por el productor e índices de precios. Segundo trimestre 1962. Tegucigalpa. DGEC. 1962. 25 p. 28 cm. apais.

— Información Agropecuaria. Precios recibidos por el productor e índices de precios. Tercer trimestre de 1962. Tegucigalpa. DGEC. 1962. 25 p. 28 cm. apais.

— Investigación Industrial. 1969. Tegucigalpa. DGEC. 1962. 24 p. 28 cm.

— Investigación Industrial 1960. Tegucigalpa. DGEC. 1962. vi–26 p. 28 cm.

— Números índices de Comercio Exterior 1961. Tegucigalpa. DGEC. 1962. 52 p. 28 cm.

— Población y Vivienda. Abril 1961. Departamento de Atlántida. Tegucigalpa. DGEC. 1962. 103 p. 32 cm. apais.

— Resumen Preliminar. Vivienda y población en cabeceras municipales y en aldeas y caseríos. Abril 1961. Reedición. Tegucigalpa. DGEC. 1962. 30 p. 22 cm. apais.

DIRECCIÓN GENERAL DE RECURSOS NATURALES
— Informe al señor Ministro de Recursos Naturales 1960/1961. Tegucigalpa. Dirección General de RR. NN. 1962. 50 h. ilus. 28 cm.

DISTRITO CENTRAL. CONCEJO
— Plan de Arbitrios del Distrito Central. Tegucigalpa. Concejo del Distrito Central. 1962. 24 p. 26 cm.

EMPRESA NACIONAL DE ENERGÍA ELÉCTRICA
— Información anual 1961. Tegucigalpa. ENEE. 1962. 28 p. 28 cm.

FUERZAS ARMADAS DE HONDURAS
— Operación Fraternidad. Tegucigalpa. Estado Mayor de las Fuerzas Armadas. 1962. 42 p. 27 cm.

INSTITUTO NACIONAL DE LA VIVIENDA
— Informe anual 1961. Tegucigalpa. INVA. 1962. 74 p. ilus. 30 cm.

JUNTA NACIONAL DE BIENESTAR SOCIAL
— Informe Anual 1961. Tegucigalpa. JNBS. 1962. 32 p. ilus. 28 cm.

LEYES, DECRETOS, ETC.
— Anteproyecto de Reforma Agraria. Tegucigalpa. Multilith. 1962. 67 p. 28 cm.

— Código de Comercio 1950. Segunda edición. Tegucigalpa. Ministerio de Economía y Hacienda. 1962. 477 p. 26 cm.

— Código de Trabajo. Decreto Legislativo N.º 189 de 1959. Tegucigalpa. Ministerio de Gobernación y Justicia. 1962. 173 p. 1 h. 25 cm.

— Decretos 1958–1959. Tegucigalpa. Ministerio de Gobernación y Justicia. 1962. 262 p. 28 cm.

— Decretos 1959-1961. Tegucigalpa. Ministerio de Gobernación y Justicia. 1962. 319p. 28cm.

— Decretos 1960/1961. Tegucigalpa. Ministerio de Gobernación y Justicia. 1962. 217-5p. 29cm.

— Decretos 1960/1962. Tegucigalpa. Ministerio de Gobernación y Justicia. 1962. 217x-5-37p. 29cm.

— Ley de Reforma Agraria. Tegucigalpa. Ministerio de Economía y Hacienda. 1962. 55p. 25cm.

— Ley de Reforma Agraria. Tegucigalpa. INA. 1962. 48p. 25cm.

— Ley de Sanidad Vegetal. Tegucigalpa. Ministerio de RR.NN. 1962. 16p. 21cm.

— Plan y Programas de Educación Primaria para el Quinto Grado. Tegucigalpa. Dirección Gral. de Educ. Primaria. 1962. 159p. 22cm.

— Planes y Programas de Educación Primaria para el Tercer Grado. Tegucigalpa. Dirección General de Educación Primaria. 1962. 151p. 22cm.

— Planes y Programas de Educación Primaria para el Cuarto Grado. Tegucigalpa. Dirección General de Educación Primaria. 1962. 154p. 22cm.

— Presupuesto Programado del Gobierno Central. 1962. Tegucigalpa. Dirección General de Presupuesto. 1962. 442p. 27cm.

— Presupuesto del Ramo de Educación Pública. Detalle de Servicios Personales. Detalle de gastos de funcionamiento y mejoras permanentes. 1962. Tegucigalpa. Ministerio de Educación Pública. 1962.
30p. 2h.- 9p. 29cm.
— Reglamento de Tránsito Aéreo. Tegucigalpa. D.G.A.C. 1962. 37p. 23cm.

ORDÓÑEZ MARTÍNEZ, José
Exposición del Ministerio de Educación Pública, ante la Conferencia sobre Educación y Desarrollo Económico y Social en la América Latina. Santiago de Chile, marzo de 1962. Tegucigalpa. Ministerio de Educación Pública. 1962. 7h. 28cm.

PROCURADURÍA General de la República
Informe anual correspondiente al año 1961/1962. Tegucigalpa. Procuraduría General de la República. 1962. 343h. 28cm.

SECRETARÍA de Comunicaciones y Obras Públicas
Informe presentado al Congreso Nacional correspondiente a 1961/1962. Tegucigalpa. Ministerio de Comunicaciones y OO.PP. 1962. 287p. 26cm.

SECRETARÍA de Defensa y Seguridad Pública
Memoria presentada al Congreso Nacional correspondiente a 1961/1962. Tegucigalpa. Ministerio de Defensa y Seguridad Pública. 1962. 162h. 27cm.

SECRETARÍA de Economía y Hacienda
Informe presentado al Congreso Nacional correspondiente a 1961/1962. Tegucigalpa. Ministerio de Economía y Hacienda. 1962. 76p. 31cm.

Centro América con Integración. Tegucigalpa. Ministerio de Economía y Hacienda. 1962. 18p. 1h. ilus. 22cm.

SECRETARÍA de Educación Pública
Informe presentado al Congreso Nacional correspondiente a 1961/1962. Tegucigalpa. Ministerio de Educación Pública. 1962. 144p. 32cm.

SECRETARÍA de Gobernación y Justicia
Informe presentado al Congreso Nacional correspondiente a 1961/1962. Tegucigalpa. Ministerio de Gobernación y Justicia. 1962. 128p. 22cm.

SECRETARÍA de Recursos Naturales
Informe presentado al Congreso Nacional correspondiente a 1961/1962. Tegucigalpa. Ministerio de RR.NN. 1962. 82p. ilus. 27cm.

SECRETARÍA de Relaciones Exteriores
Informe presentado al Congreso Nacional correspondiente a 1961/1962. Tegucigalpa. Ministerio de RR.EE. 1962. 128p. 28cm.

Lista Consular 1962. Tegucigalpa. Ministerio de RR.EE. 1962. 64p. 29cm.
Lista Diplomática 1962. Tegucigalpa. Ministerio de RR.EE. 1962. 139p. 14cm.

SECRETARÍA de Salud Pública y Asistencia Social
Informe presentado al Congreso Nacional correspondiente a 1961/1962. Tegucigalpa. Ministerio de Salud Pública y Asistencia Social. 1962. 176p. ilus. 32cm.

SECRETARÍA de Trabajo y Previsión Social
Informe presentado al Congreso Nacional correspondiente a 1961/1962. Tegucigalpa. Ministerio de Trabajo y Previsión Social. 1962. 83p. 28cm.

SERVICIO Meteorológico Nacional
Precipitación (lluvias) 1961. Tegucigalpa. Servicio Meteorológico Nacional. 1962. 7h. 28cm.

SNAAN
Recetas sencillas con productos. Tegucigalpa. SNAAN y CARE. 1962. 18p. 28cm.

VILLEDA MORALES, Ramón. Pres. 1908–1971
— Discurso al declarar inaugurado el Instituto Hondureño de Rehabilitación. Tegucigalpa. Tip. Ariston. 1962. 8p. 22cm.
— Discurso con motivo de la inauguración del Seguro Social. Tegucigalpa. Tip. Nacional. 1962. 11p. 22cm.
— Discurso del Presidente de Honduras al ser recibido en sesión dedicada en su honor por el Consejo de la Organización de Estados Americanos. Washington, D.C. Tegucigalpa. Oficina de RR.PP. de Casa Presidencial. 1962. 19p. 22cm.

— Discurso. Reunión en El Amatillo con el Presidente de El Salvador Dr. Rodolfo Cordón. Tegucigalpa. Oficina de RR.PP. de Casa Presidencial. 1962. 18p. 1h. 24cm.

— Discursos pronunciados en el acto de la inauguración del Banco Municipal Autónomo. Tegucigalpa. Imp. Bulnes. 1962. 20p. 24cm.

— Informe al Congreso Nacional correspondiente a 1961/1962. Tegucigalpa. Oficina de RR.PP. de Casa Presidencial. 1962.

— La Batalla de Cuba. Mensaje al pueblo hondureño. Tegucigalpa. Oficina de RR.PP. de Casa Presidencial. 1962. 15p. 24cm.

— La defensa de la democracia frente a la amenaza comunista. Mensaje. Tegucigalpa. Oficina de RR.PP. de Casa Presidencial. 1962. 66p. 22cm.

— Mensaje al pueblo hondureño. Tegucigalpa. Tip. Nacional. 1962. 64p. 22cm.

— Mensaje al pueblo hondureño al cumplirse el Quinto Año de su gestión administrativa. Tegucigalpa. Oficina de RR.PP. de Casa Presidencial. 1962.

— Mensaje del Presidente de la República al VIII Congreso de la Asociación de Periodistas del Norte, Centro y Occidente de la República. Tegucigalpa. Tip. Ariston. 1962. 4p. 24cm.

— Mensaje del señor Presidente de la República dirigido al Congreso Nacional en sus sesiones extraordinarias. Tegucigalpa. Tip. Ariston. 1962. 9p. 24cm.

— Mensaje al pueblo hondureño con motivo de vetar la Ley del Banco Nacional de Fomento. Tegucigalpa. Oficina de RR.PP. de Casa Presidencial. 1962. 5h. 25cm.

— Refutación democrática a cargos infundados de los Partidos de Oposición. Tegucigalpa. Tip. Ariston. 1962. 57p. 21cm.

— Saludo del Excelentísimo Presidente de la República de Honduras a los soldados de América, con motivo de la Operación Fraternidad. Tegucigalpa. Tip. Nacional. 1962. 9p. 25cm.

1963: OBRAS GENERALES

ASOCIACIÓN de Prensa, Arte y Cultura Sampedrana
Estatutos de la Asociación de Prensa, Arte y Cultura Sampedrana.
San Pedro Sula. Imp. Galeano. 1963. 13p. 18cm.

GARCÍA, Miguel Ángel. 1908-
Anuario Bibliográfico 1961. Tegucigalpa. Biblioteca Nacional.
1963. 49p. 26cm.

ROJAS, Daniel M.
Historia del Periodismo en Honduras; su origen. San Pedro Sula.
Imp. En Marcha. 1962. 14p. 22cm.

SOCIEDAD Española
Estatutos de la Sociedad Española. San Pedro Sula. Imp.
Renovación. 1963. 24p. 22cm.

FILOSOFÍA

MARTÍNEZ, Alba Sofía v. de
Guía Moral, Urbanidad y Cívica. Segunda edición. Tegucigalpa.
Imp. La Democracia. 1963. 59p. 2h.; 20cm.

RELIGIÓN

DURÓN, Alejandro
Misa de Difuntos en memoria de Alejandro Durón. Comayagüela.
Imp. Bulnes. 1963. 51p. 20cm.

EVANGELISMO a Fondo
Honduras Cantad, Himnario oficial de Evangelismo a Fondo.
Tegucigalpa. Imp. López y Cía. 1963. 58p. 20cm.

IGLESIA Evangélica y Reformada
Guía Ideal N.º 4. Liga Femenil. San Pedro Sula. Editora Nacional. 1963. 43p. 21cm.

NOVENA Infalible para pedir a la Santísima Virgen María. Traducida del inglés al castellano por un católico. Comayagüela. Imp. Bulnes. 1963. 23p. 22cm.

NOVENA para venerar a la Santísima e Infalible Augustísima Trinidad. Choluteca. s.i. 1963. 16p. 18cm.

OFRECIMIENTO de las Siete Caídas que nuestro Divino Redentor sufrió en su Sagrada Pasión. Tegucigalpa. Imp. Bulnes. 1963. 15p. 18cm.

TRIDUO de Novenas de la Virgen de Suyapa, de San Judas Tadeo y de las Ánimas Benditas del Purgatorio. Tegucigalpa. Imp. López y Cía. 1963. 10p. 18cm.

CIENCIAS SOCIALES

ALVARADO, Florencio
Páginas cívicas con motivo de las Fiestas Patrias. San Pedro Sula. Publicidad Arturo Carías Estévez. 1963. 28p. 22cm.

ÁLVAREZ DURÓN, Óscar
Del Delito Preterintencional. Comayagüela. Imp. Bulnes. 1963. 61p. 24cm.

ANTÚNEZ CASTILLO, Rubén. 1899-
Amiguito. Libro de Lectura para el Segundo Grado. Treceava edición. San Pedro Sula. Editorial Antúnez. 1963. 110p. ilus. 22cm.

ARGUETA V., Gustavo
El Panamericanismo. Tegucigalpa. Tipografía Nacional. 1963. 45p. 21cm.

ASOCIACIÓN de Química y Farmacia de Honduras
Estatutos de la Asociación de Química y Farmacia de Honduras.
Tegucigalpa. Imp. Calderón. 1963. 20p. 15cm.

BANCO Central de Honduras
Factores de descuento en la sucesión de vencimiento a intervalos
de un mes. Tasa: 8% por unidad de moneda. Tegucigalpa. Banco
Central de Honduras. 1963. 16h. 28cm.

BANCO Centroamericano de Integración Económica
Primera Memoria de Labores 1961/1962. Tegucigalpa. BCIE.
1963. 48p. 26cm.

Central American Bank for Economic Integration. Tegucigalpa.
BCIE. 1963.

BANCO Municipal Autónomo
Memoria anual 1962. Tegucigalpa. Banco Municipal Autónomo.
1963. 56p. 28cm.

BANCO Nacional de Fomento
Memoria 1962. Comayagüela. BANAFOM. 1963. 70p. ilus.
27cm.

BUESO CARIÁS, Dorothy Ann
La Alianza para el Progreso. Tegucigalpa. Instituto Tegucigalpa.
1963. 20h. 22cm.

CABRERA E., Francisco H. y otros
Pedro y Juanito. Libro de Lectura. Tegucigalpa. Alianza para el
Progreso. 1963. 69p. ilus. 21cm.

CARVAJAL, Ramón E.
El Derecho de Huelga. Tegucigalpa. Imp. La Democracia. 1963.
45p. 21cm.

CENTRO Cooperativo Técnico Industrial
A proposed factory in Honduras for the processing of pineapples and other tropical fruits. Tegucigalpa. CCTI. 1963. 12p. 27cm.

Non Metallic Resources in Honduras. Tegucigalpa. CCTI. 1963. 17p. 27cm.

COLEGIO "La Salle"
Memoria y Premios. San Pedro Sula. Editora Nacional. 1963. s.p. ilus. 28cm.

COLINDRES DELGADO, Adelita
Contrato individual de trabajo. Tegucigalpa. Imp. Calderón. 1963. 99p. 23cm.

CALONA, Jorge Alejandro y otros
El secreto del espantapájaros. Tegucigalpa. Imp. Calderón. 1963. 65p. ilus. 21cm.

COMITÉ de la Feria Isidra
Estatutos del Comité de la Feria Isidra. La Ceiba. Imp. Moderna. 1963. 20p. 22cm.

CONSUEGRA MONDRAGÓN, Guillermo
La porción conyugal frente a terceros. Tegucigalpa. Imp. Calderón. 1963. 28p. 23cm.

COOPERATIVA de Ahorro y Préstamo de Trabajadores Mecánicos
Estatutos de la Cooperativa de Ahorro y Préstamo de Trabajadores Mecánicos de El Progreso. San Pedro Sula. Editora Nacional. 1963. 13p. 22cm.

COOPERATIVA de Productos de Calzado "La Libertad" Ltda.
Memoria y Balance General. Comayagüela. Imp. La Democracia. 1963. 48p. 24cm.

CORZO, Guillermo y otros
Carmen y Carlos. Libro de Lectura. Tegucigalpa. Alianza para el Progreso. 1963. 84p. ilus. 21cm.

EMPRESA San Alejo
Contrato Colectivo de Trabajo celebrado entre la Empresa San Alejo y el Sindicato de Trabajadores de la Finca San Alejo. Tela. Imp. La Marina. 1963. 11p. 21cm.

ENAMORADO MEJÍA, Froilán
Cartilla para los Alcaldes Auxiliares. San Pedro Sula. Editora Nacional. 1963. 29p. 18cm.

ESCORCIA, Consuelo de
Los Carteles de Lectura. Ilus. de Ranulfo Zelaya. Aprobado por el Ministerio de Educación Pública. Tegucigalpa. Alianza para el Progreso. 1963. 39p. ilus. 21cm.

ESPINA, Darío
Notas sobre Crédito Agrícola. Comayagüela. BANAFOM. 1963. 29p. 22cm.

Manual de Crédito Agrícola. Comayagüela. BANAFOM. 1963. 33p. 27cm.

FAJARDO, Herminio
Educación Vial. Comayagüela. Imp. Soto. 1963. 33p. 22cm.

FEDERACIÓN de Asociaciones Femeninas Hondureñas
Declaración y Estatutos 1951. Segunda edición. Tegucigalpa. Imp. Ariston. 1963. 37p. 22cm.

FERRARI T., Rodolfo
Fundamento de las valuaciones agrícolas. Tegucigalpa. Mecanog. 1963. 37h. 28cm.

FLORES MACALL, Mario
Derecho Natural en la Legislación Hondureña. Tegucigalpa.
Editorial Paulino Valladares. 1963. 55 p. 21 cm.

FLORES, Oscar Armando. 1912-
El Partido Liberal y el Golpe Militar del 3 de Octubre.
Tegucigalpa. Imp. López y Cía. 1963. 30 p. 22 cm.

FRENTE de Integración Democrática Universitaria
Declaración de Principios del FIDU. Tegucigalpa. Imp. Bulnes.
1963. 7 p. 22 cm.

GIRÓN LÓPEZ, Roberto
Prontuario de Leyes de Honduras. 1959-1962. Tegucigalpa. s.e.;
s.i.e. 1963. 24 p. 21 cm.

GUILLÉN DÍAZ, Isabel. 1917-
Capullo y Colita. Primer Libro. Segunda edición. Tegucigalpa.
Ministerio de Educación Pública. 1963. 31 p. ilus. 22 cm.
— Rosita y los Pollitos. Segundo Libro. Segunda edición.
Tegucigalpa. Ministerio de Educación Pública. 1963.
31 p. ilus. 22 cm.
— Mario y Lilia. Tercer Libro. Tercera edición. Tegucigalpa.
Ministerio de Educación Pública. 1963.
35 p. ilus. 24 cm.

HIDALGO H., Carlos F.
De estructura económica y Banca Central. La experiencia de
Honduras. Tegucigalpa. Banco Central de Honduras. 1963. 135 p. 24
cm.

INSTITUTO San Francisco
Graduación 1963. Comayagüela. Instituto San Francisco. 1963.
20 p. 28 cm.

KUHN, Tillo E.
Public Enterprises Project Planning and Economic Development.
Tegucigalpa. Banco Central de Honduras. 1963. 55 p. 24 cm.

MARADIAGA MUÑOZ, Armando
Principios de Ciencia Económica. Tegucigalpa. Mimeo. 1963.
108 p. 32 cm.

MARTÍNEZ, Sebastián
El folklore en la tierra de los pinos. Tegucigalpa. Imp. Cultura.
1963. 110 p. 21 cm.

MENCIA, María Luisa, Angelina Flores y Albertina Ordóñez
Y fueron amigos... Tegucigalpa. Alianza para el Progreso. 1963.
39 p. ilus. 21 cm.

MILLA BERMÚDEZ, Francisco
Instructivo para el personal de las Mesas Electorales Receptoras.
Tegucigalpa. s.e.; s.i. 1963. 30 p. 22 cm.

NAVARRO, Miguel. 1904-
Libro de Lectura. Tercer Grado. Quinta edición. Comayagüela.
Publicaciones Navarro. 1963. 194 p. ilus. 22 cm.

PAREDES, Felipe Alonso
Del delito continuado. San Pedro Sula. Editora Nacional. 1963.
23 p. 22 cm.

PAREDES, Lucas
Liberalismo y Nacionalismo. (Transfuguismo político).
Tegucigalpa. Imp. Honduras. 1963. 399 p. 8 p. 22 cm.

PARTIDO Republicano Ortodoxo
Declaración de Principios, Anteproyecto de Estatutos y Programa
de Gobierno del Partido Republicano Ortodoxo. Tegucigalpa. Tip.
Ariston. 1963. 46 p. 18 cm.

PAZ BARNICA, Edgardo
Las Garantías y los Principios Sociales en la Constitución de Honduras de 1957. Tegucigalpa. Tip. Ariston. 487 p. 22 cm.

PINEL, Amado R.
Experiencias. Tegucigalpa. Imp. López y Cía. 1963.
71 p. 22 cm.

QUÍMICAS Dinant de Centro América
Reglamento de Trabajo de la Empresa Químicas Dinant de Centro América, S. A. de C. V. Comayagüela. Imp. Bulnes. 1963.
19 p. 20 cm.

RIVERA HERNÁNDEZ, Alejandro
Astrea. México. Editorial Latino Americana. 1963.
xvi-285 p. 20 cm.

SCIDE
Libros de la Serie Mesoamérica. Tegucigalpa. SCIDE. 1963.
138 p. 27 cm.

SINDICATO Obrero "El Mochito"
Estatutos y Reglamento Interno del Sindicato Obrero "El Mochito". El Mochito. S.P.S. Editora Nacional. 1963.
39 p. 13 cm.
SOCIEDAD Nacional de Marineros de Honduras
Contrato Colectivo de Trabajo Marítimo. Puerto Cortés. S.P.S. Editora Nacional. 1963. 60 p. 20 cm.

UNIVERSIDAD Nacional Autónoma de Honduras
Encuesta Piloto sobre Ingresos en Tegucigalpa. Tegucigalpa. UNAH. 1963. 38 p. 28 cm.

— Presupuesto Especial de Egresos e Ingresos de la Universidad Nacional Autónoma de Honduras. Tegucigalpa. UNAH. 1963. 34 p. 28 cm.

— Administración y Financiamiento de la Universidad Nacional Autónoma de Honduras. Tegucigalpa. Instituto de Ciencias Económicas y Sociales. 1963. 134 p. 22 cm.

VÁSQUEZ, José Valentín. 1890-
Memorias de un Escolar. Hogar. Escuela. Patria. Tegucigalpa. Tip. Ariston. 1963. 61 p. ilus.; ret. 21 cm.

VILLAFRANCA R., Augusto. 1908–1965
Escuela y Hogar. Libro de Lectura para el Tercer Grado. Séptima edición. Tegucigalpa. Librería Molino. 1963. 96 p. ilus. 22 cm.

VILLEDA MORALES, Ramón. Pres. 1908–1971
El Pensamiento Vivo de Villeda Morales. Tegucigalpa. Tip. Ariston. 1963. 96 p. 24 cm.

— El Pueblo y Villeda Morales. Recopilación de Artículos Publicados en Correo del Norte. Tegucigalpa. Tip. Ariston. 1963. 37 p. 24 cm.

ZELAYA LOZANO, Cecilio y otros
Cuentas Nacionales de Honduras. 1948, 1950–1961. Tegucigalpa. Banco Central de Honduras. 1963. 23 h. 32 cm. apais.

— Cuentas Nacionales de Honduras. 1948–1953–1962. Tegucigalpa. Banco Central de Honduras. 1963. 24 h. 32 cm. apais.

ZUÑIGA, Luis Andrés. 1878–1964
Fábulas. Quinta edición. Tegucigalpa. Ministerio de Educación Pública. 1963. 184 p. ilus. 18 cm.

ZÚÑIGA HUETE, Ángel. 1885–1953
Liberalismo. Tegucigalpa. Antonia Velásquez de Flores. 1963. 52 p. ret. 21 cm.

CIENCIAS PURAS

ANTÚNEZ CASTILLO, Rubén. 1899–
Aritmética y Geometría. Programa Oficial para el Tercer Grado. Segunda edición. San Pedro Sula. Editorial Antúnez. 1963.
174 p. 7 h. ilus. 22 cm.
— Aritmética y Geometría. Cuarto Grado. Segunda edición. San Pedro Sula. Editorial Antúnez. 1963. 209-v p. 22 cm.

GAMERO IDIÁQUEZ, Ibrahín. 1904–
Las voces de los animales. Comayagüela. Publicaciones Navarro. 1963. 61 p. 22 cm. apais.

HERNÁNDEZ, Benigno. –1969
Ciencias Naturales. Primer Curso del Ciclo Común de Cultura General. Segunda edición. Tegucigalpa. Multilith. 1963.
140 p. ilus. 28 cm.
— Ciencias Naturales. Segundo Curso del Ciclo Común de Cultura General. Primera edición. Tegucigalpa. Multilith. 1963.
142 p. ilus. 28 cm.
— Ciencias Naturales. Tercer Curso del Ciclo Común de Cultura General. Primera Unidad. Tegucigalpa. Multilith. 1963.
90 p. ilus. 28 cm.
— Ciencias Naturales. Tercer Curso del Ciclo Común de Cultura General. Segunda y Tercera Unidades. Tegucigalpa. Multilith. 1963.
149 p. ilus. 28 cm.

INTERIANO RODRÍGUEZ, Manuel
Investigación Bacteriológica en las distintas afecciones infecciosas otorrinolaringológicas. Tegucigalpa. s.c.; s.i.; 1963. 41 p. 25 cm.

MUNÉVAR, Luis Francisco
Los Números en tu Hogar. Tegucigalpa. Acción Cultural Popular Hondureña. 1963.
147 p. ilus. 22 cm.

NÚÑEZ CHINCHILLA, Jesús. –1973
Copán Ruinas. Complete Guide of the Great Maya City. Traducción de Irma Bendaña. Tegucigalpa. Banco Central de Honduras. 1963. 103 p. ilus.; lám.; 20 cm.

REINA VALENZUELA, José. 1907–
Noticias precolombinas y hallazgos arqueológicos en el Valle de Comayagua. Asociación de Municipios de Honduras. 1963. 69 p. ilus. 20 cm.

VILLAFRANCA R., Augusto. 1908–1965
Ciencias Naturales para el Cuarto Grado. Octava edición. Tegucigalpa. Librería Molino. 1963. 102 p. ilus. 22 cm.
— Ciencias Naturales para el Quinto Grado. Quinta edición. Tegucigalpa. Librería Molino. 1963. 128 p. ilus. 22 cm.

— Ciencias Naturales para el Sexto Grado. Cuarta edición. Tegucigalpa. Librería Molino. 1963. 124–iii p. 22 cm.

CIENCIAS APLICADAS

ACCIÓN Cultural Popular Hondureña
Para vivir mejor... Tegucigalpa. Escuelas Radiofónicas. 1963. 32 p. ilus. 21 cm.

ALCOHÓLICOS Anónimos
Grupo "El Despertar" 1962–1963. Primer aniversario. Comayagüela. Imp. Cultura. 1963. 26 p. 23 cm.

ALMENDAREZ QUEZADA, José Alberto
El Problema del Ejercicio Ilegal de la Odontología. Tegucigalpa. Imp. La Democracia. 1963. 33 p. 21 cm.

ASOCIACIÓN Fraternidad Copaneca
Estatutos de la Asociación Fraternidad Copaneca. Tegucigalpa. Mimeo. 1963. 9 h. 24 cm.

ANECEH
Guía Telefónica Provisional. Tegucigalpa. Asociación Nacional de Empleados de Comunicaciones Eléctricas de Honduras. 1963. 55 p. 33 cm.

CENTRO Cooperativo Técnico Industrial
Capacitación de Secretarias Ejecutivas. Tegucigalpa. Imp. Calderón. 1963. 37 p. ilus. 22 cm.

— Estudio Técnico-Económico para la fabricación de cal en Honduras. Tegucigalpa. Imp. Calderón. 28 p. ilus. 22 cm.

CENTRO Médico Quirúrgico
Reglamento General de Abonados. Comayagüela. Imp. Bulnes. 1963. 32 p. 22 cm.

ESPINA, Darío
Prontuario del Tasador Agrícola. Comayagüela. BANAFOM. 1963. 273/28/ p. 28 cm.

GÓMEZ ANDINO, Jorge A.
Monografía. Pruebas funcionales en el diagnóstico de enfermedades del hígado. Comayagüela. Imp. Bulnes. 1963. 16–i p. 22 cm.

LÓPEZ VÁSQUEZ, Rolando
La Reforma Agraria de Honduras y la Alianza para el Progreso. Tegucigalpa. INA. 1963. 44 h. 28 cm.

MUNGUÍA G., Luis
Acrocomia vinifera (El Coyol). Tegucigalpa. UNAH. 1963. 92 p. ilus.; lám. 21 cm.

MUÑOZ A., Orlando
El Huerto Escolar. Ilustraciones de Ranulfo Zelaya. Tegucigalpa. Alianza para el Progreso. 1963. 39 p. ilus. 21 cm.

NUFIO GAMERO, Mario
La Nutrición del ganado vacuno en Honduras. Comayagüela. BANAFOM. 1963. 48–18 h. 28 cm.

RODRÍGUEZ CIENFUEGOS, Carlos
Producto Agrícola y Nivel Técnico de Producción en Honduras. Tegucigalpa. UNAH. 1963. 112 h.; ap.; cuads.; 27 cm.

SÁNCHEZ ESCOBAR, Agapito
La obra vial de Honduras. Tegucigalpa. Consejo Departamental Liberal de Francisco Morazán. 1963. 19 p.; ret.; láms.; 21 cm.

TELA Railroad Company
Datos 1962. Lima, Cortés. Tegucigalpa. Imp. Calderón. 1963. 12 p. ilus. 22 cm.

ARTES Y RECREACIÓN
MESTICHELI, Adriana de
Serenata de América. Colaboradores: Abelardo Avendaño y otros. Comayagüela. Imp. Bulnes. 1963. 59 p. 22 cm.

SEGAR, Charle M.
Reglas Oficiales del Base Ball. Tegucigalpa. CENSA. 1963. 24 p. 22 cm.

SÉPTIMO Congreso Iglesias Centroamericanas
Cooperemos para progresar. Filipenses. Tegucigalpa. Imp. López y Cía. 1963. 24 p. 22 cm.

VELÁSQUEZ, José Manuel
Álbum Deportivo. Tegucigalpa. Publicidad del Departamento en Marcha. 1963. 30 p. ret.; ilus. 28 cm.

LITERATURA

ALEMÁN, Vicente. 1914–1971 y Julio Rodríguez

Mensaje de amor a las madres. Recopilación de Claudio Barrera y Julio Rodríguez. Prólogo de Vicente Mejía Colindres. Tegucigalpa. Editorial Paulino Valladares. 1963. 89 p. 22 cm.

BARRERA, Claudio. Seud.
Véase: Alemán, Vicente.

DÍAZ LOZANO, Argentina. 1909–
¡Tenemos que Vivir! Tercera edición en español. Guatemala. Editorial San Antonio. 1963. 183 p. 20 cm.

FLORES OCHOA, Santiago. 1919–
Sonetos de Luz al Viento. México. Editorial Panamericana. 1963. 108 p. 21 cm.

FORTUNA, José
Los Persistentes. Comayagüela. Imp. Cultura. 1963. 35 p. 18 cm.

GALEANO, Leonidas. 1934–
Se mira una Estrella. Prólogo de Luis Carlos Guardiola. Comayagüela. Imp. Cultura. 1963. 60–xiii–1 u p. 19 cm.

GRUPO Dramático de Tegucigalpa
Fabulilla del Secreto bien Guardado. Helena de Troya y El Cornudo Apaleado y Contento. (Comedias). Tegucigalpa. Imp. Calderón. 1963. 16 p. ilus. 24 cm.

LAGOS H., Francisco
Viento de Atardecer. Tegucigalpa. Imp. La República. 1963. 39 p. 20 cm.

LÓPEZ ARIAS, Salvador
Cuentos Hondureños. Segunda edición. San Pedro Sula. Editorial Antúnez. 1963. 56 p. 21 cm.

LUJÁN, Fernando
Oda a las Ruinas de Copán. Poemas. Tegucigalpa. Imp. La República. 1963. 13 p. 24 cm.

MURILLO SOTO, Céleo. 1912–1966
Morazán. Poema. Tegucigalpa. Ministerio de Educación Pública. 1963. xii p. ilus.; lb. 31 cm.

SUPERVISIÓN Departamental
Orientación Cívica al Magisterio Copaneco. Día del Árbol. Santa Rosa de Copán. 1963. 21 h. 28 cm.

ROSA, Marco Antonio
Mis tías las Zanatas. Segunda edición. Editorial Latino Americana. 1963. 73 p. 22 cm.
— Lágrimas Verdes. Novela vernácula. Primera edición. México. Editorial Latino Americana. 1963. 77 p. 16 cm.

TEATRO Universitario de Honduras
3 Pasos de Lope de Vega. Prólogo de León Felipe. Tegucigalpa. Banco Atlántida. 1963. s.p. 22 cm.

VALLE, José Cecilio del. 1777–1834
Cartas. Prólogo de Rafael Heliodoro Valle. Tegucigalpa. UNAH. 1963. xxxiv–255 p.; 1 h. 25 cm.

— VALLE, Pompeyo del. 1929–
El Fugitivo. (Poesías). San Pedro Sula. Imp. La Cultura. 1963. 33 p. 23 cm.

VALLE, Rafael Heliodoro. 1891–1959
Véase: Valle, José Cecilio.

VALLE, Emilia de
Corona a la Memoria de Rafael Heliodoro Valle. México. Editorial Libros de México, S.A. 1963. 332 p. 23 cm.

VALLE, Rafael Heliodoro. 1891–1959
Véase: Valle, Emilia de.

VEGA, Lope de. 1562–1635
Véase: Teatro Universitario.

HISTORIA Y GEOGRAFÍA

AGUILAR PINEL, Carlos. 1885–1967
Geografía de Honduras. Cuarta edición. Tegucigalpa. Imp. La República. 1963. 254 p. 21 cm.

ALVARADO RODRÍGUEZ, Martín
Doctor Antonio R. Vallejo. (Biografía). Tegucigalpa. Imp. La República. 1963. 28 p. 21 cm.

BANCO de El Ahorro Hondureño
Homenaje a la Patria en el Aniversario glorioso de su independencia. 15 de Septiembre de 1963. Tegucigalpa. Editorial Paulino Valladares. 1963. 16 p. 25 cm.

BARAHONA, Rubén
Breve Historia de Honduras. Reimpresión de la quinta edición. México. Editorial Azteca, S. A. 1963. 255–ii p. 22 cm.

BARJÚM, Salomón N.
El Problema de Palestina. Reproducción de Salomón N. Barjúm. Tegucigalpa. Alto Comité Árabe. 1963. 20 p. 22 cm.

BUNGARTNER, Louis E.
José del Valle of Central America. Durham, V.C. Duke University Press. 1963. viii–302 p. ret.; 24 cm.

CANTARERO SUAZO, Santos
Gonzalo, el mejor amigo del pueblo. Segunda edición. Tegucigalpa. Imp. La República. 1963. 26 p. 22 cm. El folleto se refiere a la personalidad del Doctor Gonzalo Carías Castillo.

FONSECA FLORES, Abel
Folleto Cívico. Símbolos Nacionales. Segunda edición. Tegucigalpa. Ministerio de Educación Pública. 1963. 221 p. 22 cm.

FUNES, Matías. 1910–1971
Levando Anclas. Crónicas de Viajes. Tegucigalpa. Lito. Suárez Romero. 1963. 259 p. 22 cm.

GÓMEZ ALEGRÍA, Cresencio
Frases de admiración y simpatía para la destacada personalidad del ilustre Licenciado Jorge Fidel Durón. Comayagüela. Imp. Alpha. 1963. 1 h. pleg. 25 cm.

NARVÁEZ ROSALES, Reynaldo
En las Tierras del Laudo. Tegucigalpa. Editorial Paulino Valladares. 1963. 55 p. 22 cm.

ORTEZ COLINDRES, Enrique
La República Federal de Centro América a la luz del Derecho Internacional Público. San Salvador. ODECA. 1963. 305–iii p. 21 cm.

PERAZA, José Antonio. 1904–
Miguel Paz Baraona. Hombre, Profesional, Político y Masón. San Pedro Sula. Imp. La Juventud. 1963. 24 p. 15 cm.

RIVERA HERNÁNDEZ, Alejandro. 1909–1968
Un toque de suspenso. México. Editorial Latinoamericana. 1963. 661 p. 22 cm. — Astrea. México. Editorial Latinoamericana. 1963. 285 p. 22 cm.

ROSA, Marco Antonio. 1899–
Honduras de Honduras. Segunda edición. México. Editorial Latinoamericana. 1963. 74 p. 16 cm.
— Lágrimas Verdes. Novela vernácula. Primera edición. México. Editorial Latinoamericana. 1963.
77 p. 16 cm.

VALLE, José Cecilio del. 1777–1834
Véase: Bungartner, Louis E.

VILLAFRANCA R., Augusto. 1908–1965
Estudios Sociales para el Segundo Grado. Sexta edición. Tegucigalpa. Librería Molino. 1963. 74 p. ilus. 22 cm.
— Estudios Sociales para el Cuarto Grado. Novena edición. Tegucigalpa. Librería Molino. 1963. 225 p. 22 cm.

— Estudios Sociales para el Quinto Grado. Novena edición. Tegucigalpa. Librería Molino. 1963. 224 p. 22 cm.

VILLEDA MORALES, Alejandrina Bermúdez de
Vida y obra de la Excelentísima señora Alejandrina Bermúdez de Villeda Morales, Primera Dama de la Nación. Tegucigalpa. A.F.H. 1963. 55 p. ilus. 24 cm.

VILLEDA VIDAL, Jesús
Los fundadores de la Antigua Ocotepeque. Tegucigalpa. Tip. Ariston. 1963. 146 p. ilus. 22 cm.

PUBLICACIONES GUBERNAMENTALES

CONGRESO Nacional
Boletín Legislativo. II Período de Sesiones Ordinarias 1958/1959. Actas del N.° 78 al 90. Comayagüela. 1963. 450 p. 30 cm.

CONSEJO Nacional de Economía
Informe anual 1962. Tegucigalpa. Secretaría del Consejo Nacional de Economía. 1963. 72 p. 28 cm.

CONSEJO Nacional de Elecciones
Informe anual 1962. Tegucigalpa. CNE. 1963. 48 p. 28 cm.

CONTRALORÍA General de la República
Informe anual 1962. Tegucigalpa. Contraloría General de la República. 1963. t. I–II. 29 cm.

CORTE Suprema de Justicia
Informe anual 1962. Tegucigalpa. Corte Suprema de Justicia. 1963. 18 p. 28 cm.

DIRECCIÓN General de Aeronáutica Civil
Almanaque Hondureño 1963. Tegucigalpa. D.G.A.C. 1963. 46 p. ilus. 22 cm.

DIRECCIÓN General de Cartografía
Concepción de María. Cinco Pinos. Honduras–Nicaragua. Primera edición. Tegucigalpa. D.G.C. 1963. 1 hoja. Proyección Transversal de Mercator. Escala 1:50.000; ref. hoja N.° 2855-IV; color; 74 × 52 cm.

— Copán. Ruinas. Departamento de Copán. Primera edición. Tegucigalpa. D.G.C. 1963.
1 hoja. Proyección Transversal de Mercator. Escala 1:50.000; ref. hoja N.° 2360-I; color; 74 × 52 cm.

— Choloma. Departamentos de Cortés y Yoro. Primera edición. Tegucigalpa. D.G.C. 1963.
1 hoja. Proyección Transversal de Mercator. Escala 1:50.000; ref. hoja N.° 2659-I; color; 74 × 52 cm.

— Dulce Nombre. Departamento de Copán. Primera edición. Tegucigalpa. D.G.C. 1963.
1 hoja. Proyección Transversal de Mercator. Escala 1:50.000; ref. hoja N.° 2460-IV; color; 74 × 52 cm.

— Gracias. Departamento de Lempira. Primera edición. Tegucigalpa. D.G.C. 1963.
1 hoja. Proyección Transversal de Mercator. Escala 1:50.000; ref. hoja N.° 2459-I; color; 74 × 52 cm.

— Lepaera. Departamento de Lempira. Primera edición. Tegucigalpa. D.G.C. 1963.

1 hoja. Proyección Transversal de Mercator. Escala 1:50.000; ref. hoja N.° 2460-II; color; 74 × 52 cm.

— La Libertad. Departamento de Comayagua. Primera edición. Tegucigalpa. D.G.C. 1963.
1 hoja. Proyección Transversal de Mercator. Escala 1:50.000; ref. hoja N.° 2660-II; color; 74 × 52 cm.
— Macuelizo. Honduras–Nicaragua. Primera edición. Tegucigalpa. D.G.C. 1963.
1 hoja. Proyección Transversal de Mercator. Escala 1:50.000; ref. hoja N.° 2856-I; color; 74 × 52 cm.

— Montañuelas. Departamentos de Comayagua, Cortés y Yoro. Primera edición. Tegucigalpa. D.G.C. 1963.
1 hoja. Proyección Transversal de Mercator. Escala 1:50.000; ref. hoja N.° 2660-; color; 74 × 52 cm.

— Naranjito. Departamentos de Santa Bárbara y Copán. Primera edición. Tegucigalpa. D.G.C. 1963.
1 hoja. Proyección Transversal de Mercator. Escala 1:50.000; ref. hoja N.° 2460-I; color; 74 × 52 cm.

— Nueva Armenia. Departamento de Francisco Morazán. Primera edición. Tegucigalpa. D.G.C. 1963.
1 hoja. Proyección Transversal de Mercator. Escala 1:50.000; ref. hoja N.° 2757-II; color; 74 × 52 cm.

— Ojojona. Departamento de Francisco Morazán. Primera edición. Tegucigalpa. D.G.C. 1963.
1 hoja. Proyección Transversal de Mercator. Escala 1:50.000; ref. hoja N.° 2757-IV; color; 74 × 52 cm.

— El Rosario. Departamento de Comayagua. Primera edición. Tegucigalpa. D.G.C. 1963.
1 hoja. Proyección Transversal de Mercator. Escala 1:50.000; ref. hoja N.° 2659-II; color; 74 × 52 cm.

— Sabanagrande. Departamentos de Francisco Morazán, Choluteca y Valle. Segunda edición. Tegucigalpa. D.G.C. 1963.

1 hoja. Proyección Transversal de Mercator. Escala 1:50.000; ref. hoja N.º 2757-III; color; 74 × 52 cm.

— San Buenaventura. Departamento de Francisco Morazán. Primera edición. Tegucigalpa. D.G.C. 1963.

1 hoja. Proyección Transversal de Mercator. Escala 1:50.000; ref. hoja N.º 2757-I; color; 74 × 52 cm.

— San Fernando. Nicaragua–Honduras. Primera edición. Tegucigalpa. D.G.C. 1963.

1 hoja. Proyección Transversal de Mercator. Escala 1:50.000; ref. hoja N.º 2957-III; color; 74 × 52 cm.

— San Fernando. Departamento de Ocotepeque. Primera edición. Tegucigalpa. D.G.C. 1963.

1 hoja. Proyección Transversal de Mercator. Escala 1:50.000; ref. hoja N.º 2360-II; color; 74 × 52 cm.

— Santa Rosa de Copán. Departamento de Copán y Lempira. Primera edición. Tegucigalpa. D.G.C. 1963.

1 hoja. Proyección Transversal de Mercator. Escala 1:50.000; ref. hoja N.º 2460-III; color; 74 × 52 cm.

— Somoto. Nicaragua–Honduras. Primera edición. Tegucigalpa. D.G.C. 1963.

1 hoja. Proyección Transversal de Mercator. Escala 1:50.000; ref. hoja N.º 2856-II; color; 74 × 52 cm.

— Yuscarán. Departamento de El Paraíso y Francisco Morazán. Primera edición. Tegucigalpa. D.G.C. 1963.

1 hoja. Proyección Transversal de Mercator. Escala 1:50.000; ref. hoja N.º 2757-IV; color; 74 × 52 cm.

— Planos de las principales poblaciones del país. Tegucigalpa. D.G.C. 1963. 158 h. 70 × 45 cm.

DIRECCIÓN General de Estadística y Censos

— Anuario Estadístico 1962. Tegucigalpa. D.G.E.C. 1963.
217 p. 28 cm.

— Calendario Agrícola 1963. Tegucigalpa. D.G.E.C. 1963.
61 p. 28 cm.

— Cifras definitivas de Población y Vivienda en Cabeceras Municipales y Aldeas y Caseríos. Abril de 1961. Tegucigalpa. D.G.E.C. 1963.
24 p. 22 cm. apais.

— Comercio Exterior de Honduras. Exportación 1962. Tegucigalpa. D.G.E.C. 1963.
435 p. 28 cm.
— Comercio Exterior de Honduras. Importación 1962. Tegucigalpa. D.G.E.C. 1963.
336 p. 28 cm.

— Comercio Exterior de Honduras con Centro América. 1962. Tegucigalpa. D.G.E.C. 1963.
220 p. 30 cm. apais.

— Comercio Exterior de Honduras. Primer trimestre 1963. Tegucigalpa. D.G.E.C. 1963.
106 p. 28 cm.

—Comercio Exterior de Honduras. Enero–septiembre de 1963. Tegucigalpa. D.G.E.C. 1963.
126 p. 28 cm.

Anexo de Comercio de 1962. Tegucigalpa. D.G.E.C. 1963.
134 p. 28 cm.

Índices de Comercio Exterior 1961/1962. Tegucigalpa. D.G.E.C. 1963. 55 p. 28 cm.

Importaciones amparadas en la Ley de Fomento Industrial. 1962. Tegucigalpa. D.G.E.C. 1963. 56 p. 28 cm.

Investigación Comercial 1960. Tegucigalpa. D.G.E.C. 1963. iv–43 p. 21 cm. apais.

Directorio de Establecimientos Comerciales 1963. Tegucigalpa. D.G.E.C. 1963. 105 p. 24 cm.

Directorio de Establecimientos Educacionales 1963. Tegucigalpa. D.G.E.C. 1963. 126 p. 24 cm.

Directorio Industrial 1962. Tegucigalpa. D.G.E.C. 1963. 38 p. 30 cm. apais.

Estadísticas Educacionales 1962. Tegucigalpa. D.G.E.C. 1963. xvi–231 p. 28 cm.

Investigación Industrial 1960. Tegucigalpa. D.G.E.C. 1963. 26 p. 28 cm.

Información Agropecuaria. Precios recibidos por el productor e índice de precios. Cuarto trimestre 1962. Tegucigalpa. D.G.E.C. 1963. 24 p. ilus. 21 cm. apais.

Información Agropecuaria. Precios recibidos por el productor e índice de precios 1962. Tegucigalpa. D.G.E.C. 1963. 24 p. ilus. 21 cm. apais.

Información Agropecuaria. Precios recibidos por el productor e índices de precios. Segundo trimestre 1963. Tegucigalpa. D.G.E.C. 1963. 24 p. ilus. 21 cm. apais.

Información Agropecuaria. Precios recibidos por el productor e índices de precios. Tercer trimestre 1963. Tegucigalpa. D.G.E.C. 1963. 24 p. ilus. 21 cm. apais.

Honduras en Cifras 1962. Tegucigalpa. D.G.E.C. 1963.
vi–138 p. ilus. 22 cm. apais.

—Población y Vivienda. Abril 1961. Departamento de Colón.
Tegucigalpa. D.G.E.C. 1963. 106 p. 32 cm. apais.

—Población y Vivienda. Abril 1961. Departamento de
Comayagua. Tegucigalpa. D.G.E.C. 1963. 130 p. 32 cm. apais.

—Población y Vivienda. Abril 1961. Departamento de Copán.
Tegucigalpa. D.G.E.C. 1963. 130 p. 32 cm. apais.

—Población y Vivienda. Abril 1961. Departamento de Cortés.
Tegucigalpa. D.G.E.C. 1963. 122 p. 32 cm. apais.

—Población y Vivienda. Abril 1961. Departamento de Choluteca.
Tegucigalpa. D.G.E.C. 1963. 119 p. 32 cm. apais.

—Población y Vivienda. Abril 1961. Departamento de Francisco
Morazán. Tegucigalpa. D.G.E.C. 1963. 132 p. 32 cm. apais.

—Población y Vivienda. Abril 1961. Departamento de Gracias a
Dios. Tegucigalpa. D.G.E.C. 1963. 75 p. 32 cm. apais.

—Población y Vivienda. Abril 1961. Departamento de Intibucá.
Tegucigalpa. D.G.E.C. 1963. 119 p. 32 cm. apais.

— Población y Vivienda. Abril 1961. Departamento de Islas de la
Bahía. Tegucigalpa. D.G.E.C. 1963. 106 p. 32 cm. apais.

— Población y Vivienda. Abril 1961. Departamento de
Ocotepeque. Tegucigalpa. D.G.E.C. 1963. 119 p. 32 cm. apais.

— Población y Vivienda. Abril 1961. Departamento de Olancho.
Tegucigalpa. D.G.E.C. 1963. 130 p. 32 cm. apais.

— Población y Vivienda. Abril 1961. Departamento de El Paraíso. Tegucigalpa. D.G.E.C. 1963. 119 p. 32 cm. apais.

— Población y Vivienda. Abril 1961. Departamento de La Paz. Tegucigalpa. D.G.E.C. 1963. 119 p. 32 cm. apais.

— Población y Vivienda. Abril 1961. Departamento de Santa Bárbara. Tegucigalpa. D.G.E.C. 1963. 130 p. 32 cm. apais.

— Población y Vivienda. Abril 1961. Departamento de Valle. Tegucigalpa. D.G.E.C. 1963. 106 p. 32 cm. apais.

— Población y Vivienda. Abril 1961. Departamento de Yoro. Tegucigalpa. D.G.E.C. 1963. 119 p. 32 cm. apais.

EMPRESA Nacional de Energía Eléctrica
— Informe de Actividades 1962. Tegucigalpa. ENEE. 1963. 40 p. 25 cm.

INSTITUTO Nacional Agrario
— Informe del Instituto Nacional Agrario presentado al Poder Ejecutivo. 1962. Tegucigalpa. INA. 1963. 65 p. fot.; láms.; 27 cm.

— Acuerdos de la Reunión de Organismos Agrarios de Centro América, Panamá y México. Tegucigalpa. INA. 1963. 18 p. 27 cm.

INSTITUTO de la Vivienda
— Informe al Poder Ejecutivo 1962. Tegucigalpa. INVA. 1963. 28 p. 28 cm. apais.

JEFATURA de Gobierno
— Gobierno Militar de Honduras. Tegucigalpa. Oficina de RR. PP. del Gobierno Militar. 1963. 16 p. ilus. 31 cm.

JUNTA Nacional de Bienestar Social
— Memoria 1961. Tegucigalpa. JNBS. 1963. 63 p. ilus. 28 cm.

LEYES, decretos, etc.

— Código de Procedimientos Administrativos 1930 y sus reformas. Tegucigalpa. Ministerio de Economía y Hacienda. 1963. 49–iii p. 23 cm.

— Decretos del Congreso Nacional 1957. Tegucigalpa. Ministerio de Gobernación y Justicia. 1963. 28 p. 28 cm.

— Decretos Legislativos 1962/1963. Tegucigalpa. Ministerio de Gobernación y Justicia. 1963. 186 p. 28 cm.

— Decretos Ley Nos. 24, 25 y 26. Tegucigalpa. Ministerio de Gobernación y Justicia. 1963. 43 p. 26 cm.

— Instructivo de Trabajo para los Consejos Locales de Elecciones. Tegucigalpa. Consejo Nacional de Elecciones. 1963. 27 p. 22 cm.

— Ley sobre Asesoría a los Municipios y al Distrito Central 1960. Tegucigalpa. Ministerio de Economía y Hacienda. 1963. 7 p. 23 cm.

— Ley de Reforma Agraria y sus reformas. Tegucigalpa. INA. 1963. 7 h. 22 cm.

— Ley del Banco Municipal Autónomo. Segunda edición. Tegucigalpa. Ministerio de Economía y Hacienda. 1963. 23 p. 23 cm.

— Ley sobre los Cuerpos de Bomberos 1955. Tegucigalpa. Ministerio de Economía y Hacienda. 1963. 9 p. 23 cm.
— Ley de Colegiación Profesional Obligatoria 1962. Tegucigalpa. Ministerio de Economía y Hacienda. 1963. 11 p. 23 cm.

— Ley de Defensa del Régimen Democrático 1956. Tegucigalpa. Ministerio de Economía y Hacienda. 1963. 6 p. 23 cm.

— Ley Orgánica del Distrito Central 1938 y sus reformas. Tegucigalpa. Ministerio de Economía y Hacienda. 1963. 44 p. 23 cm.

— Ley Orgánica del Cuerpo Diplomático de Honduras 1906 y sus reformas. Tegucigalpa. Ministerio de Economía y Hacienda. 1963. 18 p. 23 cm.

— Ley de Emisión del Pensamiento 1958. Tegucigalpa. Ministerio de Economía y Hacienda. 1963. 11 p. 23 cm.

— Ley Electoral y sus reformas y concordancias 1960. Tegucigalpa. Ministerio de Economía y Hacienda. 1963. 142 p. 21 cm.

— Ley de Expropiación Forzosa. Tegucigalpa. Ministerio de Economía y Hacienda. 1963. 9 p. 23 cm.

— Ley de Fomento del Turismo 1962. Tegucigalpa. Ministerio de Economía y Hacienda. 1963. 13 p. 23 cm.

— Ley de Identidad 1953 y sus reformas. Tegucigalpa. Ministerio de Economía y Hacienda. 1963. 23 p. 23 cm.

— Ley de Indultos y Conmutas 1927 y sus reformas. Tegucigalpa. Ministerio de Economía y Hacienda. 1963. 14 p. 23 cm.

— Ley de Inmigración 1934 y sus reformas. Tegucigalpa. Ministerio de Economía y Hacienda. 1963. 17 p. 23 cm.

— Ley de Jubilaciones para el Ramo de Justicia 1954. Tegucigalpa. Ministerio de Economía y Hacienda. 1963. 8 p. 23 cm.

— Ley sobre Jurisdicción de Menores 1962. Tegucigalpa. Ministerio de Economía y Hacienda. 1963. 11 p. 23 cm.

— Ley de Municipalidades y del Régimen Político 1927 y sus reformas. Tegucigalpa. Ministerio de Economía y Hacienda. 1963. 103 p. 23 cm.

— Ley del Notariado 1930 y sus reformas. Tegucigalpa. Ministerio de Economía y Hacienda. 1963. 26 p. 23 cm.

— Ley de Policía y sus reformas 1906. Tegucigalpa. Ministerio de Economía y Hacienda. 1963. 103 p. 23 cm.

— Ley Reglamentaria de Presidios 1919 y sus reformas. Tegucigalpa. Ministerio de Economía y Hacienda. 1963. 25 p. 23 cm.

— Ley de Presupuesto por Programas. Ejercicio Fiscal de 1963. Tegucigalpa. Dirección General de Presupuesto. 1963. 738 p. 27 cm.

— Ley de Presupuesto General de Egresos. Ejercicio Fiscal de 1963. Tegucigalpa. Dirección General de Presupuesto. 1963. 510 p. 28 cm. apais.

— Ley Orgánica de la Procuraduría General de la República. 1961. Tegucigalpa. Ministerio de Economía y Hacienda. 1963. 17 p. 23 cm.

— Ley de Protección al Movimiento Scout. Tegucigalpa. Ministerio de Economía y Hacienda. 1963. 2 p. 22 cm.

— Ley sobre el Tránsito Terrestre 1955 y sus reformas. Tegucigalpa. Ministerio de Economía y Hacienda. 1963. 6 p. 23 cm.

— Reglamento Consular 1906 y sus reformas. Tegucigalpa. Ministerio de Economía y Hacienda. 1963.
60 p. 23 cm.

— Reglamento para el funcionamiento de los Organismos Electorales. Tegucigalpa. Consejo Nacional de Elecciones. 1963. s.p. 23 cm.

— Reglamento de Mesuras. Tegucigalpa. INA. 1963. 27 h. 33 cm.

— Reglamento Interno de la Proveeduría General de la República. Tegucigalpa. Ministerio de Gobernación y Justicia. 1963. 11 p. 21 cm.

PROCURADURÍA General de la República
— Informe al Congreso Nacional 1962. Tegucigalpa. Procuraduría General de la República. 1963. 113 p. 28 cm.

PROVEEDURÍA General de la República
— Informe de las actividades desarrolladas por la Proveeduría General de la República al Poder Ejecutivo durante el año de 1962. Tegucigalpa. P.G.R. 1963. 66 h. 28 cm.

— Reglamento del Fondo de Suministros de la Proveeduría General. Tegucigalpa. Tip. Ariston. 1963. 7 p. 21 cm.

SECRETARÍA de Comunicaciones y OO. PP.
— Informe presentado al Congreso Nacional correspondiente a 1961/1962. Tegucigalpa. Ministerio de Comunicaciones y OO. PP. 1963. 122 p. ilus. 28 cm.

SECRETARÍA de Defensa y Seguridad Pública
— Informe presentado al Congreso Nacional 1959/1960. Tegucigalpa. Ministerio de Defensa y Seguridad Pública. 1963. 122 h. 27 cm.

— Informe al Congreso Nacional correspondiente a 1961/1962. Tegucigalpa. Ministerio de Defensa y Seguridad Pública. 1963. 162 p. 28 cm.

SECRETARÍA de Economía y Hacienda
— Informe presentado al Congreso Nacional correspondiente a 1961/1962. Tegucigalpa. Ministerio de Economía y Hacienda. 1963. 180 p. 31 cm.

SECRETARÍA de Educación Pública

— Informe presentado al Congreso Nacional 1961/1962. Tegucigalpa. Ministerio de Educación Pública. 1963. 98 h. 32 cm.

— Informe que presenta el Gobierno de Honduras a la III Reunión Interamericana de Ministros de Educación. Bogotá. Tegucigalpa. Ministerio de Educación Pública. 1963. 219 p. 32 cm.

— Programa de los actos con que el Gobierno de Honduras conmemora el CXLXI aniversario de la Independencia Nacional 1821–1963. Tegucigalpa. Ministerio de Educación Pública. 1963. 28 p. 28 cm.

SECRETARÍA de Gobernación y Justicia
— Informe presentado al Congreso Nacional 1961/1962. Tegucigalpa. Ministerio de Gobernación y Justicia. 1963. 108 p. 28 cm.

SECRETARÍA de Recursos Naturales
— Informe presentado al Congreso Nacional 1961/1962. Tegucigalpa. Ministerio de Recursos Naturales. 1963. 82 h. 28 cm.

— Proyecto de Inventario Forestal. Tegucigalpa. Ministerio de RR. NN. 1963. 20 p. ilus. 26 cm.

SECRETARÍA de Relaciones Exteriores
— Informe al Congreso Nacional correspondiente a 1961/1962. Tegucigalpa. Ministerio de RR. EE. 1963. 184 p. 32 cm.

— Lista del Cuerpo Consular Extranjero acreditado ante el Gobierno de Honduras. Tegucigalpa. Ministerio de RR. EE. 1963. 55 p. 19 cm.

— Lista Diplomática. Departamento de Protocolo. Tegucigalpa. Ministerio de RR. EE. 1963. 125 p. 14 cm.

SECRETARÍA de Salud Pública y Asistencia Social
— Informe presentado al Congreso Nacional 1961/1962. Tegucigalpa. Ministerio de Salud Pública y Asistencia Social. 1963. 118 p. 28 cm.

SECRETARÍA de Trabajo y Previsión Social
— Informe presentado al Congreso Nacional 1961/1962. Tegucigalpa. Ministerio de Trabajo y Previsión Social. 1963. 79 p. 32 cm.

— Estadísticas del Trabajo 1962. Tegucigalpa. Ministerio de Trabajo y Previsión Social. 1963. iii–83 p. 32 cm.

VILLEDA MORALES, Ramón. Pres. 1908–1971
— Informe presentado al Congreso Nacional por el señor Presidente de la República 1961/1962. Tegucigalpa. Oficina de Relaciones Públicas de Casa Presidencial. 1963. 210 p. 22 cm.

— Declaración de Centro América y Exposición Conjunta de los Jefes de Estado Centroamericanos al Presidente Kennedy. Tegucigalpa. Ministerio de Economía y Hacienda. 1963. 26–xi p. 22 cm.

1964: OBRAS GENERALES

FILOSOFÍA

VEGAS M., Juan Antonio
Filosofía General. IV Curso de Bachillerato. Tegucigalpa. Mimeo.
1964. 75 h. 32 cm.
— Filosofía (Historia). Programa Oficial y breve desarrollo del
mismo. Tegucigalpa. Mimeo. 1964. 29 h. 32 cm.

VILLAFRANCA R., Augusto. 1908–1965
Educación Moral y Cívica. Primer Curso. Ciclo Común Cultura
General. Tercera edición aumentada. Tegucigalpa. Librería Molino.
1964. 115–iii p. 22 cm.

RELIGIÓN

ARZOBISPADO de Honduras
Anuario Eclesiástico de Honduras. Tegucigalpa. CENSA. 1964.
156–ii p. 20 cm.

ARRIAZA, Ignacio Gonzalo de
Triduo al Sagrado Corazón de Jesús. Tegucigalpa. Imp. Bulnes.
1964. 24 p. 13 cm.

COMITÉ de Festejos de la Feria Juniana
Feria Juniana del 20 al 30 de junio. San Pedro Sula. Imp.
Moderna. 1964. 29 p. ilus. 22 cm.

DEVOCIÓN de Las Posadas de los Santos Peregrinos, y Cítara
Armoniosa para dar música al Niño Dios huyendo de Egipto.
Comayagüela. Imp. Bulnes. 1964. 72 p. 28 cm.

FARACH R., Miguel
Pronosticando sobre el fin del mundo. Tegucigalpa. Imprenta
Calderón. 1964. 135 p. 21 cm.

IGLESIA Episcopal en Centro América
The Constitution and Canon. La Ceiba. Imp. Laffite. 1964.
18 p. 28 cm. — The Journal of the Convocation. La Ceiba. Imp. Laffite. 1964. 18 p. 28 cm.

IGLESIA Evangélica y Reformada
Guía Ideal 1964. San Pedro Sula. Editora Nacional. 1964. 46 p. 28 cm.

PROGRAMA de la Fiesta Patronal de San Antonio de Padua. 1964. San Pedro Sula. Imp. La Juventud. 1964. 14 p. 22 cm.

SANTOS HERNÁNDEZ, Héctor Enrique
Nociones Generales de Catecismo. Tegucigalpa. Imp. López y Cía. 1964. 20 p. 22 cm.
— Segunda Carta Pastoral del Excmo. Arzobispo de Tegucigalpa. Tegucigalpa. CENSA. 1964. 8 p. 22 cm.

SUBIRANA, Manuel. 1807–1864
Catecismo de la Doctrina Cristiana. Segunda edición publicada por los Padres Redentoristas de la Parroquia de Los Dolores. Tegucigalpa. Imp. López y Cía. 1964. 135 p. 14 cm.
NOTA: La primera edición fue publicada en San Salvador en 1860.

CIENCIAS SOCIALES

ACCIÓN Cultural Popular Hondureña
El camino hacia el futuro. Tegucigalpa. Acción Popular Hondureña. 1964. 91 p. 22 cm.

ALVARADO RODRÍGUEZ, Martín
Teatro Escolar. Tegucigalpa. Sociedad de Geografía e Historia de Honduras. 1964. 115 p. 22 cm.

ALTAMIRANO, Victoria y otros
Las Artes del Lenguaje en la Escuela Primaria. Lenguaje. Lectura. Escritura. Reimpresión. /Cuarta edición/. Tegucigalpa. Ministerio de Educación Pública. 1964. 351 p. 20 cm.

ANTÚNEZ CASTILLO, Rubén. 1898–
Calendario Cívico Hondureño 1965. San Pedro Sula. Droguería Nacional. 1964. 30 p. ilus. 21 cm.

AROSEMENA, Beatriz S. de y otros
Sin Fronteras. Libro de Lectura. Cuarto Grado. Tegucigalpa. Ministerio de Educación Pública. 1964. 338 p. ilus. 21 cm.

ASOCIACIÓN Liberal de Profesionales de Honduras
Planteamiento de la Asociación Liberal de Profesionales de Honduras al Consejo Central Ejecutivo del Partido Liberal. Tegucigalpa. Imp. Calderón. 1964. 10 p. 13 cm.

BALBOA, Manuel
Apuntes de Contabilidad Social. Tegucigalpa. UNAH. 1964.
t. 1–3. 32 cm.

BANCO Central de Honduras
— Memorias 1958 y 1959. Tegucigalpa. Banco Central de Honduras. 1964. 363 p. gráfs. 26 cm.

— Memoria 1960. Tegucigalpa. Banco Central de Honduras. 1964. 174 p. gráfs. 28 cm.

— Memoria 1961. Tegucigalpa. Banco Central de Honduras. 1964. 148 p. gráfs. 27 cm.

— Memoria 1962. Tegucigalpa. Banco Central de Honduras. 1964.
204 p. gráfs. 27 cm.

— Memoria 1963. Tegucigalpa. Banco Central de Honduras. 1964.

223 p. gráfs. 27 cm.

BANCO Centroamericano de Integración Económica
— Segunda Memoria de Labores 1962–1963. Tegucigalpa. BCIE. 1964.

44 p. bibliog. 27 cm.

BANCO Municipal Autónomo
— Informe de Labores 1963. Tegucigalpa. Banco Municipal Autónomo. 1964.

39 p. lám. 28 cm.

BANCO Nacional de Fomento
— Memoria 1962. Tegucigalpa. BANAFOM. 1964.

66 p. ap. 26 cm.

— Memoria Anual 1963. Tegucigalpa. BANAFOM. 1964.

57 p. gráfs. 28 cm.

— Boletín Estadístico N.° 1. Cosecha Café 1962–1963. Tegucigalpa. BANAFOM. 1964.

20 h. ilus. 28 cm.

BERNHARD ABELLA, Alberto
Memoria de la Municipalidad de Puerto Cortés. San Pedro Sula. Editora Nacional. 1964.

14 p. ilus. 22 cm.

BLANCO SÁNCHEZ, Esteban
Bajo dos Banderas. Tegucigalpa. Imp. Suárez Romero. 1964.

26 p. 20 cm.

BURROWS, Charles R.
Discurso con motivo del Tercer Aniversario de la Alianza para el Progreso. Tegucigalpa. USIS. 1964. 6 p. 20 cm.

CÁMARA de Compensación Centroamericana
Tres años de Compensación Multilateral Centroamericana. Tegucigalpa. BCIE. /1964/. 77 p. 21 cm.

CAMBRONE, Gerardo
Conferencia dedicada al Círculo Democrático Femenino Hondureño. Tegucigalpa. CDFH. 1964. 24 p. ilus. 22 cm.

CANALES SALAZAR, Félix
Anteproyecto de Ley Orgánica del Distrito Central. Tegucigalpa. Ministerio de Gobernación y Justicia. 1964. 33 h. 28 cm.

CARRASCO FLORES, Manuel
Anteproyecto de Reformas a los Estatutos y Reglamentos del Partido Liberal de Honduras. Tegucigalpa. Imp. La República. 1964. 47 p. 22 cm.

CASTELLANOS ARRIETA, José Felipe
Recurso de Casación en Materia Civil. Tegucigalpa. s.e.; s.i.; 1964. 44 p.; bibliog.; 22 cm.

CASTELLANOS E., Guillermo
Subiranas. Tradiciones del Padre Manuel de Jesús Subirana. Tegucigalpa. s.e.; s.i.; 1964. 38 p. 22 cm.

CASTILLO, Manuel Antonio
Recursos de Habeas Corpus. Tegucigalpa. Imp. Bulnes. 1964. 83 p. 25 cm.

CENTRO Cooperativo Técnico Industrial
Informe Condensado. Junio 1960 – mayo 1964. Tegucigalpa. CCTI. 1964. 47 h. 28 cm.

CERVANTES Asociados
Plan Regulador para el año 2000 de San Pedro Sula. San Pedro Sula. Cervantes Asociados. 1964. 133 p. 28 cm.

COMITÉ Coordinador de Organismos Democráticos de Honduras
Conjura Comunista en Honduras. Tegucigalpa. CCODH. 1964. 22 p. 26 cm.

CONSEJO Central Ejecutivo del Partido Liberal
Instructivo para la identificación e inscripción de ciudadanos liberales. Tegucigalpa. CCEPL. 1964. 17 p. 22 cm.

CONSUEGRA MENDOZA, Guillermo
La Revisión en Materia Penal. Tegucigalpa. Imp. Calderón. 1964. 32 p. 23 cm.

COOPERATIVA Algodonera del Sur Ltda.
Memoria. Ejercicio I. Cosecha 1962/1963. Tegucigalpa. Cooperativa Algodonera del Sur Ltda. 1964. 22 p. 22 cm. apais.

ENAMORADO MEJÍA, Froylán
Cartilla para los Alcaldes Auxiliares de San Pedro Sula. San Pedro Sula. Gobernación Política. 1964. 29 p. 22 cm.

ESCORCIA, Consuelo de
Los Carteles de Lectura. Ilustrado por Ranulfo Zelaya. Segunda edición. Preparado bajo la Alianza para el Progreso. Tegucigalpa. División de Educación. 1964. 30 p. ilus. 28 cm.

ESCUELA Normal de Señoritas
Graduación Manuel de Jesús Subirana. 1964. Tegucigalpa. Ministerio de Educación Pública. 1964. 47 p. ilus. 28 cm.

COOPERATIVA de Consumo Chumbagua
Estatutos de la Cooperativa de Consumo de Chumbagua Limitada. San Pedro Sula. Imp. La Juventud. 1964.
30 p. 18 cm.

COOPERATIVA Refuerzo de Maestros Sastres
Estatutos de la Cooperativa de Refuerzo de Maestros Sastres Interdepartamentales Limitada. San Pedro Sula. s.i.; 1964.
22 p. 22 cm.

FACULTAD de Ciencias Económicas
Estudio Económico de la Aldea de Flores. Departamento de Comayagua. Tegucigalpa. Facultad de CC. EE. 1964. 76–13–32 p. 31 cm.

FEDERACIÓN de Asociaciones Femeninas Hondureñas
Edición Especial dedicada al Día de la Mujer. Tegucigalpa. FAFH. 1964. 24 p. ilus. 26 cm.

FIGUEROA LÓPEZ, Raúl
Mi Cancionero Folklórico. San Pedro Sula. Cementos de Honduras. 1964. 26 p. 22 cm.

FINANCIERA Hondureña, S.A.
¿Qué es Financiera Hondureña? San Pedro Sula. Financiera Hondureña. 1964. 6 p. 16 cm.

GARCÍA CÁLIX, Tulio
Manual de Teoría y Práctica del Notariado. Tegucigalpa. Imp. Calderón. 1964. 124 p. ind. 21 cm.

GRANADOS CORTÉS, Leonidas
Manual de Evaluación Escolar. Comayagüela. Tip. Istmania. 1964. 116 h. ilus. 28 cm.

GUILLÉN DÍAZ, Isabel. 1917– y Ranulfo Zelaya
Siempre Amigos. Libro de Lectura. I–1. Segunda edición. Tegucigalpa. Alianza para el Progreso. División de Educación. 1964.
103 p. ilus. 20 cm.

HAWKEY, Pío y Donaldo MacLellan
El Camino hacia el Futuro. Tegucigalpa. Acción Cultural Popular Hondureña. 1964. 206 p. ilus. 22 cm.

HOSPITAL de Especialidades Suyapa
Informe a la Asamblea General de Accionistas sobre operaciones de 1964. Tegucigalpa. Hospital Especialidades Suyapa. 1964. 14 p. 28 cm.

INSTITUTO de Investigaciones Económicas y Sociales
Esbozo de una política agraria para Honduras. Tegucigalpa. Facultad de CC. EE. 1964. viii–143 m. 28 cm.

INSTITUTO San José
Recuerdos 1964. El Progreso, Yoro. Instituto San José. 1964. s.p. ilus. 28 cm.

INSTITUTO Santo Domingo Savio
Memoria Escolar 1960–1964. Santa Rosa de Copán. Imp. Fuentes Pineda. 1964. 67 p. ilus. 28 cm.

JEREZ ALVARADO, Rafael
Las Fuerzas Armadas, la democracia y el comunismo. Comayagüela. Imp. Soto. 1964. 75 p.; ret. 28 cm.

KMITA, Bruno. 1929–
La Escuela Rural. San Pedro Sula. Imp. La Cultura. 1964. 40 p. 22 cm.

LOCKLEY, Laurence
Características del Mercado Centroamericano. 1963–1964. Tegucigalpa. BCIE. 1964. 163 p. 27 cm.

LOFTUS, Mary Elizabeth y Thomas H. Wals
Superstitions of Honduras. Tegucigalpa. Peace Corps. 1964. 26 h. 28 cm.

LÓPEZ ORELLANA, Jesús
Reformas al Derecho de Familia de acuerdo con los Principios de la Constitución Política. San Pedro Sula. Editora Nacional. 1964. 44 p. 22 cm.

LÓPEZ RODEZNO, Guillermo
Anteproyecto de Ley de Propiedad Horizontal. Tegucigalpa. INVA. 1964. 22 h. 28 cm.

MANZANARES A., Rafael. 1918–
Breve reseña histórica del Centro Nacional de Danzas Folklóricas. San Pedro Sula. Editora Nacional. 1964. 24 p. 22 cm.

MENDOZA LUPIAC, David
La Hipoteca. Tegucigalpa. Imp. López y Cía. 1964. 56 p. 20 cm.

MORAZÁN SANMARTÍN, Napoleón
Discurso pronunciado en el Salón de la Escuela Normal de Señoritas con ocasión de celebrarse el Primer Aniversario de la Reivindicación Económica del Magisterio Nacional. Tegucigalpa. Ministerio de Educación Pública. 1964. 6 p. 22 cm.

MOSSI SORTO, Mauricio
Estructura de la Economía Agrícola de Honduras. Tegucigalpa. UNAH. 1964. s.p. 28 cm.

NAPKI, María O. de y Víctor M. Rheimbolt
Deuda Pública de Honduras. Tegucigalpa. Banco Central de Honduras. 1964. 17 h. 28 cm.

NAVARRO, Miguel. 1904–
Libro de Lectura. Segundo Grado. Octava edición. Tegucigalpa. Publicaciones Navarro. 1964.
170 p. ilus. 22 cm.
— Libro de Lectura. Sexto Grado. Sexta edición. Comayagüela. Publicaciones Navarro. 1964.
196 p. ilus. 22 cm.

PÉREZ, Martín
El Desistimiento. Comayagüela. Imp. Bulnes. 1964.
64 p. 25 cm.

PINEDA GARCÍA, José León
Lo que necesita Honduras para ser más próspera, más fuerte y más respetada. La Ceiba. Imp. Renacimiento. 1964. 14 p. 15 cm.

PINEDA LEIVA, Román Arturo
El Régimen del Servicio Civil. Tegucigalpa. Ministerio de Educación Pública. 1964. 130–v p. 24 cm.

REINA, Carlos Roberto
El Derecho de Usufructo. Comayagüela. Imp. Bulnes. 1964. 64 p. 25 cm.

RIVERA, Amalia y otros
Nuevos Caminos. Primer Libro de Lectura. Tercer Grado. Primera edición. Tegucigalpa. Ministerio de Educación Pública. 1964. viii–183 p. ilus. 21 cm.

Guía del Maestro para el Libro de Lectura Nuevos Caminos. Tegucigalpa. Ministerio de Educación Pública. 1964. 50 p. 25 cm.
Aprendo Lenguaje. Segundo. Primera edición. Tegucigalpa. Ministerio de Educación Pública. 1964.
82 p. ilus. 27 cm. apais.
Horas Felices. Primera edición. Tegucigalpa. Ministerio de Educación Pública. 1964.
184 p. ilus. 21 cm.

REYES AYESTAS, Santos
Recurso de Inconstitucionalidad en Materia Laboral. Comayagüela. Imp. Bulnes. 1964. 35 p. 22 cm.

ROMERO GUZMÁN, Rómulo
La amnistía, el indulto, sus diferencias. Tegucigalpa. Imp. López y Cía. 1964. 35 p. 22 cm.

SEGUNDO Seminario Nacional de Mujeres Hondureñas.
La Condición Económica y Social de la Mujer Hondureña. Del 14 al 17 de abril. Tegucigalpa. Ministerio de Educación Pública. 1964. 47 p. 26 cm.

SOCIEDAD La Juventud
Declaración Universal de los Derechos del Hombre. San Pedro Sula. Imp. La Juventud. 1964. 25 p. 22 cm.

SOCIEDAD de Peritos Mercantiles y Contadores Públicos
Reglamento Especial para el Financiamiento de la Casa del Contador. Tegucigalpa. Sociedad de PP. MM. y CC. PP. 1964. 19 p. 13 cm.

SOLÍS H., Marcial
El Cooperativismo en el Desarrollo Económico de Honduras. Tegucigalpa. Facultad de CC. EE. 1964. 116 h. 28 cm.

UNIVERSIDAD Nacional Autónoma de Honduras
Memoria 1963/1964. Tegucigalpa. UNAH. 1964. 717-viii p. 21 cm.

— Presupuesto Especial de Egresos e Ingresos para el año 1964/1965. Tegucigalpa. UNAH. 1964. 28 p. 24 cm.

VAN GRIMMER, Herman J.
Observaciones e informes sobre el Hospital San Felipe. Tegucigalpa. Ministerio de Salud Pública y Asistencia Social. 1964. 23 h. 28 cm.

VEGAS M., Juan Antonio
Sociología General. IV Curso de Bachillerato y Comercio. Tegucigalpa. Mimeo. 1964. 47 h. 33 cm.

VILLAFRANCA R., Augusto. 1908–1965
Educación Moral y Cívica. Segundo Curso. Ciclo Común de Cultura General. Segunda edición. Tegucigalpa. Librería Molino. 1964. 152 p. 22 cm.

Educación Moral y Cívica. Primer Curso. Ciclo Común de Cultura General. Tercera edición. Tegucigalpa. Librería Molino. 1964. 115–iii p. 22 cm.

ZALDÍVAR GUZMÁN, Raúl
Liberalismo en Honduras. Comayagüela. Imp. Bulnes. 1964. 104 p. 19 cm.

LINGÜÍSTICA

ALFARO ARRIAGA, Alejandro. 1908–
Rubén Darío. Precursor de la Prosodia Castellana Autónoma. Tegucigalpa. Imp. Calderón. 1964. 31 p. 22 cm.

ANTÚNEZ CASTILLO, Rubén. 1899–
Idioma Nacional. Tercer Curso. Segunda edición. San Pedro Sula. Editorial Antúnez. 1964. 307 p. 22 cm.

WALZ, Thomas H.
Favorite Idioms and Expressions Used in Honduras. Compiled. Tegucigalpa. s.e.; s.i.; 1964. 141 p. 22 cm.

WEITNAUER, Isabel e Isabel Guillén de Díaz
La Enseñanza de la Gramática en la Escuela Primaria. Tegucigalpa. Ministerio de Educación Pública. 1964. 134 p. 31 cm.

CIENCIAS PURAS

ALIANZA para el Progreso
Ilustrando Aritmética. Tegucigalpa. Alianza para el Progreso. 1964. 24 p. 28 cm.

HERNÁNDEZ, J. Benigno. –1969
Ciencias Naturales. Primera Unidad. Tercer Curso del Ciclo Común de Cultura General. Tegucigalpa. Mimeo. 1964. 88–ii p. ilus. 27 cm.

LLOPIS, Salvador y otros
Lecciones de Matemática I. Tegucigalpa. Ministerio de Educación Pública. 1964. 156 p. 33 cm.

REINA VALENZUELA, José. 1907–
Lecciones de Histología Vegetal y Farmacognosia. Tegucigalpa. UNAH. 1964. 22 p. 27 cm.

VILLAFRANCA R., Augusto. 1908–1965
Ciencias Naturales. Segundo Grado. Quinta edición. Tegucigalpa. Librería Molino. 1964. 104 p. ilus. 21 cm.
— Ciencias Naturales. Cuarto Grado. Novena edición. Tegucigalpa. Librería Molino. 1964. 105 p. ilus. 22 cm.

ZEVALLOS MOJICA, Eustorgio y otros
Matemáticas. Primero. Tegucigalpa. Ministerio de Educación Pública. 1964. 96 p. ilus. 26 cm.
— Matemáticas 1°. Edición para el Maestro. Tegucigalpa. Ministerio de Educación Pública. 1964. 120 p. 26 cm.

CIENCIAS APLICADAS

ALCOHÓLICOS Anónimos
Grupo Central. IV Aniversario 1960–1964. Tegucigalpa. s.i. 1964. 24 p. 22 cm.

ANTÚNEZ CASTILLO, Rubén. 1899–
Almanaque Hondureño 1964. San Pedro Sula. Droguería Nacional. 1964. 32 p. 18 cm.

ANECEH
Directorio de Teléfonos del Distrito Central. Tegucigalpa. Asociación Nacional de Empleados de Comunicaciones Eléctricas de Honduras. 1964. 408 p. ilus. 25 cm.

BLANCO, Francisco J. 1915–
Cosas íntimas que debe saber toda mujer. Tegucigalpa. s.e.; s.i.; 1964. 65 p. 22 cm.

CAVERO, Manuel. C. M. p.
El control de la natalidad a la luz de la moral católica. San Pedro Sula. Editora Nacional. 1964. 43 p. ilus. 22 cm.

CENTRO América al Día
Micro Directorio Clasificado Comercial. Industrial. Profesional. Tegucigalpa. s.e.; s.i. 1964. 63 p. 15 cm.

CENTRO Cooperativo Técnico Industrial
Manual del Curso de Capacitación de Secretarias Ejecutivas. Tegucigalpa. CCTI. 1964. 57 p. 23 cm.

GÓMEZ ANDINO, Jorge A.
Pruebas funcionales en el diagnóstico de enfermedades del hígado. Tegucigalpa. Laboratorios Gómez Andino. 1964. 38 p. 28 cm.

GREGG, Stewe
Directorio de Recursos Institucionales y Humanos de San Pedro Sula. Tegucigalpa. J.N.B.N. 1964. 45 h. 28 cm.

HENRÍQUEZ GARCÍA, Ronaldo
Informe de la Brigada Médica Universitaria. Tegucigalpa. UNAH. 1964. 24 p. ilus. 28 cm.

HORVATH, Antonio
Guía de trabajos prácticos de Bioquímica. Tegucigalpa. Facultad de Ciencias Médicas. 1964. 28 p. 24 cm.

LACAYO GARCÍA, Justa
Alveolitis como complicación postoperatoria de la extracción dental. Tegucigalpa. s.e.; s.i.; 1964. 23 p. 23 cm.

MARTÍNEZ FIGUEROA, Luis
Actualización del texto de Agrimensura Legal de la Escuela de Ingeniería de Honduras. Tegucigalpa. Facultad de Ingeniería de Honduras. 1964. 273 p. mimeo. 30 cm.

MENDOZA A., Mario
Manejo psicofarmacológico de la angustia. Tegucigalpa. s.e.; s.i.; 1964. 18 p. mimeo. 30 cm.

MEZA RUBÍ, Juan Ramón
Diagnóstico del sector energía eléctrica de Honduras. Tegucigalpa. s.e.; s.i.; 1964. 59 p. mimeo. 28 cm.

MOLINA, Guillermo L.
Aplicaciones tópicas de fluor y métodos alternativos de fluoración en Odontología. Tegucigalpa. Imp. López y Cía. 1964. 28 p. 24 cm.

RADILLO, Recaredo
Semilla del café seleccionada para nuevas siembras. San Pedro Sula. Oficina del Café. 1964. 12 p. 22 cm.

RECONCO MURILLO, Efraín
Proyecto de Aplicación de la Reforma Agraria: Aldea de Guasistagua. Departamento de Comayagua. Tegucigalpa. UNAH. 1964. (Nota: sin información sobre páginas y formato; se conserva tal cual.)

SOCIEDAD de Ginecología y Obstetricia de Honduras
Congreso Centroamericano de Ginecología y Obstetricia (5). Tegucigalpa. Editorial Paulino Valladares. 1964. 28 p. 21 cm.

SOCIEDAD de Padres de Familia

Libro de Cocina Internacional. San Pedro Sula. Sociedad de Padres de Familia. 1964. 100 p. 22 cm.

TELA Railroad Company
Datos de 1963. Lima, Cortés. Tela Railroad Company. 1964. 12 p. 18 cm.

VALLADARES VELÁSQUEZ, Román
Contabilidad de Sociedades. Tegucigalpa. Imp. La República. 1964. 308 p. 22 cm.

ARTES Y RECREACIÓN
HANDAL, Lidia
Primer Festival de la Canción Hondureña. San Pedro Sula. s.e.; s.i.; 1964. 15 p. 22 cm.

ESCUELA de Música "Victoriano López"
Reseña Histórica de la Escuela de Música. San Pedro Sula. Imp. La Juventud. 1964. 6 p. 22 cm.

GRUPO Dramático de Tegucigalpa
El Baile de los Ladrones. Tegucigalpa. 1964. 20 p. ilus. 22 cm.

MANZANARES A., Rafael. 1918–
La Etnomusicología Hondureña. Lima, Perú. Revista Folklore Americano. 1964. 68–91 p.; ilus.; lám. 24 cm.
Separata de la Revista Folklore Americano, Nos. 11–12; 1964.

SUÁREZ, Clementina. 1906–
Exposición de Pintura Centroamericana patrocinada por la Municipalidad. San Pedro Sula. 1964. 16 p. 22 cm.

LITERATURA

ALEMÁN, Adolfo. 1928–1970
El Duendecillo de la Botella. Tegucigalpa. Imp. Suárez Romero. 1964. 4 p. 24 cm.

AYALA, José Max
Poemas Revueltos. s.l.; s.e.; s.i.; 1964. 57 p. ret. 21 cm.

BUESO ARIAS, Juan Ángel
La Rosa del Trapiche. Primera edición. San Pedro Sula. Editorial Antúnez. 1964. 60 p. 21 cm.

CÁRCAMO TERCERO, Hernán
Frases Íntimas. Tegucigalpa. Lito. Suárez Romero. 1964. 86 p. 21 cm.

DÍAZ CHÁVEZ, Luis
Pescador sin Fortuna. La Habana. Casa de las Américas. 1964. (Nota: sin datos de paginación ni formato físico.)

DÍAZ LOZANO, Argentina. 1909–
Sandalias sobre Europa. Guatemala. Asociación de Autores y Amigos del Libro Nacional. 1964. 191 p. 21 cm.
— Mansión en la bruma. (En francés). París. 1964.

DUENDE Mirón (seudónimo)
Véase: Ayala, José Max.

LÓPEZ ARIAS, Salvador
Cuentos Hondureños. Tercera edición. San Pedro Sula. Editora Nacional. 1964. 56 p. 21 cm.

LUNA SILVA, Armando
Así nació Azul... Tegucigalpa. Embajada de Nicaragua en Honduras. 1964. 24 p. 21 cm.

PÉREZ CADALZO, Eliseo. 1920–
El Rey del Tango. La Catarata. Cuentos. San Salvador. Editorial Ahora. 1964. 38 p. 19 cm.

LITERATURA

RIVAS, Antonio José
Mitad de mi Silencio 1950–1953. Tegucigalpa. Teatro Universitario. 1964. 72 p. 21 cm.

ROMERO M., J. Eliseo
Cantares patrióticos. Poemas. Comayagüela. Imp. Alpha. 1964. 12 p. 22 cm.
— Olas de inspiración lírica. Poesías. Comayagüela. Imp. Alpha. 1964.
(Nota: sin datos de paginación ni formato físico; se conserva tal cual.)

ROSA, Marco Antonio. 1899–
Hombres sin edad. México. Editorial Latinoamericana. 1964. 177 p. 20 cm.

VALLE, Pompeyo del. 1929–
Cifra y Rumbo de Abril. México. 1964.
(Nota: sin datos de paginación ni editorial; se conserva tal cual.)

VALLE, Rafael Heliodoro. 1891–
La Rosa Intemporal. Antología 1909–1957. Primera edición. México. Editorial Libros de México. 1964. 225 p. 24 cm.

VELÁSQUEZ, José Manuel
Perfil en la luz. Poesía. Tegucigalpa. Imp. Cultura. 1964. 40 p. 22 cm.

HISTORIA Y GEOGRAFÍA

ACOSTA ZELEDÓN, Oscar. 1933–
Rafael Heliodoro Valle. Vida y obra. Biografía. Primera edición. Tegucigalpa. UNAH. 1964. 168 p. 24 cm.

AGUILAR PINEL, Carlos. 1885–1967
Geografía de Honduras. (Quinta edición). Tegucigalpa. Imp. La República. 254 p. ilus. 22 cm.

ALVARADO GARCÍA, Ernesto. 1904–
Manuel Subirana. El Misionero Español. Tegucigalpa. Ministerio de Educación Pública. 1964. 259 p. ret. 21 cm.

ALTAMIRANO, José Humberto
Siluetas Humanas de Honduras. Comayagüela. Imp. Cultura. 1964. 44 p. 22 cm.

ANTÚNEZ CASTILLO, Rubén. 1899–
Rasgos biográficos del Presbítero Manuel de Jesús Subirana. Promoción 1964. Tegucigalpa. Ministerio de Educación Pública. 1964. 59 p. ret. 21 cm.

BEAUCAGE, Pieros y Marcel Sansón
Historia del pueblo Garífona y su llegada a Honduras en 1796. Tegucigalpa. Editorial Paulino Valladares. 1964. 22 p. 20 cm.

CÁCERES LARA, Víctor. 1914–
El Doctor Alonso Suazo, figura prominente de la Medicina en Honduras. Tegucigalpa. Imp. La República. 1964. 62 p. ret. 21 cm.

Fechas de la Historia de Honduras. Tegucigalpa. Tipografía Nacional. 1964. 408 p. 21 cm.

CHAVARRÍA, Guillermo
Semblanzas Ligeras. San Pedro Sula. Imp. La Juventud. 1964. 26 p. 22 cm.

DÍAZ LOZANO, Argentina. 1909–
Historia de Centro América. Especial para estudiantes de Enseñanza Media (Secundaria). Guatemala. Cultural Centroamericana, S.A. 1964. 191 p. 23 cm.

LANDA BLANCO, Yanuario
El Lejano Oriente. Un mundo enigmático y distante. México.
Editorial Latinoamericana. 1964. 137 p. 20 cm.

NAVARRO, Miguel. 1904–
Nuestro País. Estudios Sociales. Tercer Grado. Primera edición.
Comayagüela. Publicaciones Navarro. 1964. 160 p. ilus. 22 cm.
— El Mundo. Estudios Sociales. Sexto Grado. Primera edición.
Comayagüela. 1964. 196 p. ilus. 22 cm.

PERAZA CASACA, José Antonio. 1904–
Misionero Presbítero Manuel de Jesús Subirana. San Pedro Sula.
Imp. La Juventud. 1964. 40 p. 14 cm.

RIVERA HERNÁNDEZ, Alejandro. 1909–1968
Los Filtros del Diablo. México. Editorial Latinoamericana. 1964.
283 p. 22 cm.

SOLANO CASTRO, José Benjamín
Yo fui fusilado en Los Laureles. Tegucigalpa. CENSA. 1964.
18 p. 22 cm.

TAPIA BREA, Manuel A.
Análisis histórico de la Independencia de la República
Dominicana. Tegucigalpa. s.e.; s.i.; 1964. 21 p. 21 cm.

VALLE, Rafael Heliodoro y otros
Homenaje de Honduras al Santo Misionero Manuel de Jesús
Subirana. Tegucigalpa. Honduras Industrial. 1964. 69–72 p. ret. 25
cm.

VALLE, Rafael Heliodoro. 1891–1959
Véase: Acosta, Oscar.

VILLAFRANCA R., Augusto. 1908–1965
Estudios Sociales para el Tercer Grado. Décima edición.
Tegucigalpa. Librería Molino. 1964. 160 p. ilus. 22 cm.

— Estudios Sociales para el Sexto Grado. Octava edición. Tegucigalpa. Librería Molino. 1964.

170 p. ilus. 22 cm.

PUBLICACIONES GUBERNAMENTALES

CONGRESO Nacional
Boletín Legislativo 1958–1959. Tegucigalpa. Oficialía Mayor del Congreso Nacional. 1964. 579 p. 29 cm.

CONSEJO Nacional de Economía
Investigación de la Industria Manufacturera. Tegucigalpa. Secretaría Técnica del CNE. 1964.

iii–25–6 h. 31 cm. apais.
— Caracterización del Complejo Habitacional. Tegucigalpa. Secretaría Técnica del CNE. 1964.

230 p. 28 cm.
— Primer Compendio Estadístico. Septiembre 1964. Tegucigalpa. Secretaría Técnica del CNE. 1964. 284 p. 32 cm.

CONSEJO Nacional de Elecciones
Instructivo de Trabajo para los Consejos Locales de Elecciones. Tegucigalpa. Tipografía Nacional. 1964. 22 p. 17 cm.

CONTRALORÍA General de la República
Informe correspondiente a 1963. Tegucigalpa. Contraloría General de la República. 1964. t. I–II; 28 cm.

CORTE Suprema de Justicia
Informe correspondiente a 1963. Tegucigalpa. Corte Suprema de Justicia. 1964. 22 p. 28 cm.

CORTÉS. Gobernación Política del Departamento de Cortés
Cartilla para los Alcaldes Auxiliares. San Pedro Sula. Editora Nacional. 1964. 133 p. 22 cm.

— Supervisión Departamental de Educación Primaria de A la Patria en el Día glorioso de su Independencia. San Pedro Sula. Editora Nacional. 1964. 28 p. 22 cm.

DIRECCIÓN General de Aeronáutica Civil
Almanaque Hondureño 1964. Tegucigalpa. DGAC. 1964. 40 p. ilus. 21 cm.

DIRECCIÓN General de Cartografía
Agalteca. Departamento de Comayagua y Francisco Morazán. Primera edición. Tegucigalpa. DGC. 1964. 1 hoja. Proyección Transversal de Mercator. Escala 1:50,000; ref. hoja N.º 2759-III; color; 74 × 52 cm.

Comayagua. Departamento de Comayagua y La Paz. Primera edición. Tegucigalpa. DGC. 1964.
1 hoja. Proyección Transversal de Mercator. Escala 1:50,000; ref. hoja N.º 5659-II; color; 74 × 52 cm.

Dipilto. Nicaragua–Honduras. Primera edición. Tegucigalpa. DGC. 1964.
1 hoja. Proyección Transversal de Mercator. Escala 1:50,000; ref. hoja N.º 2857-III; color; 74 × 52 cm.

La Esperanza. Departamentos de Intibucá y La Paz. Primera edición. Tegucigalpa. DGC. 1964.
1 hoja. Proyección Transversal de Mercator. Escala 1:50,000; ref. hoja N.º 2558-I; color; 74 × 52 cm.

Langue. Departamento de Valle. Primera edición. Tegucigalpa. DGC. 1964.
1 hoja. Proyección Transversal de Mercator. Escala 1:50,000; ref. hoja N.º 2656-I; color; 74 × 52 cm.

El Paraíso. Departamento de El Paraíso. Primera edición. Tegucigalpa. DGC. 1964.

1 hoja. Proyección Transversal de Mercator. Escala 1:50,000; ref. hoja N.º 2857-I; color; 74 × 52 cm.

San Lucas. Honduras–Nicaragua. Primera edición. Tegucigalpa. DGC. 1964.
1 hoja. Proyección Transversal de Mercator. Escala 1:50,000; ref. hoja N.º 2857-III; color; 74 × 52 cm.

Siguatepeque. Departamentos de Comayagua e Intibucá. Primera edición. Tegucigalpa. DGC. 1964.
1 hoja. Proyección Transversal de Mercator. Escala 1:50,000; ref. hoja N.º 2857-III; color; 74 × 52 cm.

DIRECCIÓN General de Estadística y Censos
Anuario Estadístico 1963. Tegucigalpa. DGEC. 1964.
v–281 p. 28 cm.

— Características Económicas de la Población. Abril 1961. Tegucigalpa. DGEC. 1964. xvii–262 p. 28 cm. apais.

— Censo Nacional de Honduras. Características generales y educativas de la Población. Abril 1961. Tegucigalpa. DGEC. 1964.
237 p. ilus. 31 cm. apais.

Segundo Censo Nacional de Vivienda de Honduras. 1961. Tegucigalpa. DGC. 1964. xii–135 p. 29 cm. apais.

Comercio Exterior de Honduras. Enero–septiembre de 1963. Tegucigalpa. DGEC. 1964. 136 p. 28 cm.

Comercio Exterior de Honduras 1963. Tegucigalpa. DGEC. 1964. t. I–II; 28 cm.

— Comercio Exterior de Honduras. Primer trimestre 1964. Tegucigalpa. DGEC. 1964. 161 p. 28 cm.
Comercio Exterior de Honduras. Enero–mayo de 1964. Tegucigalpa. DGEC. 1964. 15 p. 28 cm.

Comercio Exterior de Honduras. Primer semestre 1964. Tegucigalpa. DGEC. 1964. 161 p. 28 cm.

DIRECCIÓN General de Estadística y Censos
Comercio Exterior de Honduras con Centro América. 1963. Tegucigalpa. DGEC. 1964. t. I–II; 28 cm.

— Comercio Exterior de Honduras 1961–1964. Tegucigalpa. DGEC. 1964. 357 p. 28 cm.

Directorio de Establecimientos Educacionales 1964. Tegucigalpa. DGEC. 1964. 129 p. 30 cm.

División Político-Territorial de Honduras 1964. Tegucigalpa. DGEC. 1964. 251 p. 30 cm.

Estadísticas Educacionales 1963. Tegucigalpa. DGEC. 1964. 247 p. 28 cm.

Honduras en Cifras 1963. Tegucigalpa. DGEC. 1964.
138 p. 31 cm. apais.
Índices de Comercio Exterior 1963. Tegucigalpa. DGEC. 1964.
65 p. 23 cm.

— Información Agropecuaria. Precios recibidos por el productor e índice de precios. Cuarto trimestre 1963. Tegucigalpa. DGEC. 1964.
24 p. 28 cm. apais.

Información Agropecuaria. Precios recibidos por el productor e índice de precios. Primer trimestre 1964. Tegucigalpa. DGEC. 1964.
24 p. 28 cm. apais.

— Investigación Comercial 1961. Tegucigalpa. DGEC. 1964.
iii–46 p. 18 cm. apais.
— Investigación a la Industria Manufacturera 1962. Tegucigalpa. DGEC. 1964. x–25 p. 28 cm.

DIRECCIÓN General de Recursos Naturales
Cría del Tilapia en Estanques. Tegucigalpa. Dirección General de RR. NN. 1964. 12 p. 28 cm.

DIRECCIÓN General de Salud Pública
Manual de Procedimientos para los Organismos Locales de Salud Pública. Tegucigalpa. Dirección General de Salud Pública. 1964. 292 p. 30 cm.

EMPRESA Nacional de Energía Eléctrica
Informe de Actividades 1963. Tegucigalpa. ENEE. 1964. 32 p. 28 cm.

INSTITUTO Hondureño de Seguridad Social
Anuario Estadístico 1963. Tegucigalpa. INSS. 1964. 60 p. 28 cm. apais.

INSTITUTO Nacional Agrario
Artículo 99 del Proyecto de Constitución de la República y la reforma agraria en Honduras. Tegucigalpa. INA. 1964. 9 p. 22 cm.

INSTITUTO Nacional de la Vivienda
Informe al Poder Ejecutivo 1963. Tegucigalpa. INVA. 1964. 24 p. 28 cm.

JUNTA Nacional de Bienestar Social
Memoria 1963. Tegucigalpa. JBNS. 1964. 18 p. 28 cm.

LEYES, Decretos, etc.
Código de Derecho Internacional. Tegucigalpa. Ministerio de Economía y Hacienda. 1964. 56–v p. 23 cm.

— Código Militar 1906. Tegucigalpa. Ministerio de Economía y Hacienda. 1964. 126–vi p. 23 cm.
Código del Trabajo 1959 y sus reformas. Tegucigalpa. Ministerio de Economía y Hacienda. 1964. 206 p. 23 cm.

— Ley Constitutiva del Banco Nacional de la Vivienda. Anteproyecto. Tegucigalpa. INVA. 1964. 27 h. 28 cm.

Ley Constitutiva del Banco Nacional de la Vivienda. Tegucigalpa. Ministerio de Economía y Hacienda. 1964. 14 p. 23 cm.

— Ley para los Cuerpos de Bomberos. Tegucigalpa. Ministerio de Economía y Hacienda. 1964. 9 p. 23 cm.

Ley sobre Misiones Consulares 1906 y sus reformas. Tegucigalpa. Ministerio de Economía y Hacienda. 1964. 15 p. 23 cm.

Ley Electoral. Decreto N.º 41. Tegucigalpa. Consejo Nacional de Elecciones. 1964. 41 p. 25 cm.

— Ley de Extranjería 1946 y sus reformas. Tegucigalpa. Ministerio de Economía y Hacienda. 1964. 19 p. 23 cm.

— Ley de Identidad. Tegucigalpa. Ministerio de Economía y Hacienda. 1964. 8 p. 23 cm.

Ley de Inquilinato. Tegucigalpa. Ministerio de Economía y Hacienda. 1964. 13 p. 23 cm.

Ley de Impuesto sobre Ventas. Tegucigalpa. Ministerio de Economía y Hacienda. 1964. 19 h. 28 cm.

Ley de Jubilaciones del Ramo de Justicia. Tegucigalpa. Ministerio de Economía y Hacienda. 1964. 10 p. 23 cm.

— Ley Orgánica del Distrito Central. Tegucigalpa. Ministerio de Gobernación y Justicia. 1964. 10 p. 23 cm.

— Ley de Pasaportes 1935 y sus reformas. Tegucigalpa. Ministerio de Economía y Hacienda. 1964. 15 p. 23 cm.

Presupuesto por Programas. Año Fiscal 1964. Tegucigalpa. Dirección General de Presupuesto. 1964. 738 p. 27 cm.

Presupuesto General de Egresos e Ingresos. Ejercicio Fiscal 1964. Tegucigalpa. Dirección General de Presupuesto. 1964. 435 p. 31 cm.
— Ley del Seguro Social y sus reformas. Tegucigalpa. IHSS. 1964. 79 p. 13 cm.

Planes y Programas de Educación Primaria de Primer Grado. Tegucigalpa. Dirección General de Educación Primaria. 1964. 149 p. 22 cm.

Planes y Programas de Educación Primaria de Segundo Grado. Tegucigalpa. Dirección General de Educación Primaria. 1964. 154 p. 22 cm.

PROCURADURÍA General de la República
Informe anual 1963. Tegucigalpa. Procuraduría General de la República. 1964. 198 p. 28 cm.

SECRETARÍA de Comunicaciones y OO.PP.
Informe. (Sin datos adicionales; conservar como entrada abierta.)

SECRETARÍA de Defensa y Seguridad Pública
Informe. (Sin datos adicionales.)

SECRETARÍA de Economía y Hacienda
Informe. (Sin datos adicionales.)

SECRETARÍA de Educación Pública
Informe. (Sin datos adicionales.)

SECRETARÍA de Gobernación y Justicia.
Informe 1963/1964. Tegucigalpa. Ministerio de Gobernación y Justicia. 1964.
155 p. 23 cm.

SECRETARÍA de Recursos Naturales
Informe. (Sin datos adicionales.)

SECRETARÍA de Relaciones Exteriores
Informe correspondiente a 1964. Tegucigalpa. Ministerio de RR. EE. 1964. 611–8 h. 34 cm.

SECRETARÍA de Salud Pública y Asistencia Social
Memoria 1963. Tegucigalpa. Ministerio de Salud Pública y Asistencia Social. 1964. 126 p. 30 cm.

Exposición de Motivos y Ley Orgánica del Patronato Nacional de Asistencia Social. Tegucigalpa. Ministerio de Salud Pública y Asistencia Social. 1964. 50 h. 32 cm.

SECRETARÍA de Trabajo y Previsión Social
Informe. (Sin datos adicionales.)

— Escuela de Servicio Social de Honduras. Tegucigalpa. Ministerio de Trabajo y Previsión Social. 1964. 17 p. 22 cm.

SERVICIO Técnico Interamericano de Cooperación Agrícola (STICA)
Informe anual 1963. Tegucigalpa. STICA. 1964. 34 p. ilus. 28 cm.

SANAA (Servicio Autónomo Nacional de Acueductos y Alcantarillados). Informe anual de la Gerencia. 1963. Tegucigalpa. SANAA. 1964. 18 h. 28 cm.

SERVICIO Nacional de Erradicación de la Malaria (SNEM)
La Campaña de Erradicación de la Malaria en la República de Honduras. Informe de Actividades 1963. Tegucigalpa. SNEM. 1964. 10 h.; map.; gráfs. 22 cm.

PUBLICACIONES PERIÓDICAS

1961

A. M.
Diario del Amanecer. Tegucigalpa, D. C., Honduras, C. A.

ADELANTE
Órgano del Partido Revolucionario Hondureño. Tegucigalpa, D. C.,
Honduras, C. A.

ALACRÁN, EL
Semanario. Vocero Oficial del Frente Unido Universitario
Democrático. Tegucigalpa, D. C., Honduras, C. A.

ALERTA
Semanario. Vocero Oficial del Frente Universitario Democrático.
Tegucigalpa, D. C., Honduras, C. A.

ALFILER, EL
Semanario de Crítica y Buen Humor. San Pedro Sula, Cortés,
Honduras, C. A.

ALIANZA
Anuario. Órgano del Instituto Valle. Tegucigalpa, D. C., Honduras,
C. A.

ANTORCHA, LA
Eventual. Órgano de Publicación del V Curso, Sección B del
Instituto Honduras. Tegucigalpa, D. C., Honduras, C. A.

ANTORCHA INTIBUCANA
Quincenario de Orientación Intibucana. La Esperanza, Intibucá,
Honduras, C. A.

ÁRBITRO, EL
Quincenario Divulgativo del Colegio de Árbitros Sampedranos. San
Pedro Sula, Cortés, Honduras, C. A.

ARPÓN ESTUDIANTIL
Eventual. Órgano de Publicidad de la muchachada del Instituto Lempira. San Marcos de Colón, Choluteca, Honduras, C. A.

ARTES GRÁFICAS
Mensual. Lema: "Por la Unificación y Dignificación". Tegucigalpa, D. C., Honduras, C. A.

ATLÁNTICO, EL
Semanario de Intereses Generales. La Ceiba, Atlántida, Honduras, C. A.

AVANCE ESTUDIANTIL
Eventual. Órgano del III Curso, Sección "G" de C. de C. G. Tegucigalpa, D. C., Honduras, C. A.

BREGA ESTUDIANTIL
Eventual. Órgano de Orientación y Superación Cultural del Instituto Central. Tegucigalpa, Honduras, C. A.

BUEN AMIGO, EL
Semanario Católico. San Pedro Sula, Cortés, Honduras, C. A.

BUEN PASTOR, EL
Semanario. Órgano de la Obra de "El Buen Pastor". Tegucigalpa, D. C., Honduras, C. A.

CASA PROPIA
Mensuario. Publicación del Banco de la Propiedad. Tegucigalpa, D. C., Honduras, C. A.

CENTROAMERICANO, EL
Semanario de Orientación Cívica Unionista. Tegucigalpa, D. C., Honduras, C. A.

CIUDADANO, EL
Quincenario. La Ceiba, Atlántida, Honduras, C. A.

CLARÍN, EL
Órgano de la Juventud Esperanzana. Mensuario. La Esperanza, Intibucá, Honduras, C. A.

CLARÍN UNIVERSITARIO
Órgano Oficial del Frente Unido Universitario Democrático. Quincenario. San Pedro Sula, Cortés, Honduras, C. A.

COMPAÑERO, EL
Quincenario. Órgano de Publicidad del Club de Leones. El Progreso, Yoro, Honduras, C. A.

COMERCIO, EL
Semanario de Orientación. Órgano de Publicidad de la Cámara de Comercio e Industrias de Tegucigalpa y de la Empresa Privada de Honduras. Tegucigalpa, D. C., Honduras, C. A.

CORREO DEL NORTE
Diario de la Mañana. San Pedro Sula, Cortés, Honduras, C. A.

CRISOL, EL
Periódico de Derechos Democráticos. Quincenario. Tela, Atlántida, Honduras, C. A.

CRONISTA, EL
Diario Independiente. Tegucigalpa, D. C., Honduras, C. A.

CRONISTA DE ORIENTE, EL
Quincenario. Órgano de Información General. Ciudad de El Paraíso, Honduras, C. A.

CHISPA, LA
Semanario de Combate, Crítica y Orientación Democrática. Tegucigalpa, D. C., Honduras, C. A.

DEFENSOR NACIONAL, EL
Semanario de Orientación Democrática. Tegucigalpa, D. C., Honduras, C. A.

DÍA, EL
Diario Libre, Doctrinario e Informativo. Tegucigalpa, D. C., Honduras, C. A.

ECOS DE MORSE
Mensuario. Órgano Oficial de la Asociación Nacional de Empleados de Comunicaciones Eléctricas de Honduras. Tegucigalpa, D. C., Honduras, C. A.

ECOS OLANCHANOS
Quincenario. Independiente de Variedades. Su lema: "Paz y Progreso." Juticalpa, Olancho, Honduras, C. A.

ECOS DE SALAMÁ
Quincenario. Independiente de Variedades. Salamá, Olancho, Honduras, C. A.

ECOS DEL SUR
Quincenario. Órgano de la Imprenta Patria, al servicio de los intereses del Sur. San Lorenzo, Valle, Honduras, C. A.

ECO
Quincenario. Periódico netamente católico. San José, Departamento de Copán, Honduras, C. A.

EN GUARDIA
Por la Democracia, Por la Libertad. Mensuario. Tegucigalpa, D. C., Honduras, C. A.

ESTRELLA DEL NORTE
Periódico Independiente. San Pedro Sula, Cortés, Honduras, C. A.

ESPECTADOR, EL
Semanario. Por la Patria, la Paz, la Libertad, la Justicia, la Cultura, el Arte y la Verdad. San Pedro Sula, Cortés, Honduras, C. A.

EXCELSIOR
Órgano de Publicación Cultural del Instituto Gustavo Adolfo Alvarado. Lema: "Por la Patria, por la Juventud Hondureña." Tegucigalpa, D. C., Honduras, C. A.

FARO, EL
Quincenario. San José, Depto. de Copán, Honduras, C. A.

FANAL ESTUDIANTIL
Lema del I.D.E.: "Para que el hombre de Dios sea perfecto, enteramente instruido para toda buena obra, apto para enseñar." San Pedro Sula, Cortés, Honduras, C. A.

FECESITLIH
Publicación mensual. Órgano de Divulgación de la Federación Central de Sindicatos de Trabajadores de Honduras. Tegucigalpa, D. C., Honduras, C. A.

FIDES
Semanario de Orientación Cristiana. Tegucigalpa, D. C., Honduras, C. A.

FUTURO
Semanario. Tegucigalpa, D. C., Honduras, C. A.

GACETA, LA
Diario Oficial de Honduras. Tegucigalpa, D. C., Honduras, C. A.

GERMINAL
Semanario al servicio de la cultura. Siguatepeque, Comayagua, Honduras, C. A.

HERALDO, EL
Semanario de la Sociedad Cívica y Unionista La Juventud. San Pedro Sula, Cortés, Honduras, C. A.
— Semanario Independiente. La Ceiba, Atlántida, Honduras, C. A.

HORA, LA
Semanario. Tegucigalpa, D. C., Honduras, C. A.

HONDURAS LEONÍSTICA
Mensual. Órgano de Divulgación del Club de Leones. Tegucigalpa, D. C., Honduras, C. A.

HONDUREÑO, EL
Semanario Liberal. Tegucigalpa, D. C., Honduras, C. A.

ÍNDICE
Quincenario. Comayagua, Honduras, C. A.

INDEPENDIENTE, EL
Semanario al servicio de la Cultura, el Comercio y el Progreso. Tegucigalpa, D. C., Honduras, C. A.

LEÓN DE SULA
Órgano Cívico Cultural y Social del Club de Leones. San Pedro Sula, Cortés, Honduras, C. A.

LIBERACIÓN
Semanario. Por la razón, el derecho y la justicia. Tegucigalpa, D. C., Honduras, C. A.

LUZ, LA
Semanario Católico. Santa Bárbara, Honduras, C. A.

MACHETE, EL
El Semanario más audaz, para el lector más despierto. Tegucigalpa, D. C., Honduras, C. A.

MAGISTERIO
Quincenario del Frente de Unidad y Acción Magisterial. San Pedro Sula, Cortés, Honduras, C. A.

MENSAJERO LEONÍSTICO, EL
Mensual. Tegucigalpa, D. C., Honduras, C. A.

MERIDIANO DE CORTÉS
Semanario. Órgano al servicio de los intereses de la Patria. Por la prosperidad y dignificación del Depto. de Cortés. San Pedro Sula, Cortés, Honduras, C. A.

NACIONAL, EL
Diario. Lema: "Por la Justicia Social, la Unidad Nacional y la Libertad." Tegucigalpa, Honduras, C. A.

NOTICIERO HONDUREÑO
Mensual. Tegucigalpa, D. C., Honduras, C. A.

OBRERO CRISTIANO, EL
Quincenario. Lema: "Trabajar intensamente por la conservación de la Fe Católica, por la Patria y por el implantamiento de las sanas costumbres." Santa Rosa de Copán, Honduras, C. A.

ORIENTADOR, EL
Periódico al servicio de la comunidad y la auténtica democracia. Puerto Cortés, Honduras, C. A.

PATRIA
Semanario. Olanchito, Yoro, Honduras, C. A.

PATRIA MÍA
Semanario Independiente de Divulgación Cultural. San Pedro Sula, Cortés, Honduras, C. A.

PERSPECTIVA
Por la Patria, la cultura y la ciencia. Vocero Oficial de la Asociación de Estudiantes de Ingeniería de Honduras. Comayagüela, Honduras, C. A.

PLUS ULTRA
Semanario. Periódico Informativo. Todo por Honduras y su progreso. Tela, D. S., Atlántida, Honduras, C. A.

PREGONERO DE OCCIDENTE, EL
Mensual. Órgano de Prensa al servicio del Pueblo y de nuestra Cultura Nacional. Santa Rosa de Copán, Honduras, C. A.

PRENSA POPULAR
Semanario. San Pedro Sula, Cortés, Honduras, C. A.

PROGRESISTA, EL
Semanario. Órgano del Comité Nacional Preparatorio del Partido Progresista del Pueblo Hondureño. San Pedro Sula, Cortés, Honduras, C. A.

PROSPERIDAD
Órgano de Publicidad de la Capitalizadora Hondureña, S. A. Tegucigalpa, D. C., Honduras, C. A.

PUEBLO, EL
Diario Oficial del Partido Liberal de Honduras. Tegucigalpa, D. C., Honduras, C. A.

REALIDADES DEL SEGURO
Mensual. Órgano de Publicidad de la Compañía de Seguros Interamericana, S. A. Tegucigalpa, D. C., Honduras, C. A.

SATÉLITE
Eventual. Periódico estudiantil. Tegucigalpa, D. C., Honduras, C. A.

SEMÁFORO
Semanario. Comayagüela, D. C., Honduras, C. A.

SINDICALISTA, EL
Quincenario Obrero Independiente de Ideología Democrática. Por la redención del trabajador. La Lima, Cortés, Honduras, C. A.

SOCIAL
Semanario Informativo. El Progreso, Yoro, Honduras, C. A.

SUPERACIÓN
Quincenario. Órgano Cultural del III Curso de Bachillerato y Comercio del Instituto Central. Tegucigalpa, D. C., Honduras, C. A.

TRAVIESO, EL
Semanario. Tegucigalpa, D. C., Honduras, C. A.

TRIÁNGULO, EL

Quincenario. Nuestro lema: Velar porque los postulados que sustenta nuestro triángulo se acrecienten cada día más. Florida, Copán, Honduras, C. A.

TRIBUNA ESTUDIANTIL

Eventual. Órgano del II Curso de la Escuela Normal Asociada. Tegucigalpa, D. C., Honduras, C. A.

TRIBUNA REVOLUCIONARIA

Semanario. San Pedro Sula, Cortés, Honduras, C. A.

TRIBUNA UNIVERSITARIA

Quincenario al servicio de la Universidad y de los intereses del pueblo hondureño. Tegucigalpa, D. C., Honduras, C. A.

TRÓPICO, EL

Semanario. Órgano al servicio de los intereses del pueblo y de la democracia. La Ceiba, Atlántida, Honduras, C. A.

TORNILLO SIN FIN

Anual. Órgano de la Federación de Estudiantes Universitarios de Honduras. Tegucigalpa, D. C., Honduras, C. A.

VANGUARDIA

Quincenario de Crítica, Orientación y Combate. Santa Rosa de Copán, Honduras, C. A.
— Mensuario. Órgano del Frente de Reforma Universitaria. Tegucigalpa, D. C., Honduras, C. A.
— Por la Alianza de la Juventud Democrática Revolucionaria. Eventual. San Pedro Sula, Cortés, Honduras, C. A.

VERDAD, LA

Semanario de Crítica y Combate. Lima, Cortés, Honduras, C. A.

VOCERO EVANGÉLICO, EL

Mensuario. Órgano Oficial del Sínodo de la Iglesia Evangélica y Reformada de Honduras. San Pedro Sula, Cortés, Honduras, C. A.

VOZ DE SUYAPA, LA
Mensuario. Tegucigalpa, D. C., Honduras, C. A.

VOZ DEL CENTRAL
Lema: Por una juventud sana, fuerte y sin vicios. Órgano Estudiantil del Instituto Central, V Curso, Sección D de Educación Cultural. Tegucigalpa, D. C., Honduras, C. A.

VOZ TIPOGRÁFICA
Anuario. Órgano del Gremio Tipográfico de Santa Rosa de Copán. Honduras, C. A.

REVISTAS

ACCIÓN SOCIAL
Revista Independiente. Mensual. Tegucigalpa, D. C., Honduras, C. A.
ANTORCHA PROFESIONAL
Revista Mensual. San Pedro Sula, Cortés, Honduras, C. A.

ARIEL
Revista Quincenal de Orientación Democrática. Tegucigalpa, D. C., Honduras, C. A.

ATENAS
Revista Mensual. San Pedro Sula, Cortés, Honduras, C. A.

ÁRABE HONDUREÑA
Revista Mensual. Tegucigalpa, D. C., Honduras, C. A.

AMÉRICA CANTA
Revista Mensual. Tegucigalpa, D. C., Honduras, C. A.

CANCIONERO TROPICAL
Mensual. San Pedro Sula, Cortés, Honduras, C. A.

CARTELERA DEPORTIVA
Mensual. Órgano de Publicidad de "El Deporte en Marcha". Tegucigalpa, D. C., Honduras, C. A.

CEIBA
Revista Científica de la Escuela Panamericana de Agricultura. El Zamorano, Tegucigalpa, D. C., Honduras, C. A.

CENTINELA DEL MÚSCULO, EL
Revista Mensual. Tegucigalpa, D. C., Honduras, C. A.

CORREO LITERARIO DE HONDURAS
Revista Mensual. Tegucigalpa, D. C., Honduras, C. A.

CULTURA COMERCIAL
Revista Mensual Independiente al servicio de la Industria, Comercio, Profesionales y Estudiantes. Tegucigalpa, D. C., Honduras, C. A.

EN MARCHA
Revista Mensual e Informativa. San Pedro Sula, Cortés, Honduras, C. A.

EUREKA
Órgano Oficial de la Masonería de Honduras. Revista Mensual. San Pedro Sula, Cortés, Honduras, C. A.

FACULTAD DE DERECHO
Revista Semestral. Órgano de la Facultad de Derecho. Tegucigalpa, D. C., Honduras, C. A.

FERROVÍA
Revista Mensual. San Pedro Sula, Cortés, Honduras, C. A.

FULGORES
Revista Anual del Instituto de Señoritas y Colegio de Niñas San Vicente de Paúl. San Pedro Sula, Cortés, Honduras, C. A.

GALENIA
Revista Mensual. Órgano de la Asociación de Estudiantes de Medicina y Cirugía de Honduras. Tegucigalpa, D. C., Honduras, C. A.

GUARDIA CIVIL
Revista Mensual. Órgano Informativo de la Guardia Civil de La
Ceiba, al servicio del pueblo hondureño y la seguridad ciudadana.
La Ceiba, Atlántida, Honduras, C. A.
— Revista Mensual. Órgano de la Guardia Civil. San Pedro Sula,
Cortés, Honduras, C. A.

GUÍA SEMANAL
Informaciones en General. Tegucigalpa, D. C., Honduras, C. A.

HONDURAS
Revista Mensual. Al servicio de la Cultura Centroamericana.
Tegucigalpa, D. C., Honduras, C. A.
— Revista Mensual. San Pedro Sula, Cortés, Honduras, C. A.

HONDURAS BIBLIOTECOLÓGICA Y ARCHIVÍSTICA
Revista Cultural Mensual. Tegucigalpa, D. C., Honduras, C. A.

HONDURAS COOPERATIVÍSTICA
Revista Bimestral. Tegucigalpa, D. C., Honduras, C. A.

HONDURAS LEONÍSTICA
Revista Bimestral. Tegucigalpa, D. C., Honduras, C. A.

HONDURAS ROTARIA
Revista Mensual. Órgano de los Clubes Rotarios de Honduras.
Tegucigalpa, D. C., Honduras, C. A.

ISTMO
Revista Mensual. Tegucigalpa, D. C., Honduras, C. A.

JUVENTUD
Revista Mensual. Por la Superación Cultural Intelectual del
Estudiantado Hondureño. Órgano del Instituto José Trinidad Reyes.
San Pedro Sula, Cortés, Honduras, C. A.

LASALLISTA, EL
Revista Mensual. Órgano de la Academia Literaria José Cecilio del
Valle. San Pedro Sula, Cortés, Honduras, C. A.

LETRAS DE AMÉRICA
Revista Mensual. Tegucigalpa, D. C., Honduras, C. A.

MINERVA
Revista Informativa. Mensual. San Pedro Sula, Cortés, Honduras, C. A.

MISCELÁNEA DEPORTIVA
Por los campos del deporte. Tegucigalpa, D. C., Honduras, C. A.

MUNICIPAL
Revista Mensual. Órgano de la Municipalidad de San Pedro Sula. San Pedro Sula, Cortés, Honduras, C. A.
— Revista Mensual. Órgano de la Municipalidad de La Ceiba. La Ceiba, Atlántida, Honduras, C. A.

ORIENTACIÓN LABORAL
Revista Mensual. San Pedro Sula, Cortés, Honduras, C. A.

OTORRINOLARINGOLÓGICA
Publicación de la Cátedra de Otorrinolaringología. Universidad Nacional Autónoma de Honduras. Tegucigalpa, D. C., Honduras, C. A.

PANAMÉRICA
Revista Mensual. Yoro, Honduras, C. A.

PANORAMA
Semanal. Tegucigalpa, D. C., Honduras, C. A.

PENSAMIENTO Y ACCIÓN
Revista Mensual. Juticalpa, Olancho, Honduras, C. A.

REVISTA MILITAR
Mensual. Órgano Oficial de las Fuerzas Armadas de Honduras. Tegucigalpa, D. C., Honduras, C. A.
SEGUNDA ZONA MILITAR
Revista Mensual. Órgano de la 2.a Zona Militar. San Pedro Sula, Cortés, Honduras, C. A.

SEGURIDAD
Revista Mensual. San Pedro Sula, Cortés, Honduras, C. A.

SUCESOS
Revista Mensual. Tegucigalpa, D. C., Honduras, C. A.

TEGU-SEMANA
Semanario de Bolsillo. Tegucigalpa, D. C., Honduras, C. A.

TRABAJO
Revista Mensual. Órgano del Ministerio de Trabajo y Previsión Social. Tegucigalpa, D. C., Honduras, C. A.

VESTA
Revista Mensual. Científico-Literaria y de Sucesos. Florida, Copán, Honduras, C. A.

VISTA VISIÓN
Revista Mensual. Tegucigalpa, D. C., Honduras, C. A.

VOZ FARMACÉUTICA
Revista Mensual. Tegucigalpa, D. C., Honduras, C. A.

BOLETINES

BOLETÍN de la Academia Hondureña de la Lengua
Semestral. Órgano de la Academia Hondureña de la Lengua.
Tegucigalpa, D. C., Honduras, C. A.

BOLETÍN de Administración Pública
Órgano de la Contraloría Gral. de la República. Tegucigalpa, D. C.,
Honduras, C. A.

BOLETÍN del Banco Central de Honduras
Mensual. Tegucigalpa, D. C., Honduras, C. A.

BOLETÍN Carta Semanal
Órgano de la Cámara de Comercio e Industrias. San Pedro Sula,
Cortés, Honduras, C. A.

BOLETÍN de Informaciones
Órgano del Banco Nacional de Fomento. Tegucigalpa, D. C.,
Honduras, C. A.

BOLETÍN La Industria
Quincenal. Órgano de la Asociación Nacional de Industrias.
Tegucigalpa, D. C., Honduras, C. A.

BOLETÍN Municipal
Mensual. San Pedro Sula, Cortés, Honduras, C. A.

BOLETÍN de la Universidad de Honduras
Bimestral. Órgano de la Universidad de Honduras. Tegucigalpa, D.
C., Honduras, C. A.

Nota: Algunas publicaciones como A. M. dejaron de circular durante
el año.

PUBLICACIONES PERIÓDICAS HONDUREÑAS
Año de 1962

Las publicaciones aparecidas por primera vez, llevan un asterisco
()*

ACCIÓN ESTUDIANTIL
Eventual. Órgano Estudiantil del Instituto Central. Director:
Napoleón Darío Lanza. Comayagüela, D. C. Imp. Cultura.

ADELANTE
Quincenario. Órgano del Partido Revolucionario Hondureño.
Consejo de Dirección: Inés Alonzo Tróchez, Guadalupe Reyes G. y
Lisandro Gálvez. Comayagüela, D. C. Imp. Cultura.
— * Eventual. Órgano del Frente Departamental de Juventud
Liberal, al servicio de la causa del pueblo.* Directiva: F. J. L. Santa
Rosa de Copán, Honduras, C. A. Tip. Unión.

ALACRÁN, EL
Quincenario. Director: Guillermo Recinos Tábora. Santa Rosa de
Copán, Honduras, C. A. Imp. "Unión Tipográfica".

ALERTA
Semanario. Vocero Oficial del Frente Unido Universitario
Democrático. Director: Carlos Martínez Villela. Tegucigalpa, D. C.,
Honduras, C. A. s. i.

ALFILER, EL
Semanario de Crítica y buen humor. Director: Pedro Escoto López.
San Pedro Sula, Cortés, Honduras, C. A. Imp. Editora Nacional.

ANTORCHA, LA
Quincenario. Director: Gustavo Carvajal Castro. Puerto Cortés,
Cortés, Honduras, C. A. Tip. La Marina.

ANTORCHA INTIBUCANA
Quincenario de Orientación Intibucana. Director: Romualdo Bueso
H. La Esperanza, Intibucá. Imp. Unión Tipográfica.

APHEN
Bimestral. Redactor: Prof. Roberto S. Talbami. El Progreso, Yoro, Honduras, C. A. Imp. Calderón.

ATLÁNTICO, EL
Semanario de Intereses Generales. Director: Ángel Moya Posas. La Ceiba, Atlántida, Honduras, C. A. Tip. Moya Posas.

AVANCE
Eventual. Director-Redactor: Elan Estanffer. La Ceiba, Atlántida, Honduras, C. A. Tip. Laffite.

BUEN AMIGO, EL
Semanario Católico. Dirección: Casa Cural de San Pedro Sula, Cortés, Honduras, C. A. s. i.

BUEN PASTOR, EL
Semanario. Publicación de la Obra El Buen Pastor. Dirección: Seminario Menor, San José. Tegucigalpa, D. C., Honduras, C. A. s. i.

CEIBA JUNIOR
* Mensual.* Director: R. Busmail O. La Ceiba, Atlántida, Honduras, C. A. s. i.

CENTRO NOTICIAS
* Diario.* Director: J. Napoleón Mairena. Tegucigalpa, D. C., Honduras, C. A. Mimeografiado.

CLARÍN UNIVERSITARIO
Mensual. Órgano Oficial del Frente Unido Universitario Democrático. Tegucigalpa, D. C., Honduras, C. A. Imp. Editora Nacional.

COMBATE, EL
* Eventual.* Directores: Ing. Amílcar Gómez Rovelo, Ing. Juan Fernández López. San Pedro Sula, Cortés, Honduras, C. A. Imp. Editora Nacional.

COMERCIO, EL
Semanario de Orientación. Órgano de Publicidad de la Cámara de Comercio e Industrias de Tegucigalpa y de la Empresa Privada de Honduras. Director: Miguel R. Ortega. Tegucigalpa, D. C., Honduras, C. A. Imp. Calderón.

CONQUISTA
* Mensual.* Director: Héctor Manuel Rubí. El Progreso, Yoro, Honduras, C. A. Imp. Calderón.

CORREO DEL NORTE
Diario de la Mañana. Director: Dionisio Romero Narváez. San Pedro Sula, Cortés, Honduras, C. A. Imp. "Editora Nacional".

CRISOL, EL
Quincenario. Periódico de Derechos Democráticos. Director: Manuel Fúnes. Tela, Atlántida, Honduras, C. A. Imp. La Marina.

CRONISTA, EL
Diario Independiente. Director: Alejandro Valladares. Tegucigalpa, D. C., Honduras, C. A. Imp. "Paulino Valladares".

CRONISTA DE ORIENTE, EL
Quincenario. Órgano de Información General. Director: Jesús Rosales. Ciudad El Paraíso, Honduras, C. A. s. i.

DESPERTAR ESTUDIANTIL
* Eventual.* Director: Roberto García. Tegucigalpa, D. C., Honduras, C. A. Imp. Cultura.

DESPERTAR YOREÑO
* Eventual.* Directores: Octavio Martínez y Wilfredo Amaya M. Yoro, Depto. de Yoro, Honduras, C. A. s. i.

DEPORTE EN MARCHA, EL
* Bimestral.* Director: José Manuel Velásquez. Tegucigalpa, D. C., Honduras, C. A. Imp. Alpha.

DEPORTIVO, EL
* Eventual.* Director: Víctor Antonio Handal y Handal. El Progreso, Yoro, Honduras, C. A. Imp. Editora Nacional.

DÍA, EL
Diario Libre. Doctrinario e informativo. Director: Julio López Pineda. Tegucigalpa, D. C., Honduras, C. A. Imp. El Día.

ECOS OLANCHANOS
Quincenario Independiente de Variedades. Su lema: Paz y Progreso. Director: J. Antonio López P. Juticalpa, Olancho, Honduras, C. A. s. i.

ESPECTADOR, EL
Semanario. Por la Patria, la Paz, la Libertad, la Cultura, el Arte y la Verdad. Director: Ramón Rosa Galeano. San Pedro Sula, Cortés, Honduras, C. A. Imp. "Galeano".

ENTREVISTAS
Revista independiente, cultural y política. Choluteca. Spt. Imp. Cultura. Comayagüela. 20 × 22 cm. 22 p. Mariano Chévez.

ESTUDIANTE, EL
* Eventual.* Director: Roberto Flores. Santa Rosa de Copán, Honduras, C. A. Imp. "Unión Tipográfica".

FANAL JUVENIL
Lema del I.D.E.: "Para que el hombre de Dios sea perfecto, enteramente instruido para toda buena obra, apto para enseñar". Director: Hugo Villafranca B. San Pedro Sula, Cortés, Honduras, C. A. Imp. Antúnez.

FARO, EL
Quincenario. Director: Ciro Antonio Claros C. San José, Copán, Honduras, C. A. Imp. "Lumen".

FECESITLIH
Mensual. Órgano de Divulgación de la Federación Central de Sindicatos de Trabajadores Libres de Honduras. Director: FECESITLIH. Tegucigalpa, D. C., Honduras, C. A. s. i.

FIDES
Semanario de Orientación Cristiana. Director: P. B. Alonzo Tejeda. Tegucigalpa, D. C., Honduras, C. A. Imp. "CENSA".

FUTURO
Semanario. Director: Pompeyo del Valle. Tegucigalpa, D. C., Honduras, C. A. Tip. Cultura.

GACETA, LA
Diario Oficial de Honduras. Director: Ramón Santamaría. Tegucigalpa, D. C., Honduras, C. A. Tip. Nacional.

NOTICIERO HONDUREÑO
Mensual. Editor: Servicio de Información de los EE. UU. Tegucigalpa, D. C., Honduras, C. A. Imp. Calderón.

OBRERO CRISTIANO, EL
Quincenario. Dirección: a cargo de la Directiva de la Sociedad. Santa Rosa de Copán, Honduras, C. A. Imp. Honduras.

OBSERVADOR, EL
* Semanario.* Director: Mauricio Torres Molinero. Tegucigalpa, D. C., Honduras, C. A. s. i.

ORIENTADOR, EL
Bimestral. Periódico al servicio de la comunidad y la auténtica democracia. Director: Rafael C. Suárez. Puerto Cortés, Honduras, C. A. Imp. Hispana.

PADRE TRINO
Eventual. Director: Antonio Palacios. San Pedro Sula, Cortés, Honduras, C. A. s. i.

PALABRA, LA
Semestral. Director: Lic. J. Humberto Altamirano. Danlí, El Paraíso, Honduras, C. A. s. i.

PLUS ULTRA
Semanario. Periódico informativo. Todo por Honduras y su progreso. Director: Pedro Xatruch. Tela, D. S., Atlántida, Honduras, C. A. Imp. "La Marina".

PRENSA OBRERA
* Quincenario.* Director: Luis Felipe Guerra. Tela, Atlántida, Honduras. Editorial Laffitte.

PREGONERO DE OCCIDENTE, EL
Mensual. Órgano de Prensa al servicio del pueblo y de nuestra cultura nacional. Director: José Florentino Villanueva T. Santa Rosa de Copán, Honduras, C. A. Imp. Unión Tipográfica.

PROGRESISTA, EL
Mensual. Órgano de los Estudiantes del Instituto Progreso. Yoro, Honduras, C. A. Imp. Calderón.

PROSPERIDAD
Mensual. Órgano de Publicidad de la Capitalizadora Hondureña, S. A. Dirección: Departamento de Ventas. Tegucigalpa, D. C., Honduras, C. A. s. i.

PUEBLO, EL
Diario. Órgano Oficial del Partido Liberal. Director: Manuel de Jesús Pineda. Tegucigalpa, D. C., Honduras, C. A. Imp. Renovación.

REALIDADES DEL SEGURO
Mensual. Órgano de Publicidad de la Compañía de Seguros Interamericana, S. A. Dirección: Cía. de Seguros. Tegucigalpa, D. C., Honduras, C. A. s. i.

RENOVACIÓN
* Mensual. Órgano Político del Partido Nacional.* Director: Francisco R. Carías. San Pedro Sula, Cortés, Honduras, C. A. s. i.

SEMÁFORO
Semanario. Director: Tito Aplícano. Comayagüela, D. C., Honduras, C. A. Imp. Calderón.

SEMANA, LA
* Eventual. Periódico Independiente.* Director: Lisandro Quesada B. Olanchito, Yoro, Honduras, C. A. s. i.

SINDICALISTA, EL
Quincenario. Obrero Independiente de Ideología Democrática. Por la Redención del Trabajador. Director: René Valladares y Valladares. La Lima, Cortés, Honduras, C. A. Imp. "Editora Nacional".

SOCIAL
Semanario Informativo. Director: Tito Calderón. El Progreso, Yoro, Honduras, C. A. Imp. Calderón.

SUPERACIÓN
Eventual. Órgano Cultural del V Curso de Comercio del Instituto "Tegucigalpa". Director: María Guadalupe Villafranca. Tegucigalpa, D. C., Honduras, C. A. s. i.

TRAVIESO, EL
Semanario Club. Director: Herman Allan Padget. Tegucigalpa, D. C., Honduras, C. A. Imp. Bulnes.

TRIÁNGULO, EL
Quincenario. Nuestro lema: "Velar porque los postulados que sustenta nuestro Triángulo se acrecienten cada día más." Directores: Baltazar Contreras H. y Ricardo Chinchilla. Florida, Copán, Honduras, C. A. s. i.

TRIBUNA ESTUDIANTIL
Eventual. Órgano del III Curso de la Escuela Normal Asociada. Director: Consejo Central. Tegucigalpa, D. C., Honduras, C. A. s. i.

TRÓPICO, EL
Semanario. Órgano al servicio de los intereses del pueblo y de la democracia. Director: Rodolfo Zavala D. La Ceiba, Atlántida, Honduras, C. A. Imp. Renacimiento.

TORNILLO SIN FIN, EL
Anual. Órgano de la Federación de Estudiantes Universitarios de Honduras. Dirección: Estudiantes Universitarios. Tegucigalpa, D. C., Honduras, C. A. s. i.

VANGUARDIA
Mensual. Órgano del Frente de Reforma Universitaria. Directores: Óscar A. Valladares y Carlos Falk. Tegucigalpa, D. C., Honduras, C. A. Imp. Paulino Valladares.

VERDAD, LA
Semanario de Crítica y Combate. Director: Germán Augusto Cárcamo. La Lima, Cortés, Honduras, C. A. Imp. Sula.

VOCERO EVANGÉLICO, EL
Mensual. Órgano oficial del Sínodo de la Iglesia Evangélica y Reformada de Honduras. Director: Gregorio Romero. San Pedro Sula, Cortés, Honduras, C. A. Imp. Nacional.

VOZ DE SUYAPA, LA
Mensual. Órgano de la Radio Emisora Católica Nacional. Tegucigalpa, D. C., Honduras, C. A. s. i.

VOZ OBRERA
* Quincenario. Órgano de Información y Orientación del SITRASFRUCO.* Director: Junta Directiva Central. La Ceiba, Atlántida, Honduras, C. A. Imp. Moya Posas.

VOZ TIPOGRÁFICA
Anual. Órgano del Gremio Tipográfico. Director: Pedro Arístides Pineda. Santa Rosa de Copán, Honduras, C. A. Imp. "Unión".

REVISTAS

ACCIÓN SOCIAL
Mensual. Revista Independiente. Director: Salvador Villeda Vidal. Tegucigalpa, D. C., Honduras, C. A. Imp. López y Cía.

ACTA MÉDICA HONDUREÑA
* Eventual.* Director: Héctor Laínez. Tegucigalpa, D. C., Honduras, C. A. Imp. López y Cía.

APUNTES AGRÍCOLAS
* Mensual. Revista de la Asociación de Profesionales Agrícolas de Honduras.* Director: La Directiva. San Pedro Sula, Cortés. Imp. Nacional.

ARIEL
Revista Quincenal de Orientación Democrática. Directores– Redactores: Israel Melgar Rosales, Froylán D. Turcios y Amílcar Santamaría. Tegucigalpa, D. C., Honduras, C. A. Imp. Cultura.

AVANCE YOGA
Eventual. Director: Daniel Castañeda. Tegucigalpa, D. C., Honduras, C. A. Imp. Atenea.

BIBLIOTECAS
Trimestral. Director: Francisco Lagos H. Tegucigalpa, D. C., Honduras, C. A. Imp. La República.

BUEN PASTOR, EL
Mensual. Director: Pbro. Pedro Ramírez. Tegucigalpa, D. C., Honduras, C. A. Imp. La Democracia.

CANCIONERO TROPICAL
Mensual. Director: Juan E. Paredes. San Pedro Sula, Cortés, Honduras, C. A. Imp. Panamericana.

CONTINENTAL
* Mensual.* Directores: Rafael Leiva Vivas y María Fúnes. San Pedro Sula, Cortés, Honduras, C. A. s. s.

CORREO LITERARIO DE HONDURAS
Revista Mensual. Director: Carlos Manuel Arita. Tegucigalpa, D. C., Honduras, C. A. Lito. Ariston.

CULTURA COMERCIAL
Revista Mensual. Independiente al servicio de la Industria, Comercio, Profesionales y Estudiantes. Director: J. Efraín Suazo. Tegucigalpa, D. C., Honduras, C. A. Edit. Paulino Valladares.

DIONISIO DE HERRERA
* Eventual.* Director: Daniel M. Rojas. San Pedro Sula, Cortés, Honduras, C. A. Imp. Coello.

DROGUERÍA NACIONAL, S. A.
* (Catálogo o Nómina de precios). Eventual.* San Pedro Sula, Cortés, Honduras, C. A. Editora Nacional.

EN MARCHA
Revista Mensual e Informativa. Director: Martín Baide Galindo. San Pedro Sula, Cortés, Honduras, C. A. Imp. "En Marcha".

ENTREVISTAS
* Mensual.* Director: Mariano Chévez. Choluteca, Honduras, C. A. Imp. Cultura.

EUREKA
Mensual. Órgano Oficial de la Masonería de Honduras. Director: José Antonio Peraza. San Pedro Sula, Cortés, Honduras, C. A. Imp. "Juventud".

FACULTAD DE DERECHO
Revista Bimestral. Universidad Autónoma de Honduras. Directores: Dr. Ramón E. Cruz, Dr. Miguel R. Ortega, Br. José Arturo Duarte. Tegucigalpa, D. C., Honduras, C. A. Imp. Depto. de Ed. y Publicaciones de la U.N.A. de H.

FERROVÍA
Mensual. Director: Raymundo O. Pilloni. San Pedro Sula, Cortés, Honduras, C. A. Imp. "Alpha".

FORO HONDUREÑO
Mensual. Director: Rogelio Martínez Augustinus. Tegucigalpa, D. C., Honduras, C. A. Imp. López y Cía.

FULGORES
Anual. Instituto de Señoritas y Colegio de Niñas San Vicente de Paúl. Dirección: Rdo. Manuel Cavero Ojala. San Pedro Sula, Cortés, Honduras, C. A. Imp. Nacional.

GACETA JUDICIAL
Bimensual. Redactor: Rubén S. Ramírez. Tegucigalpa, D. C., Honduras, C. A. Imp. Atenea.

GALENIA
Mensual. Órgano de la Asociación de Estudiantes de Medicina y Cirugía. Director: Arnulfo Bueso. Tegucigalpa, Honduras, C. A. Imp. Paulino Valladares.

GUARDIA
Mensual. Portavoz. Director: Héctor Milla Bermúdez. Tegucigalpa, D. C., Honduras, C. A. Imp. Nacional.

GUARDIA CIVIL
Mensual. Órgano de la Guardia Civil.
— Director: Manuel Pineda Paz. San Pedro Sula, Cortés, Honduras, C. A. Imp. "Cultura".
— Director: Pedro Cervantes C. La Ceiba, Atlántida, Honduras, C. A. s. i.

GUÍA DE HONDURAS
* Mensual.* Director: Pedro Aplícano M. Tegucigalpa, D. C., Honduras, C. A. Editora Nacional.

HONDURAS
Mensual. Director: Prof. Rodolfo Rubio Cubellas. San Pedro Sula, Cortés, Honduras, C. A. Imp. Sula.

HONDURAS BIBLIOTECOLÓGICA Y ARCHIVÍSTICA
Mensual. Director: Juan A. Ayes. Tegucigalpa, D. C., Honduras, C. A. Imp. "La Democracia".

HONDURAS LEONÍSTICA
Bimestral. Directores: Rosalío C. Iraheta y Mirtha T. de Mejía. Tegucigalpa, D. C., Honduras, C. A. Imp. Calderón.

HONDURAS Y SU FUTURO
Eventual. Director: P. M. José V. Cárcamo. San Pedro Sula, Cortés, Honduras, C. A. Imp. "Sula".

HONDURAS ROTARIA
Mensual. Órgano de los Clubes Rotarios de Honduras. Director: Lic. Jorge Fidel Durón. Tegucigalpa, D. C., Honduras, C. A. Imp. Calderón.

LASALLISTA, EL
Revista Mensual. Órgano de la Academia Literaria José Cecilio del Valle. Director: Instituto "La Salle". San Pedro Sula, Cortés, Honduras, C. A. Imp. Nacional.

LETRAS DE AMÉRICA
Revista Mensual. Director: Claudio Barrera. Tegucigalpa, D. C., Honduras, C. A. Imp. La República.

MINERVA
Mensual. Revista Informativa. Director: René A. Alvarenga. San Pedro Sula, Cortés, Honduras, C. A. Imp. Alma Latina.

ORIENTACIÓN LABORAL
Revista Mensual. Director: Gumercindo G. Paniagua. San Pedro Sula, Cortés, Honduras, C. A. Imp. "Panamericana".

PANAMÉRICA
Mensual. Director: Olimpia Varela y Varela. Tegucigalpa, D. C., Honduras, C. A. Imp. Calderón.

PENSAMIENTO Y ACCIÓN

Revista Mensual. Director: Miguel Ángel Osorio. Juticalpa, Olancho, Honduras, C. A. s. i.

REFORMA AGRARIA

Mensual. Dirección: Consejo Directivo del Instituto Nacional Agrario. Tegucigalpa, D. C., Honduras, C. A. s. i.

REVISTA GRÁFICA MUNICIPAL

Eventual. Órgano Informativo de la Municipalidad. Director: Germán Augusto Cárcamo. San Pedro Sula, Honduras, C. A. Editora Nacional.

REVISTA MÉDICA HONDUREÑA

Mensual. Órgano de la Asociación Médica Hondureña. Director: Shibli M. Canahuati. Tegucigalpa, D. C., Honduras, C. A. Imp. Calderón.

REVISTA MILITAR

Mensual. Órgano de las Fuerzas Armadas de Honduras.
(Sin más datos de autor ni imprenta; se conserva tal cual.)

REVISTA OLÍMPICA

Eventual. Director: Mario A. Álvarez. Tegucigalpa, D. C., Honduras, C. A. Imp. Cultura.

SEGUNDA ZONA MILITAR

Revista Mensual. Órgano de la Segunda Zona Militar. Director: Andrés Ramírez Ortega. San Pedro Sula, Cortés, Honduras, C. A. Imp. Panamericana.

SENDERO

* Mensual de la Organización "Cadetes de Cristo Rey".* Director: Pedro Torrens. Puerto Cortés, Honduras, C. A. Mimeografiado.

SENDEROS

* Mensual.* Director: H. Romero Guzmán. San Pedro Sula, Cortés, Honduras, C. A. Imp. "En Marcha".

SUCESOS
Revista Mensual. Directores: Luis Alemán y Jorge Coello.
Tegucigalpa, D. C., Honduras, C. A. Edit. Paulino Valladares.

TEGUSEMANA
Semanario de Bolsillo. Director: Guillermo Herrera. Tegucigalpa, D.
C., Honduras, C. A. Imp. "Bulnes".

TRABAJO
Revista Mensual. Órgano del Ministerio de Trabajo y Previsión
Social. Dirección: Ministerio del Trabajo. Tegucigalpa, D. C.,
Honduras, C. A. Tip. Ariston.

VERDADES BÍBLICAS
Mensual. Editor: Santiago Scollón. La Ceiba, Atlántida, Honduras,
C. A. Imp. Evangélica.

VESTA
Revista Mensual. Científica, Literaria y de Sucesos. Director:
Francisco Coto Hernández. Florida, Copán, Honduras, C. A. Imp.
Editora Nacional.

VISTA VISIÓN
Eventual. Director: Alcides Ríos Tigerino. San Pedro Sula, Cortés,
Honduras, C. A. Imp. Editora Nacional.

VOZ FARMACÉUTICA
Mensual. Director: Dr. Humberto Romero Guzmán. San Pedro Sula,
Cortés, Honduras, C. A. Imp. "En Marcha".

VOZ MUNICIPAL, LA
Mensual. Órgano de información de la Municipalidad de La Ceiba.
Director: Rufino Rodríguez Cruz. La Ceiba, Honduras, C. A. s. s. i.

BOLETINES

BANCO CENTRAL DE HONDURAS
Mensual. Dirección: Directorio del Banco. Tegucigalpa, D. C., Honduras, C. A. s. i.

ACCIÓN CÍVICA
* Mensual. Órgano de las Fuerzas Armadas de Honduras.* Director: Alonzo Flores Guerra. Tegucigalpa, D. C., Honduras, C. A. Imp. "La República".

BOLETÍN DE ADMINISTRACIÓN PÚBLICA
Mensual. Dirección: Contraloría General de la República. Tegucigalpa, D. C., Honduras, C. A. Mimeografiado.

BOLETÍN DE LA ACADEMIA DE LA LENGUA
Semestral. Órgano de la Academia de la Lengua. Director: Carlos M. Gálvez. Tegucigalpa, D. C., Honduras, C. A. Imp. "La República".

BOLETÍN DE LA FEDERACIÓN DE ASOCIACIONES FEMENINAS
Eventual. Director: Marisabel Guillén de Rodríguez. Tegucigalpa, D. C., Honduras, C. A. Imp. "La República".

BOLETÍN HIPOCRÁTICO
Mensual. Órgano de difusión de la Unión Médica Hondureña. Tegucigalpa, D. C., Honduras, C. A. "Talleres Gráficos".

BOLETÍN INFORMATIVO
Mensual. Órgano informativo de la Dirección General de la Tributación Directa. Tegucigalpa, D. C., Honduras, C. A. Impreso en mimeógrafo.

BOLETÍN ROTARIO
Mensual. Editor: Club Rotario. Santa Rosa de Copán, Honduras, C. A. Impreso en mimeógrafo.

CARTA SEMANAL
Semanal. Órgano de la Cámara de Comercio e Industrias de Cortés. Director: Emilio L. Mejía. San Pedro Sula, Cortés, Honduras, C. A. Impreso en mimeógrafo.

CASA PROPIA
Mensual. Órgano del Banco de la Propiedad. Editor: Banco de la Propiedad. Tegucigalpa, D. C., Honduras, C. A. s. i.

INFORMATIVO
Mensual. Publicación del Centro de Salud y Adiestramiento "Las Crucitas". Dirección: Directores del Centro. Tegucigalpa, D. C., Honduras, C. A. Impreso en mimeógrafo.

LA INDUSTRIA
Quincenal. Órgano de la Asociación Nacional de Industrias. Director: M. A. Raudales Planas. Tegucigalpa, D. C., Honduras, C. A. Imp. La Democracia.

BOLETÍN ECONÓMICO
Bimensual. Órgano de la Facultad de Ciencias Económicas. Director: Instituto de Investigaciones Económicas y Sociales. Tegucigalpa, D. C., Honduras, C. A. s. i.

FUERA DEL PAÍS

HONDURAS EN ESPAÑA
Órgano de los estudiantes hondureños en España. Madrid, España.
Gráficas Puan.

PUBLICACIONES PERIÓDICAS. 1963

ACCION OBRERA
Tegucigalpa, D. C. Órgano de Información y Orientación del Sindicato de Trabajadores y Empleados de la Cervecería Tegucigalpa. 22×30 cm. Bimestral. N.º 1, mayo de 1963. 4 p.

ADELANTE
Tegucigalpa, D. C. Órgano del Partido Revolucionario Hondureño. 22×30 cm. Semanal, N.º 1, 10 de dic. de 1960. 8 p.

ADELANTE
Tegucigalpa, D. C. Órgano del Partido Revolucionario Hondureño. 22×29 cm. Quincenal, N.º 1, oct. de 1961. 8 p.

ALACRÁN, EL
Santa Rosa de Copán. Semanario joco-serio; corregir entuertos, haciendo reír. 22×30 cm. Semanario, N.º 1, julio 1 de 1961. 4 p.
ALBORES DEPORTIVOS
Tegucigalpa, D. C. Órgano del Círculo de Fotógrafos, Crónicas y Locutores Asociados. 24×29 cm. Número único, marzo 14 de 1963. 4 p.

ALERTA
Tegucigalpa, D. C. Vocero oficial del Frente Unido Universitario Democrático. 30×42 cm. Semanario, N.º 1, junio 22 de 1961. 4 p.

ALFILER, EL
San Pedro Sula, Cortés. Crítica y buen humor. 26×39 cm. Semanario, N.º 1, febrero 6 de 1960. 8 p.

ÁNGULO, EL
Santa Rita de Copán. Paz y trabajo. 30×40 cm. Quincenal. N.º 1, marzo 15 de 1963. 4 p.

ANTORCHA, LA
Puerto Cortés. 29×46 cm. Semanario independiente de crítica y combate, N.º 1, abril 6 de 1957. 4 p.

ANTORCHA ESTUDIANTIL
Choluteca. Por Dios, por la Patria y por la Juventud. 27×37 cm. Número único, junio 11 de 1963. 4 p.

ATLÁNTICO, EL
La Ceiba, Atlántida. 38×55 cm. Semanario, N.º 1, noviembre 4 de 1926. 2 p.

AVANCE
La Ceiba, Atlántida. Servicio Voluntario Menonita. 13×20 cm. Mensual, N.º 1, junio de 1962. 4 p.

BUEN AMIGO, EL
San Pedro Sula, Cortés. 23×30 cm. Semanario católico, N.º 1, septiembre 3 de 1932. 4 p.

BUEN PASTOR, EL
Tegucigalpa, D. C. Órgano de la Obra de El Buen Pastor. 22×29 cm. Mensual, N.º 1, noviembre 8 de 1911. 4 p.

CARCAJADA, LA
Olancho, Yoro. 27×34 cm. Semanario joco-serio de bromas y cosas serias, N.º 1, diciembre 28 de 1959. 4 p.

CEIBA JUNIOR
La Ceiba, Atlántida. Servir a la humanidad es la mejor obra de una vida. 21×30 cm. Mensual, N.º 1, marzo de 1962. 4 p.

COMBATE, EL
San Pedro Sula, Cortés. Ideario del Partido Liberal al servicio de su apostolado nacional. 29×39 cm. Semanario, N.º 1, marzo 21 de 1962. 8 p.

COMBATE, EL
Tegucigalpa, D. C. Por la Patria y el Nacionalismo. 28×38 cm. Número único, marzo 15 de 1962. 4 p.

COMERCIO, EL
Tegucigalpa, D. C. Órgano de publicidad de la Cámara de Comercio e Industrias de Tegucigalpa y de la libre empresa privada de Honduras. 31×46 cm. Semanario, N.º 1, octubre 4 de 1958. 8 p.

CONQUISTA
El Progreso, Yoro. 25×36 cm. Quincenal, N.º 1, julio de 1962. 4 p.

CORREO DEL NORTE
San Pedro Sula, Cortés. 28×43 cm. Diario, N.º 1, enero 3 de 1958. 16 p.

CRISOL, EL
Tela, Atlántida. Periódico de Derechos Democráticos. 27×40 cm. Quincenal, N.º 1, dic. 4 de 1932. 8 p.

CRONISTA, EL
Tegucigalpa, D. C. Periódico de Información. 39×54 cm. Diario, N.º 1, abril de 1912.

CRONISTA DE ORIENTE, EL
El Paraíso. Órgano de Información General. 30×45 cm. Quincenario, N.º 1, agosto 1 de 1961.

DESPERTAR YOREÑO
Yoro, Honduras. Por la Unidad del Estudiantado Yoreño y por el Progreso Integral de Nuestra Cara Patria. 26×39 cm. Eventual, N.º 1, septiembre 17 de 1962. 4 p.

DÍA, EL
Tegucigalpa, D. C. Doctrinario e Informativo. 45×37 cm. Diario libre, N.º 1, junio 11 de 1948. 16 p.

DIECISEIS DE JULIO
Tegucigalpa, D. C. Órgano Oficial del Estudiantado del Instituto "Alfonso Guillén Zelaya". 21×29 cm. Eventual, N.º 1, julio 16 de 1963. 8 p.

EN MARCHA
(Evangelismo a Fondo). Tegucigalpa, D. C. Publicación Oficial. 23×30 cm. Quincenal, N.º 1, septiembre 29 de 1963. 4 p.

ESPECTADOR, EL
San Pedro Sula, Cortés. Por la Patria, la Paz, la Libertad, la Justicia, la Cultura, el Arte y la Verdad. 29×38 cm. Semanario, N.º 1, marzo 9 de 1940. 6 p.

FARO JOSEFINO
San José, Depto. de Copán. Por la Paz, la Cultura y el Progreso Josefino y de la Colectividad. 21×30 cm. Quincenal, N.º 1, mayo 15 de 1956. 4 p.

FECESITLIH
Tegucigalpa, D. C. Por la consolidación y práctica de ideales democráticos. 30×43 cm. Mensual, N.º 1, 1.º de mayo de 1960. 8 p.

FIDES
Tegucigalpa, D. C. Orientación y Defensa. 15×22 cm. Semanal, N.º 1, septiembre 14 de 1953. 1 hoja plegada.

FLASH DEPORTIVO
Tegucigalpa, D. C. Por una juventud moral y físicamente sana y por la grandeza deportiva de Honduras. 21×30 cm. Sin periodicidad, N.º 1, mayo 11 de 1963. 8 p.

FUTURO
Tegucigalpa, D. C. 23×30 cm. Semanario, N.º 1, julio 23 de 1961. 8 p.

GACETA, LA

Según el año que cuenta en su portada LXXXVIII, este periódico no es otro que La Gaceta Oficial del Gobierno de Honduras. Comayagua, N.º 1, octubre 25 de 1876. Por esta razón no hay o no existe La Gaceta que —según A. C. Coello— apareció el 7 de noviembre de 1890 y que R. H. V. apunta en El Periodismo en Honduras y que dice sigue publicándose.

GUÍA DE LA SUERTE

Tegucigalpa, D. C. Publicación Oficial de Lotería Nacional de Beneficencia. N.º 1, septiembre 5 de 1950. 1 hoja plegada.

HERALDO, EL

San Pedro Sula, Cortés. Sociedad Cívica y Unionista La Juventud. 30×45 cm. Semanario, N.º 1, abril 18 de 1914. 8 p.

HONDUREÑO, EL

Tegucigalpa, D. C. 45×60 cm. Semanario liberal, N.º 1, septiembre 2 de 1961. 4 p.

ÍNDICE

Comayagua. 27×38 cm. Semanario, N.º 1, abril 15 de 1957. 4 p.

JUNIOR Y ACCIÓN

San Pedro Sula, Cortés. Órgano de la Cámara Junior de San Pedro Sula. 27×39 cm. Mensual, N.º 1, septiembre de 1962. 8 p.

JUSTICIA

Tegucigalpa, D. C. Órgano de la Asociación de Estudiantes de Derecho. 30×45 cm. Sin periodicidad, N.º 2, mayo de 1963. 6 p. El número 1 apareció con el nombre de Impacto el 17 de noviembre de 1962.

JUVENTUD

El Paraíso. De los Estudiantes y para el pueblo. 23×30 cm. 4 p.

JUVENTUD LIBERAL

Tegucigalpa, D. C. Órgano del Frente de Juventud Liberal. 28×41 cm. Semanario, N.º 1, julio 6 de 1963. 8 p.

LIBERAL, EL
Comayagüela, D. C. Con Modesto Rodas Alvarado. Por una patria mejor y una mejor patria para todos. 22×30 cm. Semanario, N.º 1, marzo 24 de 1963. 8 p.

LIBERTADOR, EL
San Pedro Sula, Cortés. Órgano oficial de la Organización Democrática Sampedrana. 26×39 cm. Mensual, N.º 1, septiembre de 1963. 8 p.

LUZ, LA
Santa Bárbara. 30×46 cm. Semanario católico, N.º 1, enero de 1904. 4 p.

MENSAJERO LEONÍSTICO, EL
Tegucigalpa, D. C. 22×31 cm. Mensual, N.º 1, julio de 1957. 8 p.

MERIDIANO DE CORTÉS
San Pedro Sula, Cortés. Órgano al servicio de los intereses de la patria. Por la prosperidad y dignidad del Depto. de Cortés. 30×43 cm. Semanario, N.º 1, octubre 4 de 1958. 4 p.

NACIONAL, EL
Tegucigalpa, D. C. Por la justicia social, la unión nacionalista y la libertad. 45×60 cm. Diario, N.º 1, 1.º de agosto de 1961. 4 p.

NOTICIA, LA
San Pedro Sula, Cortés. Al servicio de los intereses del pueblo hondureño. 26×38 cm. Semanario, N.º 1, diciembre 15 de 1962. 8 p.

NOTICIERO HONDUREÑO
Tegucigalpa, D. C. 45×60 cm. Mensual, N.º 1, enero de 1957. USIS.

OBRERO CRISTIANO
Santa Rosa de Copán. Órgano de la Sociedad de Caballeros Católicos "San José". Trabajar intensamente por la conservación de la fe católica; por la patria y por el implantamiento de las sanas costumbres. 30×40 cm. Quincenal, N.º 1, 1.º de mayo de 1959. 4 p.

ORIENTADOR, EL
Puerto Cortés. Al servicio de la comunidad y la auténtica democracia. 26×34 cm. Mensual, N.º 1, agosto 7 de 1960. 4 p.

PENSAMIENTO JUVENIL
Santa Rosa de Copán. Por una juventud culta, en una Honduras libre. 30×40 cm. Quincenal, N.º 1, 1.º de julio de 1963. 4 p.

PLUS ULTRA
Tela, Depto. de Atlántida. Todo por Honduras y su progreso. 39×45 cm. Semanario, N.º 1, julio 23 de 1941. 4 p.

PRENSA OBRERA
Tela, Depto. de Atlántida. Al servicio de los intereses del pueblo. 27×39 cm. Bimensual, N.º 1, junio 10 de 1962. 8 p.

PRESENTE
Tegucigalpa, D. C. Órgano del Instituto Central. 30×34 cm. Quincenal, N.º 1, julio 17 de 1963. 4 p.

PUEBLO, EL
Tegucigalpa, D. C. Órgano del Partido Liberal de Honduras, al servicio de las Fuerzas Democráticas de la Nación. 45×47 cm. Diario, N.º 1, octubre 15 de 1949. 8 p.

REALIDADES DEL SEGURO
Tegucigalpa, D. C. Órgano de Publicidad de la Cía. de Seguros Interamericana, S. A. 22×29 cm. Mensual, N.º 1, junio de 1957. 4 p.

REFLEJOS BÍBLICOS
Tegucigalpa, D. C. Órgano oficial de la Asociación de Iglesias Centroamericanas. Mensual, N.º 1.

REPUBLICANO, EL
Tegucigalpa, D. C. Factor de unidad centroamericana y de conciliación nacional. 30×46 cm. Semanal, N.º 1, diciembre 10 de 1962. 8 p.

SEMÁFORO

Comayagüela, D. C. Grita al pueblo las verdades que otros periódicos le ocultan. 45×30 cm. Semanario, N.º 1, mayo 2 de 1953. 8 p.

SEMANA POPULAR

Tegucigalpa, D. C. 29×37 cm. Semanal, N.º 1, enero 13 de 1963. 8 p.

SINDICALISTA, EL

La Lima, Cortés. Obrero independiente de ideología democrática. Por la redención del trabajador. 29×39 cm. Quincenario, N.º 1, septiembre 15 de 1955. 6 p.

SOCIAL

El Progreso, Yoro. 30×45 cm. Semanario informativo, N.º 1, enero 2 de 1963. 6 p.

SOL DE OCTUBRE

Tegucigalpa, D. C. Órgano oficial de El Clavo. 22×29 cm. Número único, octubre de 1963. 10 p.

SUPERACIÓN

Tegucigalpa, D. C. Órgano cultural del III Curso de Bachillerato y Comercio del Instituto Central. 23×30 cm. Quincenario, N.º 1, junio 11 de 1960. Pasó a ser revista en mayo de 1963.

TORNILLO SIN FIN

Tegucigalpa. Órgano de la Federación de Estudiantes de Honduras. 30×46 cm. Anual, N.º 1, junio de 1932. 28 p.

TRIBUNA YOREÑA

Yoro, Honduras. 48×40 cm. Quincenal, de la vida yoreña, N.º 1, mayo 1.º de 1963. 4 p.

TRINCHERA

Tegucigalpa, D. C. Órgano oficial de la Delegación del Directorio Revolucionario Estudiantil en Honduras. 29×44 cm. Mensual, N.º 1, marzo 15 de 1963. 10 p.

TRÓPICO, EL
La Ceiba, Atlántida. Órgano al servicio de los intereses del pueblo y de la democracia. 30×45 cm. Semanario, N.º 1, 1.º de agosto de 1938. 4 p.

VANGUARDIA
Tegucigalpa, D. C. Órgano del Frente de Reforma Universitaria. 30×45 cm. Semanario, N.º 1, marzo 13 de 1959. 4 p.

VOCERO, EL
San Pedro Sula, Cortés. Gaceta educativa del Centro Cultural Sampedrano. 25×35 cm. Mensual, N.º 1, abril de 1963. 6 p.

VOCERO EVANGÉLICO
San Pedro Sula, Cortés. Órgano oficial del Sínodo de la Iglesia Evangélica y Reformada de Honduras. 21×28 cm. Mensual, N.º 1.

VOCES DE TRIUNFO
Tela, Atlántida. Órgano de divulgación de los estudiantes del Instituto "Triunfo de la Cruz" de crítica y combate. 28×37 cm. Quincenario, N.º 1, 1.º de abril de 1963. 4 p.

VOZ LIBERAL
San Pedro Sula, Cortés. Sumar, Unir, Vencer. 26×39 cm. Quincenal, N.º 1, agosto 24 de 1963. 2.ª época. 8 p.

VOZ OBRERA
La Ceiba, Atlántida. Órgano de orientación e información. Quincenal, N.º 1, septiembre de 1962. 4 p.

VOZ TIPOGRÁFICA
Santa Rosa de Copán. Servir a la patria y a la dignidad nacional. 22×28 cm. Anual, N.º 1, abril 24 de 1958. 4 p.

X-B, EL
Tegucigalpa, D. C. Asociación de Ex-Becarios de Honduras dedicada al intercambio cultural entre Honduras y los Estados Unidos de América. 22×28 cm. Bimestral, N.º 1, agosto de 1963. 4 p.

REVISTAS Y BOLETINES

ACCIÓN SOCIAL
Tegucigalpa, D. C. Por la armonía entre el capital y el trabajo. 20×27 cm. Mensual, N.º 1, enero de 1956. 20 p.

AGRO
Tegucigalpa, D. C. Depto. del INA. 23×30 cm. Mensual, N.º 1, diciembre de 1963. 15 p.

AJEF
San Pedro Sula, Cortés. Órgano publicitario del Ajefismo Hondureño. 21×27 cm. Mensual, N.º 1, marzo de 1963. 34 p.

APUNTES AGRÍCOLAS
San Pedro Sula, Cortés. Revista de la Asociación de Profesionales Agrícolas de Honduras. 21×27 cm. Trimestral, N.º 1, octubre-diciembre de 1962. 18 p.

BOLETÍN
Tegucigalpa, D. C. Asociación de Municipios de Honduras (AMHON). 21×28 cm. Mensual, N.º 1, enero de 1961. 6 p.

BOLETÍN
Tegucigalpa, D. C. Banco Central de Honduras. 21×27 cm. Mensual, N.º 1, julio de 1950. 29 p.

BOLETÍN CÍVICO CULTURAL
San Pedro Sula, Cortés. Superación, Servicio, Fraternidad. 21×27 cm. Mensual, N.º 1, abril de 1963. 16 p.

BOLETÍN DE ADMINISTRACIÓN PÚBLICA
Tegucigalpa, D. C. Órgano de la Contraloría General de la República. 21×28 cm. Mensual, N.º 1, abril de 1961. Mimeografiado. 12 p.

BOLETÍN DE LA ACADEMIA HONDUREÑA DE LA LENGUA
Tegucigalpa, D. C. Órgano de la Academia Hondureña de la Lengua. 15×21 cm. Mensual, N.º 1, julio de 1955. 152 p.

BOLETÍN DEL INSTITUTO CENTROAMERICANO DE DERECHO COMPARADO
Tegucigalpa, D. C. 18×25 cm. Anual, N.º 1, junio de 1962. 291 p.

BOLETÍN DEL SANAA
Tegucigalpa, D. C. Divulgación. 22×33 cm. Quincenal, N.º 1, febrero 1.º de 1963. 7 p.

BOLETÍN ECLESIÁSTICO
Tegucigalpa, D. C. Órgano oficial de la Provincia Eclesiástica de Honduras. 14×23 cm. Revista bimestral, N.º 1, mayo 20 de 1931. Imp. CENSA. 20 p.

BOLETÍN INFORMATIVO
Tegucigalpa, D. C. Cámara de Comercio e Industrias de Tegucigalpa. 22×28 cm. Semanal, N.º 1, septiembre 27 de 1962. 3 h.

BOLETÍN INFORMATIVO
Tegucigalpa, D. C. Concejo del Distrito Central. 30×45 cm. Mensual, N.º 1, septiembre 15 de 1962. 16 p.

BOLETÍN INFORMATIVO
Tegucigalpa, D. C. Dirección General de Tributación Directa. 21×27 cm. Trimestral, N.º 1, septiembre de 1961. 43 p.

BOLETÍN LEGISLATIVO
Tegucigalpa, D. C. Congreso Nacional 1958-59; vol. N.º 3. 23×29 cm. 582 p.

BOLETÍN OFICIAL DE LA ESCUELA AGRÍCOLA PANAMERICANA 1962
Valle de El Zamorano, Tegucigalpa, Honduras. 15×23 cm. Bianual, N.º 1, 1960. 80 p.

CANCIONERO TROPICAL
San Pedro Sula, Cortés. 11×15 cm. Mensual, N.º 1, noviembre de 1943. 36 p.

CARTA SEMANAL
San Pedro Sula, Cortés. Boletín de la Cámara de Comercio e Industrias.

CASA PROPIA
Tegucigalpa, D. C. Publicación del Banco de la Propiedad. 24×32 cm. Mensual, N.º 1, mayo de 1954. 4 p.

CIVISMO
La Ceiba, Atlántida. Al servicio de la cultura, la industria y el comercio. 22×27 cm. Mensual, N.º 1, octubre de 1963. 12 p.

COMISIÓN NACIONAL DE LA ALIANZA PARA EL PROGRESO DE HONDURAS
Tegucigalpa, D. C. 22×28 cm. Boletín semanal, N.º 1, julio 13 de 1963. 11 p.

CORREO LITERARIO DE HONDURAS
Tegucigalpa, D. C. Revista de letras, ciencias, artes y misceláneas. 20×26 cm. Mensual, N.º 1, 1.º de julio de 1959. 40 p.

CULTURA COMERCIAL
Tegucigalpa, D. C. Al servicio de la industria, comercio, profesionales y estudiantes. 17×25 cm. Mensual, N.º 1, enero-febrero de 1961. 47 p.

EN MARCHA
San Pedro Sula, Cortés. Informativo. 21×27 cm. Mensual, N.º 1, septiembre de 1950. 24 p.

EUREKA
San Pedro Sula, Cortés. Órgano oficial de la Masonería de Honduras. 20×27 cm. Mensual, N.º 1, junio de 1920. 30 p.

FACULTAD DE DERECHO
Tegucigalpa, D. C. Revista de la Facultad de Derecho. 14×21 cm. Semestral, N.º 1, enero-junio de 1960. 248 p.

FERROVÍA
San Pedro Sula, Cortés. Revista de variedades e informativa de cultura y de combate. 23×30 cm. Mensual, N.º 1, enero de 1941. 10 p.

FORO HONDUREÑO
Tegucigalpa, D. C. Órgano de la Sociedad de Abogados de Honduras. 19×27 cm. Mensual, N.º 1, enero de 1912.

GACETA JUDICIAL
Tegucigalpa, D. C. 23×30 cm. Mensual, N.º 1, septiembre 15 de 1895. 32 p.

GRUPO ENTUSIASTA METEOROLÓGICO
Tegucigalpa, D. C. Servicio Meteorológico Nacional. 22×33 cm. Bimensual, N.º 1, agosto de 1962. 5 p.

GUARDIA
Tegucigalpa, D. C. Portavoz de la Guardia Civil y de la Dirección General de Seguridad Pública. 22×29 cm. Mensual, N.º 1, agosto de 1960. 32 p.

GUARDIA CIVIL
San Pedro Sula, Cortés. Revista de la Guardia Civil. 21×27 cm. Mensual, N.º 1, octubre 31 de 1959. 14 p.

GUARDIA CIVIL
La Ceiba, Atlántida. Órgano informativo al servicio del pueblo hondureño y la seguridad ciudadana. 21×27 cm. Mensual, N.º 1, septiembre de 1959. 20 p.

GUÍA DE HONDURAS
Tegucigalpa, D. C. 15×22 cm. Mensual, N.º 1, enero de 1962. 44 p.

HONDURAS
San Pedro Sula, Cortés. Letras, educación, historia, ciencias, arte, industria, folklore, comentarios, agricultura, ganadería. 20×28 cm. Mensual, N.º 1, noviembre 30 de 1961.

HONDURAS BIBLIOTECOLOGICA Y ARCHIVÍSTICA
Comayagüela, D. C. Órgano de la Asociación de Bibliotecarios y Archiveros de Honduras. 19×24 cm. Periodicidad no indicada, N.º 1, octubre de 1959. 20 p.

HONDURAS LITERARIA
Tegucigalpa, D. C. Publicación de la Universidad Nacional Autónoma de Honduras. 30×44 cm. Bimestral, N.º 1, enero-febrero de 1963. 19 p.

HONDURAS ROTARIA
Tegucigalpa, D. C. Órgano de los Clubes Rotarios de Honduras. 22×30 cm. Mensual, N.º 1, abril de 1943. 27 p.

INDUSTRIA, LA
Tegucigalpa, D. C. Boletín de la Asociación Nacional de Industriales. 21×28 cm. Semanal, N.º 1, febrero 14 de 1959. 7 p.

INFORMATIVO
Comayagüela, D. C. Centro de Salud y Adiestramiento Las Crucitas. Área de Demostración Distrito Sanitario. Mensual, N.º 1, enero de 1962. 3 h.

KUKULCÁN
Tegucigalpa, D. C. Revista de arte del Teatro Universitario de Honduras. 18×22 cm. Mensual, N.º 1, enero de 1963. 32 p.

LASALLISTA, EL
San Pedro Sula, Cortés. Órgano de la Academia Literaria José Cecilio del Valle. 18×25 cm. Mensual, N.º 1, marzo de 1960. 20 p.

MAYA
San Pedro Sula, Cortés. 21×27 cm. Sin periodicidad. N.º 1, abril de 1963. 20 p.

MINERVA
San Pedro Sula, Cortés. Órgano de publicidad. Mensual, N.º 1, abril de 1960. 20 p.

PENSAMIENTO Y ACCIÓN
Juticalpa, Olancho. Por la superación cultural y espiritual de todos los valores humanos. 22×29 cm. Mensual, N.º 1, diciembre 31 de 1947. 40 p.

RENACIMIENTO
San Pedro Sula, Cortés. Órgano de la Sociedad de Maestros del mismo nombre. 15×22 cm. Mensual ilustrada. N.º 1, marzo de 1963. 28 p.

REVISTA DE LA SOCIEDAD DE GEOGRAFÍA E HISTORIA DE HONDURAS
Tegucigalpa, D. C. 19×25 cm. Trimestral, N.º 1, julio de 1955, paginación variable.

REVISTA DE ECONOMÍA
Tegucigalpa, D. C. Órgano del Colegio Hondureño de Economistas. 17×22 cm. Trimestral, N.º 1, agosto-octubre de 1963. 78 p.

REVISTA ECONOMÍA POLÍTICA
Tegucigalpa, D. C. Publicación del Instituto de Investigaciones Económicas y Sociales. 21×29 cm. Octubre-diciembre de 1962. Trimestral. 59 p.

REVISTA MÉDICA HONDUREÑA
Tegucigalpa, D. C. Órgano de la Asociación Médica Hondureña. 17×24 cm. Mensual, N.º 1, mayo de 1930. 47 p.

REVISTA MILITAR
Tegucigalpa, D. C. Órgano oficial de las Fuerzas Armadas de Honduras. 21×28 cm. Mensual, N.º 1, enero de 1961. 58 p.

REVISTA SEGUNDA ZONA MILITAR
Tegucigalpa, D. C. 19×25 cm. Trimestral, N.º 1, julio de 1963. 64 p.

SUCESOS
Tegucigalpa, D. C. Revista informativa e ilustrada. 28×36 cm. Mensual, N.º 1, febrero 28 de 1954. 24 p.

SUPERACIÓN

Tegucigalpa, D. C. Órgano cultural del ITI Curso de Ciclo Común de Cultura General del Instituto Tegucigalpa. 23×30 cm. Quincenario, N.º 1, junio 11 de 1960. 6 p.

TRABAJO

Tegucigalpa, D. C. Órgano del Ministerio de Trabajo y Previsión Social. 20×27 cm. Mensual, N.º 1, 1.º de marzo de 1958. 30 p.

VERDADES BÍBLICAS

La Ceiba, Atlántida. 14×21 cm. Mensual, N.º 1, enero de 1951. 12 p.

VOCES DE AMÉRICA

San Pedro Sula, Cortés. Revista de arte, literatura y ciencia. 21×27 cm. Mensual, N.º 2, abril-mayo de 1963. 16 p.
Nota: No apareció el número uno. Según las notas editoriales, es continuación de otra del mismo título que apareció en años anteriores.

VOZ BAUTISTA

Tegucigalpa, D. C. "Voz de uno que clama en el desierto; Aparejad el camino del Señor, enderezad sus veredas". 17×25 cm. 11 p.

VOZ FARMACÉUTICA

San Pedro Sula, Cortés. Órgano de la Asociación de Químicos Farmacéuticos del Norte y Occidente de Honduras. 14×22 cm. Mensual, N.º 1, 3.ª época, agosto de 1958. 28 p.

PUBLICACIONES PERIÓDICAS
1964

ACCIÓN OBRERA
Tegucigalpa, D. C. Órgano de información y orientación del Sindicato de Trabajadores y Empleados de la Cervecería Tegucigalpa. 22×30 cm. Bimestral, N.º 1, mayo de 1963. 4 p.

AHORA
Comayagüela, D. C. Tribuna del hondureño libre. 30×45 cm. Semanario, N.º 1, junio 18 de 1964. 8 p.

ALFILER, EL
San Pedro Sula, Cortés. Crítica y buen humor. 26×39 cm. Semanario, N.º 1, febrero 6 de 1960. 8 p.

ANTORCHA, LA
Puerto Cortés. 29×46 cm. Semanario independiente de crítica y combate. N.º 1, abril 6 de 1957. 4 p.

ANTORCHA ESTUDIANTIL
Choluteca. Por Dios, por la Patria y por la Juventud. 27×37 cm. Anual, junio 11 de 1963. 4 p.

ATLÁNTICO, EL
La Ceiba, Atlántida. 38×45 cm. Semanario de intereses generales. N.º 1, noviembre 4 de 1926. 4 p.

BUEN AMIGO, EL
San Pedro Sula, Cortés. 23×30 cm. Semanario católico. N.º 1, 3 de septiembre de 1932. 4 p.

BUEN PASTOR, EL
Tegucigalpa, D. C. Órgano de la Obra de El Buen Pastor. 22×29 cm. Mensual, N.º 1, noviembre 8 de 1911. 4 p.

CEIBA JUNIOR
La Ceiba, Atlántida. Servir a la humanidad es la mejor obra de una vida. 21×30 cm. Mensual, N.º 1, marzo de 1962. 4 p.

CLAVO, EL
El Progreso, Yoro. Mensual, N.º 1, marzo de 1964. 10 p.

COMBATE, EL
Santa Rosa de Copán. Pedestal de la dignidad y vocero del patriotismo. 28×42 cm. Semanario, N.º 1, marzo 7 de 1964. 8 p.

COMERCIO, EL
Tegucigalpa, D. C. Órgano de publicidad de la Cámara de Comercio e Industrias de Tegucigalpa y de la libre empresa privada de Honduras. 31×46 cm. Semanario, N.º 1, octubre 4 de 1958. 8 p.

CONQUISTA
El Progreso, Yoro. 25×36 cm. Quincenal, N.º 1, julio de 1962. 4 p.

CONSTRUYENDO
Comayagua. Órgano publicitario del Primer Año Normal. 30×42 cm. Anual, N.º único, septiembre 14 de 1964. 8 p.

CORREO DEL NORTE
San Pedro Sula, Cortés. 28×43 cm. Diario, N.º 1, enero 3 de 1958. 16 p.

CRÓNICA ESTUDIANTIL
Tegucigalpa, D. C. Número extraordinario dedicado a la independencia patria. Escuela Americana. 18×38 cm. Número único, septiembre 15 de 1964.

CRISOL, EL
Tela, Atlántida. Periódico de derechos democráticos. 27×40 cm. Quincenal, N.º 1, diciembre 4 de 1932. 8 p.

CRONISTA, EL
Tegucigalpa, D. C. Periódico de información. 39×54 cm. Diario, N.º 1, abril de 1912. 8 p.

DÍA, EL
Tegucigalpa, D. C. Doctrinario e informativo. 45×57 cm. Diario libre, N.º 1, junio 11 de 1948. 16 p.

EN GUARDIA

Tegucigalpa, D. C. Al servicio de los intereses democráticos de Honduras. 30×46 cm. Semanario, N.º 1, mayo 8 de 1964. 4 p.

EN MARCHA

(Evangelismo a Fondo). Tegucigalpa, D. C. Publicación oficial. 23×30 cm. Quincenal, N.º 1, septiembre 29 de 1963. 4 p.

ENSALADA DE HOY, LA

San Pedro Sula, Cortés. Semanario de divulgación deportiva y comentarios en general. 27×39 cm. Semanario, N.º 1, noviembre 17 de 1964. 8 p.

ESPECTADOR, EL

San Pedro Sula, Cortés. Por la Patria, la Paz, la Libertad, la Justicia, la Cultura, el Arte y la Verdad. 29×38 cm. Semanario. N.º 1, marzo 9 de 1940. 6 p.

FARO JOSEFINO

San José, Depto. de Copán. Por la Paz, la Cultura y el Progreso Josefino y de la colectividad. 21×30 cm. Quincenal, N.º 1, mayo 15 de 1956. 4 p.

FIDES

Tegucigalpa, D.C. Orientación y Defensa. 15×22 cm. Semanal, N.º 1, septiembre 14 de 1953. 1 hoja plegada.

FUTURO MÉDICO

Tegucigalpa, D.C. Órgano de la Asociación de Estudiantes de Medicina y Cirugía de Honduras. 30×40 cm. Sin periodicidad, N.º 1, (julio de 1964). 8 p.

GACETA, LA

Según el año que cuenta en su portada LXXXVIII, este periódico no es otro que La Gaceta Oficial del Gobierno de Honduras. Comayagua, N.º 1, octubre 25 de 1876. Por esta razón no hay o no existe La Gaceta que "según A. C. Coello" apareció el 7 de noviembre de 1890 y que R. H. I. V. apunta en El Periodismo en Honduras y que dice sigue publicándose.

GUÍA DE LA SUERTE
Tegucigalpa, D.C. 1 hoja plegada. Publicación oficial de Lotería Nacional de Beneficencia, N.º 1, septiembre 5 de 1950.

HERALDO, EL
San Pedro Sula, Cortés. Sociedad Cívica y Unionista La Juventud. 30×45 cm. Semanario, N.º 1, abril 18 de 1914. 8 p.

HONDURAS CARTOGRÁFICA
Tegucigalpa, D.C. Órgano de la Asociación Cartográfica Hondureña. 23×28 cm. Mensual, N.º 1, abril de 1964. 8 p.

IMPACTOS
Tegucigalpa, D.C. Semanario de crítica y orientación. 23×30 cm. Semanal, N.º 1, julio 18 de 1964. 8 p.

ÍNDICE
Comayagua. 27×38 cm. Semanario, N.º 1, abril 15 de 1957. 4 p.

ISLETA DEPORTIVA
Isleta, Colón. Órgano de la Liga de Fútbol Santos Guardiola. Sin periodicidad, 26×33 cm. N.º 1, febrero de 1964. 4 p.

INTERAMERICANO, EL
Tegucigalpa, D.C. Boletín mensual para el estudiante hondureño. 20×28 cm. Mensual, N.º 1, septiembre de 1963. 4 p.

JUNIOR SAMPEDRANO
San Pedro Sula, Cortés. Órgano de divulgación de la Cámara Junior de San Pedro Sula. 21×27 cm. Sin periodicidad, N.º 1, junio de 1964. 4 p.

LASALLISTA, EL
Choluteca. Dios, Patria y Juventud. 28×39 cm. Anual, N.º 1, 11 de junio de 1964. 6 p.

LUZ, LA
Santa Bárbara. 30×46 cm. Semanario católico, N.º 1, enero de 1904. 4 p.

MENSAJERO LEONÍSTICO, EL
Tegucigalpa, D.C. 22×31 cm. Mensual, N.º 1, julio de 1957. 8 p.

MERIDIANO DE CORTÉS
San Pedro Sula, Cortés. Órgano al servicio de los intereses de la patria. Por la prosperidad y dignificación del departamento de Cortés. 30×45 cm. Semanario, N.º 1, octubre 4 de 1958. 4 p.

NACIONAL, EL
Tegucigalpa, D.C. Por la justicia social, la unión nacionalista y la libertad. 45×60 cm. Diario, N.º 1, 1.º de agosto de 1961. 4 p.

NOTICIA, LA
San Pedro Sula, Cortés. Al servicio de los intereses del pueblo hondureño. 26×38 cm. Semanario apolítico, N.º 1, diciembre 15 de 1962. 8 p.

NOTICIARIO HONDUREÑO
Tegucigalpa, D.C. 45×60 cm. Mensual, N.º 1.

OBRERO CRISTIANO
Santa Rosa de Copán. Órgano de la Sociedad de Caballeros Católicos "San José".
Lema: Trabajar intensamente por la conservación de la fe católica: por la patria, y por el implantamiento de las sanas costumbres. 30×40 cm. Quincenario, N.º 1, 1.º de mayo de 1959. 4 p.

ORIENTACIÓN
La Ceiba, Atlántida. Semanario libre y de combate. 30×45 cm. Semanario, N.º 9, agosto de 1964. 8 p. Julio de 1964.

ORIENTADOR, EL
Puerto Cortés. Al servicio de la comunidad y la auténtica democracia. 26×34 cm. Mensual, N.º 1, agosto 7 de 1960. 4 p.

PANORAMA
Revista. Tegucigalpa. Ernesto R. Weitnauer Morazán. Tipografía Nacional. 22×30 cm. 40 p. Noviembre de 1964.

PLUS ULTRA
Tela, Atlántida. Todo por Honduras y su progreso. 39×45 cm. Semanario, N.° 1, julio 23 de 1941. 4 p.

PRENSA, LA
San Pedro Sula, Cortés. Diario independiente al servicio del comercio, la industria y la cultura. 28×40 cm. Diario, N.° 1, 26 de octubre de 1964. 16 p.

PRESENTE
Pompayo Melom.
San Pedro Sula, Cortés. 23×30 cm. Semanario, N.° 1, febrero 15 de 1964. 16 p.

PUEBLO, EL
Tegucigalpa, D.C. Órgano del Partido Liberal de Honduras al servicio de las Fuerzas Democráticas de la Nación. 45×47 cm. Diario del Pueblo, N.° 1, octubre 15 de 1949. 8 p.

REALIDADES DEL SEGURO
Tegucigalpa, D.C. Órgano de Publicidad de la Cía. de Seguros Interamericana, S.A. 22×29 cm. Mensual, N.° 1, junio de 1957. 4 p.

SEMAFORO
Comayagüela, D.C. Grita al pueblo las verdades que otros periódicos le ocultan. 45×30 cm. Semanario, N.° 1, mayo 2 de 1953. 8 p.

SEMANA DEPORTIVA
Tegucigalpa, D.C. 30×38 cm. Semanario, N.° 1, febrero 18 de 1964. 8 p.

SINDICALISTA, EL
La Lima, Cortés. Obrero independiente de ideología democrática. Por la redención del trabajador. 29×38 cm. Quincenario, N.° 1, septiembre 15 de 1955. 6 p.

SOCIAL
El Progreso, Yoro. 30×45 cm. Semanario informativo. N.° 1, enero 2 de 1933. 6 p.

TIP-NAC
Tegucigalpa, D.C. Honradez y trabajo es nuestro lema: Órgano de divulgación de la Tipografía Nacional. 30×40 cm. Sin periodicidad, N.º 2, octubre de 1964. Este periódico es continuación de "15 de Septiembre". 8 p.

TORNILLO SIN FIN
Tegucigalpa, D.C. Órgano de la Federación de Estudiantes Universitarios de Honduras. 30×40 cm. Anual, N.º 1, junio de 1932. 28 p.

TRABAJADOR, EL
Comayagüela, D.C. 22×30 cm. Sin periodicidad, N.º 1, mayo de 1964. 8 p.

TRÓPICO, EL
La Ceiba, Atlántida. Órgano al servicio de los intereses del pueblo y de la democracia. 30×45 cm. Semanario, N.º 1, 1.º de agosto de 1938. 4 p.

ÚNICA, LA
Tegucigalpa, D.C. Al servicio de la cultura, el comercio y la industria. 23×30 cm. Semanal, N.º 1, febrero 15 de 1964. 4 p.

VANGUARDIA
Tegucigalpa, D.C. Órgano del Frente de Reforma Universitaria. 30×45 cm. Semanario, N.º 1, marzo 13 de 1959. 4 p.

VOCERO, EL
San Pedro Sula, Cortés. Gaceta educativa del Centro Cultural Sampedrano. 25×35 cm. Mensual, N.º 1, abril de 1963. 6 p.

VOCERO EVANGÉLICO
San Pedro Sula, Cortés. Órgano oficial del Sínodo de la Iglesia Evangélica y Reformada de Honduras. 21×28 cm. Mensual, N.º 1.

VOZ DE COPÁN, LA
Santa Rosa de Copán. Independiente de información y variedades. 30×46 cm. Semanal, N.º 1, octubre 3 de 1964. 4 p.

VOZ LIBERAL
San Pedro Sula, Cortés. Sumar, unir, vencer. 26×39 cm. Quincenal, N.º 1, agosto 24 de 1963. 2.ª época. 8 p.

VOZ TIPOGRÁFICA
Santa Rosa de Copán. Servir a la patria y a la dignidad nacional. 22×28 cm. Anual, N.º 1, abril 24 de 1958. 4 p.

REVISTAS Y BOLETINES

ACCIÓN CÍVICA
Tegucigalpa, D.C. Lealtad – Honor – Sacrificio. 23×31 cm. s.f. 32 p.

ACCIÓN SOCIAL
Tegucigalpa, D.C. Por la armonía entre el capital y el trabajo. 20×37 cm. Mensual, N.º 1, enero de 1956. 20 p.

AGRO
Tegucigalpa, D.C. Depto. del INA. 23×30 cm. Mensual, N.º 1, diciembre de 1963. 15 p.

APUNTES AGRÍCOLAS
San Pedro Sula, Cortés. Revista de la Asociación de Profesionales Agrícolas de Honduras. 21×27 cm. Trimestral, N.º 1, octubre-diciembre de 1962. 18 p.

ARIEL
Tegucigalpa, D.C. 21×29 cm. Sin periodicidad, N.º 1, julio de 1964. Año IV. 36 p.

BOLETÍN CÍVICO CULTURAL
Tegucigalpa, D.C. Superación, Servicio, Fraternidad. 21×27 cm. Mensual, N.º 1, abril de 1963. 16 p.

BOLETÍN DEL BANCO CENTRAL DE HONDURAS
Tegucigalpa, D.C. 21×27 cm. Mensual, N.º 1, julio de 1950. 29 p.

BOLETÍN DEL INSTITUTO CENTROAMERICANO DE DERECHO COMPARADO
Tegucigalpa, D.C. 18×25 cm. Anual, N.º 1, junio de 1962. 291 p.

BOLETÍN DE LA ACADEMIA HONDUREÑA DE LA LENGUA
Tegucigalpa, D.C. Órgano de la Academia Hondureña de la Lengua. 15×21 cm. Mensual, N.º 1, julio de 1955. 152 p.

BOLETÍN DE LA ASOCIACIÓN DE MUNICIPIOS DE HONDURAS (AMHON)
21×28 cm. Mensual, N.º 1, enero de 1961. 6 p.

BOLETÍN DE LA FEDERACIÓN DE ASOCIACIONES FEMENINAS HONDUREÑAS
Tegucigalpa, D.C. 23×22 cm. Quincenal, N.º 1, febrero 1.º de 1963. 7 p.

BOLETÍN DEL SANAA
Tegucigalpa, D.C. Divulgación. 33×22 cm. Quincenal, N.º 1, febrero 1.º de 1963. 7 p.

BOLETÍN ECLESIÁSTICO
Tegucigalpa, D.C. Órgano de la Arquidiócesis de Tegucigalpa. 23×15 cm. Bimensual, N.º 1 y 2, enero y febrero de 1937. 81 p.

BOLETÍN INFORMATIVO DE LA CÁMARA DE COMERCIO E INDUSTRIAS DE TEGUCIGALPA
Tegucigalpa, D.C. 22×28 cm. Semanal, N.º 1, septiembre 27 de 1962. 3 h.

BOLETÍN INFORMATIVO DE LA DIRECCIÓN GENERAL DE TRIBUTACIÓN DIRECTA
Tegucigalpa, D.C. 21×27 cm. Trimestral, N.º 1, septiembre de 1961. 43 p.

BOLETÍN OFICIAL DE LA ESCUELA AGRÍCOLA PANAMERICANA 1962–1963
Valle del Zamorano, Honduras, C.A. 15×23 cm. Bienal, N.º 1, 1960. 80 p.

CANCIONERO TROPICAL
San Pedro Sula, Cortés. 11×15 cm. Mensual, N.º 1, noviembre de 1943. 36 p.

CANCIONERO SIKELANDIA
Propulsor y baluarte del arte nacional. San Pedro Sula. Roberto C. Suárez y José A. Chávez. Diciembre 15. Imp. Antúnez. 15×23 cm.

CARTA SEMANAL
San Pedro Sula, Cortés. Boletín de la Cámara de Comercio e Industrias.

CASA PROPIA
Tegucigalpa, D.C. Publicación del Banco de la Propiedad. 24×32 cm. Mensual, N.º 1, mayo de 1954. 4 p.

CEIBA
Tegucigalpa, D.C. 16×23 cm. Sin periodicidad. N.º 1, enero de 1950. 73 p.

CENTINELA DEL FUEGO
Tegucigalpa, D.C. Órgano de orientación y divulgación del Cuerpo de Bomberos de Tegucigalpa. 21×27 cm. Trimestral, N.º 1, septiembre de 1964. 6 p.

CIVISMO
La Ceiba, Atlántida. Al servicio de la cultura, la industria y el comercio. 22×27 cm. Mensual, N.º 1, octubre de 1963. 12 p.

COMISIÓN NACIONAL DE LA ALIANZA PARA EL PROGRESO
Tegucigalpa, D.C. 22×28 cm. Boletín semanal, N.º 1, julio 23 de 1963. 11 p.

CULTURA COMERCIAL
Tegucigalpa, D.C. Al servicio de la industria, comercio, profesionales y estudiantes. 17×25 cm. Mensual, N.º 1, enero-febrero de 1961. 47 p.

DESPERTAR AGRÍCOLA
Catacamas. Santiago Alejandro Ponce. Agosto. 19×28 cm. 18 p.

DOS VEINTE TREINTA
La Ceiba, Atlántida. Órgano de publicidad del Club 20-30. 16×21 cm. Mensual, N.º 1, septiembre de 1954. 16 p.

EN MARCHA
San Pedro Sula, Cortés. Informativo. 21×27 cm. Mensual, N.º 1, septiembre de 1950. En El Progreso, Yoro. 24 p.

ENTRE NOSOTRAS
Tegucigalpa, D.C. Órgano de publicidad de la Federación de Asociaciones Femeninas Hondureñas. 21×27 cm. Mensual, N.º 1, abril de 1964. 36 p.

EUREKA
San Pedro Sula, Cortés. Órgano oficial de la Masonería de Honduras. 20×27 cm. Mensual, N.º 1, abril de 1937. 30 p.

FACULTAD DE DERECHO
Tegucigalpa, D.C. Revista de la Facultad de Derecho. 13×21 cm. Semestral, N.º 1, enero-junio de 1960. 248 p.

FERROVÍA
San Pedro Sula, Cortés. Revista de variedades e informativa de cultura y combate. 23×30 cm. Mensual, N.º 1, enero de 1941. 10 p.

FORO HONDUREÑO
Tegucigalpa, D.C. Órgano de la Sociedad de Abogados de Honduras. 19×27 cm. Mensual, N.º 1, septiembre 15 de 1916.

FULGORES
San Pedro Sula, Cortés. Revista anual del Instituto de Señoritas y Colegio de Niñas "San Vicente de Paúl". 21×27 cm. Anual, diciembre de 1953. 28 p.

FUTURO
Comayagua. 20×27 cm. Mensual, N.º 1, mayo de 1964. 26 p.

GACETA JUDICIAL
Tegucigalpa, D.C. 23×30 cm. Mensual, N.º 1, septiembre de 1895. 32 p.

GRUPO ENTUSIASTA METEOROLÓGICO
Tegucigalpa, D.C. Servicio Meteorológico Nacional. 22×33 cm. Bimensual, N.º 1, agosto de 1962. 5 p.

GUÍA DE HONDURAS
Tegucigalpa, D.C. 15×22 cm. Mensual, N.º 1, enero de 1962. 44 p.

HONDURAS
San Pedro Sula, Cortés. Letras, educación, historia; ciencias; arte; industria; folklore; comentarios; agricultura; ganadería. 20×28 cm. Mensual, N.º 1, noviembre 30 de 1961.

HONDURAS LITERARIA
Tegucigalpa, D.C. Publicación de la Universidad Nacional Autónoma de Honduras. 30×44 cm. Bimestral, N.º 1, enero-febrero de 1903. 19 p.

HONDURAS NUEVA
Tegucigalpa, D.C. 21×28 cm. Mensual, N.º 1, diciembre de 1964. 28 p.

HONDURAS PEDIÁTRICA
Tegucigalpa. In Puero Homo. Asociación Pediátrica Hondureña. Luis A. Barahona. Agosto-noviembre 1. 16×23 cm. 118 p. s.i.

HONDURAS ROTARIA
Tegucigalpa, D.C. Órgano de los Clubes Rotarios de Honduras. 22×30 cm. Mensual, N.º 1, abril de 1929. 27 p.

HORIZONTES
Comayagüela, D.C. Revista: Variedad de temas de palpitante actualidad nacional. Sin periodicidad. N.º único, abril de 1964. 15×20 cm. 28 p.

INDUSTRIA, LA
Tegucigalpa, D.C. Boletín de la Asociación Nacional de Industriales. 21×28 cm. Semanal, N.º 1, febrero 14 de 1959. 7 p.

INFORMATIVO DEL CENTRO DE SALUD Y ADIESTRAMIENTO LAS CRUCITAS
Área de Demostración Distrito Sanitario. Mensual, N.º 1, enero de 1962. 3 h.

LABOR
San Pedro Sula, Cortés. Boletín informativo del Instituto Americano para el Desarrollo del Sindicalismo Libre en Centroamérica y Panamá. 22×39 cm. Mensual, N.º 1, mayo de 1964. 6 p.

LASALLISTA, EL
San Pedro Sula, Cortés. Órgano de la Academia Literaria José Cecilio del Valle. 18×25 cm. Mensual, N.º 1, marzo de 1960. 20 p.

MADRE TIERRA
Nacaome, Valle. Órgano de la Asociación Campesina Social Cristiana (ACASCS). 21×29 cm. Quincenal, N.º 1, octubre de 1964. 20 p.

MINERVA
San Pedro Sula, Cortés. Órgano de publicidad del Instituto "Minerva". 21×28 cm. Mensual, N.º 1, abril de 1960. 20 p.

MONITOR DE HONDURAS
San Pedro Sula, Cortés. 26×31 cm. Sin periodicidad. N.º 1, noviembre 22 de 1964. 32 p.

NOSOTRAS
Tegucigalpa, D.C. Órgano de publicidad de la Federación de Asociaciones Femeninas Hondureñas. 21×27 cm. Sin periodicidad, N.º 1, abril de 1964. 36 p.

PANORAMAS
Tegucigalpa, D.C. 22×30 cm. Mensual, N.º 1, noviembre de 1964. 40 p.

PENSAMIENTO Y ACCIÓN
Juticalpa. Por la superación cultural y espiritual de todos los valores humanos. 22×29 cm. Mensual, N.º 1, diciembre 31 de 1947. 40 p.

PRESENTE
Tegucigalpa, D.C. Revista mensual de arte y letras de Centroamérica. 23×30 cm. Mensual, N.º 1, agosto de 1964. 44 p.

REFLEJOS BÍBLICOS
Tegucigalpa, D.C. Órgano oficial de la Asociación de Iglesias Centroamericanas. Mensual, N.º 1.

RENACIMIENTO
San Pedro Sula, Cortés. Órgano de la Sociedad de Maestros del mismo nombre. 15×22 cm. Mensual, N.º 1, marzo de 1963. 28 p.

REVISTA CÍVICO MILITAR
La Ceiba, Atlántida. Órgano informativo del Cuerpo Especial de Seguridad. 21×27 cm. Mensual, N.º 1, marzo de 1964.

REVISTA DE ECONOMÍA
Tegucigalpa, D.C. Órgano del Colegio Hondureño de Economistas. 17×22 cm. Trimestral, N.º 1, agosto-octubre de 1963. 78 p.

REVISTA DE LA ESCUELA SUPERIOR DEL PROFESORADO "FRANCISCO MORAZÁN"
Tegucigalpa, D.C. 18×24 cm. Trimestral, N.º 1, abril-junio de 1964. 68 p.

REVISTA DE LA SOCIEDAD DE GEOGRAFÍA E HISTORIA DE HONDURAS
Tegucigalpa, D.C. 19×25 cm. Trimestral, N.º 1, julio de 1955. Pág. variable.

REVISTA DE LA UNIVERSIDAD
Tegucigalpa, D.C. 15×21 cm. Semestral, N.º 1, junio-diciembre de 1964. 226 p.

REVISTA ECONOMÍA POLÍTICA

Tegucigalpa, D.C. Publicación del Instituto de Investigaciones Sociales. 21×29 cm. Octubre-diciembre de 1962. Trimestral. 59 p.

REVISTA MÉDICA HONDUREÑA

Tegucigalpa, D.C. Órgano de la Asociación Médica Hondureña. 17×24 cm. Mensual, N.º 1, mayo de 1930. 47 p.

REVISTA MILITAR

Tegucigalpa, D.C. Órgano oficial de las Fuerzas Armadas de Honduras. 21×28 cm. Mensual, N.º 1, enero de 1961. 58 p.

REVISTA MUNICIPAL

San Pedro Sula, Cortés. Órgano de divulgación de la Corporación Municipal. 21×27 cm. Bimensual, N.º 1, enero-febrero de 1964.

REVISTA DE QUÍMICA Y FARMACIA

Tegucigalpa, D.C. Órgano de la A.Q.F.H. 18×24 cm. Trimestral, N.º 1, enero-marzo de 1964. 56 p.

SUCESOS

Tegucigalpa, D.C. Revista informativa e ilustrada. 28×36 cm. Mensual, N.º 1, febrero 28 de 1954. 24 p.

SUPERACIÓN

Tegucigalpa, D.C. Órgano cultural del III Curso de Ciclo Común de Cultura General del Instituto Tegucigalpa. 23×30 cm. Quincenario, N.º 1, junio 11 de 1960. 6 p.

TRABAJO

Tegucigalpa, D.C. Órgano del Ministerio de Trabajo y Previsión Social. 20×27 cm. Mensual, N.º 1, 1.º de marzo de 1958. 30 p.

VERDADES BÍBLICAS

La Ceiba, Atlántida. 14×21 cm. Mensual, N.º 1, enero de 1951. 12 p.

VIGILANTE

Tegucigalpa, D.C. Órgano de información del CES. 21×27 cm. Sin periodicidad indicada. N.º 1, julio de 1964. 30 p.

VOZ BAUTISTA, LA

Tegucigalpa, D.C. Órgano de la Convención Bautista de Honduras. Director: Pedro Espinoza Dubón. N.º 1, en 1963. 18×23 cm. 20 p.

VOZ FARMACÉUTICA

San Pedro Sula, Cortés. Órgano de la Asociación de Químicos Farmacéuticos del Norte y Occidente de Honduras. 14×22 cm. Mensual, N.º 1, 3.ª época, agosto 31 de 1958. 28 p.

1965: OBRAS GENERALES

OBRAS GENERALES

RODRÍGUEZ, Víctor Manuel y Noé Paz Fernández
Indicador social, cultural, profesional, comercial, industrial y de tránsito. San Pedro Sula. Oficina de Información y Publicidad de la ciudad de San Pedro Sula. 1965. 218 p. 18 cm.

FILOSOFÍA

DITHRA 1966
El destino en tus manos. /Tegucigalpa/. s.e. /1965/. 54 p. 22 cm.

RAMÍREZ DELGADO, Rafael
Reflexiones filosóficas. Tegucigalpa. Imprenta y Papelería Calderón. 1965. 2 t. 18 cm.

RELIGIÓN

CURIA Arzobispal de Tegucigalpa
Participación de los fieles en la liturgia. Tegucigalpa. CENSA. 1965. 16 p. 22 cm.

— Santa Misa. Tegucigalpa. CENSA. /1965/.
16 p. 15 cm.

FOUNTAIN, Tomás E.
Salud del Cristianismo. Primera edición. Dibujos de Rafael González. Tegucigalpa. Cultura Fundamental. 1963. 61 p. 22 cm.

IGLESIA Episcopal en Centro América
The Constitution and Canons. La Ceiba. Editorial Laffite. /1965/.
18 p. 22 cm.

MILLA, Serafina y José Barceló
Misa Cantada "Honduras a Dios". San Pedro Sula. Agencia Rhinehart. 1965. 15 f. 28 cm. apais.

MOLINA LOVO, J. Alfonso
Yo soy el Camino. Tegucigalpa. [s.e.].

NOVENA infalible para pedir a la Santísima Virgen María, el remedio de nuestras necesidades, tanto espirituales como corporales. Traducida del inglés al castellano por un católico. /Comayagüela, D.C. s.e.; s.i. 1965/. 21 p. 15 cm.

TOMASO, P. Diego de O.F.M.
Devocionario Militar Hondureño. Tegucigalpa. Tip. Nacional. /1965/. 100 p. 18 cm.

CIENCIAS SOCIALES

ACCIÓN Cultural Popular Hondureña
El alfabeto en las ondas. (Cartilla de Lectura). Cuarta edición. Tegucigalpa. Acción Cultural Popular Hondureña. 1965. 65 p. ilus. 22 cm.

— Cartilla de Lectura. Primera edición. Tegucigalpa. Misión UNESCO. 1965. 24 p. ilus. 22 cm.

/ALTAMIRANO, Victoria y otros/
Las artes del lenguaje en la Escuela Primaria. Lenguaje. Lectura. Escritura. /Quinta edición/. Tegucigalpa. Ministerio de Educación Pública. 1965. 332 p. 20 cm.

ANTÚNEZ CASTILLO, Rubén. 1899–
Calendario Cívico Hondureño para el año 1965. San Pedro Sula. Droguería Nacional. 1965. 32 p. 21 cm.

— Calendario Cívico Hondureño 1966. San Pedro Sula. Droguería Nacional. 1965. 32 p. 21 cm.

/ARAUJO NIETO, Ángel/
La Reforma Agraria en Honduras. Tegucigalpa. /INA. 1965/. 107 p. 28 cm.

AROSEMENA, Beatriz E. de y otros
Sin fronteras. Libro de Lectura. Cuarto Grado. Primera edición.
Tegucigalpa. Ministerio de Educación Pública. 1965. xi–238 p. ilus.
21 cm.

— Sin fronteras. Libro de Lectura. Cuarto Grado. Edición para el
maestro. Primera edición. /Tegucigalpa. Ministerio de Educación
Pública. 1965/. 338 p. ilus. 21 cm.

ARRIAGA CHINCHILLA, Héctor
Los accidentes de trabajo. Tegucigalpa. s.i. 1965. 86 p. 20 cm.

ASOCIACIÓN de Estudiantes de la Facultad de CC. EE.
Estatutos de la Asociación de Estudiantes de la Facultad de Ciencias
Económicas. Tegucigalpa. AECE. 1965. 86 p. 20 cm.

ASOCIACIÓN Hondureña de Instituciones Bancarias y
Aseguradoras
No conviene a los intereses nacionales que el BANK of AMERICA,
sea autorizado para instalar sucursales en el país. Tegucigalpa.

AHIBA. 1965.
27 p. 28 cm.

BANCO Central de Honduras
Memoria 1964. Tegucigalpa. Banco Central de Honduras. 1965.
255 p. ilus. 26 cm.

— Deuda pública de Honduras 1961–1964. Preparado por Marina O.
de Napki. Tegucigalpa. BCH. 1965. 58 p. 26 cm.

BANCO Centroamericano de Integración Económica
Tercera Memoria de Labores 1963/1964. Tegucigalpa. BCIE. 1965.
46 p. gráfs. 26 cm.

— Cuarta Memoria de Labores 1964/1965. Tegucigalpa. BCIE. 1965.
87 p. 27 cm.

— Información básica sobre préstamos para vivienda. Tegucigalpa. BCIE. 1965. 16 p. 21 cm.

— Función del Banco Centroamericano de Integración Económica. Tegucigalpa. BCIE. /1965/. 70 h. ilus. 28 cm.

BANCO Municipal Autónomo
Memoria de labores 1964. Tegucigalpa. Banco Municipal Autónomo. 1965. 55 p. 27 cm.

BANCO Nacional de Fomento
Memoria 1964. Tegucigalpa. BANAFOM. 1965. 51 p. ilus. 27 cm.

— El secreto de preparar una buena taza de café. San Pedro Sula. BANAFOM. 1965. 12 p. ilus. 20 cm.

— Boletín estadístico N.º 2. Cosecha 1963–1964. Comayagüela. BANAFOM. 1965.
s.p. 32 cm. apais.

BECERRIL D., Adolfo
Hacia un programa de vivienda media urbana. Tegucigalpa. BCIE. 1963. 123 p. 28 cm. apais.

BERNHARD ABELLA, Alberto
Memoria presentada por el señor Alcalde Municipal dando cuenta de los actos de la Corporación Municipal que presidió en el ejercicio civil de 1963 y 1964. Puerto Cortés. San Pedro Sula. Tip. La Juventud. 1965. 14 p. 28 cm.

BORJAS, Céleo
En la acción de petición de herencia y de otras acciones de heredero. Tegucigalpa. Tip. La República. 1965. 42 p. 22 cm.

CARDONA, María Cristina Alfaro de
Informaciones sobre alfabetización de adultos en Honduras. /Tegucigalpa. Ministerio de Educación Pública. 1965/. 21 p. 23 cm.

CENTRO Cooperativo Técnico Industrial
Adiestramiento acelerado de mano de obra. Tegucigalpa. CCTI. 1965.
15 h. 22 cm.

COMITÉ Coordinador de Organizaciones Democráticas de Honduras
Conjura comunista en Honduras. Tegucigalpa. /Tip. Ariston. 1965/.
22 p. ilus. 22 cm.

COOPERATIVA Algodonera del Sur Ltda.
Memoria. Ejercicio II. Cosecha 1963/1964. Tegucigalpa. Cooperativa
Algodonera del Sur Ltda. 1965. 24 p. 22 cm. apais.

CRUZ, Ramón Ernesto. 1903–
Historia Constitucional de Honduras. Derecho Interno y Derecho
Internacional. Tegucigalpa. López y Cía. /1965/. 38 p. 18 cm.

DÍAZ CHÁVEZ, Filander
Del fundo a los espacios libres. Bases social-económicas del
planeamiento físico de países atrasados. San Salvador. Editorial
Universitaria. 1965. 256 p. 22 cm.

DUBÓN MARTÍNEZ, Antonio. –1970
Manual de Práctica Forense en materia civil. (Preliminares, modelos
y formularios). Tegucigalpa. /Bulnes. 1965/. 214–viii p. 25 cm.

EMPRESA Hondureña de Vapores
Contrato colectivo de trabajadores marítimos celebrado entre el
Sindicato Gremial "Sociedad Nacional de Marinos de Honduras" y la
Empresa Hondureña de Vapores. Puerto Cortés. EHMCA. 1965.
248 p. 19 cm.

ESCUELA de Servicio Social de Honduras
Escuela de Servicio Social de Honduras. Prospecto. Tegucigalpa.
Ministerio de Trabajo y Previsión Social. 1965. 17 p. 20 cm.

ESTRADA DOMÍNGUEZ, Jesús María
La simulación en los Contratos Mercantiles. Tesis. Tegucigalpa.
Facultad de Derecho. 1965. 47 p. 21 cm.

EUCEDA GÓMEZ, Arturo y otros
Estudio socio-económico del Municipio de Limón. Tegucigalpa. Facultad de Ciencias Económicas. 1965. 104 p. maps. 28 cm.

FIGUEROA, Ramiro
La rebarbarización de Francia. Madrid. Editorial Stadium. 1963. 93 p. 22 cm.

FONSECA FLORES, Abel
Símbolos nacionales. Folleto Cívico. Segunda edición. Tegucigalpa. Ministerio de Educación Pública. 1965. 140 p. ilus., lám., 121 p.

GIRÓN LÓPEZ, Roberto
Prontuario de Leyes de Honduras 1959–1962. Segunda edición. Tegucigalpa. s.i. /1965/. 24 p. 21 cm.

— Prontuario de Leyes de Honduras 1929–1965. Comayagüela. Imp. Libertad. 1965. 53 p. 21 cm.

GUILLÉN DÍAZ, Isabel. 1917–
Siempre Amigos. Libro de Lectura I–1. Tercera edición. Ilustraciones de Ranulfo Zelaya. Tegucigalpa. Alianza para el Progreso. 1965. 80 p. ilus. 22 cm.

— El Premio de Luis y Elena. Libro de Lectura I–2. Segunda edición. Ilustraciones de Ranulfo Zelaya. Tegucigalpa. Alianza para el Progreso. 1965. 80 p. ilus. 20 cm.

— Guía del Maestro. Segunda edición. Para el uso de los libros de lectura básica Siempre Amigos I–1, El Premio de Luis y Elena I–2. Ilustraciones de Ranulfo Zelaya. Tegucigalpa. Alianza para el Progreso. 1965. 57 p. ilus. 21 cm.

HIDALGO H., Carlos F.
Ensayos económico-sociales. Tegucigalpa. Instituto Hondureño de Cultura Hispánica. /1965/. 72 p. 23 cm.

INSTITUTO San Francisco
Homenaje a la Patria. Alumnos del Quinto Grado. Comayagüela.
Imp. Calderón. 1965. /12/ p. 22 cm.

— Graduación 1965. Comayagüela. Instituto San Francisco. 1965.
28 p. ilus. 25 cm.

INSTITUTO Dionisio de Herrera
Memoria Escolar 1965. San Pedro Sula. Instituto Dionisio de Herrera.
1965. 50 p. ilus. 27 cm.

INSTITUTO San José
Recuerdos 1964. El Progreso, Yoro. Inter-Collegiate Press, Kansas
City. 1965. s.p. ilus. 26 cm.

JEFFS CALDERÓN, Carlos
La Contratación Colectiva. Tegucigalpa. UNAH. 1963. 80 p. 26 cm.

LABORATORIO Blanco-Sánchez
La tragedia de pueblos valientes que no se someten al comunismo,
vistos desde el ángulo del buen humor. Tegucigalpa. Laboratorios
Blanco-Sánchez. 1965. /28/ p. ilus. 22 cm.

LARA LÓPEZ, José Ángel
Reseña histórica de la Legislación del Trabajo en Honduras.
Tegucigalpa. Tip. Calderón. 1965. 19 p. 21 cm.

LÓPEZ ARELLANO, Oswaldo. Pres.
Industriales se reúnen con el Presidente de la República General
Oswaldo López Arellano para conocer el Plan de Desarrollo
Económico y Social 1965–1969. Tegucigalpa. Oficina de
Información y Prensa de la Presidencia de la República. 1965.
16 p. 24 cm.

LÓPEZ PINEDA, Adán
Integración Económica. Tegucigalpa. Mimeo. 1965. 31 b. 28 cm.

MATUTE CRUZ, Óscar Raúl
De los Tribunales Militares, su competencia y jurisdicción. San Pedro Sula. /Editora Nacional/. /1965/. 30 p. 22 cm.

MONCADA M., Óscar
El delito culposo. San Pedro Sula. /Editora Nacional/. /1965/. 16 p. 22 cm.

MUÑOZ, F. Armando
Victoria. Libro para el aprendizaje de la lectura y escritura. Edición hondureña revisada por Miguel Navarro. Tegucigalpa. Publicaciones Navarro. 1965. 84 p. ilus. 24 cm.

NAVARRO, Miguel. 1904–
Libro de Lectura. Cuarto Grado. Sexta edición. Comayagüela. Publicaciones Navarro. 1965. 214 p. ilus. 20 cm.

NAKPI O., Marina de
Véase: Banco Central de Honduras.

OYUELA, Félix Edgardo
Títulos supletorios en la Legislación Hondureña. Tegucigalpa. s.i. 1965. 64 p. 23 cm.

PARTIDO Nacional de Honduras
Estatutos fundamentales del Partido Nacional de Honduras. Tegucigalpa. Comité Central del Partido Nacional. 1965. 40 p. 15 cm.

PONCE VELÁSQUEZ, Santiago
Breviario cívico para el niño hondureño. San Pedro Sula. Editora Nacional. 1965. 56 p. 22 cm.

REYES DÍAZ, Jorge
Recomendaciones para el salario mínimo en Honduras. Tegucigalpa. s.i. 1965. 80 p. 22 cm.

RIVERA, Amalia I. de y otros
Nuevos caminos. Libro de Lectura. Tercer Grado. Segunda edición.
Tegucigalpa. Ministerio de Educación Pública. 1965. viii–183 p. ilus.
21 cm.

— Horas Felices. Segundo Libro de Lectura. Tercer Grado.
/Tegucigalpa. Editores Óscar Velásquez y Amanda Villeda C. 1965/.
180 p. ilus. 22 cm.

— Guía para el Libro de Lectura "Horas Felices". Tegucigalpa.
Ministerio de Educación Pública. 1965. 60 p. 24 cm.

RIVERA HERNÁNDEZ, Alejandro. 1909–1968.
Garantías ilusorias. México. Editorial Latinoamericana. 1965.
67 p. 22 cm.

RODRÍGUEZ M., Carmen Lisette
El alcoholismo como problema mundial y duras consecuencias
sociales. Tegucigalpa. Instituto Sagrado Corazón. 1965. 22 h. 21 cm.

SAN PEDRO SULA. Municipalidad
Cartilla para los Alcaldes Auxiliares. San Pedro Sula. Municipalidad
de S.P.S. 1965. 8 p. 19 cm.

SINDICATO de Trabajadores del Banco Nacional de Fomento
Contrato Colectivo celebrado entre el Banco Nacional de Fomento y
el Sindicato del mismo. Comayagüela. BANAFOM. 1965. 53 p. 13
cm.

TEJEDA SUAZO, Leonidas
Contenidos, actividades y conceptos en el Primer Grado.
/Tegucigalpa. s.i. 1965/. 71 p. 22 cm.

UNIVERSIDAD Nacional Autónoma de Honduras
Memoria de la Universidad Nacional Autónoma de Honduras
1964/1965. Tegucigalpa. UNAH. 1965. 702–vi p. 21 cm.

— Manual de Reglamentos. Tegucigalpa. UNAH. 1965.
s.p. 32 cm.

VÁSQUEZ, José Valentín. 1900–
Guía Masónica para el Hermano Compañero. Tegucigalpa. Mimeo. 1965. 29 h. 22 cm. apais.

VILLAFRANCA R., Augusto. 1908–1965
Educación Moral y Cívica. Tercer Curso del Ciclo Común de Cultura General. Tercera edición. Tegucigalpa. Librería Molino. 1965. /170/ p. 22 cm.

ZACAPA, Carlos G.
Problemas Sociales, Culturales y Económicos de Honduras y Centroamérica. Tegucigalpa. Mimeo. 1965. 30 p. 33 cm.

ZÚÑIGA AUGUSTINUS, Ricardo
Responsabilidad civil por hecho propio (Artículo 2236 del Código Civil). Tegucigalpa. Tip. Ariston. 1965. 47 p. 26 cm.

ZUÑIGA J., Román
Nociones de Práctica en las Cortes de Apelaciones. Tegucigalpa. s.i. 1965. 76–II p. 20 cm.

LINGÜÍSTICA

BARAHONA, Rubén
Apuntes de Analogía y Ortografía. Reimpresión tercera. /Séptima edición/. Tegucigalpa. /Rubén Barahona hijo/. 1965. 127–xii p. 22 cm.

CIENCIAS PURAS

APLÍCANO MENDIETA, Pedro
Tras las huellas de los Mayas. San Pedro Sula. /Editora Nacional/. 1965. 80 p. ilus. 22 cm.

HONDURAS. Dirección General de Aeronáutica Civil
Almanaque Meteorológico Hondureño 1965. Tegucigalpa. DGAC. 1965. 48 p. ilus. 22 cm.

HORVATH, Antonio
Elementos de Físico-Química. Tegucigalpa. Tip. Calderón. 1965.
192 p. 21 cm.

— Elementos de Química Orgánica. Tegucigalpa. Tip. Calderón.
1965. 191 p. ilus. 21 cm.

REINA VALENZUELA, José. 1907–
Construcción y organización de la Santa Iglesia de Comayagua.
Tegucigalpa. Imp. La República. 1965. 38 p. 21 cm.

VILLAFRANCA R., Augusto. 1908–1965
Ciencias Naturales. Primer Grado. Cuarta edición. Tegucigalpa.
Librería Molino. 1965. 49 p. ilus. 22 cm.

— Ciencias Naturales. Quinto Grado. Sexta edición. Tegucigalpa.
Librería Molino. 1965. 122–v p. ilus. 22 cm.

— Ciencias Naturales. Sexto Grado. Quinta edición. Tegucigalpa.
Librería Molino. 1965. 124–III p. 22 cm.

WILLIAMS, L.D.
The Orchidaceas of Mexico. Edited by Abdul Barry Awan.
Tegucigalpa. Escuela Agrícola Panamericana. 1965. 321 p. 22 cm.

ZEVALLOS MEJÍA, Eustorgio y otros
Matemáticas. Primero. Edición para el maestro. Tegucigalpa. Alianza
para el Progreso. 1965. 96 p. 27 cm.

CIENCIAS APLICADAS

ALCOHÓLICOS Anónimos
Recuerdo del 1er. aniversario 1964. 12 de mayo. Comayagüela.
Grupo Colonia Monseñor Fiallos. 1965. 18 p. 26 cm.

— Recuerdo del II Aniversario del Grupo Nueva Vida. 1.º de agosto
de 1963–1965. Tegucigalpa. Grupo Colonia 21 de Octubre. 1965.
32 p. 26 cm.

— Feliz sobriedad. Grupo San José. San Pedro Sula. Tip. La Juventud. 1965. 22 p. 22 cm.

CÁCERES MEDINA, Marco Antonio
Origen y evolución de la Odontología. San Salvador. s.i. 1965. 106 p. 23 cm.

FAJARDO, Carlos
Homenaje a Juan Geinsfleisch Gutenberg.

GARCÍA LACAYO, Justa de
De la Alveolitis como explicación post operatoria.

/HANDAL, Lidia/
Campaña contra el cáncer. Luchemos contra el cáncer. San Pedro Sula. Editora Nacional. 1965. 20 p. 27 cm.

HOSPITAL de Especialidades Suyapa
Informe a la Asamblea General de Accionistas sobre operaciones de 1964. Tegucigalpa. Tip. La República. 1965. 14 p. 24 cm.

MENCIA GAMERO, Mario
Homenaje a Juan Geinsfleisch Gutenberg. Día del Tipógrafo. San Pedro Sula. Editora Nacional. 1965. 44 p. 23 cm.

PAVÓN CASTILLO, Estela
¿De qué depende el éxito de usted como Secretaria? Tegucigalpa. Mimeo. 1965. 69 h. 27 cm.

RADILLO NAJARRO, Recaredo
El secreto de preparar una buena taza de café. Comayagüela. BANAFOM. 1965. /12/ p. 21 cm.

RAMÍREZ DELGADO, Rafael
Cómo descubrió mi padre el Jabón de Mua. México. Costa Amic. 1965. 13 p. 22 cm.

SINDICATO Obrero "El Mochito"
Estatutos y Reglamento Obrero "El Mochito". El Mochito. Secretaría del Trabajo. /1965/. 39 p. 13 cm.

SINDICATO Patronal
Sindicato Patronal de la Industria de la Construcción. San Pedro Sula. Editora Nacional. 1965. [s.p.] — (paginación no indicada)

ARTE Y RECREACIÓN

CHAVARRÍA, Guillermo
Semblanzas ligeras. Valores olvidados del deporte de antaño. Todo en broma, con un poquito de seriedad. San Pedro Sula. Tip. La Juventud. 1965. 52 p. 22 cm.

COMITÉ Feria Juniana
Feria Juniana desde el 19 al 29 de junio 1965. San Pedro Sula. Editora Nacional. 1965. 32 p. 28 cm.

LITERATURA

ACOSTA ZELEDÓN, Óscar. 1933–
Poesía. Selección 1962–1965. Madrid, España. Talleres Aguirre. 1965. 159 p. 24 cm.

AYALA, José Max
Poemas revueltos. s.l.; s.e.; s.i. /1965/. 57 p. 22 cm.

CÁRCAMO, Germán Augusto
Senderos de amor. San Pedro Sula. Tip. Melara. 1965.
40 p. 23 cm.

CARÍAS LINDO, Herlinda Lagos de y Erasmo Carías Lindo
Los poetas a las madres. /Recopilación/. Tegucigalpa. Biblioteca de Consulta Juan Lindo. 1965. 86 p. 22 cm.

CASCO RIVERA, Andrés
Cantos a Honduras. Grabados de Dante Lazzaroni. Tela. Tip. La Marina. 1965. 99 p. ret., ilus. 22 cm.

DÍAZ LOZANO, Argentina. 1909–
Mansión de la bruma. Guatemala. Autores Nacionales. 1965.
124 p. 21 cm.

DUENDE Mirón. Seud.
Véase: Ayala, José Max.

GRUPO Dramático de Tegucigalpa
Maribel… y la extraña familia. Tegucigalpa. Grupo Dramático. 1965.
20 p. ret.; ilus. 23 cm.

HERRERA FRIMONT, Celestino (mexicano)
El hechizo de Copán. Tegucigalpa. Ministerio de Educación Pública.
1965. 16 p. 16 cm.

HOMENAJE a las madres que rinden los escritores de Honduras.
Tegucigalpa. Editorial Paulino Valladares. 1965. /46/ p. 22 cm.

ROSA, Marco Antonio
La Estrella de Belén. Tegucigalpa. Tip. Calderón. /1965/. 43 p. 22 cm.

SOTO, Percy
El último fruto de esta redención. Tegucigalpa. Tip. López y Cía.
1965. 111 p. 20 cm.

SUASNAVAR, Constantino
Sonetos de Honduras. Tegucigalpa. Tip. La Democracia. 1965.
/23/ p. 17 cm.

ZEPEDA TURCIOS, Roberto
Caminos de redención. Segunda edición. Tegucigalpa. 1965.
246 p. 22 cm.

HISTORIA Y GEOGRAFÍA

AGÜERO NEDA, Raúl
Rómulo E. Durón. Biografía. Tegucigalpa. Ministerio de Educación
Pública. 1965. 16 p. 20 cm.

AGUILAR PAZ, Jesús
La Epopeya de España. Tegucigalpa. s.i. 1965.
[s.p.] — (paginación no indicada)

ALVARADO GARCÍA, Ernesto. 1904–1972
Historia de Centroamérica. Sexta edición. Tegucigalpa. Tip. Suárez Romero. 1965. 339 p. 22 cm.

AMADOR, Ángel G.
La Comunidad Nacional. Cuaderno de trabajo de Estudios Sociales. I Curso. Tegucigalpa. Instituto Sagrado Corazón. 1965.
150 p. 21 cm.

BANCO Nacional de Fomento
Honduras, Corazón de las Américas. Comayagüela. División de Desarrollo Industrial. 1965. 28 p. 28 cm.

— Honduras, Corazón de las Américas. Inglés. Comayagüela. División de Desarrollo Industrial. 1965.
28 p. 28 cm.

BEAUCAGE, Pierre y Marcel Sansón
Historia del Pueblo Garífuna y su llegada a Honduras en 1796. Tegucigalpa. Patronato para el Desarrollo de las Comunidades de los Departamentos de Colón y Gracias a Dios. /1965/.
22 p. 22 cm.

DÍAZ CHÁVEZ, Filander
La Revolución Morazanista. Génesis, desarrollo y aniquilamiento. Su importancia histórica. Tegucigalpa. Editorial Paulino Valladares. 1965.
170 p. 20 cm.

DURÓN, Rómulo Ernesto. 1865–1942
Don Joaquín Rivera y su tiempo. Primera edición. Tegucigalpa. Ministerio de Educación Pública. 1965.
2 t. 22 cm.

ESCUELA Normal de Señoritas
Promoción Rómulo E. Durón. 1965. Tegucigalpa. Editorial del Ministerio de Educación Pública. 1965. 97 p. ilus. 27 cm.

HELBIG, Karl M.
Áreas y paisajes del Nordeste de Honduras. Tegucigalpa. Banco Central de Honduras. 1965. 287 p. maps. 25 cm.

LÓPEZ M., Cristóbal
Con la Historia entre las manos. Segunda edición. Tegucigalpa. Tip. Atenea. 1865. 60 p. 21 cm.

MELARA MELÉNDEZ, Pompeyo
Ideario de José Cecilio del Valle. San Pedro Sula. Tip. Melara. 1965. 45 p. 22 cm.

NARVÁEZ ROSALES, Reynaldo
Datos importantes sobre la República de Honduras. Sabanagrande, Francisco Morazán. Mimeo. 1965. 6 p. 22 cm.

NAVARRO, Miguel. 1904–
Estudios Sociales. Centro América. Cuarto Grado. Primera edición. Comayagüela. Publicaciones Navarro. 1963. 147 p. ilus. 23 cm.

— Estudios Sociales. América. Quinto Grado. Primera edición. Comayagüela. Publicaciones Navarro. 1965. 164 p. ilus. 22 cm.

— Estudios Sociales. El Mundo. Sexto Grado. Segunda edición. Comayagüela. Publicaciones Navarro. 1965. 160 p. ilus. 23 cm.

OCHOA ALCÁNTARA, Antonio. 1893–
Bodas de Oro Periodísticas. Homenaje de la Asociación de Prensa Hondureña. Tegucigalpa. APH. 1965. 72 p. ret. 25 cm.

PINEL CÓRDOVA, Gustavo Ramón
Un lobo con piel de oveja sorprende a los costarricenses; hoy su hijo natural Doctor Ramón Villeda Morales. Tegucigalpa. s.i. 1965. 16 p. 21 cm.

RAMÍREZ DELGADO, Rafael
Un viaje a México y California. Crónica de viajes. México. Costa Amic. 1965. 167 p. 22 cm. Contiene además: El campo y la ciudad. Novela.

REINA VALENZUELA, José. 1907–
El Prócer Dionisio de Herrera. (Estudio biográfico). Tegucigalpa. Sociedad de Geografía e Historia de Honduras. 1965.
277 p. 23 cm.

— Doctor Rómulo E. Durón. Estudio biográfico. Promoción 1965. Tegucigalpa. Ministerio de Educación Pública. 1965.
113 p. ret. 20 cm.

ROSA, Ramón. 1848–1893
José Cecilio del Valle. Tercera edición. (sic.) /Cuarta edición/. Tegucigalpa. Ministerio de Educación Pública. 1963.
104 p., 1 h., ret. 21 cm.

SCARPONE, Gerardo. Fr.
Catedral de Comayagua. 250 aniversario. Comayagua. Parroquia de Comayagua. /1965/. 20 p. ilus. 23 cm.

SOLERA, Irma de J. y Ángel G. Amador
La Comunidad Nacional. Cuaderno de Trabajo de Estudios Sociales. I Curso. Tegucigalpa. Instituto Sagrado Corazón. 1965. 150 p. ilus. 27 cm.

TOMBLITZ, C. Seud.
Véase: López M., Cristóbal.

VALLE, Rafael Heliodoro. 1891–1959 y otros
Homenaje de Honduras al Santo Misionero Manuel de Jesús Subirana 1807–1864, en el primer centenario de su muerte el 27 de noviembre de 1964. Tegucigalpa. Ministerio de Educación Pública. 1965.
69–72 p. 25 cm.

— Los seudónimos de Rafael Heliodoro Valle. Por Emilia de Valle. Bogotá. Instituto Caro y Cuervo. 1965. 28 p. 23 cm.

VÁSQUEZ, José Valentín. 1890–
Memorias de un maestro de escuela. Boceto autobiográfico. Tegucigalpa. Mimeo. 1965.
25–2 p. 27 cm.

— Datos biográficos del Profesor de Estado y Licenciado don Luis Landa. Tegucigalpa. Sociedad de Geografía e Historia. 1965.
15 p. ret. 18 cm.

VELÁSQUEZ, José Manuel
Esta es tu patria… Tegucigalpa. Tipografía Nacional. /1965/.
55 p. 21 cm.

VILLAFRANCA R., Augusto. 1908–1965
Estudios Sociales para el Segundo Grado. Séptima edición. Tegucigalpa. Librería Molino. 1965.
91 p. ilus. 22 cm.

— Estudios Sociales para el Cuarto Grado. Décima edición. Tegucigalpa. Librería Molino. 1963.
225 p. ilus. 22 cm.

— Estudios Sociales para el Quinto Grado. Décima edición. Tegucigalpa. Librería Molino. 1965.
215 p. ilus. 22 cm.

PUBLICACIONES GUBERNAMENTALES

CONSEJO Nacional de Economía
Plan Nacional de Desarrollo Económico y Social de Honduras 1965–1969. Tegucigalpa. Consejo Nacional de Economía. 1965.
t. I–IV. 28 cm.

I: Programa Global
II: Programa de Inversiones Públicas
III: Programa de Desarrollo Pecuario
IV: Programa de Desarrollo Industrial

CONSEJO Nacional de Economía
Resumen del Plan Nacional de Desarrollo Económico y Social 1965–
1969. Tegucigalpa. Consejo Nacional de Economía. 1965.
28 p. cuads. 22 cm.

CONSEJO Superior de Planificación Económica
Resumen del Plan Nacional de Desarrollo Económico y Social 1965–
1969. Tegucigalpa. Secretaría Técnica del Consejo Superior. 1965.
30 p. gráfs. 17 cm.

CONTRALORÍA General de la República
Informe al Congreso Nacional de 1963. Tegucigalpa. Contraloría
General de la República. 1965.
v. I–II. 28 cm.

— Informe al Congreso Nacional de 1964. Tegucigalpa. Contraloría
General de la República. 1965.
v. I–II; 1 anexo. 28 cm.

— Informe final de la intervención fiscalizadora N.º 41/64-DAGC.
Tegucigalpa. Contraloría General de la República. 1965.
10 p. 28 cm.

CORTE Suprema de Justicia
Informe presentado al Congreso Nacional 1964. Tegucigalpa. Corte
Suprema de Justicia. 1965.
42 p. 28 cm.

CORTÉS. Gobernación Política del Departamento de Cortés
Cartilla para los Alcaldes Auxiliares. San Pedro Sula. Tip. En Marcha.
1965.
38 p. 24 cm.

DIRECCIÓN General de Cartografía
Mapa de Honduras. El Negrito. Departamento de Yoro. Tegucigalpa.
Dirección General de Cartografía. 1965.
Proyección Transversal de Mercator. Escala 1:50,000; ref. hoja N.º
2661-III; serie E752; col. 83×60 cm.

— Mapa de Honduras. El Progreso. Departamentos de Yoro y Cortés. Tegucigalpa. Dirección General de Cartografía. 1965.
Proyección Transversal de Mercator. Escala 1:50,000; ref. hoja N.º 262-III; serie E752; col. 89×60 cm.

— Mapa de Honduras. Florida. Departamento de Copán. Primera edición. Tegucigalpa. Dirección General de Cartografía. 1965.
Proyección Transversal de Mercator. Escala 1:50,000; ref. hoja N.º 2461-III; serie E752; col. 83×60 cm.

— Mapa de Honduras. Las Flores. Departamentos de Yoro, Comayagua y Cortés. Primera edición. Tegucigalpa. Dirección General de Cartografía. 1965.
Proyección Transversal de Mercator. Escala 1:50,000; ref. hoja N.º 261-II; serie E752; col. 83×60 cm.

— Mapa de Honduras. Ocote Pulido. Departamento de Yoro. Primera edición. Tegucigalpa. Dirección General de Cartografía. 1965.
Proyección Transversal de Mercator. Escala 1:50,000; ref. hoja N.º 2662-II; serie E752; col. 83×60 cm.

— Mapa de Honduras. Protección. Departamentos de Santa Bárbara y Copán. Primera edición. Tegucigalpa. Dirección General de Cartografía. 1965.
Proyección Transversal de Mercator. Escala 1:50,000; ref. hoja N.º 2461-III; serie E752; col. 83×60 cm.

— Mapa de Honduras. Río Lindo. Departamentos de Cortés y Yoro. Primera edición. Tegucigalpa. Dirección General de Cartografía. 1965.
Proyección Transversal de Mercator. Escala 1:50,000; ref. hoja N.º 2661-III; serie E752; col. 83×60 cm.

— Mapa de Honduras. San Isidro. Departamentos de Intibucá, Comayagua y Santa Bárbara. Primera edición. Tegucigalpa. Dirección General de Cartografía. 1965.
Proyección Transversal de Mercator. Escala 1:50,000; ref. hoja N.º 2559; serie E752; col. 83×60 cm.

DIRECCIÓN GENERAL DE CARTOGRAFÍA

— Mapa de Honduras. San José de Colinas. Departamento de Santa Bárbara. Primera edición. Tegucigalpa. Dirección Gral. de Cartografía. 1965.
Proyección Transversal de Mercator. Escala 1:50,000; ref. hoja N.º 2561; col. 83×60 cm.

— Mapa de Honduras. San Juan. Departamento de Intibucá y Lempira. Primera edición. Tegucigalpa. Dirección Gral. de Cartografía. 1965.
Proyección Transversal de Mercator. Escala 1:50,000; ref. hoja N.º 259-II; serie E752; col. 83×60 cm.

— Mapa de Honduras. Trinidad. Departamento de Santa Bárbara y Cortés. Primera edición. Tegucigalpa. Dirección Gral. de Cartografía. 1965.
Proyección Transversal de Mercator. Escala 1:50,000; ref. hoja N.º 2561-II; serie E752; col. 83×60 cm.

— Mapa de Honduras. Villanueva. Departamento de Yoro y Cortés. Primera edición. Tegucigalpa. Dirección Gral. de Cartografía. 1965.
Proyección Transversal de Mercator. Escala 1:50,000; ref. hoja N.º 2661-IV; serie E752; col. 83×60 cm.

DIRECCIÓN GENERAL DE ESTADÍSTICA Y CENSOS

— Anuario Estadístico 1964. Tegucigalpa. DGEC. 1965.
vi–310 p. 28 cm.

— Comercio Exterior de Honduras. Primer trimestre 1965. Tegucigalpa. DGEC. 1965. 134 p. 28 cm.

— Comercio Exterior de Honduras. Primer semestre 1964. Tegucigalpa. DGEC. 1965. 159 p. 28 cm.

— Comercio Exterior de Honduras. Enero–septiembre 1964. Tegucigalpa. DGEC. 1965. 163 p. 28 cm.

— Comercio Exterior de Honduras con Centro América 1964. Tegucigalpa. DGEC. 1965. 101 p. 28 cm.

— Comercio Exterior de Honduras. Importación 1964. Tegucigalpa. DGEC. 1965.
363 p. 28 cm. apais.

— Directorio de Establecimientos Comerciales 1965. Tegucigalpa. DGEC. 1965.
101 p. 28 cm.

— Directorio de Establecimientos Educacionales 1965. Tegucigalpa. DGEC. 1965.
122 p. 28 cm.

— Directorio Industrial 1965. Tegucigalpa. DGEC. 1965.
51 p. 28 cm.

— Estadísticas educacionales 1964. Tegucigalpa. DGEC. 1965.
iv–257–7 p. 28 cm.

— Honduras en Cifras 1964. Tegucigalpa. DGEC. 1965.
xxv–171 p. 22 cm. apais.

— Importaciones amparadas en la Ley de Fomento Industrial y otras leyes y decretos especiales. 1964. Tegucigalpa. DGEC. 1965.
3 v. 28 cm. apais.

— Investigaciones comerciales 1962. Tegucigalpa. DGEC. 1965.
43 p. 28 cm.

DIRECCIÓN DE TESORERÍA Y ASISTENCIA TÉCNICA Y MUNICIPAL
Nomenclatura de Cuentas Municipales. Tegucigalpa. Ministerio de Gobernación y Justicia. 1965.
24 p. 28 cm.

EMPRESA NACIONAL DE ENERGÍA ELÉCTRICA
Reglamento de Servicio Eléctrico. Tegucigalpa. ENEE. 1965.
17 p., 1 h. 13 cm.

ESCUELA MILITAR GENERAL FRANCISCO MORAZÁN
Reglamento Especial del Instituto Experimental de la Escuela Militar General Francisco Morazán. Comayagüela. Sección de Estudios Civiles de la Escuela Militar. 1965.
18 p. 20 cm.

INSTITUTO Hondureño de Seguridad Social
Anuario Estadístico 1964. Tegucigalpa. IHSS. 1965.
59 p. 28 cm. apais.

JUNTA Nacional de Bienestar Social
Memoria 1964. Tegucigalpa. JNBS. 1965.
42 p. ilus. 29 cm.

— ¿Qué es la Junta Nacional de Bienestar Social? Tegucigalpa. JNBS. 1965.
8 p. 22 cm.

— ¿Cómo labora la División de Servicio Social de JNBS? Tegucigalpa. JNBS. 1965.
12 p. 22 cm.

LEYES, Decretos, etc.
Honduras. Constitución de la República. 1965.
Tegucigalpa. Ministerio de Gobernación y Justicia. 1965.
26 p. 27 cm.

— Constitución de la República. 1965. Tegucigalpa. Ministerio de Gobernación y Justicia. 1965.
150 p. 15 cm.

— Código de Minería. Tegucigalpa. Ministerio de Economía y Hacienda. 1965.
57 p. 23 cm.

— Decretos Legislativos de 1965. Tegucigalpa. Ministerio de Gobernación y Justicia. 1965.
245 p. 26 cm.

— Ley de creación de la constancia de pagos de exención y de los impuestos, derechos, tasas y contribuciones distritales y municipales y su reglamentación respectiva. Tegucigalpa. Ministerio de Gobernación y Justicia. 1965.
14 p. 22 cm.

— Ley de Propiedad Horizontal. Tegucigalpa. Ministerio de Economía y Hacienda. 1965.
32 p. 13 cm.

— Ley de Reforma Agraria. Tegucigalpa. INA. 1965.
99 p. 22 cm.

— Ordenanza Militar 1906. Tegucigalpa. Ministerio de Economía y Hacienda. 1965.
294–vi p. 22 cm.

— Presupuesto por Programas. Ejercicio Fiscal de 1965. Tegucigalpa. Dirección General de Presupuesto. 1965.
906 p. 27 cm.

— Presupuesto General de Egresos e Ingresos. Ejercicio Fiscal de 1965. Tegucigalpa. Dirección General de Presupuesto. 1965.
596 p. 27 cm.

— Recopilación de Leyes Administrativas. Ramos de Gobernación, Justicia y Relaciones Exteriores. /Tegucigalpa. Ministerio de Economía y Hacienda. 1965/.
t. I. 23 cm.

Contenido del Tomo I: 826 p.
Incluye:

- Constitución de la República (1957)
- Código de Procedimientos Administrativos (1930)
- Ley de Policía (1906)
- Ley Reglamentaria de Presidios (1909)
- Ley de Expropiación Forzosa (1914)
- Ley de Indultos y Conmutas (1927)

- Ley de Municipalidades y del Régimen Político (1927)
- Ley del Notariado (1930)
- Ley de Inmigración (1934)
- Ley Orgánica del Distrito Central (1938)
- Decreto N.º 95: Actividades totalitarias o disociadoras (1946)
- Ley de Inquilinato (1949)
- Ley de Identidad (1953)
- Ley de Jubilaciones para el Ramo de Justicia (1954)
- Ley de Tránsito Terrestre (1955)
- Ley de Cuerpos de Bomberos (1955)
- Ley de Defensa del Régimen Democrático (1956)
- Ley de Emisión del Pensamiento (1958)
- Ley de Protección al Movimiento Scout (1960)
- Decreto N.º 311: Asesoría a los Municipios y al Distrito Central (1960)
- Ley del Banco Municipal Autónomo (1961)
- Ley Orgánica de la Procuraduría General de la República (1961)
- Ley del Fomento del Turismo (1962)
- Ley de Colegiación Profesional Obligatoria (1952)
- Ley sobre Jurisdicción de Menores (1962)
- Ley Orgánica del Cuerpo Diplomático Hondureño (1906)
- Reglamento Consular (1906)
- Ley sobre Misiones Consulares (1906)
- Código de Derecho Internacional Privado (1938)
- Ley de Pasaportes (1953)
- Ley de Extranjería (1946)

Reglamento Especial de la Retención en la Fuente.
Tegucigalpa. Ministerio de Economía y Hacienda. 1963.
4 h. 28 cm.

— Reglamento para la Censura Cinematográfica. Tegucigalpa.
Ministerio de Gobernación y Justicia. 1965.
15 p. 18 cm.

LÓPEZ ARELLANO, Oswaldo. Pres.
Informe de Labores en la Jefatura del Estado 1964/1965 al Congreso Nacional. Tegucigalpa. Oficina de Relaciones Públicas de Casa Presidencial. 1965.
16 p. 25 cm.

— Mensajes cruzados entre el Excelentísimo Mons. Dr. Sante Portalupi y el Excelentísimo General de Brigada Oswaldo López Arellano. Tegucigalpa. Tip. Ariston. 1965. 8 p. 22 cm.

PROCURADURÍA General de la República
Memoria presentada al Congreso Nacional 1964. Tegucigalpa. Procuraduría General de la República. 1965. 123 p. 27 cm.

SECRETARÍA de Comunicaciones y Obras Públicas
Informe al Congreso Nacional 1964/1965. Tegucigalpa. Ministerio de Comunicaciones y OO.PP. 1965. 148 p. 28 cm.

SECRETARÍA de Defensa y Seguridad Pública
Informe presentado al Congreso Nacional 1964/1965. Tegucigalpa. Ministerio de Defensa.

SECRETARÍA de Economía y Hacienda
Informe presentado al Congreso Nacional 1964/1965. Tegucigalpa. Ministerio de Economía y Hacienda.

— Informe Nacional Anual del Programa Económico y Social, presentado por el Gobierno de Honduras para la reunión del Consejo Interamericano Económico y Social. Tegucigalpa. Ministerio de Economía y Hacienda. 1965.
ii–138 h. 28 cm.

— Manual de Clasificación Presupuestaria. Edición revisada. Tegucigalpa. Dirección General de Presupuesto. 1965.
80 p. 27 cm.

— Exposición de Motivos que acompañan al Proyecto de Presupuesto para el año Fiscal de 1968. Tegucigalpa. Ministerio de Economía y Hacienda. 1965. s.p. 33 cm.

— Proyecto de Presupuesto por Programas. Documento desglosado por programas y subprogramas 1956. Tegucigalpa. Ministerio de Economía y Hacienda. 1965. 27 h. 33 cm. apais.

— Proyecto de Presupuesto General de Ingresos y Egresos para el año Fiscal de 1966. Tegucigalpa. Ministerio de Economía y Hacienda. 1965. s.p. 33 cm.

SECRETARÍA de Educación Pública
Informe presentado al Congreso Nacional 1964/1965. Tegucigalpa. Ministerio de Educación Pública. 1965.

— Batalla de La Trinidad. Tegucigalpa. Ministerio de Educación. 1965. 14 p. 22 cm.

SECRETARÍA de Gobernación y Justicia
Memoria presentada al Congreso Nacional 1964/1965. Tegucigalpa. Ministerio de Gobernación y Justicia. 1965. 155 p. 25 cm.

SECRETARÍA de Recursos Naturales
Informe al Congreso Nacional 1964/1965. Tegucigalpa. Ministerio de Recursos Naturales. 1965. 136 h. ilus. 28 cm.

— Proyecto de Inventario Forestal. Tegucigalpa. Ministerio de Recursos Naturales. 1965. 36 p. 25 cm.

— Programa de Reproducción Ganadera en Honduras. Tegucigalpa. Servicio Cooperativo de Desarrollo Rural. 1965. 53 h. 28 cm.

SECRETARÍA de Salud Pública y Asistencia Social
Informe presentado al Congreso Nacional 1964/1965. Tegucigalpa. Ministerio de Salud Pública y Asistencia Social. 1965.

— Campaña de erradicación de la malaria en la República de Honduras. Informe 1964/1965. Tegucigalpa. Ministerio de Salud Pública y Asistencia Social. 1965. 18 p. cuads., maps. 28 cm.

SECRETARÍA de Trabajo y Previsión Social
Informe presentado al Congreso Nacional 1964/1965. Tegucigalpa. Ministerio del Trabajo y Previsión Social. 1965.

— Escuela de Servicio Social de Honduras. Tegucigalpa. Ministerio del Trabajo y Previsión Social. 1965. 17 p. 22 cm.

— Estadísticas del Trabajo 1963. Tegucigalpa. Ministerio del Trabajo y Previsión Social. 1965. 89 p. 32 cm. apais.

— Estadísticas del Trabajo 1964. Tegucigalpa. Ministerio del Trabajo y Previsión Social. 1965. 115 p. cuads. 32 cm. apais.

TEGUCIGALPA. Concejo del Distrito Central
Plan de Arbitrios del Concejo del Distrito Central. Tegucigalpa. Concejo del Distrito Central. 1965. 21 p. 22 cm.

PUBLICACIONES PERIÓDICAS

ACCIÓN OBRERA
Tegucigalpa. Órgano de Información y Orientaciones del Sindicato de Trabajadores y Empleados de la Cervecería Tegucigalpa. Bimestral. N.º 1, mayo de 1963. 22×30 cm. 4 p.

AHORA
Comayagüela. Tribuna del hondureño libre. Semanario. N.º 1, junio 18 de 1964. 30×45 cm. 8 p.

EL ALFILER
San Pedro Sula. Crítica y buen humor. Semanario. N.º 1, febrero 6 de 1960. 26×39 cm. 8 p.

LA ANTORCHA
Puerto Cortés. Semanario independiente de crítica y combate. Semanario. N.º 1, abril 6 de 1957. 29×36 cm. 4 p.

EL ATLÁNTICO
La Ceiba, Atlántida. Semanario de intereses generales. Semanario. N.º 1, noviembre 4 de 1926.

BARAGUÁ

Tegucigalpa. Órgano del Movimiento Revolucionario del Pueblo (M.R.P.), II Frente Nacional del Escambray y Alpha 66. Director: Celestino Fernández Suárez. Mensual. N.º 1, septiembre 1 de 1963. Imp. Calderón. 30×45 cm. 12 p.

BOLETÍN CAFETALERO

San Pedro Sula. Órgano de difusión cafetalera al servicio de todos los caficultores de Honduras. Director: Recaredo Radillo Najarro. Sin periodicidad. N.º 1, julio de 1965. Mimeo. 22×28 cm. 4 h.

EL BUEN AMIGO

San Pedro Sula, Cortés. Semanario católico. Semanario. N.º 1, septiembre 3 de 1932. 23×30 cm. 4 p.

EL BUEN PASTOR

Tegucigalpa. Órgano de la Obra del Buen Pastor. Mensual. N.º 1, noviembre 8 de 1911. 22×29 cm. 4 p.

CARTA COMERCIAL PARA HONDURAS

Tegucigalpa. Para fomentar el comercio y la inversión entre Honduras y los Estados Unidos de América. Sin periodicidad. N.º 1, julio de 1965. USIS. 23×37 cm. 4 p.

CEIBA JUNIOR

La Ceiba, Atlántida. Servir a la Humanidad es la mejor obra de una vida. Mensual. N.º 1, marzo de 1962. 21×30 cm. 4 p.

EL COMBATE

Santa Rosa de Copán. Pedestal de la dignidad y vocero del patriotismo. Semanario. N.º 1, marzo 7 de 1964. 28×42 cm. 8 p.

EL COMERCIO

Tegucigalpa. Órgano de publicidad de la Cámara de Comercio e Industrias de Tegucigalpa y de la libre empresa privada de Honduras. Semanario. N.º 1, octubre 4 de 1958. 31×46 cm. 8 p.

CONQUISTA

El Progreso, Yoro. Quincenal. N.º 1, julio de 1962. 25×36 cm. 4 p.

CORREO DEL NORTE
San Pedro Sula. Diario. N.º 1, enero 3 de 1958. 28×43 cm. 16 p.

CORREO DEL SUR
Choluteca. Semanario de combate y crítica sana. Semanario. N.º 1, julio 24 de 1965. 22×30 cm. 4 p.

EL CRISOL
Tela, Atlántida. Periódico de Derechos Democráticos. Quincenal. N.º 1, diciembre 4 de 1932. 27×40 cm. 8 p.

EL CRONISTA
Tegucigalpa. Periódico de información. Director: Alejandro Valladares. Diario. N.º 1, abril 10 de 1912. Imprenta Calderón. 39×54 cm. 8 p.

EL CHILIO
Tegucigalpa. El que no ama su pueblo no le dice sus vicios: lo lisonjea y lo adula. Director: Armando Zelaya. Semanal. III Época. N.º 1, julio 5 de 1965. Imp. CENSA. 23×30 cm. 12 p.

DEPORTEMÁS
San Pedro Sula. El semanario de la afición deportiva. Director: Gabriel García Ardón. Semanal. N.º 1, diciembre 2 de 1965. 26×39 cm. 8 p.

EL DÍA
Tegucigalpa. Doctrinario e informativo. Director: Julián López Pineda. Diario. N.º 1, junio 11 de 1948. Imprenta El Día. 45×57 cm. Su director actual es el Arq. Julio López Pineda.

EN GUARDIA
Tegucigalpa. Al servicio de los intereses democráticos de Honduras. Semanal. N.º 1, mayo 8 de 1964. 30×46 cm. 4 p.

EN MARCHA (Evangelismo a Fondo)
Tegucigalpa. Publicación oficial. Quincenal. N.º 1, septiembre 29 de 1953. 23×30 cm. 4 p.

LA ENSALADA DE HOY

San Pedro Sula. Semanario de divulgación deportiva y comentarios en general. Semanal. N.º 1, noviembre 17 de 1964. 27×39 cm. 8 p.

EL ESPECTADOR

San Pedro Sula. Por la patria, la paz, la libertad, la justicia, la cultura, el arte y la verdad. Director: Ramón Rosa Galeano. Semanal. N.º 1, marzo 9 de 1940. Imp. Cálix Oliva, Tela. 29×39 cm. 6 p.
Actualmente se edita en San Pedro Sula, en la Imprenta Galeano.

FARO JOSEFINO

San José, Departamento de Copán. Por la paz, la cultura y progreso josefino de la colectividad. Director: Ciro García. Quincenal. N.º 1, mayo 15 de 1958. Imp. San José. 21×30 cm. 4 p.

FIDES

Tegucigalpa. Orientación y defensa católica. Director y fundador: P. J. Alfonso Molina. Semanal. N.º 1, septiembre 17 de 1953. Imp. CENSA. 15×22 cm. 1 hoja plegada, 4 p.
Actualmente es de 8 páginas y de 22×36 cm.

FUTURO MÉDICO

Tegucigalpa. Órgano de la Asociación de Estudiantes de Medicina y Cirugía de Honduras. Sin periodicidad. N.º 1, julio de 1964. 30×40 cm. 8 p.

LA GACETA

Tegucigalpa. Periódico Oficial del Gobierno de Honduras. Director actual: Heriberto Gómez. Diario. N.º 1, octubre 25 de 1876. Imprenta Nacional. 24×36 cm. 8 p.

GUÍA DE LA SUERTE

Tegucigalpa. Publicación oficial de la Lotería Nacional. Mensual. N.º 1, septiembre 5 de 1950. Imp. Lotería Nacional. 36×58 cm. 1 hoja plegada.

EL HERALDO
San Pedro Sula. Órgano de la Sociedad Cívica y Unionista "La Juventud". Directores: Maximino Mondragón y Pedro C. Cortés. Semanal. N.º 1, abril 18 de 1914. Imp. La Juventud. 30×45 cm. 8 p.

IMPACTOS
Tegucigalpa. Semanario de crítica y orientación. Semanal. N.º 1, julio 18 de 1964. 23×30 cm. 8 p.

EL IMPARCIAL
Tegucigalpa. Semanal. N.º 1, enero 23 de 1965. 23×30 cm. 4 p.

ÍNDICE
Comayagua. Órgano informativo, doctrinario, eminentemente independiente. Director: Mario Bardales Meza. Semanario. N.º 1, abril 15 de 1957. Imp. La República, Tegucigalpa. 27×38 cm. 8 p. En la actualidad es quincenario.

INFORME
Tegucigalpa. Órgano de la Asociación de Estudiantes de Medicina y Cirugía. Mensual. N.º 1, junio de 1965. 18×22 cm. 6 p.

JUNIOR SAMPEDRANO
San Pedro Sula. Órgano de divulgación de la Cámara Junior de San Pedro Sula. Sin periodicidad. N.º 1, junio de 1964. 21×27 cm. 4 p.

EL LASALLISTA
Choluteca. Dios. Patria. Juventud. Anual. N.º 1, junio 11 de 1964. 28×39 cm. 6 p.

LA LUZ
Santa Bárbara. Semanario católico. Director: Celso Reyes. Semanario. N.º 1, enero 4 de 1904. Imp. La Inmaculada. 30×46 cm. 4 p.

MEDIODÍA
Tegucigalpa. El semanario con la noticia que a veces es noticia. Semanal. N.º 1, diciembre 2 de 1965. 30×46 cm. 8 p.

EL MENSAJERO LEONÍSTICO

Tegucigalpa. Mensual. N.º 1, julio de 1957. 22×31 cm. 8 p.

MERIDIANO DE CORTÉS

San Pedro Sula. Órgano al servicio de los intereses de la Patria. Por la prosperidad y dignificación del Departamento de Cortés. Director: Guillermo Cuéllar M. Semanal. N.º 1, octubre 4 de 1958. 30×45 cm. 4 p.

EL NACIONALISTA

San Pedro Sula. Órgano del Comité Departamental Nacionalista de Cortés. Director: Antonio Peraza. Diario. N.º 1, enero 23 de 1965. 26×38 cm. 4 p.

EL NACIONAL

Tegucigalpa. Por la justicia social, la unión nacionalista y la libertad. Diario. N.º 1, octubre 4 de 1961. 45×60 cm. 4 p.

LA NOTICIA

San Pedro Sula, Cortés. Al servicio de los intereses del pueblo hondureño. Semanal. N.º 1, diciembre 15 de 1962. 26×38 cm. 8 p.

NOTICIAS DE COLOMBIA

Tegucigalpa. Órgano oficial de la Embajada de Colombia en Honduras. Director: Alberto Losada Lara. Mensual. N.º 1, octubre 15 de 1965. 22×39 cm. 8 p.

NOTICIERO HONDUREÑO

Tegucigalpa. Mensual. N.º 1, enero de 1957. 48×63 cm. 1 hoja plegada.

NUEVA SEMILLA

Sabanagrande, Francisco Morazán. Órgano del Instituto Pre-Vocacional "Francisco Morazán". Semanal. N.º 1, mayo 9 de 1965. 16×21 cm. 4 p.

OBRERO CRISTIANO

Santa Rosa de Copán. Órgano de la Sociedad de Caballeros Católicos "San José".

Lema: Trabajar intensamente por la conservación de la fe católica: por la Patria y por el implantamiento de las sanas costumbres. Quincenario. N.º 1, mayo 1 de 1959. 30×40 cm. 4 p.

ORIENTACIÓN
La Ceiba, Atlántida. Semanario libre y de combate. Director: M. Ramírez. Semanal. N.º 1, julio 4 de 1964. Mimeo. 30×45 cm. 8 p.

EL ORIENTADOR
Puerto Cortés. Semanario libre y de combate. Semanal. N.º 1, agosto 7 de 1960. 26×34 cm. 4 p.

PLUS ULTRA
Tela, Atlántida. Todo por Honduras y su progreso. Semanal. N.º 1, julio 23 de 1941. 39×45 cm. 4 p.

LA PRENSA
San Pedro Sula, Cortés. Diario independiente al servicio del comercio, la industria y la cultura. Director: Andrés Alvarado. Diario. N.º 1, octubre 26 de 1964. Imp. La Prensa. 28×40 cm. 32 p.

PRESENTE
San Pedro Sula, Cortés. Semanal. N.º 1, febrero 15 de 1964. 23×30 cm. 8 p.

EL PUEBLO
Tegucigalpa. Órgano del Partido Liberal de Honduras al servicio de las fuerzas democráticas de la Nación. Director: Darío Montes. Diario. N.º 1, octubre 15 de 1949. Imp. Renovación. 40×56 cm. 8 p.

REALIDADES DEL SEGURO
Tegucigalpa. Órgano de publicidad de la Compañía de Seguros Interamericana, S.A. Mensual. N.º 1, junio de 1957. 22×29 cm. 4 p.

SEMAFORO
Comayagüela. Grita al pueblo las verdades que otros periódicos le ocultan. Director: Tito Aplícano Mendieta. Semanal. N.º 1, mayo 2 de 1953. 30×45 cm. 8 p.

EL SINDICALISTA

La Lima. Periódico obrero independiente de ideología democrática. Por la redención del trabajador. Director: Sabas Lilio Pineda H. Quincenario. N.º 1, septiembre 1 de 1955. Imp. Renovación, San Pedro Sula. 29×38 cm. 6 p.

SOCIAL

El Progreso, Yoro. Semanario informativo. Director: Francisco (Tito) Calderón. Semanal. N.º 1, enero 2 de 1933. Imp. Calderón. 23×35 cm. 6 p.

TORNILLO SIN FIN

Tegucigalpa. Órgano de la Federación de Estudiantes Universitarios de Honduras. Anual. 30×46 cm. 28 p.

TRIBUNA GRÁFICA

Tegucigalpa. Semanario independiente por la conciliación de los hondureños. Director: Horacio Díaz. Semanal. N.º 1, octubre 2 de 1964. 29×43 cm. 8 p.

EL TRÓPICO

La Ceiba, Atlántida. Órgano al servicio de los intereses del pueblo y de la democracia. Semanario. N.º 1, agosto 1 de 1938. 23×30 cm. 4 p.

LA ÚNICA

Tegucigalpa. Al servicio de la cultura, el comercio y la industria. Semanario. N.º 1, febrero 15 de 1964.

EL UNIVERSITARIO

Tegucigalpa. Órgano oficial de la Federación de Estudiantes Universitarios de Honduras. Mensual. N.º 1, septiembre de 1965; año VII. 30×38 cm. 12 p.

VANGUARDIA

Tegucigalpa. Órgano del Frente de Reforma Universitaria. Semanal. N.º 1, marzo 13 de 1959. 30×45 cm. 4 p.

VISLUMBRES JUVENILES
San Francisco, Atlántida. Órgano de orientación e información juvenil. Sin periodicidad. N.º 1, abril 15 de 1965. 27×39 cm. 4 p.

EL VOCERO
San Pedro Sula. Gaceta educativa del Centro Cultural Sampedrano. Mensual. N.º 1, abril de 1963. 24×35 cm. 6 p.

VOCERO EVANGÉLICO
San Pedro Sula, Cortés. Órgano oficial del Sínodo de la Iglesia Evangélica y Reformada de Honduras. Mensual. N.º 1. 21×46 cm. 8 p.

LA VOZ CATÓLICA
Comayagua. Órgano de la Diócesis de Comayagua. Jefe de redacción: P. Geraldo Scarpone, O.F.M. Mensual. N.º 1, octubre de 1965. Imp. Alpha, Tegucigalpa. 30×41 cm. 4 p.

LA VOZ DE COPÁN
Santa Rosa de Copán. Independiente de información y variedades. Director: Arturo Castellanos F. Semanal. N.º 11, octubre 3 de 1964. 30×46 cm. 4 p.

VOZ TIPOGRÁFICA
Santa Rosa de Copán. Servir a la Patria y a la dignidad nacional. Anual. N.º 1, abril 24 de 1958. 22×28 cm. 4 p.

ACCIÓN CÍVICA
Tegucigalpa. Lealtad. Honor. Sacrificio. Mensual. s.f. 23×31 cm. 32 p.

ACCIÓN SOCIAL
Tegucigalpa. Por la armonía entre el capital y el trabajo. Director: Salvador Villeda Vidal. Mensual. N.º 1, enero de 1956. 20×27 cm. 20 p.

AGRO
Tegucigalpa. Órgano del Instituto Nacional Agrario. Mensual. N.º 1, diciembre de 1963. 23×30 cm. 15 p.

APUNTES AGRÍCOLAS

San Pedro Sula, Cortés. Revista de la Asociación de Profesionales Agrícolas de Honduras. Director: G. Manzanares U. Trimestral. N.º 1, octubre–diciembre de 1962. Editora Nacional. 21×27 cm. 81 p.

ARIEL

Tegucigalpa. Director: Medardo Mejía. Mensual. Tercera Etapa. Año VI. N.º 143, julio de 1964. Imp. La Democracia. 21×29 cm. 34 p.

BOLETÍN INFORMATIVO

San Pedro Sula. Órgano de las Asociaciones Árabes. Director: Jorge Idech B. Mensual. N.º 1, febrero de 1965. Imp. Suyapa. 23×31 cm. 20 p.

BOLETÍN de la Asociación de Municipios de Honduras

Tegucigalpa. Mensual. N.º 1, enero de 1961. 21×28 cm. 6 p.

BOLETÍN DEL BANCO CENTRAL DE HONDURAS

Tegucigalpa. Mensual. N.º 1, julio de 1950. 21×27 cm. 29 p.

BOLETÍN BIBLIOGRÁFICO

Comayagüela. Directora: Olga Paredes. Bimestral. N.º 1, mayo–junio de 1965. Imp. BANAFOM. 22×28 cm. 22 p.

BOLETÍN CÍVICO CULTURAL

Tegucigalpa. Superación. Servicio. Fraternidad. Mensual. N.º 1, abril de 1963. 21×27 cm. 16 p.

BOLETÍN ECLESIÁSTICO

Tegucigalpa. Órgano de la Arquidiócesis de Tegucigalpa. Bimensual. N.º 1, enero y febrero de 1937. 15×23 cm. 81 p.

BOLETÍN de la Federación de Asociaciones Femeninas de Honduras

Tegucigalpa. Trimestral. N.º 1, mayo de 1956. 23×30 cm. 22 p.

BOLETÍN LEGISLATIVO de la Asamblea Nacional Constituyente

Tegucigalpa. N.º 1, mayo de 1965. Tip. Nacional. 22×29 cm. 80 p.

BOLETÍN INFORMATIVO de la Cámara de Comercio e Industrias de Tegucigalpa
Tegucigalpa. Semanal. N.º 1, septiembre 27 de 1962.

BOLETÍN INFORMATIVO de la Dirección General de Tributación Directa
Tegucigalpa. Trimestral. N.º 1, septiembre de 1961. 21×27 cm. 43 p.

BOLETÍN del Instituto Centroamericano de Derecho Comparado
Tegucigalpa. Director: Miguel R. Ortega. Anual. N.º 1, junio de 1962. Tip. Ariston. 15×21 cm. 220 p.

BOLETÍN OFICIAL de la Escuela Agrícola Panamericana
Valle de El Zamorano. Bienal. N.º 1, 1960. 15×23 cm. 80 p.

BOLETÍN DEL SANAA
Tegucigalpa. Servicio Autónomo Nacional de Acueductos y Alcantarillados. Divulgación. Quincenal. N.º 1, febrero 1 de 1963.

CANCIONERO LATINOAMERICANO
Tegucigalpa. Director: Jorge E. Morales. Mensual. N.º 1, julio de 1965. 15×22 cm. 30 p.

FACULTAD DE DERECHO
Tegucigalpa. Revista de la Facultad de Derecho. Semestral. N.º 1, enero-junio de 1960. 13x21 cm. 248 p.

FERROVÍA
San Pedro Sula. Revista de variedades e informativa de cultura y combate. Director: Raimundo O. Pilloni. Mensual. N.º 1, en enero de 1941. s. i. 23x30 cm. 40 p.

FORO HONDUREÑO
Tegucigalpa. Órgano de la Sociedad de Abogados de Honduras. Director: Gonzalo S. Sequeiros. Redactor: Salatiel Rosales. Mensual. N.º 1, en enero de 1912. Papelería e Imprenta Calderón. 19x27 cm. Paginación variable.

FULGORES

San Pedro Sula. Revista anual del Instituto de Señoritas y Colegio de Niñas "San Vicente de Paúl". Anual. N.º 1, en diciembre de 1953. 21x27 cm. 28 p.

FUTURO

Comayagua. Mensual. N.º 1, en mayo de 1964. 20x27 cm. 26 p.

GACETA JUDICIAL

Tegucigalpa. Órgano de la Corte Suprema de Justicia. Mensual. N.º 1, el 15 de septiembre de 1895. 23x30 cm. 32 p.

GERMINAL

Tegucigalpa. Revista que instruye y deleita. Director: Saúl Morel. Mensual. N.º 1, en noviembre de 1965. Imp. López y Cía. 22x29 cm. 40 p.

GRUPO ENTUSIASTA METEOROLÓGICO

Tegucigalpa. Servicio Meteorológico Nacional. Bimestral. N.º 1, en agosto de 1962. 22x33 cm. 5 p.

GUÍA DE HONDURAS

Tegucigalpa. Director: Pedro Aplícano Mendieta. Mensual. N.º 1, en enero de 1962. 15x22 cm. 44 p.

HONDURAS

San Pedro Sula. Letras, educación, historia, ciencias, arte, industria, folclore, comentarios, agricultura, ganadería. Mensual. N.º 1, noviembre 30 de 1961. 20x28 cm. 44 p.

HONDURAS CAFETALERA

Tegucigalpa. Banco Nacional de Fomento. Director: Juan Ramón Molina. Bimestral. N.º 1, enero de 1965. BANAFOM. 21x27 cm. 30 p.

HONDURAS ILUSTRADA

Tegucigalpa. Hondureñista, imparcial, independiente. Director: Carlos Manuel Arita. Mensual. N.º 1, agosto de 1965. Imp. López y Cía. 25x36 cm. 40 p.

HONDURAS LITERARIA

Tegucigalpa. Publicación de la Universidad Nacional Autónoma de Honduras. Director: Óscar Acosta. Bimestral. N.º 1, enero-febrero de 1963. Imp. La República. 30x44 cm. 22 p.

HONDURAS NUEVA

Tegucigalpa. Mensual. N.º 1, en diciembre de 1964. 21x28 cm. 28 p.

HONDURAS PEDIÁTRICA

Tegucigalpa. In Puero Homo. Asociación Pediátrica de Honduras. Director: Luis A. Barahona. N.º 1, en agosto-noviembre de 1965. 16x23 cm. 118 p.

HONDURAS ROTARIA

Tegucigalpa. Órgano de los Clubes Rotarios de Honduras. Director: Jorge Fidel Durón. Mensual. N.º 1, en abril de 1929. Imp. López y Cía. 22x30 cm. 28 p.

LA INDUSTRIA

Tegucigalpa. Boletín de la Asociación Nacional de Industriales. Semanal. N.º 1, el 14 de febrero de 1959. 21x28 cm. 8 p.

JUVENTUD NATURALISTA

Tegucigalpa. Director: Carlos A. Caballero Madrid. Semanal. N.º 1, el 1 de enero de 1965. s. i. 21x28 cm. 20 p.

LABOR

San Pedro Sula. Boletín informativo del Instituto Americano para el Desarrollo del Sindicalismo Libre de Centro América. Director: Jesús Artigas Carbonell. Mensual. N.º 1, en mayo de 1964. Editora Nacional. 22x28 cm. 12 p.

EL LASALLISTA

San Pedro Sula. Órgano de la Academia Literaria José Cecilio del Valle. Mensual. N.º 1, en marzo de 1960. 18x25 cm. 20 p.

LUZ GRÁFICA
Tegucigalpa. Órgano del Sindicato de Trabajadores de la Editorial Paulino Valladares. Sin periodicidad. N.º 1, el 24 de junio de 1965. Editorial Paulino Valladares. 22x30 cm. 46 p.

MADRE TIERRA
Nacaome, Valle. Órgano de la Asociación Campesina Social Cristiana. Quincenal. N.º 1, en octubre de 1964. 21x29 cm. 20 p.

MENSAJERO LEONÍSTICO
Tegucigalpa. Órgano del Club de Leones de Tegucigalpa. Director: David Abraham Galo. Mensual. N.º 1, en junio de 1965 (IV Época). Imp. La República. 21x30 cm. 30 p.

MINERVA
San Pedro Sula. Órgano de publicidad del Instituto Minerva. Mensual. N.º 1, en abril de 1960. 21x28 cm. 20 p.

MONITOR DE HONDURAS
San Pedro Sula. Sin periodicidad. N.º 1, en noviembre 22 de 1964. 26x31 cm. 32 p.

EL MOTORISTA
San Pedro Sula. Órgano de la Asociación de Motoristas Profesionales. Director: Gumercindo G. Paniagua. Mensual. N.º 1, en noviembre de 1965. Editora de Honduras. 21x28 cm. 24 p.

NAVIDAD
Tegucigalpa. Órgano de Publicidad de Futuro de Honduras. Director: Víctor Manuel Velásquez. Anual. N.º 1, octubre de 1965. 18x27 cm. 12 p.

NOTICIAS DE HONDURAS
Tegucigalpa. Boletín mensual de la Oficina de Información y Prensa de la Presidencia de la República. Director: Óscar Acosta. III Época; N.º 1, el 5 de julio de 1965. Tip. Ariston. 24x31 cm. 22 p.

PANORAMAS
Tegucigalpa. Director: Ernesto P. Weitnauer Morazán. Mensual. N.º 1, noviembre de 1964. 22x30 cm. 40 p.

PENSAMIENTO Y ACCIÓN

Juticalpa. Por la superación cultural y espiritual de todos los valores humanos. Director: Miguel Ángel Osorio. Mensual. N.º 1, en diciembre 31 de 1947. 22x29 cm. 40 p.

PRESENTE

Tegucigalpa. Revista mensual de arte y letras de Centro América. Directores: Óscar Acosta y Roberto Sosa. Mensual. N.º 1, en agosto de 1964. Imp. López y Cía. 22x29 cm. 48 p.

RECURSOS NATURALES

Comayagüela. Órgano oficial del Ministerio de Recursos Naturales. Mensual. N.º 1, en agosto de 1965. 21x30 cm. 40 p.

REFLEJOS BÍBLICOS

Tegucigalpa. Órgano oficial de la Asociación de Iglesias Centroamericanas. Mensual. N.º 1...

REVISTA DEL CINE CLUB

Tegucigalpa. Director: Robert J. Flaherty. N.º 1, en agosto de 1965. s. i. 22x27 cm. 40 p.

REVISTA DE ECONOMÍA

Tegucigalpa. Órgano del Colegio Hondureño de Economistas. Trimestral. N.º 1, agosto-octubre de 1963. 17x22 cm. 78 p.

REVISTA DE ECONOMÍA POLÍTICA

Tegucigalpa. Publicación del Instituto de Investigaciones Económicas Sociales. Trimestral. N.º 1, octubre-diciembre de 1962. 21x29 cm. 59 p.

REVISTA de la Escuela Superior del Profesorado "Francisco Morazán"

Tegucigalpa. Director: Guillermo E. Durón. Trimestral. N.º 1, abril-junio de 1964. 18x24 cm. 68 p.

REVISTA de la Sociedad de Geografía e Historia

Tegucigalpa. Trimestral. N.º 1, julio de 1955. 19x25 cm. Paginación variable.

REVISTA DE INGENIERÍA DE HONDURAS

Tegucigalpa. Director: León Paredes Lardizábal. Bimestral. N.º 1, diciembre de 1965-enero de 1966. 22x30 cm. 40 p.

REVISTA DE LA UNIVERSIDAD
Tegucigalpa. Semestral. N.º 1, junio-diciembre de 1964. 15x22 cm. 226 p.

REVISTA MÉDICA HONDUREÑA
Tegucigalpa. Órgano de la Asociación Médica Hondureña. Mensual. N.º 1, en mayo de 1930. 17x24 cm. 47 p.

REVISTA MILITAR
Tegucigalpa. Órgano oficial de las Fuerzas Armadas de Honduras. Mensual. N.º 1, en enero de 1961. 21x28 cm. 58 p.

REVISTA MUNICIPAL
San Pedro Sula. Órgano de divulgación de la Corporación Municipal. Bimensual. N.º 1, enero-febrero de 1964. 21x27 cm. 32 p.

REVISTA DE QUÍMICA Y FARMACIA
Tegucigalpa. Órgano de la Asociación de Químicos y Farmacéuticos de Honduras. Trimestral. N.º 1, enero-marzo de 1964. 18x24 cm. 56 p.

REVISTA TRIMESTRAL DEL BANCO CENTRAL DE HONDURAS
Gerencia. N.º 1, en enero-marzo de 1965. Imp. Banco Central. 20x30 cm. v-83 p.

SUCESOS
Tegucigalpa. Revista informativa e ilustrada. Director: Luis Alemán. Mensual. N.º 1, en febrero de 1954. 28x36 cm. 24 p.

LA TABLA DE AVISOS
Boletín mensual del Colegio de Abogados de Honduras. N.º 1, en junio de 1965. s. i. 16x22 cm. 8 p.

TIP-NAC.
Tegucigalpa. Director: Javier Bayardo Brito. Mensual. Tip. Nac.
22x27 cm. 30 p.

TRABAJO
Tegucigalpa. Órgano del Ministerio de Trabajo y Previsión Social.
Director: Óscar A. Flores. Mensual. N.º 1, en marzo 1 de 1958. Tip.
Ariston. 20x27 cm. 32 p.

VERDADES BÍBLICAS
La Ceiba. Revista evangélica. Director: Santiago Scollon. Mensual.
N.º 1, en enero de 1951. Imp. Evangélica.

VIGILANTE
Tegucigalpa. Órgano de información del Cuerpo Especial de
Seguridad. Sin periodicidad. N.º 1, en junio de 1964. 21x27 cm. 30 p.

VOZ FARMACÉUTICA
San Pedro Sula. Órgano de la Asociación de Químicos Farmacéuticos
del Norte y Occidente de Honduras. Mensual. N.º 1, en agosto de
1958. 14x22 cm. 29 p.

1966: OBRAS GENERALES

ANTÚNEZ CASTILLO, Rubén. 1899-
Retazo de la Historia Cultural de San Pedro Sula. Periodismo.
Bibliografía. Imprenta.
San Pedro Sula. Asociación de Prensa Filial de San Pedro Sula. 1966.
227 p. 21 cm.

GARCÍA, Miguel Ángel. 1908-
Anuario Bibliográfico Hondureño. 1962-1963.
Tegucigalpa. Ministerio de Educación Pública. 1966. 64 p. 26 cm.

FILOSOFÍA

CASO, Quino, seud.
Véase: González, Joaquín

CHÁVEZ, Ligdano
Dimensiones filosóficas del hombre en la educación.
Tegucigalpa. s. i.

GONZÁLEZ, Joaquín. 1921-
Psicología aplicada a una enfermedad. El alcohol.
Comayagüela. Tip. Bulnes. 1966.
72 p. 20 cm.

MARTÍNEZ, José
Escarceos filosóficos.
Tegucigalpa. s. i. 1966.
46 p. 22 cm.
Fábulas y poesías.
Tegucigalpa. s. i. 1966.
149 p. 22 cm.

VILLAFRANCA R., Augusto. 1908-1965
Educación moral y cívica. Primer curso del Ciclo Común de Cultura
General.
Cuarta edición corregida y aumentada. Tegucigalpa. Librería Molino.
1966. 127 p. 22 cm.

RELIGIÓN

GERIN, Marcelo
Semana Santa y Pascua.
Tegucigalpa. CENSA. 1966.
74 p. 28 cm.

CIENCIAS SOCIALES

AGUILAR BARAHONA, Gustavo Adolfo
La realidad nacional.
Tegucigalpa. s. i.

AGUILAR MURILLO, Humberto
La prueba de testigos en materia civil.
Comayagüela. Tip. Bulnes. 1966.
111 p. 21 cm.

ALVARADO ECHEVERRÍA, María
La individualización de la pena.
Tegucigalpa. Imp. Soto. 1966.
31 p. 21 cm.

ANTÚNEZ CASTILLO, Rubén. 1899-
Calendario Cívico Hondureño 1967.
San Pedro Sula. Droguería Nacional. 1966.
28 p. 22 cm.

ASOCIACIÓN de Graduados de la Esc. Agrícola Panamericana
Estatutos de la Asociación de Graduados de la Escuela Agrícola Panamericana.
Tegucigalpa. AGEAP. 1966.
20 p. 25 cm.

ASOCIACIÓN Nacional de Scouts
Principios, organización y reglamento. 1960.
Tegucigalpa. ANS. 1966.
2 p. 20 cm.
BANCO Atlántida

Honduras en datos y cifras.
Tegucigalpa. Banco Atlántida. 1966.
18 p. 22 cm.
BANCO Central de Honduras
Memoria 1965.
Tegucigalpa. Banco Central de Honduras. 1966.
225 p. 27 cm.

BANCO Centroamericano de Integración Económica
Oportunidad de inversión en el Mercado Común Centroamericano.
Tegucigalpa. Departamento de Fomento de Inversiones. 1966.
64 p., cuadros; 28 cm.
Quinta Memoria de Labores 1965/1966. Tegucigalpa. BCIE. 1966.
124 p. 27 cm.

BANCO Municipal Autónomo
Memoria 1965. Tegucigalpa. Banco Municipal Autónomo. 1966.
56 p. 27 cm.

BANCO Nacional de Fomento
Memoria 1965. Comayagüela. BANAFOM. 1966.
73 p. ilus. 27 cm.
Programa de Desarrollo Ganadero. Comayagüela. División de Desarrollo Pecuario. 1966. 6 p. 28 cm.

BECERRA ALVARADO, Edgardo
Retroactividad de la Ley. Tegucigalpa. Tip. Calderón. 1966.
51 p. 21 cm.

BUTTERFIELD, Clair J.
La enseñanza de las Matemáticas en la Escuela Primaria. Segunda edición.
Tegucigalpa. Ministerio de Educación Pública. 1966. iii-191 p. ilus. 21 cm.

CÁMARA de Comercio e Industrias de Tegucigalpa
Memoria de las actividades en 1965. Tegucigalpa. CCIT. 1966.
36 p. 22 cm.
CÁMARA Junior de Tegucigalpa

Conferencia de Cámaras Junior Internacionales. Tegucigalpa. Cámara Junior. 1966. 15 p. 23 cm.

CARDONA, María Cristina Alfaro de y AURA JULIA M. de Matute
Mi Mejor Amigo. Libro Primero de lectura para adultos. Segunda edición.
Tegucigalpa. Ministerio de Educación Pública. 1966.
61 p. ilus. 21 cm.

CENTRO de Educación Adventista
El Roble Dorado. Memoria escolar 1965. Peña Blanca, Cortés. Centro de Educación Adventista. 1966.
68 p. ilus. 21 cm.
Prospecto del Centro de Educación Adventista. Peña Blanca. Centro de Educación Adventista. 1966.
24 p. 20 cm.

CENTRO Cooperativo Técnico Industrial
Simposio de Alta Gerencia. Tela. Tegucigalpa. CCTI. 1966.
157 p. 26 cm.

CLUB Olimpia de Football
Estatutos y Reglamento del Club Deportivo OLIMPIA de Football.
Tegucigalpa. s. i. 1966.
24 p. 20 cm.

COLEGIO de Ingenieros Civiles de Honduras
Ley Orgánica del Colegio de Ingenieros Civiles de Honduras y su Reglamento Interno.
Tegucigalpa. Imp. Ruiz. 1966.
89 p. 13 cm.

CRUZ, Ramón Ernesto. 1903-
Problemas territoriales centroamericanos. Derechos de Honduras.
Tegucigalpa. Sociedad de Geografía e Historia. 1966.
55 p. 26 cm.

CRUZ SANTOS, José Antonio
Tributación sobre herencias, legados y donaciones. Tegucigalpa. UNAH. 1966.
5 p. 37 cm. Mimeo.

DÍAZ CHÁVEZ, Filander
La Revolución Morazanista. Tegucigalpa. Editorial Paulino Valladares. 1966.

DUARTE PENA, Arturo
Elementos básicos que debe contener la Ley de Servicio Civil. Recomendaciones.
Tegucigalpa. Mimeo. 1966. 54 p. 21 cm.

ESCORCIA, Consuelo de
La aldea construye su escuela. Ilustraciones de Ranulfo Zelaya.
Tegucigalpa. Ministerio de Educación Pública. 1966. 64 p. ilus. 24 cm.

FOMENTO e Inversiones, S.A.
Escritura Social y Estatutos de Fomento e Inversiones, S. A.
Tegucigalpa. Fomento e Inversiones, S. A. 1966. 19 p. 15 cm.

FORTÍN, Irma Acosta de
Una experiencia en Estudios Generales. Tegucigalpa. UNAH. 1966.
24 p. 28 cm.

GIRÓN L., Roberto
Prontuario de Leyes de Honduras 1963-1965. Tegucigalpa. Tip. El Arte. 1966.
28 p. 22 cm. Prontuario de Leyes de Honduras 1965-1966. Tegucigalpa. s. i. 1966. 23 p. 21 cm.

INDUSTRIAL Development
Memoria de labores correspondiente al año 1965.
Tegucigalpa. Imp. Bulnes. 1966. 12 p. 22 cm.

INSTITUTO San José
Homenaje al maestro. El Progreso, Yoro. Instituto San José. 1966. 20 p. 23 cm.

IRÍAS, Ramón
La imprudencia temeraria. Tegucigalpa. Imp. La Democracia. 1966. 47 p. 21 cm.

LÓPEZ ORELLANO, Jesús
El status jurídico del empleado de confianza en la legislación laboral hondureña. San Pedro Sula. Editora Nacional. 1966.
24 p. 20 cm.

MANZANARES A., Rafael. 1918-
La danza folklórica hondureña.
Tegucigalpa. Ministerio de Educación Pública. 1966. 14 p. ilus. 21 cm.

MARADIAGA MUÑOZ, Armando
Análisis de un recurso de Amparo. Un capítulo de Derecho Laboral de Honduras. Caso de los trabajadores de la Textiles Río Lindo, S. A. de C. V.
Comayagüela. Imp. Bulnes. 1966.
16 p. 22 cm.

MARTÍNEZ RODAS, Rubén
El alcoholismo como problema social.
Comayagüela. Imp. Gómez. 1966.
35 p. 27 cm.

MÉNDEZ GUILLÉN, Napoleón
Desarrollo de la comunidad. Primera edición.
Tegucigalpa. Imp. Calderón. 1966.
142-vii p. 22 cm.

MÉNDEZ O., Rubén Darío
Umbrales. VI Grado. Lecturas.
Tegucigalpa. s. i. 1966.
334 p. 20 cm.

MONDRAGÓN, Rubén
Apuntes de Economía.
Tegucigalpa. UNAH. 1966.
200 p. ilus. 28 cm.

NARVÁEZ ROSALES, Reynaldo
Educación para el desarrollo de la comunidad. Adaptado al Programa
del Tercer Curso Normal.
Tegucigalpa. Ministerio de Educación Pública. 1966. 80-iv p. 24 cm.

NÚÑEZ V., Amado H.
Manual de descripción de tareas típicas de la Secretaría de Estado en
el Despacho de Trabajo y Previsión Social.
Tegucigalpa. Ministerio de Trabajo y Previsión Social. 1966. 161 p.
31 cm.

OSEGUERA, Alfredo
La importancia de los interdictos.
Tegucigalpa. UNAH. 1966. 101 h. 30 cm.

PARTIDO Nacional de Honduras
Instrucciones generales a los organismos departamentales del Censo.
Tegucigalpa. Comité Central del Partido Nacional de Honduras.
1966. 12 p. 14 cm.

PÉREZ, José Antonio
Problema social: los menores de edad.
Tegucigalpa. Cuerpo Especial de Seguridad. 1966. 20 p. 21 cm.

PÉREZ CADALZO, Eliseo. 1920-
Nuestro servicio exterior. Crítica y reestructuración.
Tegucigalpa. Talleres Ariston. 1966. 67 p. 22 cm.

PINEDA MADRID, José Rubén
La reiteración y la incidencia en el Derecho Penal Hondureño.
Tegucigalpa. s. i. 1966. 40 p. 22 cm.

PINEDA PONCE, Rafael
Organización y dirección de escuelas normales.

Tegucigalpa. Ministerio de Educación Pública. 1966.
89 p. 22 cm.

PONCE DE ÁVALOS, Reynaldo
El problema educacional de Centro América.
Tegucigalpa. CENSA. 1966.
49 p. 21 cm.

RIERA V., América
Informe presentado en el Seminario: "Problemas específicos de la enseñanza para adultos en países en vías de desarrollo con atención particular a la enseñanza y educación extraescolar".
Berlín. Tegucigalpa. Ministerio de Educación Pública. 1966.
11 p. 27 cm.

RIVERA, Amalia y otros
Aprendo lenguaje. Reimpresión N.º 2.
Tegucigalpa. Ministerio de Educación Pública. 1966.
91 p. ilus. 27 cm. apais.

TABACALERA Hondureña, S. A.
Memoria correspondiente al año de 1965.
San Pedro Sula. Tabacalera Hondureña. 1966.
15 p. 24 cm.

UNIVERSIDAD Nacional Autónoma de Honduras
Memoria 1965.
Tegucigalpa. UNAH. 1966.
817 p.-iv p. 21 cm.
Plan de desarrollo para 1967.
Tegucigalpa. UNAH. 1966. 118 p. 27 cm.

VALLE TURCIOS, Rafael
El derecho de misión en el Derecho Internacional Público.
Tegucigalpa. Imp. Calderón. 1966. 67 p. 23 cm.

VILLAFRANCA R., Augusto. 1908-1965
Educación moral y cívica. Segundo curso. Segunda edición.
Tegucigalpa. Librería Molino. 1966. 133-v p. 22 cm.

WEITNAUER, Isabel
Morazán, hijo amante de Centro América. Libro de lectura suplementaria.
Ilustraciones de Ranulfo Montoya Zelaya.
Tegucigalpa. Ministerio de Educación Pública. 1966. 76 p. ilus. 22 cm.

ZÚÑIGA, Román
Nociones de práctica en las Cortes de Apelaciones. Tegucigalpa. s. i.

ZÚÑIGA LANDA, Ernesto
Modismos y refranes usados en Honduras. Español-Inglés. Tegucigalpa. s. i.

ZÚÑIGA TELLERÍAS, Ajax
El Liberalismo. Filosofía del pueblo. Tegucigalpa. s. i.

LINGÜÍSTICA

ALFARO ARRIAGA, Alejandro. 1908-
Rubén Darío. Precursor de la prosodia castellana.
Tegucigalpa. Imp. Calderón. 1966. 31 p. 23 cm.

GONZÁLEZ LUQUE, Carlos Humberto
Aprendiendo inglés gramatical.
Tegucigalpa. Imp. López y Cía. 1966. 290 p. 21 cm.

VILLAFRANCA R., Augusto. 1908-1965
Ejercicios de Castellano. Tercer Grado. Segunda edición.
Tegucigalpa. Librería Molino. 1966.
79 p. 25 cm.

Ejercicios de Castellano. Cuarto Grado. Segunda edición.
Tegucigalpa. Librería Molino. 1966. 115 p. 25 cm.

CIENCIAS PURAS

NÚÑEZ CHINCHILLA, Jesús
Las Ruinas de Copán. El parque arqueológico mejor conservado y más bello de América.
Tegucigalpa. Ministerio de Educación Pública. 1966. 27 p. ilus. 21 cm.

QUINTANA, Mirella y otros
Ciencias Primero.
Tegucigalpa. Ministerio de Educación Pública. 1966. 96 p. ilus. 27 cm.

Ciencias Primero. Guía para el maestro.
Tegucigalpa. Ministerio de Educación Pública. 1966. vi-105 p. 27 cm.

GONZÁLEZ DOLORES
Enseñanza de las Matemáticas en la Escuela Primaria.
Tegucigalpa. Imp. Calderón. 1966. 191 p. 20 cm.

REINA VALENZUELA, José. 1907-
Construcción y organización de la Santa Iglesia Catedral de Comayagua.
Tegucigalpa. Sociedad de Geografía e Historia de Honduras. 1966. 38 p. lám. 20 cm.

VILLAFRANCA R., Augusto. 1908-1965
Ciencias Naturales para el Segundo Grado. Sexta edición.
Tegucigalpa. Librería Molino. 1966. 97 p. ilus. 22 cm.

Ciencias Naturales para el Tercer Grado. Décima edición.
Tegucigalpa. Librería Molino. 1966. 105 p. ilus. 22 cm.

Ciencias Naturales para el Cuarto Grado. Novena edición.
Tegucigalpa. Librería Molino. 1966. 98 p. ilus. 22 cm.

Ciencias Naturales para el Sexto Grado. Quinta edición.
Tegucigalpa. Librería Molino. 1966. 228 p. ilus. 22 cm.

ZEVALLOS MEJÍA, Eustorgio y otros
Ilustrando Aritmética.
Tegucigalpa. Ministerio de Educación Pública. 1965. 24 p. ilus. 21 cm.

Matemáticas. Para el Maestro. Segunda edición.
Tegucigalpa. Ministerio de Educación Pública. 1966. 146 p. ilus. 27 cm.

CIENCIAS APLICADAS

ALVARADO LAÍNEZ, Noemí
Método práctico de mecanografía al tacto.
Tegucigalpa. Escuela Minerva. 1966. 35 p. 30 cm.

ARELLANO BONILLA, Roberto
Agua por favor. Tegucigalpa.
Caudal sediento. Incompetencia técnica, abulia. Recursos desperdigados. Tiempo perdido. Dad de beber al sediento. Problemas y soluciones.
Tegucigalpa. R. A. B. Mimeo. 121 h. ilus. 33 cm.

ARMOUR, Chairman R. P.
Proceedings of the Caribbean Region American Society for Horticultural Science.
Tegucigalpa. Honduras Industrial. 1966. 251 p. 21 cm.

AZUCARERA "Los Mangos"
Azucarera Hondureña. Norte y Sur Unidos.
San Pedro Sula. Azucarera Los Mangos, Choluteca. 1966. 20 p. 22 cm.

CARTILLA Terminológica para maniobras de vuelo.
Tegucigalpa. Imp. López y Cía. 1966.
97 p. 21 cm.

COMITÉ Coordinador de Desarrollo Agropecuario
Diagnóstico de la ganadería de Honduras.
Tegucigalpa. CCDA. 1966. 102 p. ilus. 28 cm.

COOPERATIVA Algodonera del Sur Ltda.
Memoria. Ejercicio III. Cosecha 1964/1965.
Tegucigalpa. Cooperativa Algodonera del Sur Ltda. 1966.
24 p. 22 cm. apais.

ELVIR A., Rentery
Panorama minero de Honduras.
Comayagüela. Dirección General de RR. NN. 1966. 42 h. 28 cm.

GAMERO IDIAQUEZ, Ibrahín. 1904-
Las voces de los animales.
Comayagüela. Publicaciones Navarro. 1966. 68 p. 22 cm.

HOSPITAL de Especialidades Suyapa
Informe a la Asamblea General de Accionistas sobre operaciones de
1965.
Tegucigalpa. Hospital de Especialidades Suyapa. 1966. 15 p. 22 cm.

MORALES SANMARTÍN, Ramón
Morbi-mortalidad en el municipio de Gracias, Departamento de
Lempira. Estudio clínico-etiológico. Consideraciones médico-
sociales.
Tegucigalpa. Facultad de Ciencias Médicas. 1966. 52 p. 27 cm.

MUNGUÍA GUERRERO, Luis
Prácticas de análisis de drogas y medicamentos.
Comayagüela. Facultad de Ciencias Químicas y Farmacia. 1966.
81 h. 34 cm.

RIVERA, Mario Cividamis
Encuesta sobre caries dental en Salud Pública.
Tegucigalpa. Facultad de Odontología. 1966. 42 p. 21 cm.

TELA Railroad Company
Datos estadísticos 1965.
Lima Nueva. Tela Railroad Company. 1966. 34 p. 22 cm.

ARTES Y RECREACIÓN

MORRIS BERMÚDEZ, Andrés
El Guarizama. Teatro.
Tegucigalpa. López y Cía. 1966. 83 p. 22 cm.

PADGETT, Herman Allan
Selecciones de la Escuelita Alegre.
Tegucigalpa. Emisoras Unidas. 1966. 196 p. 22 cm.

LITERATURA

ALEMÁN, Adolfo. 1928-1970
Tierra abierta. Cuentos.
Tegucigalpa. Tip. Nacional. [1966.]
106 p. 22 cm.
El Duendecillo de la Botella. Cuentos.
Tegucigalpa. Tip. Nacional. 1966. 78 p. 22 cm.

BUESO, Manuel de J.
Día de las Madres.
Tegucigalpa. Multilith. 1966. 34 p. 21 cm.

CARIÁS LINDO, Erasmo. 1921-
Los poetas a las madres. Recopilación.
Tegucigalpa. Mimeo. 1966. 34 h. ilus. 22 cm.

CASTELLANOS, Guillermo
Subiranas.
Tegucigalpa. Editorial Paulino Valladares. 1966. 68 p. 22 cm.

DÍAZ LOZANO, Argentina. 1909-
Fuego en la ciudad. Primera edición.
México. Costa Amic. 1966. 201 p. 19 cm.

DÍAZ ZELAYA, Samuel. 1903-1966
Camino Real. Cuentos.
Tegucigalpa. Imp. La República. 1966. 123 p. ilus. 21 cm.

En la tierra. Cuentos.
Tegucigalpa. Editorial Paulino Valladares. 1966. 55 p. 22 cm.

ERAZO OLIVERA, Antonio
Cuentos.
Tegucigalpa. Cuerpo Especial de Seguridad. 1966. 75 p. 22 cm.

FUNES, Matías. 1910-1971
Oro y miseria. Las minas de El Rosario.
Tegucigalpa. López y Cía. 1966. 237 p. ret. 21 cm.

GALINDO, Miguel
Cítara armoniosa.
Tegucigalpa. Imp. Bulnes. 1966. 68 p. 22 cm.

HERRERA FRIMONT, Celestino
El hechizo de Copán.
Tegucigalpa. Ministerio de Educación Pública. 1966. 16 p. 16 cm.

MARTÍNEZ A., Francisco. -1970
Intento de un estudio crítico sobre la poesía de Jacobo Cárcamo.
Tegucigalpa. Mimeo. 1966. 78 p. 25 cm.

MASONERÍA Hondureña
Tributo a las madres hondureñas. Tegucigalpa. s. i. 1966.

MURILLO SOTO, Céleo. 1912-1966
Morazán.
Tegucigalpa. Imp. Calderón. 1966. xiv p. 33 cm.

PAGOAGA, Raúl Arturo. 1912-
Poesía hondureña. Manuel Luna Mejía.
Tegucigalpa. s. i. 1966. 10 p. 21 cm.

PÉREZ CADALSO, Eliseo. 1920-
El habitante de la Osa.
Tegucigalpa. CENSA. 1966.
177-iv p. ret. 21 cm.

RIVAS, José Antonio. 1924-
Mitad de mi silencio.
Tegucigalpa. 1966.

RUIZ HERNÁNDEZ, —
Retazos de mi lira.
Comayagüela. Imp. Soto. 1966. 32 p. 21 cm.

SOSA, Roberto. 1935-
Muros.
Tegucigalpa. Imp. La Democracia. 1966. 66 p. 21 cm.

SUASNÁVAR, Constantino. 1912-
Soneto a Coello y otros sonetos.
Comayagüela. Imp. Alpha. 1966. 20 p. 21 cm.
Cuarto a espadas.
La Ceiba. Standard Fruit Co. 1966. 16 p. 22 cm.

VALLE, Ángela
4 nuevos poetas de Honduras.
México. Opic. 1966. 26 p. 20 cm.

ZERÓN H., José
Parnaso lírico escolar. Recopilación.
Tegucigalpa. Tip. Ariston. 1966.
207 p. ret. 29 cm.

HISTORIA Y GEOGRAFÍA
ALONZO B., Tomás
Crónicas de viajes.
Tegucigalpa. Imp. La República. 1966. 60 p. 21 cm.

ALVARADO GARCÍA, Ernesto. 1904-1972
Fray Bartolomé de Las Casas. Defensor de los indios.
Tegucigalpa. Ministerio de Educación Pública. 1966.
34 p. ret. 20 cm.

ARAGÓN, Aída Mejicano de y otros
Estudios Sociales Primero.

Tegucigalpa. Ministerio de Educación Pública. 1966.
v-236 p. ilus. 27 cm.
Estudios Sociales Primero. Guía para el Maestro.
Tegucigalpa. Ministerio de Educación Pública. 1966.
iv-249 p. 27 cm.

BERMÚDEZ, Hernán Antonio
El turismo en Honduras. Tegucigalpa. s. i.

CÁCERES LARA, Víctor. 1914-
Recuerdos de España.
Tegucigalpa. Imp. Calderón. 1966. 79 p. 21 cm.

CERVECERÍA Hondureña, S. A.
Historia y desarrollo de la Cervecería Hondureña, S. A.
Tegucigalpa. Honduras Industrial. 1966.
24 p. ilus. 30 cm.

CORRALES TURCIOS, Salvador
Monografía del Municipio de San Marcos de Colón.
Choluteca. Imp. Leiva. 1966. 24 p. 25 cm.

DURÓN, Jorge Fidel. 1902-
Cosas de tiempos pasados.
Tegucigalpa. Tip. Ariston. 1966. 37 p. 20 cm.

DURÓN, Rómulo Ernesto. 1865-1942
Don Joaquín Rivera y su tiempo.
Tegucigalpa. Ministerio de Educación Pública. 1966.
t. 1-2. 22 cm.

GRUPO Renacimiento
Informe de aniversario.
Tegucigalpa. Grupo Renacimiento. 1966. 16 p. 22 cm.

GUERRA H., Max
Guía de distancias mínimas en kilómetros y metros, entre la cabecera de cada municipio del Departamento de Valle y sus respectivas aldeas.

Tegucigalpa. Ministerio de Educación Pública. 1966. 50 h. ilus. 33 cm.

GUNN, Arthur y Judith Ford Gunn
Tegucigalpa. Its Legend and Landmarks.
Tegucigalpa. Instituto Hondureño de Cultura Interamericana. 1966.
27 p. ilus. 24 cm.

LANDA, Luis. 1875-
Jira en carro de Tegucigalpa a Santa Rosa de Copán.
Tegucigalpa. Imp. Calderón. 1966. 8 p. 26 cm.

MONCADA ELVIR, Máximo
El genocidio más horrible llevado a cabo en Los Laureles.
Tegucigalpa. s. e.; s. i. 1966. 10 p. ilus. 22 cm.

NAVARRO, Miguel. 1904-
Estudios Sociales. América. Quinto Grado. Segunda edición.
Tegucigalpa. Publicaciones Navarro. 1966. 161-iii p. ilus. 23 cm.

RIVERA Y MORILLO, Humberto
Juan Ramón Molina.
San Pedro Sula. Imp. La Cultura. 1966. t. 1-2. 21 cm.

VALLEJO, Antonio Ramón. 1844-1914
Notas históricas.
Tegucigalpa. Ministerio de Educación Pública. 1966.
26 p. 21 cm.
Necrología del Presbítero Miguel Ángel Bustillo. Segunda edición.
Tegucigalpa. Ministerio de Educación Pública. 1966.

VARELA Y VARELA, Olimpia. 1899-
Corona. Homenaje de Honduras al Santo Misionero Manuel de Jesús
Subirana, en su primer centenario de su muerte.
Tegucigalpa. Lotería Nacional de Honduras. 1966. 72 p. ilus. 25 cm.

VÁSQUEZ, José V. 1890-
Pedro Núñez. Datos biográficos del venerable maestro.
Tegucigalpa. Ministerio de Educación Pública. 1966.

38 p. ret. 20 cm.
Semblanza del Presbítero Doctor Francisco Calvo, Grado 33. Fundador de la Masonería Centroamericana.
Tegucigalpa. Gran Logia de Honduras. 1966.
25 p. ret. 21 cm.

VILLACORTA CISNEROS, Abel
Reseña histórica del Partido Nacional de Honduras.
Tegucigalpa. Imp. Gómez. 1966. 19 p. 22 cm.

VILLAFRANCA R., Augusto. 1908-1965
Estudios Sociales para el Cuarto Grado. Historia y Geografía de Centro América. Educación Cívica y Moral. Undécima edición.
Tegucigalpa. Librería Molino. 1966.
223-vii p. ilus. 22 cm.
La Comunidad Nacional. Primer Curso. Tercera edición.
Tegucigalpa. Librería Molino. 1966.
223 p. ilus. 22 cm.
La Comunidad Americana. Segundo Curso. Segunda edición.
Tegucigalpa. Librería Molino. 1966.
viii-264 p. 22 cm.

PUBLICACIONES GUBERNAMENTALES

CONGRESO Nacional
Contestación al mensaje del señor Presidente de la República, General Oswaldo López Arellano.
Tegucigalpa. Oficialía Mayor del Congreso Nacional. 1966.
12 p. 28 cm.

CONSEJO Superior de Planificación Económica
Resumen del Plan de Desarrollo Económico y Social de Honduras.
Tegucigalpa. Secretaría del Consejo Superior de Planificación Económica. 1966. 46 p. 27 cm.

Plan de Desarrollo Económico y Social de Honduras 1965-1969.
Tegucigalpa. Secretaría del Consejo Superior de Planificación Económica. 1966. t. I-IV. 28 cm.

I. Programa Global
II. Programa de Inversiones Públicas
III. Programa de Desarrollo Pecuario
IV. Programa de Desarrollo Industrial

CONTRALORÍA General de la República
Informe al Congreso Nacional 1965.
Tegucigalpa. Contraloría General de la República. 1966. 148 h. 28 cm.

CORTE Suprema de Justicia
Informe al Congreso Nacional 1965.
Tegucigalpa. Corte Suprema de Justicia. 1966. 14 p. 28 cm.

CUERPO Especial de Seguridad
Problema social: menores de edad.
Tegucigalpa. CES. 1966.
20 p. 22 cm.
Proyecto de Guía de Acción Cívica Militar.
Tegucigalpa. CES. 1966.
12 p. 22 cm.
Complemento a Guía de Acción Cívica Militar.
Tegucigalpa. CES. 1966.
8 p. 22 cm.
Anteproyecto de Reglamento de Uniformes, Insignias, Distinciones del Cuerpo Especial de Seguridad.
Tegucigalpa. CES. 1966.
39 p. 36 lám. 21 cm.

DIRECCIÓN General de Aeronáutica Civil
Almanaque Hondureño 1966.
Tegucigalpa. D.G.A.C. 1966.
48 p. 21 cm.

DIRECCIÓN General de Estadística y Censos
Anuario Estadístico 1965.
Tegucigalpa. Dirección General de Estadística y Censos. 1966.
vi-321 p. 28 cm.

Comercio Exterior de Honduras con Centro América 1965.
Tegucigalpa. DGEC. 1966. 115 p. 28 cm.

Comercio Exterior de Honduras. Exportación 1965.
Tegucigalpa. DGEC. 1966. 140 p. 28 cm.

Comercio Exterior de Honduras. Importación.
Tegucigalpa. DGEC. 1966. t. 1-2. 32 cm. apais.

Importaciones amparadas en la Ley de Fomento Industrial y otras leyes y decretos especiales. 1965.
Tegucigalpa. DGEC. 1966. 124 p. 28 cm. apais.

Comercio Exterior. Números índices del comercio exterior. 1965.
Tegucigalpa. DGEC. 1966. iv-68 p. 26 cm. apais.

Comercio Exterior de Honduras. Primer trimestre 1966.
Tegucigalpa. DGEC. 1966. 207 p. 23 cm.

Comercio Exterior de Honduras. Primer semestre; enero-junio 1966.
Tegucigalpa. DGEC. 1966. 175 p. 28 cm.

Comercio Exterior de Honduras. Enero-septiembre de 1966.
Tegucigalpa. DGEC. 1966. 186 p. 28 cm.

Compendio Estadístico 1966.
Tegucigalpa. DGEC. 1966.
viii-335 p. 33 cm. apais.

DIRECCIÓN General de Estadística y Censos
Estadísticas educacionales 1965.
Tegucigalpa. DGEC. 1966. v-272 p. 28 cm.

EMPRESA Nacional de Energía Eléctrica
Tarifas de servicio eléctrico de Juticalpa.
Tegucigalpa. ENEE. 1966.
12 p. 14 cm.
Tarifas de servicio eléctrico para la Zona Sur del país.
Tegucigalpa. ENEE. 1966. 7 p. 20 cm.

GUAIMACA, Municipalidad de
Informe de las labores municipales 1965.
Tegucigalpa. Tip. Nacional. 1966. 12 p. 20 cm.

INSTITUTO Central
Señas y expresiones usadas en radio y televisión.
Tegucigalpa. Multilith. 1966. 23 p. 20 cm.

INSTITUTO Hondureño de Seguridad Social
Informe presentado al Congreso Nacional 1965.
Tegucigalpa. IHSS. 1966. 58 p. 32 cm.

INSTITUTO Nacional de la Vivienda
Plan Regulador de la ciudad de Comayagua.
Tegucigalpa. INVA. 1966. 16 h. 33 cm. apais.
Anuario 1965.
Tegucigalpa. INVA. 1966.
s. p. ilus. lám. 37 cm. apais.

INSTITUTO Nacional de Investigación y Estudios Sociales
Estadística de Trabajo 1965/1966. Primer año de Gobierno del
General Oswaldo López Arellano.
Tegucigalpa. INIES. 1966. 140 h. 32 cm. apais.

INSTITUTO Nacional Agrario
Memoria de labores 1965.
Tegucigalpa. INA. 1966. 90 p. 28 cm.

JEFATURA Fuerzas Armadas
Ceremonia oficial de Honores Militares al señor Presidente de
México, Licenciado Gustavo Díaz Ordaz.
Tegucigalpa. FF. AA. de Honduras. 1966.
11 p. 31 cm.
Ceremonia Militar Conmemorativa al CLXXIV aniversario del
nacimiento del General Francisco Morazán. Día del Soldado
Hondureño.
Tegucigalpa. FF. AA. de Honduras. 1966.
15 p. ilus. 33 cm.

JUNTA Nacional de Bienestar Social
Cartilla de la Niñera.
Tegucigalpa. J.N.B.S. 1966.
16 p. 17 cm.
Memoria de labores 1965/1966.
Tegucigalpa. J.N.B.S. 1966.
44 p. 28 cm.
Presupuesto de la Junta Nacional de Bienestar Social. 1966.
Tegucigalpa. J.N.B.S. 1966.
111 h. 28 cm.

LEGISLACIÓN Y NORMATIVA
LEYES, Decretos, etc.
Constitución de la República de Honduras 1965.
Tegucigalpa. Ministerio de Gobernación y Justicia. 1966. 233 p. 12 cm.

Ley de Asociaciones Cooperativas 1954 y sus reformas.
Tegucigalpa. Ministerio de Economía y Hacienda. 1966. 21 p. 23 cm.

Ley del Banco de los Trabajadores.
Tegucigalpa. Ministerio de Economía y Hacienda. 1966. 27 p. 14 cm.

Ley del Carnet de los Trabajadores.
Tegucigalpa. Ministerio de Trabajo y Previsión Social. 1966. 6 p. 14 cm.

Ley de Inquilinato. 1965.
Tegucigalpa. Tip. Ariston. 1966. 48 p. 13 cm.

Ley Electoral y Reglamento para el funcionamiento de los Organismos Electorales.
Tegucigalpa. Consejo Nacional de Elecciones. 1966.
59 p. 22 cm.

Ley de Estado de Sitio.
Comayagüela. Biblioteca de las FF. AA. 1966.
4 p. 20 cm.

Ley de Fomento Industrial 1958.
Tegucigalpa. Ministerio de Economía y Hacienda. 1966.
19 p. 22 cm.

Ley de Propiedad Horizontal 1966.
Tegucigalpa. Ministerio de Economía y Hacienda. 1966.
14 p. 12 cm.

Ley Orgánica de Educación 1965.
Tegucigalpa. Dirección General de Educación Media. 1966.
35 p. 22 cm.

Ley Orgánica del Colegio de Ingenieros Civiles de Honduras.
Tegucigalpa. Colegio de Ing. Civiles de Honduras. 1966.
86 p. 13 cm.

Ley Orgánica del Colegio Químico Farmacéutico de Honduras. Ley
y Reglamento de Farmacia de 1951.
Tegucigalpa. Colegio Químico-Farmacéutico. 1966.
16-30 p. 23 cm.

Ley Orgánica Militar 1954 y sus reformas.
Tegucigalpa. Tip. Ariston. 1966.
110 p. 15 cm.

Plan de Estudios de Educación Normal, Secundaria y Comercial
vigentes en la República.
Tegucigalpa. Dirección General de Educación Media. 1966.
17 p. 22 cm.

DIRECCIÓN General de Presupuesto
Presupuesto por Programas, Año Fiscal 1966.
Tegucigalpa. Dirección General de Presupuesto. 1966.
958 p. 28 cm.
Resumen del Presupuesto Programado para el Ejercicio Fiscal de
1966.
Tegucigalpa. Dirección General de Presupuesto. 1966.
53 p. 25 cm.

INSTITUTO Geográfico Nacional
Reglamento Interno del Instituto Geográfico Nacional.
Tegucigalpa. I.G.N. 1966.
86 p. 13 cm.

MINISTERIO de Relaciones Exteriores
Tratado de doble nacionalidad entre la República de Honduras y el Estado Español.
Tegucigalpa. Ministerio de Relaciones Exteriores. 1966.
15 p. 13 cm.

LÓPEZ ARELLANO, Oswaldo. Pres.
Informe al Congreso Nacional 1965/1966. Primer año de Gobierno.
Tegucigalpa. Oficina de Información de Casa Presidencial. 1966.
24 h. 24 cm.
Visita fraternal del Presidente de la República, General Oswaldo López Arellano.
Tegucigalpa. Oficina de Información de Casa Presidencial. 1966.
78 p. 25 cm.

PATRONATO Nacional de la Infancia
Constitución, Estatutos y Reglamento Interno de la Cooperativa de Ahorro y Crédito "Prosperidad Ltda."
Tegucigalpa. Patronato Nacional de la Infancia. 1966.
68 p. 13 cm.

PROCURADURÍA General de la República
Informe al Congreso Nacional. Junio-diciembre de 1965.
Tegucigalpa. Procuraduría General de la República. 1966.
119 h. 35 cm.

PROVEEDURÍA General de la República
Informe de las actividades desarrolladas durante los años de 1963, 1964 y 1965.
Tegucigalpa. Proveeduría General de la República. 1966.
64 p. 28 cm.

QUINTA Zona Militar
Homenaje de la Quinta Zona Militar al Excelentísimo Presidente de la República. 30 de junio.
Juticalpa. Tegucigalpa. Imp. López y Cía. 1966.
20 p. 24 cm.

SECRETARÍA de Comunicaciones y Obras Públicas
Informe al Congreso Nacional 1965/1966.
Tegucigalpa. Ministerio de Comunicaciones y Obras Públicas. 1966.
s. p.

SECRETARÍA de Defensa y Seguridad Pública
Informe al Congreso Nacional 1965/1966.
Tegucigalpa. Ministerio de Defensa y Seguridad Pública. 1966.
96 h. 28 cm.

SECRETARÍA de Economía y Hacienda
Informe al Congreso Nacional 1965/1966.
Tegucigalpa. Ministerio de Economía y Hacienda. 1966.
216 p. 31 cm.

SECRETARÍA de Educación Pública
Escuela de Bellas Artes.
Tegucigalpa. Ministerio de Educación Pública. 1966.
s. p.
Informe presentado al Congreso Nacional 1965/1966.
Tegucigalpa. Ministerio de Educación Pública. 1966.
s. p.
La Maravilla de Copán.
Tegucigalpa. Ministerio de Educación Pública. 1966.
23 p. 13 lám. 20 cm.
Nuestro Homenaje a Honduras. 15 de septiembre de 1966.
Tegucigalpa. Ministerio de Educación Pública. 1966.
29 p. ilus. 24 cm.
Plan Nacional de Acción Educativa de la Dirección General de Educación Normal, Secundaria y Comercial.
Tegucigalpa. Ministerio de Educación Pública. 1966.
122 p. 27 cm.

SECRETARÍA de Gobernación y Justicia
Informe presentado al Congreso Nacional 1965/1966.
Tegucigalpa. Ministerio de Gobernación y Justicia. 1966.
287 p. 26 cm.

SECRETARÍA de la Presidencia de la República
Informe presentado al Congreso Nacional 1965/1966.
Tegucigalpa. Ministerio de la Presidencia. 1966.
59 p. 27 cm.

SECRETARÍA de Recursos Naturales
Informe presentado al Congreso Nacional 1965/1966.
Tegucigalpa. Ministerio de RR. NN. 1966.
135 h. ilus. 27 cm.

SECRETARÍA de Relaciones Exteriores
Informe presentado al Congreso Nacional 1965/1966.
Tegucigalpa. Ministerio de Relaciones Exteriores. 1966.
583-7 h. 34 cm.

SECRETARÍA de Salud Pública y Servicio Social
Informe presentado al Congreso Nacional 1965/1966.
Tegucigalpa. Ministerio de Salud Pública y Servicio Social. 1966.
158 p. 28 cm.

SECRETARÍA de Trabajo y Previsión Social
Memoria de labores presentada al Congreso Nacional 1965/1966.
Tegucigalpa. Ministerio de Trabajo y Previsión Social. 1966.
329 p. 31 cm.
Cómo evitar los riesgos que ofrecen los insecticidas que se emplean
en el cultivo del algodón.
Comayagüela. Imp. Soto. 1966.
44 p. 27 cm.

ACCIÓN OBRERA
Tegucigalpa. Órgano de información y orientación del Sindicato de
Trabajadores y Empleados de la Cervecería Tegucigalpa. Bimestral.
N.º 1, en mayo de 1963. 22x30 cm. 4 p.

EL ADMINISTRADOR

Tegucigalpa. Director: Óscar Pinto Russel. Mensual. N.º 1, en noviembre 30 de 1966. Imp. Censa. 23x31 cm. 8 p.

EL ALFILER

San Pedro Sula. Crítica y buen humor. Director: Víctor Hernández Mejía. Semanario. N.º 1, en febrero 6 de 1960. Imp. Sula. 26x39 cm. 8 p.

Su director actual es don Pedro López Escoto.

LA ANTORCHA

Puerto Cortés. Semanario independiente de crítica y combate. Director: Gustavo Carvajal Castro. Semanal. N.º 1, en abril 6 de 1957. Imp. La Marina. 29x46 cm. 4 p.

ARTES GRÁFICAS

Tegucigalpa. Por la unificación y dignificación de la clase trabajadora. Director: Rodolfo Rico V. Anual. N.º 1, el 24 de junio de 1959. Imprenta Calderón. 30x45 cm. 8 p.

EL ATLÁNTICO

La Ceiba, Atlántida. Semanario de intereses generales. Director: Ángel Moya Posas. Semanal. N.º 1, en noviembre 4 de 1926. Imp. Moya Posas. 28x40 cm. 2 p.

BATALLA

Tegucigalpa. Mensaje cultural de estudiantes de la Escuela Normal de Señoritas. Directora: Mélida de Valladares. Semanal. N.º 1, el 30 de septiembre de 1966. Imp. Ministerio de Educación. 30x43 cm. 4 p.

BARAGUÁ

Tegucigalpa. Órgano del Movimiento Revolucionario del Pueblo (M.R.P.). II Frente Nacional del Escambray y Alpha 66. Director: Celestino Fernández Juárez. Mensual. N.º 1, en septiembre 1 de 1965. Imp. Calderón. 30x54 cm. 12 p.

BOLETÍN CAFETALERO
San Pedro Sula. Órgano de difusión cafetalera al servicio de todos los caficultores de Honduras. Director: Recaredo Radillo Najarro. Sin periodicidad. N.º 1, en junio de 1965. Mimeo. 22x28 cm. 4 h.

EL BUEN AMIGO
San Pedro Sula, Cortés. Semanario católico. Semanal. Casa Cural. N.º 1, en septiembre 3 de 1932. 23x30 cm. 4 p.

EL BUEN PASTOR
Tegucigalpa. Órgano de la Obra del Buen Pastor. Mensual. N.º 1, noviembre 8 de 1911. 22x29 cm. 4 p.

CARTA COMERCIAL PARA HONDURAS
Tegucigalpa. Para fomentar el comercio y la inversión entre Honduras y los Estados Unidos de América. Sin periodicidad. N.º 1, en julio de 1965. USIS. 23x37 cm. 4 p.

CEIBA JUNIOR
La Ceiba, Atlántida. "Servir a la humanidad es la mejor obra de una vida". Mensual. N.º 1, en marzo de 1962. 21x31 cm. 4 p.

EL COMBATE
Santa Rosa de Copán. "Pedestal de la dignidad y vocero del patriotismo". Semanario. N.º 1, el 7 de marzo de 1964. 28x42 cm. 8 p.

EL COMERCIO
Tegucigalpa. Órgano de publicidad de la Cámara de Comercio e Industrias de Tegucigalpa y de la libre empresa privada de Honduras. Semanario. N.º 1, el 4 de octubre de 1958. 31x46 cm. 8 p.

EL COMUNISTA
Tegucigalpa. Semanario independiente. "Por una América libre de tiranía". Año I. N.º 1, en marzo de 1966. s. i.

CORREO DEL SUR
Choluteca. Semanario de combate y crítica sana. Semanal. N.º 1, el 24 de junio de 1965. 22x30 cm. 4 p.

EL CRISOL
Tela, Atlántida. Periódico de derechos democráticos. Director: Marcial Briceño Rivera. Semanal. N.º 1, el 4 de enero de 1933. Imp. La Marina. 27x40 cm. 8 p.

EL CRONISTA
Tegucigalpa. Periódico de información. Director: Alejandro Valladares. Diario. N.º 1, el 10 de abril de 1912. Editorial Paulino Valladares. 39x54 cm. 8 p.
Su primer director fue Adán Canales y se imprimió en la Papelería e Imprenta Calderón.

CHOROTEGA
Choluteca. Mensajero leonístico. Director: Héctor Ramón Aguilera Martínez. Mensual. N.º 1, en julio de 1966. Imp. Leiva. 22x29 cm. 8 p.

DEPORTEMÁS
San Pedro Sula. "El semanario de la afición deportiva". Director: Gabriel García Ardón. Semanal. N.º 1, el 2 de diciembre de 1965. 26x39 cm. 8 p.

EL DÍA
Tegucigalpa. Doctrinario e informativo. Director: Julián López Pineda. Diario. N.º 1, el 11 de junio de 1948. Imp. El Día. 45x57 cm. 12 p.
El director actual es el Arq. Julio López Pineda.

DIARIO DEL NORTE
San Pedro Sula. Director: Martín Baide Galindo. Diario. N.º 1, el 1.º de junio de 1966. Editora Nacional. s. p.

EN GUARDIA
Tegucigalpa. "Al servicio de los intereses democráticos de Honduras". Semanal. N.º 1, en mayo de 1964. 30x— cm. 4 p.

EN MARCHA
(Evangelismo a Fondo), Tegucigalpa, Publicación oficial. Quincenal, N° 1, el 29 de septiembre de 1963. 23x39— cm, 4p.

EL ESPECTADOR

San Pedro Sula. "Por la patria, la paz, la libertad, la justicia, la cultura, el arte y la verdad". Director: Ramón Rosa Galeano. Semanal. N.º 1, el 9 de marzo de 1940. Imp. Cálix Oliva, Tela. 29x39 cm. 6 p.
Actualmente se edita en San Pedro Sula, en la Imp. Galeano.

FIDES

Tegucigalpa. Orientación y defensa católica. Director y fundador: P. J. Alfonso Molina. Semanal. N.º 1, el 17 de septiembre de 1953. Imp. Censa. 15x22 cm. 1 hoja plegada, 4 p.
Actualmente es de 8 p. y de 22x36 cm.

LA GACETA

Tegucigalpa. Periódico Oficial del Gobierno de Honduras. Director: Heriberto Góinez. Diario. N.º 1, el 25 de octubre de 1876. Tip. Nacional. 24x36 cm. 8 p.

GUÍA DE LA SUERTE

Tegucigalpa. Publicación oficial de la Lotería Nacional. Mensual. N.º 1, el 5 de septiembre de 1950. Imp. Lotería Nacional. 36x56 cm. 1 hoja plegada.

EL HERALDO

La Ceiba, Atlántida. Semanario independiente. Director: Aníbal Cruz Garín. Bisemanario. N.º 1, el 1 de diciembre de 1936. Imp. s. i. 30x45 cm. 6 p.
El director actual es don Amílcar Cruz Garín. Nació como semidiario.

EL HERALDO

San Pedro Sula. Órgano de la Sociedad Cívica y Unionista "La Juventud". Directores: Maximino Mondragón y Pedro C. Cortés. Semanal. N.º 1, el 18 de abril de 1914. Imp. La Juventud. 30x45 cm. 8 p.
Lo dirige actualmente el Lic. Humberto Rivera y Morillo.

IMPACTO

Tegucigalpa. Semanario hondureño al servicio del pueblo. Director: Raúl Barnica López. Semanal. N.º 1, el 15 de septiembre de 1966. Imp. Calderón. 31x40 cm. 16 p.

ÍNDICE

Comayagua. Órgano informativo, doctrinario, eminentemente independiente. Director: Mario Bardales Meza. Semanal. N.º 1, el 15 de abril de 1957. Imp. La República, Tegucigalpa. 27x38 cm. 8 p. En la actualidad es quincenario.

JUNIOR SAMPEDRANO

San Pedro Sula. Órgano de divulgación de la Cámara Junior de San Pedro Sula. Sin periodicidad. N.º 1, en julio de 1964. 21x27 cm. 4 p.

EL LASALLISTA

Choluteca. "Dios. Patria. Juventud." Anual. N.º 1, el 11 de junio de 1964. 20x29 cm. 6 p.

EL LASALLISTA

San Pedro Sula. Órgano de la Academia Literaria "José Cecilio del Valle". Mensual. N.º 1, en marzo de 1960. Tip. Panamericana. 18x25 cm. 4 p.

MEDIODÍA

Tegucigalpa. "El semanario con la noticia que a veces es notición". Semanal. N.º 1, el 2 de diciembre de 1965. 30x46 cm. 8 p.

LA NOTICIA

San Pedro Sula, Cortés. "Al servicio de los intereses del pueblo hondureño". Semanal. N.º 1, el 15 de diciembre de 1962. 26x38 cm. 8 p.

NOTICIAS DE COLOMBIA

Tegucigalpa. Órgano oficial de la Embajada de Colombia en Honduras. Director: Alberto Losada Lara. Mensual. N.º 1, el 15 de octubre de 1965. 22x39 cm. 8 p.

NOTICIERO HONDUREÑO

Tegucigalpa. Mensual. N.º 1, en enero de 1957. USIS. 48x63 cm. 1 hoja plegada.

OBRERO CRISTIANO
Santa Rosa de Copán. Órgano de la Sociedad de Caballeros Católicos "San José". Lema: Trabajar intensamente por la conservación de la fe católica; por la patria y por el implantamiento de las sanas costumbres. Quincenario. N.º 1, el 1 de mayo de 1965. 30x40 cm. 4 p.

ORIENTACIÓN
La Ceiba, Atlántida. Semanario libre y de combate. Director: M. Ramírez. Semanal. N.º 1, el 4 de julio de 1964. Mimeo. 30x45 cm. 8 p.

EL ORIENTADOR
Puerto Cortés. Semanario libre y de combate. Semanal. N.º 1, el 7 de agosto de 1960. 26x34 cm. 4 p.

PATRIA
Tegucigalpa. Director: Wilfredo Ramírez Vega. [Faltan datos de formato.]

PLUS ULTRA
Tela, Atlántida. Periódico informativo. Director: Pedro Xatruch. N.º 1, el 31 de julio de 1941. Imp. La Marina. 39x45 cm. 4 p.

LA PRENSA
San Pedro Sula. Diario independiente al servicio del comercio, la industria y la cultura. Director: Andrés Alvarado L. Diario. N.º 1, el 26 de octubre de 1964. Imp. La Prensa. 28x40 cm. 32 p.

PRESENTE
San Pedro Sula, Cortés. Semanal. N.º 1, el 15 de febrero de 1964. 23x30 cm. 8 p.

EL PUEBLO
Tegucigalpa. Órgano del Partido Liberal de Honduras. Al servicio de las fuerzas democráticas de la Nación. Director: Darío Montes. Diario. N.º 1, el 15 de octubre de 1949. Imp. Renovación. 40x56 cm. 8 p.

REALIDADES DEL SEGURO

Tegucigalpa. Órgano de publicidad de la Compañía de Seguros Interamericana. Mensual. N.º 1, en junio de 1957. 22x29 cm. 4 p.

REFLEJOS DE LA STANDARD

La Ceiba. Departamento de Personal. Mensual. N.º 1, en abril de 1966. s. i. 22x28 cm. 6 p.

SEMÁFORO

Comayagüela. "Grita al pueblo las verdades que otros periódicos le ocultan". Director: Tito Aplícano M. Semanal. N.º 1, el 2 de mayo de 1953. Imp. Calderón. 30x45 cm. 8 p.

EL SINDICALISTA

La Lima, Cortés. Periódico obrero independiente de ideología democrática. "Por la redención del trabajador". Director: Sabas Lilio Pineda H. Quincenario. N.º 1, el 1 de septiembre de 1955. Imp. Renovación, San Pedro Sula. 29x38 cm. 6 p.
Director actual: Juventino Sandoval P.

SOCIAL

El Progreso, Yoro. Semanario informativo. Director: Francisco (Tito) Calderón. Semanal. N.º 1, el 2 de marzo de 1933. Imp. Calderón. 23x35 cm. 6 p.

TORNILLO SIN FIN

Tegucigalpa. Órgano de la Federación de Estudiantes Universitarios de Honduras. Junio 11 de 1932. 30x46 cm. [sin mención de páginas].

EL TRAVIESO

Tegucigalpa. "El único semanario que no sirve para envolver". Director: Herman Allan Padgett. Semanario. N.º 1 de la etapa III, el 19 de marzo de 1966. Imp. La República. 23x30 cm.

TRIBUNA GRÁFICA

Tegucigalpa. Semanario independiente por la conciliación de los hondureños. Director: Horacio Díaz. Semanal. N.º 1, el 2 de octubre de 1964. 29x43 cm. 8 p.

EL TRÓPICO
La Ceiba, Atlántida. Órgano al servicio de los intereses del pueblo y de la democracia. Director: Rodolfo Zavala. Semanario. N.º 1, el 1 de agosto de 1938. Imp. Pro-Patria. 23x30 cm. 4 p.

VANGUARDIA
Tegucigalpa. Órgano del Frente de Reforma Universitaria. Semanal. N.º 1, el 18 de marzo de 1959. 20x45 cm.

VISLUMBRES JUVENILES
San Francisco, Atlántida. Órgano de orientación e información juvenil. Sin periodicidad. N.º 1, el 15 de abril de 1965. 27x39 cm. 4 p.

EL VOCERO
San Pedro Sula. Gaceta educativa del Centro Cultural Sampedrano. Mensual. N.º 1, en abril de 1963. 24x35 cm. [sin mención de páginas].

VOCERO EVANGÉLICO
San Pedro Sula, Cortés. Órgano oficial del Sínodo de la Iglesia Evangélica y Reformada de Honduras. Mensual. N.º 1. 21x46 cm. 8 p.

LA VOZ CATÓLICA
Comayagua. Órgano de la Diócesis de Comayagua. Jefe de redacción: P. Geraldo Scarpone, O.F.M. Mensual. N.º 1, en octubre de 1965. Imp. Alpha, Tegucigalpa. 30x41 cm. 4 p.

VOZ TIPOGRÁFICA
Santa Rosa de Copán. "Servir a la patria y a la dignidad nacional". Anual. N.º 1, el 24 de junio de 1958. 22x28 cm. 4 p.

REVISTAS Y BOLETINES
ACCIÓN CÍVICA
Tegucigalpa. "Lealtad. Honor. Sacrificio." Mensual. s. f. 23x31 cm. 32 p.

ACCIÓN SOCIAL
Tegucigalpa. "Por la armonía entre el capital y el trabajo." Director: Salvador Villeda Vidal. Mensual. N.º 1, en enero de 1956. Imp. La República. 20x27 cm. 20 p.

AGRO
Tegucigalpa. Órgano del Instituto Nacional Agrario. Mensual. N.º 1, en diciembre de 1963. 23x30 cm. 15 p.

APUNTES AGRÍCOLAS
San Pedro Sula, Cortés. Revista de la Asociación de Profesionales Agrícolas de Honduras. Director: G. Manzanares U. Trimestral. N.º 1, en octubre-diciembre de 1962. Editora Nacional. 21x27 cm. 18 p.

ARIEL
Tegucigalpa. Director: Medardo Mejía. Tercera etapa. Año VI. N.º 143. Imp. La Democracia. 21x29 cm. 34 p.

BOLETÍN de la Asociación de Municipios de Honduras
Tegucigalpa. Director: Rogelio H. García. Mensual. N.º 1, en enero de 1961. Multilith. 21x28 cm. 6 p.

BOLETÍN BIBLIOGRÁFICO
Comayagüela. Directora: Olga Paredes. Bimestral. N.º 1, en mayo-junio de 1965. Imp. BANAFOM. 22x28 cm. 22 p.

BOLETÍN CÍVICO CULTURAL
Tegucigalpa. Superación. Servicio. Fraternidad. Mensual. N.º 1, en abril de 1963. 21x27 cm. 16 p.

BOLETÍN ECLESIÁSTICO
Tegucigalpa. Órgano de la Provincia Eclesiástica de Honduras. Bimensual. N.º 1, el 20 de mayo de 1931. Imp. CENSA. 15x23 cm. 81 p.

BOLETÍN Oficial de la Escuela Agrícola Panamericana
Valle de El Zamorano. Bienal. N.º 1, en 1960. 15x23 cm. 80 p.

BOLETÍN INFORMATIVO
San Pedro Sula. Órgano de las Asociaciones Árabes. Director: Jorge Itech B. Mensual. N.º 1, en febrero de 1965. Imp. Suyapa. 23x31 cm. 20 p.

BOLETÍN INFORMATIVO de la Cámara de Comercio e Industrias de Tegucigalpa
Tegucigalpa. Semanal. N.º 1, en septiembre 27 de 1962. Imp. Calderón. 22x29 cm. 28 p.

BOLETÍN INFORMATIVO de la Dirección General de Tributación Directa
Tegucigalpa. Trimestral. N.º 1, en septiembre de 1961. 21x27 cm. 43 p.

BOLETÍN del Instituto Centroamericano de Derecho Comparado
Tegucigalpa. Miguel R. Ortega. Anual. N.º 1, en junio de 1962. Tip. Ariston. 15x21 cm. 220 p.

BOLETÍN DEL SANAA
Tegucigalpa. Servicio Autónomo Nacional de Acueductos y Alcantarillados. Divulgación. Quincenal. N.º 1, el 1 de febrero de 1963. 22x33 cm. 7 p.

EL CAMPO
Tegucigalpa. Escuelas Radiofónicas. [Falta información sobre periodicidad, fecha y dimensiones].

CANCIONERO LATINOAMERICANO
Tegucigalpa. Director: Jorge E. Morales. Mensual. N.º 1, en julio de 1965. 15x22 cm. 30 p.

CANCIONERO SIKELANDIA
San Pedro Sula. Propulsor y baluarte del arte nacional. Director: Roberto C. Suárez. Mensual. N.º 1, el 15 de diciembre de 1965. Imp. Antúnez. 15x23 cm. 32 p.

CANCIONERO TROPICAL PEERLESS
San Pedro Sula. Director: Juan E. Paredes. Mensual. N.º 1, en noviembre de 1943. Imp. Panamericana. 11x15 cm. 36 p.

CASA PROPIA
Tegucigalpa. Publicación del Banco de la Propiedad. Mensual. N.º 1, en mayo de 1954. 24x32 cm. 4 p.

CEIBA
Tegucigalpa, Valle de El Zamorano. Revista de la Escuela Agrícola Panamericana. Sin periodicidad. N.º 1, enero de 1950. 15x22 cm. 73 p.

CENTINELA DEL FUEGO
Tegucigalpa. Órgano de orientación y divulgación del Cuerpo de Bomberos de Tegucigalpa. Director: Cristóbal Ríos. Trimestral. N.º 1, en septiembre de 1964. 21x27 cm. 6 p.

COMISIÓN Nacional de la Alianza para el Progreso
Tegucigalpa. Boletín semanal. N.º 1, el 23 de julio de 1963. 22x28 cm. 11 p.

CONCILIACIÓN NACIONAL
Tegucigalpa. Directora: Francisca Antúnez. Mensual. N.º 1, en julio de 1965. Imp. Alpha. 22x30 cm.

CONSEJO DE DEFENSA CENTROAMERICANO
Tegucigalpa. Órgano de información de la Comisión Permanente. Sin periodicidad. N.º 1, en enero de 1966. Imp. Ariston. 16x22 cm. 96 p.

CULTURA COMERCIAL
Tegucigalpa. Al servicio de la industria, comercio, profesionales y estudiantes. Director: J. Efraín Suazo. Mensual. N.º 1, en enero-febrero de 1961. s. i. 17x25 cm. 47 p.

DESPERTAR AGRÍCOLA
Catacamas, Olancho. Director: Santiago Alejandro Ponce. Mensual. N.º 1, en agosto de 1965. 19x28 cm. 18 p.

ECOS MISIONEROS DE HONDURAS
Comayagüela. Director: Virgilio Figueroa. Mensual. N.º 1, en enero de 1966. Imp. Bulnes. 17x24 cm. 16 p.

EXTRA
Tegucigalpa. Revista mensual de la vida nacional. Director: Óscar Acosta. Mensual. N.º 1, en agosto de 1965. Tip. Ariston. 22x30 cm. 48 p.

EDUCACIÓN
Tegucigalpa. Órgano oficial del Ministerio de Educación Pública. Trimestral. N.º 1, octubre, noviembre y diciembre de 1965. Imp. López y Cía. 23x29 cm. 68 p.

EN MARCHA
San Pedro Sula, Cortés. Informativo. Director: Martín Baide Galindo. Mensual. N.º 1, en septiembre de 1950. Editorial Coello. 21x27 cm. 24 p. Se fundó en El Progreso, Yoro.

ENTRE NOSOTRAS
Tegucigalpa. Órgano de publicidad de la Federación de Asociaciones Femeninas de Honduras. Mensual. N.º 1, en abril de 1964. 21x27 cm. 36 p.

ESTRELLA SOLITARIA
Tegucigalpa. Carta semanal nacionalista. Publicación del Comité Central del Partido Nacional de Honduras. Semanario. N.º 1, en 1966. Departamento de Publicidad. [s. p.]

EUREKA
San Pedro Sula. Revista masónica. Órgano de la Respetable Logia Simbólica Eureka N.º 2. Director: Domingo Galván. Mensual. N.º 1, el 1 de junio de 1920. Imp. El Comercio. 18x24 cm. 21 p.
La Logia se llama ahora Miguel Paz Baraona N.º 2 y el director lo es el Dr. Juan Ángel Bueso A.

FACULTAD DE DERECHO
Tegucigalpa. Revista de la Facultad de Derecho. Semestral. N.º 1, corresponde a enero-junio de 1960. 13x21 cm. 248 p.

FORO HONDUREÑO

Tegucigalpa. Órgano de la Sociedad de Abogados de Honduras. Director: Gonzalo S. Sequeiros. Redactor: Salatiel Rosales. Mensual. N.º 1, en enero de 1912. Papelería e Imprenta Calderón. 19x27 cm. Paginación variable.

FUEGO

Tegucigalpa. Revista Centroamericana. Órgano oficial de divulgación de los Cuerpos de Bomberos de Centroamérica y Panamá. Director: Mario Aly Allam. Mensual. N.º 1, en agosto de 1966. 22x28 cm. 60 p.

FULGORES

San Pedro Sula. Revista anual del Instituto de Señoritas y Colegio de Niñas "San Vicente de Paúl". Anual. N.º 1, en diciembre de 1953. 21x27 cm. 28 p.

GACETA JUDICIAL

Tegucigalpa. Órgano de la Corte Suprema de Justicia. Mensual. N.º 1, el 15 de septiembre de 1895. 23x30 cm. 32 p.

GERMINAL

Tegucigalpa. Revista que instruye y deleita. Director: Raúl Morel. Mensual. N.º 1, en noviembre de 1965. Imp. López y Cía. 22x29 cm. 40 p.

GRUPO ENTUSIASTA METEOROLÓGICO

Tegucigalpa. Servicio Meteorológico Nacional. Mensual. N.º 1, en agosto de 1962. 22x33 cm. 5 p.

GUÍA DE HONDURAS

Tegucigalpa. Director: Pedro Aplícano Mendieta. Mensual. N.º 1, en enero de 1962. Imp. La Democracia. 15x22 cm. 44 p.

HONDURAS

San Pedro Sula. Letras, educación, historia, ciencias, arte, industria, folklore, comentarios, agricultura, ganadería. Mensual. N.º 1, el 30 de noviembre de 1961. 20x28 cm. 44 p.

HONDURAS CAFETALERA

Tegucigalpa. Banco Nacional de Fomento. Director: Juan Ramón Molina. Bimensual. N.º 1, en enero de 1965. BANAFOM. 21x27 cm. 30 p.

HONDURAS ILUSTRADA

Tegucigalpa. Hondureñista, imparcial, independiente. Director: Carlos Manuel Arita. Mensual. N.º 1, en agosto de 1965. Imp. López y Cía. [s. p.]. 40 p.

HONDURAS LITERARIA

Tegucigalpa. Publicación de la Universidad Nacional Autónoma de Honduras. Director: Óscar Acosta. Bimestral. N.º 1, enero-febrero de 1963. Imp. La República. 30x44 cm. 22 p.

HONDURAS NUEVA

Tegucigalpa. Mensual. N.º 1, en diciembre de 1964. 21x28 cm. 28 p.

HONDURAS PEDIÁTRICA

Tegucigalpa. In Puero Homo. Asociación Pediátrica de Honduras. Director: Luis A. Barahona. N.º 1, agosto-noviembre de 1965. 16x23 cm. 118 p.

HONDURAS ROTARIA

Tegucigalpa. Órgano de los Clubes Rotarios de Honduras. Director: Jorge Fidel Durón. Mensual. N.º 1, en abril de 1943. Tip. Nacional. 22x30 cm. [s. p.]

LA INDUSTRIA

Tegucigalpa. Boletín de la Asociación Nacional de Industriales. Semanal. N.º 1, el 14 de febrero de 1959. 28x28 cm. 8 p.

INDUSTRIA Y COMERCIO

San Pedro Sula. Revista ilustrada. Director: Ángel Raudales. Mensual. N.º 1, en octubre de 1966. Imp. Suyapa. 21x27 cm. 44 p.

INFORMACIONES DE HONDURAS
Tegucigalpa. Ministerio de la Presidencia de la República. Director: Alejandro Castro H. Mensual. N.º 1, en abril de 1956. Tip. Ariston. 21x27 cm. 16 p.

JUVENTUD NATURALISTA
Tegucigalpa. Director: Carlos A. Caballero Madrid. Semanal. N.º 1, el 1 de enero de 1965. s. i. 21x28 cm. 20 p.

LABOR
San Pedro Sula. Boletín informativo del Instituto Americano para el Desarrollo del Sindicalismo Libre en Centro América. Director: Jesús Artigas Carbonell. Mensual. N.º 1, en mayo de 1964. Editora Nacional. 22x28 cm. 12 p.

LUZ GRÁFICA
Tegucigalpa. Órgano del Sindicato de Trabajadores de la Editorial Paulino Valladares. Anual. N.º 2, el 24 de junio de 1965. Editorial Paulino Valladares. 22x30 cm. 46 p.

MADRE TIERRA
Nacaome, Valle. Órgano de la Asociación Campesina Social Cristiana. Quincenal. N.º 1, en octubre de 1964. 21x29 cm. 20 p.

MENSAJERO LEONÍSTICO
Tegucigalpa. Órgano del Club de Leones de Tegucigalpa. Director: David Abraham Galo. Mensual. N.º 1, en junio de 1963 (IV época). Imp. La República. 21x30 cm. [s. p.]

MICRÓFONO Y CONSOLA
Tegucigalpa, San Pedro Sula. Director: Wilfredo Mayorga. Mensual. N.º 1. Imp. Suyapa. 21x28 cm. 22 p.

MINERVA
San Pedro Sula. Órgano de publicidad del Instituto Minerva. Director: Rafael Aguilar. Mensual. N.º 1, en abril de 1960. Tip. La Juventud. 21x28 cm. 20 p.

MORAZÁNICA CONTINENTAL

Tegucigalpa. Revista cultural y académica del Bloque de Prensa. Director: Sigfrido Pineda Green. Mensual. N.º 1, en septiembre de 1966. Imp. Calderón. 22x29 cm. 56 p.

EL MOTORISTA

San Pedro Sula. Órgano de la Asociación de Motoristas Profesionales. Director: Gumercindo G. Paniagua. Mensual. N.º 1, en noviembre de 1965. Editora de Honduras. 26x31 cm. 24 p.

NOTICIAS DE HONDURAS

Tegucigalpa. Boletín de la Oficina de Información y Prensa de la Presidencia de la República. Director: Óscar Acosta. Mensual. N.º 1 (Tercera época), el 5 de julio de 1965. Tip. Ariston. 24x31 cm. 22 p.

NOTICIERO BANCATLAN

Tegucigalpa. Publicación de los empleados del Banco Atlántida. Mensual. N.º 1, en abril de 1966. Imp. Calderón. 23x30 cm. 12 p.

OLIMPIA

Tegucigalpa. Revista Nacional de Deportes. Director: Efraín L. González. Mensual. N.º 1, en octubre de 1966. Imp. La República. 21x30 cm. 40 p.

PENSAMIENTO Y ACCIÓN

Juticalpa. Por la superación cultural y espiritual de todos los valores humanos. Director: Miguel Ángel Osorio. Mensual. N.º 1, el 31 de diciembre de 1947. Imp. Alba. 22x29 cm. 40 p.

PRESENTE

Tegucigalpa. Revista de arte y letras de Centro América. Directores: Óscar Acosta y Roberto Sosa. Mensual. N.º 1, en agosto de 1964. Imp. López y Cía. 22x29 cm. 48 p.

PROSPERIDAD

Tegucigalpa. Revista extraordinaria. Directora: Marta Luz Mejía. Mensual. N.º 1, en septiembre de 1964. Imp. Lotería Nacional. 21x27 cm. 16 p.

RECURSOS NATURALES

Comayagüela. Órgano oficial del Ministerio de Recursos Naturales. Mensual. N.º 1, en agosto de 1965. 21x30 cm. 40 p.

REFLEJOS BÍBLICOS

Tegucigalpa. Órgano oficial de la Asociación de Iglesias Centroamericanas. Mensual. [s. p.]

REVISTA DE ECONOMÍA

Tegucigalpa. Órgano del Colegio Hondureño de Economistas. Director: J. Aníbal Delgado Fiallos. Trimestral. N.º 1, en agosto-octubre de 1963. Editorial Paulino Valladares. 17x22 cm. 78 p.

REVISTA DE ECONOMÍA POLÍTICA

Tegucigalpa. Publicación del Instituto de Investigaciones Económicas Sociales. Trimestral. N.º 1, en octubre-diciembre de 1962. 21x29 cm. 59 p.

REVISTA de la Escuela Superior del Profesorado "Francisco Morazán"

Tegucigalpa. Director: Guillermo E. Durón. Trimestral. N.º 1, abril-junio de 1964. 16x24 cm. 68 p.

REVISTA de la Sociedad de Geografía e Historia

Tegucigalpa. Trimestral. N.º 1, julio de 1955. Tip. Nacional. 19x25 cm. Paginación variable.

REVISTA DE INGENIERÍA DE HONDURAS

Tegucigalpa. Director: León Paredes Lardizábal. Bimestral. N.º 1, diciembre de 1965 y enero de 1966. Imp. La República. 22x30 cm. 40 p.

REVISTA MÉDICA HONDUREÑA

Tegucigalpa. Órgano de la Asociación Médica Hondureña. Director: Antonio Vidal. Mensual. s. i. N.º 1, en mayo de 1930. 17x24 cm. 47 p.

REVISTA MUNICIPAL

San Pedro Sula. Órgano de divulgación de la Corporación Municipal. Bimestral. N.º 1, enero-febrero de 1964. 21x27 cm. 32 p.

REVISTA 1966 de Información Centroamericana

Tegucigalpa. Semanal. N.º 1, en marzo de 1966. Talleres Landa Blanco. 20x28 cm. 44 p.

Se editaba antes en otra ciudad y al trasladarse a Tegucigalpa, aparece con el número 655.

REVISTA DE QUÍMICA Y FARMACIA

Tegucigalpa. Órgano de la Asociación de Químicos y Farmacéuticos de Honduras. Trimestral. N.º 1, enero-marzo de 1964. 18x24 cm. 56 p.

REVISTA TRIMESTRAL DEL BANCO CENTRAL DE HONDURAS

Tegucigalpa. Director: La Gerencia. Trimestral. N.º 1, enero-marzo de 1966. Imp. Talleres Banco Central de Honduras. 20x30 cm. v-83 p.

REVISTA DE LA UNIVERSIDAD

Tegucigalpa. Semestral. N.º 1, junio-diciembre de 1964. 15x22 cm. 226 p.

SUCESOS

Tegucigalpa. Revista informativa e ilustrada. Director: Luis Alemán. Mensual. N.º 1, en febrero de 1954. Imp. Calderón. 28x36 cm. 24 p.

LA TABLA DE AVISOS

Tegucigalpa. Boletín mensual del Colegio de Abogados. Mensual. N.º 1, en junio de 1965. 16x22 cm. 8 p. s. i.

TRABAJO

Tegucigalpa. Órgano del Ministerio de Trabajo y Previsión Social. Director: Óscar A. Flores. Mensual. N.º 1, en marzo 1 de 1958. Tip. Ariston. 20x37 cm. 32 p.

VERDADES BÍBLICAS

La Ceiba, Atlántida. Revista evangélica. Director: Santiago Scollon. Mensual. N.º 1, en enero de 1951. Imp. Evangélica. 14x21 cm. 12 p.

VIGILANTE

Tegucigalpa. Órgano de información del Cuerpo Especial de Seguridad. Sin periodicidad. N.º 1, en junio de 1964. 21x27 cm. 30 p.

VOZ FARMACÉUTICA

San Pedro Sula. Órgano de la Asociación de Químicos del Norte y Occidente de Honduras. Mensual. N.º 1, en agosto de 1958. 14x22 cm. 29 p.

1967: OBRAS GENERALES

APENH
Folleto conmemorativo del XIII Congreso de Periodistas y Escritores de Honduras.
Tegucigalpa. APENH. 1967.
56 p. 27 cm.

FILOSOFÍA

A. A.
Alcohólicos Anónimos: su filosofía y su historia en Honduras.
Comayagüela. Imp. Bulnes. 1967.
58 p. 15 cm.

MARTÍNEZ, José Francisco
Filosofía y Letras. Segundo tomo de Fábulas y Poesía.
Tegucigalpa. Tip. Nacional. 1967.
149 p. 22 cm.

VILLAFRANCA R., Augusto. 1908–1965
Educación Moral y Cívica. Primer Curso del Ciclo Común de Cultura General. Quinta edición.
Tegucigalpa. Librería Molino. 1967.
128 p. 22 cm.

RELIGIÓN

PAULO VI
Carta Encíclica de su Santidad el Papa Pablo VI, sobre el desarrollo de los pueblos.
Tegucigalpa. Lotería Nacional. 1967.
66 p. 20 cm.

PEÑA MOLINA, Enrique
Milagros positivos de la Virgen de Lourdes.
San Pedro Sula. Tip. En Marcha. 1967.
8 p. 14 cm.

CIENCIAS SOCIALES

AGUADO JOU, Ramón
Curso de Evaluación de puestos de trabajo y técnicas de salario.
Tegucigalpa. Mimeo. 1967.
112 p. 28 cm.

AGUILAR PEÑARRIETA, Aníbal
Manual de descripción de tareas típicas de la Secretaría de Estado en los Despachos de Trabajo y Previsión Social.
Tegucigalpa. Secretaría de Trabajo y Previsión Social. 1967.
161 h. 30 cm.

ALVARADO CASCO, Godofredo
El régimen municipal.
Tegucigalpa. Imp. Calderón. 1967.
148-ii p. 22 cm.

ANTÚNEZ CASTILLO, Rubén. 1899–
Calendario Cívico Hondureño. 1968.
San Pedro Sula. Droguería Nacional. 1967.
22 p. ilus. 21 cm.

APLICANO MENDIETA, Pedro
Leyendas y tradiciones indígenas.
San Pedro Sula. Yude Canahuati. 1967.
81 p. 22 cm.

AROSEMENA, Beatriz S. y otros
Sin Fronteras. Libro de Lectura. Cuarto Grado. Primera edición.
Tegucigalpa. Ministerio de Educación Pública. 1967.
338 p. ilus. 21 cm.

ASOCIACIÓN Hondureña de Planificación Familiar
Procedimientos del Seminario Centroamericano y de Panamá sobre "Población, desarrollo económico y planificación familiar".
Tegucigalpa. Honduras Industrial. 1967.
474-iii p. 24 cm.

BANCO Centroamericano de Integración Económica
Sexta memoria de labores 1966/1967.
Tegucigalpa. BCIE. 1967. 185 p. 28 cm.

BANCO Municipal Autónomo
Memoria de labores 1966.
Tegucigalpa. Banco Municipal Autónomo. 1967. 75 h. 27 cm.

BANCO Nacional de Fomento
Memoria anual. 1966.
Comayagüela. BANAFOM. 1967. 79 p. 10 h. 27 cm.

BARAHONA PAZ, Alfredo
Cultivo de los productos básicos de la alimentación hondureña.
Tegucigalpa. Mimeo. 1967. 17 p. 26 cm.

BARÓN LUPIAC, Augusto
Análisis y perspectivas del Comercio de Honduras.
Tegucigalpa. 1967. 196 h. 27 cm. Mimeo.

BASCUNÁN VALDEZ, Aníbal
Pedagogía Universitaria Activa.
Tegucigalpa. UNAH. 1967. 26 p. 22 cm.

BOTHIT, Bruno
Manual de Supermaquiavelismo o el arte de llegar al Poder.
Tegucigalpa. Ediciones Copán. 1967. 46 p. 21 cm.

CADALZO H., Gustavo
Creación de Centros de Población Agrícola.
Tegucigalpa. s. i. 1967. 186 h. 28 cm.

CALDAS, Fernando y Félix Pando
Proyectos Industriales.
Tegucigalpa. Banco Centroamericano de Integración Económica.
1967. ix-163 p. 26 cm.

CARDONA, Adilia
Necesidad de una reorganización del Registro Civil.
Tegucigalpa. Imp. La República. 1967.
89 h. 28 cm.

CARIAS, Marco Virgilio
Esbozo de una política agraria para Honduras.
Tegucigalpa. UNAH. 1967.
[s. p.]

CASTELLÓN GALLARDO, Samuel
Apuntes de Sociología General. Primera edición.
San Pedro Sula. Imp. Suyapa. 1967. 186 p. 22 cm.

COMITÉ Central del Partido Nacional
Decretos de la Convención Nacional Ordinaria del Partido Nacional
de Honduras. Tegucigalpa. Imp. Gómez. 1967. [s. p.]

CONFEDERACIÓN de Trabajadores de Centro América
Estatutos de la Confederación de Trabajadores de Centroamérica.
San Pedro Sula. CTCA. 1967. 12 p. 21 cm.

COOPERATIVA Algodonera del Sur Ltda.
Memoria. Ejercicio IV. Cosecha 1965/1966.
Tegucigalpa. Cooperativa Algodonera del Sur Ltda. 1967. 23 p. 22
cm. apais.

CRUZ, Ramón Ernesto
Historia Constitucional e Institucional de Honduras. Derecho Interno
y Derecho Internacional. Tegucigalpa. [s. i.] 1967. [s. p.]

– Problemas Territoriales Centroamericanos. Derechos de Honduras.
Tegucigalpa. [s. i.] 1967. [s. p.]

CUEVAS BUSTILLO, Óscar René
Ley del Servicio Civil.
Tegucigalpa. [s. i.] 1967. [s. p.]

CHIAPO, Leopoldo
El estudiante y la Universidad para el desarrollo.
Tegucigalpa. UNAH. 1967. 34 p. 21 cm.
DOMÍNGUEZ SANDOVAL, Marco Tulio
Las pruebas judiciales en materia civil.
Tegucigalpa. 1967. 65 h. 27 cm. mimeo.

DURÓN, Jorge Fidel
Opulencia y miseria: heliografía de pueblos de nuestro tiempo.
Tegucigalpa. López y Cía. 1967. 30 p. 20 cm.

ESPAÑA RUIZ, José René
El problema del niño vagabundo.
Tegucigalpa. Imp. La República. 1967. 35 p. 20 cm.

ESPINAL IRIAS, Rigoberto
La sociedad actual de Honduras.
Tegucigalpa. [s. i.] 1967. [s. p.]

FEMCA
Resoluciones del Congreso de Estudiantes de Medicina de Centro América. Marzo 13–18 de 1967.
Tegucigalpa. Secretaría de Publicidad del CENCA. 1967. 25 p. 21 cm.

GIRÓN, Roberto
Prontuario de las Leyes de Honduras. 1954–1966.
Tegucigalpa. Imp. Germinal. 1967. 15 p. 17 cm.

GÓMEZ S., Dagoberto
Recopilación de Leyes Migratorias y afines. Procedimientos prácticos.
Tegucigalpa. Cuerpo Especial de Seguridad. 1967. 185 p. 27 cm.

GUERRA FLORES, Max
Síntesis histórica del movimiento sobre el Desarrollo de la Comunidad en Honduras.
Tegucigalpa. Tip. Nacional. 1967. 11 p. 13 cm.

GUILLÉN DÍAZ, Isabel. 1917–
Vacaciones en La Hacienda. Libro Primero de Lectura Segundo Grado. Tegucigalpa. Ministerio de Educación Pública. 1967. 127 p. ilus. 21 cm.

– Vacaciones en El Puerto. Segundo Grado.
Tegucigalpa. Ministerio de Educación Pública. 1967.
136 p. ilus. 21 cm.

– Guía de Lectura 21-22 para el uso de los libros básicos "Vacaciones en La Hacienda 21" y "Vacaciones en El Puerto 22".
Tegucigalpa. Ministerio de Educación Pública. 1967. 71 p. 22 cm.

– El Premio de Luis y Elena. Tercera edición. Libro I-2.
Tegucigalpa. Ministerio de Educación Pública. 1967. 80 p. ilus. 20 cm.

– Guía del Maestro para uso de los libros básicos "Siempre Amigos" y "El Premio de Luis y Elena". Tercera edición.
Tegucigalpa. Ministerio de Educación Pública. 1967. 57 p. 21 cm.

HERNÁNDEZ CARVAJAL, Álvaro
El Tugurio. Definición. Consecuencias. Diagnóstico. Tratamiento.
Tegucigalpa. INVA. 1967. 60 p. 21 cm.

INSTITUTO Dionisio de Herrera
Memoria Escolar 1967.
San Pedro Sula. Instituto Dionisio de Herrera. 1967. 48 p. ilus. 28 cm.

IZAGUIRRE HERNÁNDEZ, Roberto
La Clase Obrera en Honduras.
Tegucigalpa. Mimeo. 1967. 100 p. 27 cm.

JEREZ ALVARADO, Rafael
Legislación, historia y revisión de Códigos.
Tegucigalpa. [s. i.] 1967. [s. p.]

JUÁREZ BUSTILLO, Ángel Augusto y José Ernesto Foster
La pre-industrialización y comercialización del tabaco en la zona oriental del país.
Comayagüela. BANAFOM. 1967. 152 h. 28 cm.

MURILLO RUIZ, Manuel de Jesús
Revocación y reforma del testamento.
Tegucigalpa. Mimeo. 1967. 112 p. 27 cm.

NAVARRO, Miguel. 1904–
Libro de Lectura. Segundo Grado. Novena edición.
Tegucigalpa. Publicaciones Navarro. 1967. 170 p. ilus. 22 cm.

ORDÓÑEZ Y GALLARDO, Aurora
El alcoholismo como problema social.
Tegucigalpa. Mimeo. 1967. 26 p. 27 cm.

PALMA JUÁREZ, Judith
El refrán en Honduras.
Tegucigalpa. Mimeo. 1967. 28 p. 26 cm.

PARTIDO Nacional de Honduras
Memoria del Comité Central del Partido Nacional de Honduras 1966/1967.
Tegucigalpa. Comité Central del Partido Nacional. 1967. 32 p. 28 cm.

– Decretos de la Convención Nacional Ordinaria del Partido Nacional de Honduras.
Tegucigalpa. Comité Central del Partido Nacional. 1967. 13 p. 28 cm.

PINEDA LEIVA, Román Arturo
El Régimen del Servicio Civil.
Tegucigalpa. Ministerio de Educación Pública. /1967/. 139-5 p. 24 cm.

PINEDA PORTILLO, Noé
Nociones de Sociología. Desarrollo de los Programas de Comercio y Bachillerato.
Tegucigalpa. Mimeo. 1967. 192 h. 32 cm.

QUEVEDO, Fernando
Homenaje a la Patria.
Comayagüela. Industrias Tulín. 1967. 24 p. 29 cm.

QUEZADA, Presentación
Comentarios al Código Civil Hondureño.
Tegucigalpa. López y Cía. 1967. iv-261 p. 21 cm.

RIVERA, Amalia de y otros
Nuevos Caminos. Libro de Lectura. Tercer Grado. Tercera edición.
Tegucigalpa. Ministerio de Educación Pública. 1967.
viii-183 p. ilus. 21 cm.
– Horas Felices. Libro de Lectura. Tercer Grado. Tercera edición.
Tegucigalpa. Ministerio de Educación Pública. 1967.
vii-180 p. 21 cm.

ROMERO ZAPATA, Rolando
Grados de imperfección del negocio jurídico en materia civil y mercantil.
Tegucigalpa. Mimeo. 1967. 126 h. 37 cm.

SALINAS CALDERÓN, Roberto
Caja Nacional de Préstamo.
Tegucigalpa. Instituto de Ciencias Económicas y Sociales. 1967.
111 h. 28 cm.

SOCIEDAD Hondureña de Profesores Graduados en Educación Media
Ley de Elecciones de la Sociedad Hondureña de Profesores Graduados en Educación Media.
Tegucigalpa. SHPGEM. 1967. 8 p. 18 cm.

SOLAROS, Blanca S. de y otros
Alborada. Libro de Lectura. Quinto Grado.
Tegucigalpa. Ministerio de Educación Pública. 1967.
viii-343 p. ilus. 21 cm.

SUÁREZ BENAVIDEZ, Manuel Enrique
Bases de un proyecto de Manual Judicial Militar.
Tegucigalpa. UNAH. 1967. 59 p. 25 cm.

SUAZO CHAVARRÍA, Mauro
Delito de Violación.
Tegucigalpa. Imp. La Democracia. 1967. 62 p. 21 cm.

TELA. Municipalidad de
Plan de Arbitrios de 1967.
Tela. Municipalidad de Tela. 1967.
27 p. 27 cm.

ULLOA DUARTE, Jesús
Régimen de la Prueba en Materia Laboral.
San Salvador. Editorial LEA. 1967. 32 p. 21 cm.

UNIVERSIDAD Nacional Autónoma de Honduras
Memoria de la Universidad 1966–1967.
Tegucigalpa. UNAH. 1967. 300-ii p. 22 cm.

– Catálogo de Estudios 1967.
Tegucigalpa. UNAH. 1967.
19-4 v. p. 21 cm.

UNIVERSIDAD Nacional Autónoma de Honduras
Informe del Cursillo de Orientación, enero de 1967.
Tegucigalpa. UNAH. 1967.
6 p. D. 28 cm.

URBIZO P., J. Delmer
El Salario Mínimo.
Tegucigalpa. Mimeo. 1967.
101 h. 28 cm.

VALLADARES VELÁSQUEZ, Román
Programa de Introducción a la Economía.
Tegucigalpa. Imp. La República. 1967.
150 p. 17 cm.

VÁSQUEZ, José Valentín. 1899–
Los Derechos del Niño.
Comayagüela. Imp. Gómez. 1967.
70 p. 20 cm.

– La Bandera Nacional de Honduras. Breve historia general, especial y honores.
Comayagüela. Imp. Gómez. 1967.
29 p. 20 cm.

– La Masonería Hondureña a las madres de Honduras.
Comayagüela. Imp. Gómez. 1967.
23 p. 20 cm.

– Cultura social masónica.
Comayagüela. Imp. Gómez. 1967.
51 p. 20 cm.

LINGÜÍSTICA

ALFARO ARRIAGA, Alejandro. 1908–
Rubén Darío, precursor de la Prosodia Castellana.
Tegucigalpa. Imp. Calderón. 1967.
33 p. 23 cm. Sobretiro.

CIENCIAS PURAS

AGUILAR, José María y otros
Ciencias 3. Desarrollo del Programa de Ciencias Naturales del Tercer Curso del Ciclo Común de Cultura General.
Tegucigalpa. Mimeo. 1967.
44-2 p. ilus. 27 cm.

CASTAÑEDA, Mauricio
Climas de Honduras.
Tegucigalpa. Centro Cooperativo Técnico Industrial. 1967.
72 p. ilus. 22 cm.

HARRASCOUT PORTILLA, Gustavo y otros
Matemáticas. Tercero.
Tegucigalpa. Ministerio de Educación Pública. 1967.
295 p. ilus. 21 cm.

MIRANDA OSEGUERA, Arnulfo
Las Matemáticas a través de la aplicación de Conjuntos en la Escuela
Primaria.
Tegucigalpa. Mimeo. 1967.
55 p. 27 cm.

CIENCIAS APLICADAS

ARITA CHINCHILLA, Carlos Arturo
Cáncer gástrico. Diversos aspectos semiológicos y estimaciones de
operabilidad.
Tegucigalpa. s. e. 1967.
[sin paginación] 21 cm.
COCESNA
Acta de la Décima Reunión del Consejo Directivo de la Corporación
Centroamericana de Servicios de Navegación Aérea, celebrada en
Tegucigalpa, Honduras, del 28 al 30 de noviembre de 1967.
Tegucigalpa. COCESNA. 1967. 63 p. 28 cm.

DURÓN, Jorge Fidel
Directorio de Negocios. Club Rotario N.º 3/59.
Tegucigalpa. Club Rotario de Tegucigalpa. 1967. 64 p. 24 cm.

HIANDAL, Lidín
Luchemos contra el Cáncer.
San Pedro Sula. Liga de Lucha contra el Cáncer. 1967. 16 p. 21 cm.

HUARINGA RIOCI, Mesías
Prácticas de Ciencias Físicas y Naturales para el Primer y Segundo
Curso Normal.
Tegucigalpa. Ministerio de Educación Pública. 1967. 72 p. ilus. 26
cm.

MALDONADO, Natividad
Estudio de la Estroboscopía.
Tegucigalpa. Mimeo. 1967. 42-3 p. 27 cm.
MONCADA, Alejandro
Directorio general de Atlántida. Guía comercial, profesional, geográfica, telefónica.
San Pedro Sula. Imp. Suyapa. 1967. 128-36 p. 22 cm.

ARTES Y RECREACIÓN

ASOCIACIÓN de Entrenadores de Fútbol
Estatutos de la Asociación de Entrenadores de Fútbol.
Tegucigalpa. Imp. La Democracia. 1967. 36 p. 36 cm.

BANCO Central de Honduras
Guía del I Certamen de Pintura del Festival Centroamericano.
Tegucigalpa. Banco Central de Honduras. 1967. 18 p. ilus. 22 cm.

CLUB Marathón
Aniversario del Club Marathón. (42).
San Pedro Sula. Club Marathón. 1967. 42 p. ilus. 22 cm.

ESSO Standard Oil, S.A.
Arte de Centro América y Panamá.
Tegucigalpa. ESSO Standard Oil, S.A. 1967. 26 p. ilus. 21 cm.

GRUPO Militar de los Estados Unidos
Catálogo de Películas de Entrenamiento.
Tegucigalpa. Grupo Militar de los Estados Unidos. 1967. xx-63 p. 28 cm.

MARTÍNEZ, Enrique A.
Esfuerzo Rítmico.
Comayagüela. Imp. Bustillo. 1967. 54 p. 16 cm.

MANZANAREZ A., Rafael. 1918–
Canciones de Honduras.
Tegucigalpa. Ministerio de Educación Pública. 1967. 97 p. 21 cm.

MORRIS BERMÚDEZ, Andrés
El Guarizama. Teatro.
Tegucigalpa. Imp. López y Cía. 1967. 83 p. 22 cm.
PADGETT, Herman Allan
Primer Festival Centroamericano de Tegucigalpa.
Tegucigalpa. Comité del Festival. 1967. 60 p. ilus. 32 cm.

— Selecciones de La Escuelita Alegre. Segunda edición.
Tegucigalpa. Imp. La República. 1967.
196 p. 22 cm.

SÁNCHEZ, Pastor Edgardo
Historia del Arte en Honduras.
Tegucigalpa. Escuela Superior del Profesorado. 1967. 74 h. 28 cm.

LITERATURA

ACOSTA, Óscar. 1933– y SOSA, Roberto. 1935–
Antología de la Nueva Poesía Hondureña. Prólogo, selección y notas
de...
Tegucigalpa. UNAH. 1967. 120 p. 21 cm.

ALEMÁN, Adolfo. 1928–1970
Tierra Abierta. Cuentos.
Tegucigalpa. Tip. Nacional. 1967. 106 p. 22 cm.

ALEMÁN, Vicente. 1911–1971
Poemas.
Tegucigalpa. Rivera y Cía. 1967. 146 p. 21 cm.

BARRERA, Claudio. Seud.
Véase: Alemán, Vicente.

CARÍAS LINDO, Herlinda Lagos de y CARÍAS LINDO, Erasmo
Morazán en el alma de los poetas.
Tegucigalpa. Biblioteca de Consulta "Juan Lindo". 1967. vii-40 p. 21
cm.

CARDONA, Adilia
El Amiguito Patriota.
Comayagüela. Dirección General de Forestación, Caza y Pesca. 1967.
20 h. 28 cm.
ESSO Standard Oil, S.A.
Cuentistas jóvenes de Centro América y Panamá.
Tegucigalpa. ESSO Standard Oil, S.A. 1967. 85 p. 28 cm.

FLORES OCHOA, Santiago. 1919–
Círculos Morados.
Buenos Aires. Edit. Schimidel. 1967. 154-iv p. 20 cm.

FONSECA, Julio
Los Héroes se quedaron.
Tegucigalpa. Ministerio de Educación Pública. 1967. [s. p.]

FUNES H., Matías
Primicias Literarias.
Tegucigalpa. Editorial Paulino Valladares. 1967. 63 p. 21 cm.

HENRÍQUEZ, Orlando
12 Cuentos y una Fábula.
Comayagüela. Imp. Soto. 1967. 105-i p. lám. 19 cm.

JEREZ ALVARADO, Rafael
Pensamiento y Emoción. Prosa y verso.
Tegucigalpa. Lotería Nacional. 1967. 138 p. 21 cm.

— Poliedro Rutilante.
Tegucigalpa. Honduras Industrial. 1967. 74 p. 24 cm.

JIMÉNEZ, Romero
Un espacio a mi poesía.
Tegucigalpa. Imp. La República. 1967. 15 p. 21 cm.

OCAMPO, Santos Antonio
Cantos de Juventud.
La Ceiba. San Pedro Sula. Editora Nacional. 1967. 71 p. 22 cm.

PAGOAGA, Raúl Arturo. 1912–
Darío. Homenaje en el Primer Centenario de su nacimiento.
Tegucigalpa. Ministerio de Educación Pública. 1967. 11 p. 22 cm.

RIVAS, Antonio José
La Mitad de mi silencio.
Madrid, España. 1967.
[s. p.]

ROMERO, Eliseo
Patria Soñadora. Poesía, biografía e ilustraciones sintéticas de cada Departamento de Honduras.
Comayagüela. Imp. Alpha. 1967. 44 p. ilus. 22 cm.

ROSA, Marco Antonio. 1899–
La Tegucigalpa de mis primeros años.
Tegucigalpa. El Ahorro Hondureño. 1967. 219 p. 21 cm.

SÁNCHEZ H., Francisco
La Voz Convocada.
La Ceiba. UNAH. 1967. 128 p. 20 cm.

SEVILLA, Luis Hernán
Antología de Poetas Danlidenses.
Tegucigalpa. CES. 1967. 186 p. ilus. 22 cm.

SORTO ROMERO, Rodolfo
Canto.
Tegucigalpa. Imp. La República. 1967. 71 p. 21 cm.

SOSA, Roberto. 1935–
Mar Interior.
Tegucigalpa. Imp. López y Cía. 1967. 13 p. 21 cm.
— Véase también: Acosta, Óscar.

TURCIOS, Froylán Darío
Experiencias.
Comayagüela. Imp. Soto. 1967. 62 p. 21 cm.

UNDURRAGA, Antonio
Doce Poemas.
Tegucigalpa. [s. i.] 1967. [s. p.]

VALLE, José Cecilio. 1777–1834
Cartas Familiares. Notas de Juan Bautista Valladares.
Tegucigalpa. El Ahorro Hondureño. 1967.
76 p. 21 cm.

VÁSQUEZ, José Valentín. 1890–
Cartas a un estudiante.
Comayagüela. Imp. Gómez. 1967.
60 p. 20 cm.

VEGA JORDÁN, Rolando
Netzahualcóyotl.
Tegucigalpa. [s. i.] 1967.
[s. p.]

ZEPEDA, Ángel B.
Antología Poética. Segunda edición.
Comayagüela. Imp. Bulnes. 1967.
253 p. 21 cm.

ZEPEDA TURCIOS, Roberto
Caminos de Renunciación. ¿Tercera edición?
Tegucigalpa. Honduras Industrial. 1967.
299-v p. 21 cm.

— Después de la Ciega. Tercera edición.
Tegucigalpa. [s. i.] 1967.
[s. p.]

HISTORIA Y GEOGRAFÍA – 1967
ALONZO BRITO, Tomás
Crónicas de Viajes.
Tegucigalpa. Imp. La República. 1967.
60 p. 21 cm.

ALVARADO, Néstor Enrique
Perfiles Heroicos. Vida y obra de Francisco Morazán. El Gran
Rebelde.
Tegucigalpa. UNAH. 1967.
68 p. ret. 21 cm.

— La Revolución del 19.
Comayagüela. Imp. Bulnes. 1967.
196 p. 21 cm.

ANTÚNEZ CASTILLO, Rubén. 1899–
Biografía del Matrimonio Bográn-Morejón. Primera edición.
San Pedro Sula. Familia y Bográn. 1967.
t. 1–2; 22 cm.

ESCOTO, Julio
Los Guerrilleros de Hibueras. Segundo Premio del Concurso Froylán
Turcios.
Tegucigalpa. Escuela Superior del Profesorado. 1967.
78 p. 22 cm.

FUNES, Rigoberto
Policarpo Bonilla y la Revolución de 1894.
Tegucigalpa. Mimeo. 1967.
51 p. 27 cm.

GRANADOS, Leonidas
Mi Comunidad Local. Segunda edición.
Comayagüela. Imp. Alpha. 1967.
61 h. 33 cm. apais.

LAÍNEZ CHÁVEZ, Virginia
Recuerdos de nuestra gira a Europa.
Tegucigalpa. 1967.
65 p. 20 cm.

LANDA ESCOBER, Luis. 1875–
Danlí y el Valle de Jamastrán.
Tegucigalpa. s. i. 1967. 8 p. 22 cm.

LANZA, Lilya C. de
Esta es mi Honduras. Ilustraciones de Ranulfo Zelaya.
Tegucigalpa. Ministerio de Educación Pública. 1967.
152-iii p. ilus. 23 cm.

— Guía para el uso de "Esta es mi Honduras".
Tegucigalpa. Ministerio de Educación Pública. 1967.
51 p. 21 cm.

MONTÚFAR, Lorenzo
El General Francisco Morazán. Segunda edición.
Tegucigalpa. Ministerio de Educación Pública. 1967.
183 p. ret. 19 cm.
— Véase también: Morazán, Francisco.

MURILLO SOTO, Francisco
Ramón Amaya Amador, Céleo Murillo Soto, Jacobo Cárcamo.
San Pedro Sula. Editora Nacional. 1967.
30 p. 20 cm.

NAVARRO, Miguel. 1904–
Estudios Sociales. Centro América. Cuarto Grado. Segunda edición.
Tegucigalpa. Publicaciones Navarro. 1967.
128 p. ilus. 22 cm.

— Estudios Sociales. El Mundo. Sexto Grado. Tercera edición.
Tegucigalpa. Publicaciones Navarro. 1967.
168 p. ilus. 23 cm.

ROMERO, Eliseo
Patria Soñadora. Poesía, biografía e ilustraciones sintéticas de cada
Departamento de Honduras.
Comayagüela. Imp. Alpha. 1967.
44 p. ilus. 22 cm.

ULLOA, José Ángel
Descubrimiento de las Islas del Cisne.
Tegucigalpa. Imp. Calderón. 1967.
18 p. map. 15 cm.

VÁSQUEZ, José Valentín. 1899–
Datos biográficos del Doctor Eduardo Martínez López.
Tegucigalpa. Imp. La República. 1967.
19 p. ret. 20 cm.

VILLAFRANCA R., Augusto. 1908–1965
Estudios Sociales para el Tercer Grado. Undécima edición.
Tegucigalpa. Librería Molino. 1967. 160 p. ilus. 22 cm.

— Estudios Sociales para el Quinto Grado. Undécima edición.
Tegucigalpa. Librería Molino. 1967.
215 p. ilus. 22 cm.

BIBLIOTECA Nacional
Recuerdo del Homenaje al mexicano universal Alfonso Reyes.
Tegucigalpa. Ministerio de Educación Pública. 1967.
10 p. ret. 21 cm.

CONGRESO Nacional
Contestación del Congreso Nacional al Informe del señor Presidente
de la República.
Tegucigalpa. [s. i.] 1967.
[s. p.]

CONSEJO Superior de Planificación Económica
Informe sobre los Organismos relacionados con el desarrollo
comunal.
Tegucigalpa. Secretaría del Consejo Superior. 1967.
[s. p.]

CONSEJO Nacional de Elecciones
Informe anual 1966.
Tegucigalpa. Consejo Nacional de Elecciones. 1967.
110 h. 32 cm.

CONTRALORÍA General de la República
Informe anual 1966.
Tegucigalpa. Contraloría General de la República. 1967.
t. 1–2; 28 cm.

CORTE Suprema de Justicia
Informe al Congreso Nacional correspondiente a 1966.
Tegucigalpa. Corte Suprema de Justicia. 1967.
28 p. 28 cm.

CUERPO ESPECIAL DE SEGURIDAD – 1967
DIRECCIÓN General del Cuerpo Especial de Seguridad

– Creación de la Escuela de Agentes de Seguridad en el Campamento
Militar de Ojos de Agua.
Tegucigalpa. CES. 1967.
36 p. 27 cm.

– Instructivo de Relaciones Humanas.
Tegucigalpa. CES. 1967.
39 p. 22 cm.

– Conjunto Artístico del Cuerpo Especial de Seguridad.
Tegucigalpa. CES. 1967.
8 p. 22 cm.

– Prospecto de Admisión a la Escuela de Agentes del Cuerpo Especial
de Seguridad.
Tegucigalpa. CES. 1967.
17 p. ilus. 22 cm.

DIRECCIÓN General de Aeronáutica Civil
Almanaque 1967.
Tegucigalpa. Dirección General de Aeronáutica Civil. 1967.
62 p. 21 cm.

DIRECCIÓN General de Cartografía
Mapa Oficial. República de Honduras.
Tegucigalpa. Instituto Geográfico Nacional. 1967.
Mapa color 56×83 cm pleg.; 15×20 cm.
Escala 1:1,000,000. Proyección Universal Mercator. Meridiano de
referencia: Greenwich. Incluye carreteras, caminos, ferrocarril.
Inserciones: Islas Santanillas y arrecifes de la Media Luna. Basado en
datos compilados entre 1957–1966.

DIRECCIÓN General de Estadística y Censos

– Comercio Exterior de Honduras. Enero-marzo de 1967.
Tegucigalpa. DGEC. 1967.
iii–168 p. 28 cm.

– Comercio Exterior de Honduras. Enero-junio de 1967.
Tegucigalpa. DGEC. 1967.
iii–176 p. 28 cm.

– Comercio Exterior de Honduras. Exportación 1966.
Tegucigalpa. DGEC. 1967.
131 p. 28 cm.

– Comercio Exterior de Honduras. Importación 1966.
Tegucigalpa. DGEC. 1967.
t. I–II. 32 cm. apais.

– Comercio Exterior de Honduras con el Mercado Común
Centroamericano y con otros países. 1966.
Tegucigalpa. DGEC. 1967.
310 p. 32 cm. apais.

– Directorio Educacional 1967.
Tegucigalpa. DGEC. 1967.
132 p. 28 cm.

– Directorio de Establecimientos Industriales 1967.
Tegucigalpa. DGEC. 1967.
iv–169 p. 32 cm. apais.

– Directorio Industrial 1967.
Tegucigalpa. DGEC. 1967.
52 p. 28 cm.

– Encuesta de Presupuesto Familiar. Manual de Supervisión y
Enumeración.
Tegucigalpa. DGEC. 1967.
31 h. 23 cm.

– Estudio Post-Censal. Segundo Censo Nacional Agropecuario de Honduras. 1965–1966.
Tegucigalpa. DGEC. 1967.
35–26 p. 22 cm. apais.

– Investigaciones Industriales 1963–1964.
Tegucigalpa. DGEC. 1967.
ii–111 p. 28 cm.

– Número y superficie de las fincas, existencia de ganado y tenencia de las fincas por Departamento y Municipio. Cifras preliminares. Segundo Censo Nacional Agropecuario 1965–1966.
Tegucigalpa. DGEC. 1967.
111 p. 33 cm. apais.

DIRECCIÓN General de Estadística y Censos

– Segundo Censo Nacional de Vivienda de Honduras. Abril 1961. Reedición.
Tegucigalpa. DGEC. 1967.
xii-135 p. 29 cm. apais.

– Superficie cosechada y producción de maíz, maicillo, frijoles, arroz y café por Departamento y Municipio. Cifras preliminares según Censo Nacional Agropecuario 1965–1966.
Tegucigalpa. DGEC. 1967.
30 p. 32 cm. apais.

DIRECCIÓN General de Recursos Forestales, Caza y Pesca
Guía Forestal para Maestros.
Comayagüela. Dirección General de RR. NN. 1967.
24 h. 26 cm.

EMPRESA Nacional de Energía Eléctrica
Memoria anual 1966.
Tegucigalpa. ENEE. 1967.
86 p. 28 cm.

FUERZAS Armadas de Honduras

– Curso por Correspondencia para Oficiales.
Tegucigalpa. Estado Mayor de las Fuerzas Armadas. 1967.
76 h. 32 cm.

– Acción Cívica Militar. Conjunto Artístico.
Tegucigalpa. Acción Cívica Militar. 1967.
8 p. ilus. 22 cm.

INSTITUTO Nacional de la Vivienda
Informe anual 1966.
Tegucigalpa. INVA. 1967.
96 p. ilus. 28 cm.

LOTERÍA Nacional de Beneficencia
Álbum Cívico Hondureño. Para ti, niño hondureño.
Tegucigalpa. Lotería Nacional. 1967.
12 p. 26 cm.

JUNTA Nacional de Bienestar Social

– Memoria anual 1963.
Tegucigalpa. Junta Nacional de Bienestar Social. 1967.
43 p. 28 cm.

– Presupuesto para el año de 1967.
Tegucigalpa. Junta Nacional de Bienestar Social. 1967.
101 h. 28 cm.
LEYES, Decretos, etc.

– Ley de Aeronáutica Civil.
Tegucigalpa. Ministerio de Economía y Hacienda. 1967.
64-ii p. 23 cm.

– Ley de Cámaras de Comercio 1946.
Tegucigalpa. Ministerio de Economía y Hacienda. 1967.
9 p. 23 cm.

– Ley sobre el Desarrollo de la Comunidad.
Tegucigalpa. Ministerio de Economía y Hacienda. 1967.
19 p. 14 cm.

– Ley Orgánica de Educación.
Tegucigalpa. Ministerio de Economía y Hacienda. 1967.
30 p. 23 cm.

– Ley Orgánica de Educación.
Tegucigalpa. Ministerio de Educación Pública. 1967.
41 p. 18 cm.

– Ley Orgánica de la Universidad Nacional Autónoma de Honduras
1957 y sus reformas.
[s. l.]. [s. i.]. 1967.
[s. p.]

– Ley Orgánica del Instituto de Antropología e Historia y sus
reformas 1956.
[s. l.]. [s. i.]. 1967.
[s. p.]

– Ley Orgánica del Colegio Superación Magisterial Hondureño 1964.
[s. l.]. [s. i.]. 1967.
[s. p.]

– Ley Orgánica del Colegio Profesional Unión Magisterial 1965.
[s. l.]. [s. i.]. 1967.
[s. p.]

– Ley Orgánica del Primer Colegio Profesional Hondureño de
Maestros 1965.
[s. l.]. [s. i.]. 1967.
[s. p.]

– Ley Electoral 1966.
Tegucigalpa. CES. 1967.
55 p. 21 cm.

– Ley de Ganadería y Sanidad 1954. Reglamento de Sanidad para importación y exportación de animales, sus productos y subproductos 1962. Reglamento para la exportación de ganado bovino 1964.
Tegucigalpa. CES. 1967.
47 p. 22 cm.

– Ley de Gravamen sobre Herencias, Legados y Donaciones 1938 y sus reformas.
Tegucigalpa. Ministerio de Economía y Hacienda. 1967.
20 p. 23 cm.

– Ley de Inquilinato 1966.
Tegucigalpa. Ministerio de Economía y Hacienda. 1967.
21 p. 23 cm.

– Ley de Marcas de Fábrica 1919 y sus reformas.
Tegucigalpa. Ministerio de Economía y Hacienda. 1967.
21 p. 23 cm.

– Ley de Papel Sellado 1911 y sus reformas.
Tegucigalpa. Ministerio de Economía y Hacienda. 1967.
27 p. 23 cm.

– Presupuesto por Programas. Año Fiscal 1967.
Tegucigalpa. Dirección General de Presupuesto. 1967.
vii-730 p. 28 cm.

LÓPEZ ARELLANO, Oswaldo. Pres.
Informe al Congreso Nacional. Segundo año de Gobierno 1966/1967.
Tegucigalpa. Oficina de Información y Prensa de la Presidencia. 1967.
48 h. 20 cm.

EL PARAÍSO. Municipalidad
Memoria Municipal 1965/1966.
El Paraíso. Municipalidad. 1967.
55 p. 27 cm.

JUSTICIA Y PROCURADURÍA – 1967
PROCURADURÍA General de la República
Informe anual 1966.
Tegucigalpa. Procuraduría General de la República. 1967.
123 h. 28 cm.

PLANIFICACIÓN FAMILIAR
Procedimientos del Seminario Centroamericano y de Panamá sobre
"Población, desarrollo económico y planificación familiar".
Tegucigalpa. /Honduras Industrial/. 1967.
474-iii p. 24 cm.

SECRETARÍAS DE ESTADO – INFORMES Y PUBLICACIONES
– 1967
SECRETARÍA de Comunicaciones y Obras Públicas
Informe presentado al Congreso Nacional correspondiente al año
1966/1967.
Tegucigalpa. Ministerio de CC. y OO.PP. 1967.
[s. p.]

SECRETARÍA de Defensa y Seguridad Pública
Informe presentado al Congreso Nacional correspondiente al año
1966/1967.
Tegucigalpa. Ministerio de Defensa y Seguridad Pública. 1967.
213 h. 28 cm.

SECRETARÍA de Economía y Hacienda
Informe presentado al Congreso Nacional correspondiente al año
1966/1967.
Tegucigalpa. Ministerio de Economía y Hacienda. 1967.
263 p. 31 cm.

— Cuarta Reunión de Directores Generales de Presupuesto.
Tegucigalpa. Ministerio de Economía y Hacienda. 1967.
316 p. 27 cm.

SECRETARÍA de Educación Pública
Informe presentado al Congreso Nacional correspondiente al año
1966/1967. Tegucigalpa. Ministerio de Educación Pública. 1967.

— Fiesta Nacional. Folleto conmemorativo de las Fiestas Patrias.
Tegucigalpa. Ministerio de Educación Pública. 1967.
52 p. ilus. 28 cm.

SECRETARÍA de Gobernación y Justicia
Informe presentado al Congreso Nacional correspondiente al año
1966/1967.
Tegucigalpa. Ministerio de Gobernación y Justicia. 1967.
223 p. 26 cm.

SECRETARÍA de la Presidencia de la República
Informe presentado al Congreso Nacional correspondiente al año
1966/1967.
Tegucigalpa. Ministerio de la Presidencia de la República. 1967.
98 p. 27 cm.

SECRETARÍA de Recursos Naturales
Informe presentado al Congreso Nacional correspondiente al año
1966/1967.
Tegucigalpa. Ministerio de Recursos Naturales. 1967.
154 p. ilus. 27 cm.

SECRETARÍA de Relaciones Exteriores
Informe presentado al Congreso Nacional correspondiente al año
1966/1967.
Tegucigalpa. Ministerio de Relaciones Exteriores. 1967.
599-3 h. 34 cm.

— Lista Diplomática 1967.
Tegucigalpa. Ministerio de Relaciones Exteriores. 1967.
167 p. 14 cm.

SECRETARÍA de Salud Pública y Asistencia Social
Informe presentado al Congreso Nacional correspondiente al año
1966/1967.
Tegucigalpa. Ministerio de Salud Pública y Asistencia Social. 1967.
[s. p.]

— Anuario 1966. Estadísticas. Tegucigalpa. Ministerio de Salud Pública y Asistencia Social. 1967.
118 p. 28 cm.

SECRETARÍA de Trabajo y Previsión Social
Informe presentado al Congreso Nacional correspondiente al año 1966/1967.
Tegucigalpa. Ministerio de Trabajo y Previsión Social. 1967.
[s. p.]

— Estadística de Trabajo 1966.
Tegucigalpa. Ministerio de Trabajo y Previsión Social. 1967.
167 h. 33 cm. apais.

— Manual de Descripciones de Tareas Típicas.
Tegucigalpa. Ministerio de Trabajo y Previsión Social. 1967.
161 p. 32 cm.

ACCIÓN EDUCATIVA NACIONAL
Tegucigalpa. Órgano de divulgación del Ministerio de Educación Pública. Mensual. N° 1, en agosto de 1967. Editorial del Ministerio.
28x41 cm. 120 p.

ACCIÓN OBRERA
Tegucigalpa. Órgano de información y orientación del Sindicato de Trabajadores y Empleados de la Cervecería Tegucigalpa. Bimestral. N° 1, en mayo de 1963. 22x30 cm. 4 p.

EL ADMINISTRADOR
Tegucigalpa. Director: Óscar Pinto Russel. Mensual. N° 1, el 30 de noviembre de 1966. Imp. Censa. 23x31 cm. 8 p.

EL ALFILER
San Pedro Sula. Crítica y buen humor. Director: Víctor Hernández Mejía. Semanario. N° 1, el 6 de febrero de 1960. Imp. Sula. 26x39 cm. 8 p.
El director actual es Pedro Escoto López (Pluto Pérez).

LA ANTORCHA
Puerto Cortés. Semanario independiente de crítica y combate. Director: Gustavo Carvajal Castro. Semanal. N° 1, el 6 de abril de 1957. Imp. La Marina. 29x46 cm. 4 p.

ARTES GRÁFICAS
Tegucigalpa. Por la unificación y dignificación de la clase trabajadora. Director: Rodolfo Rico V. Anual. N° 1, el 24 de junio de 1959. Imp. Calderón. 30x45 cm. 8 p.

EL ATLÁNTICO
La Ceiba, Atlántida. Semanario de intereses generales. Director: Ángel Moya Posas. Semanal. N° 1, el 4 de noviembre de 1926. Imp. Moya Posas. 28x40 cm. 2 p.
En la actualidad es de 4 p.

BATALIA
Tegucigalpa. Mensaje cultural de estudiantes de la Escuela Normal de Señoritas. Director: Mélida de Valladares. Semanal. N° 1, el 30 de septiembre de 1966. Editorial Paulino Valladares. 30x43 cm. 4p.

BARAGUÁ
Tegucigalpa. Órgano del Movimiento Revolucionario del Pueblo (M.R.P.), II Frente Nacional del Escambray y Alpha 66. Director: Celestino Fernández Juárez. Mensual. N° 1, el 1 de septiembre de 1965. Imp. Calderón. 30x45 cm. 12p.

BOLETÍN INFORMATIVO del Banco de los Trabajadores
Comayagüela. Mensual. N° 1, en noviembre de 1967. Imp. Soto. 24x32 cm.

BOLETÍN CAFETALERO
San Pedro Sula. Órgano de difusión cafetalera al servicio de todos los caficultores de Honduras. Director: Recaredo Radillo Najarro. Sin periodicidad. N° 1, en junio de 1965. Mimeo. 22x28 cm. 4h.

EL BUEN AMIGO
San Pedro Sula, Cortés. Semanario católico. Semanal. Casa Cural. N° 1, el 3 de septiembre de 1932. 23x30 cm. 4p.

CARTA COMERCIAL PARA HONDURAS

Tegucigalpa. Para fomentar el comercio y la inversión entre Honduras y los Estados Unidos de América. Sin periodicidad. N° 1, en julio de 1965. USIS. 23x37 cm. 4p.

CARTA INFORMATIVA del SANAA

Tegucigalpa. Servicio Autónomo Nacional de Acueductos y Alcantarillado. Mensual. N° 1, en agosto de 1967. Mimeo. 20x28 cm. 4p.

CEIBA JUNIOR

La Ceiba, Atlántida. Servir a la Humanidad es la mejor obra de una vida. Mensual. N° 1, en marzo de 1962. 21x30 cm. 4p.

CENTRAL EN MARCHA

Tegucigalpa. Órgano del Comité Pro-Beneficio del Instituto Central. Quincenal. N° 1, el 15 de julio de 1967. Tip. Ariston. 23x30 cm. 8p.

EL COMBATE

Santa Rosa de Copán. Pedestal de la dignidad y vocero del patriotismo. Semanario. N° 1, el 7 de marzo de 1964. 28x42 cm. 8p.

EL COMERCIO

Tegucigalpa. Órgano de publicidad de la Cámara de Comercio e Industrias de Tegucigalpa y de la libre empresa privada de Honduras. Semanario. N° 1, el 4 de octubre de 1958. 31x46 cm. 8p.

EL COMUNISTA

Tegucigalpa. Semanario independiente. Por una América libre de tiranía. Año I. N° 1, en marzo de 1966. [s.p.].

CORREO DEL SUR

Choluteca. Semanario de combate y crítica sana. Semanal. N° 1, el 24 de junio de 1965. 22x30 cm. 4p.

EL CRISOL

Tela, Atlántida. Periódico de derechos democráticos. Director: Marcial Briceño Rivera. Semanal. N° 1, el 4 de enero de 1933. Imp. La Marina. 27x40 cm. 8p.

EL CRONISTA
Tegucigalpa. Periódico de información. Director: Alejandro Valladares. 39x54 cm. 8p.
Su primer director fue el poeta Adán Canales y se imprimió en la Papelería e Imprenta Calderón.

CHOROTEGA
Choluteca. Mensajero leonístico. Director: Héctor Ramón Aguilera Martínez. Mensual. N° 1, en julio de 1966. Imp. Leiva. 22x29 cm. 8p.

EL DÍA
Tegucigalpa. Doctrinario e informativo. Director: Julián López Pineda. Diario. N° 1, el 11 de junio de 1948. Imp. El Día. 45x57 cm. 12p.
El director actual es el Arq. Julio López Pineda.

DIARIO DEL NORTE
San Pedro Sula. Director: Martín Baide Galindo. Diario. N° 1, el 1 de junio de 1966. Editora Nacional. 45x57 cm. 8p.

EL ESPECTADOR
San Pedro Sula. Por la patria, la paz, la libertad, la justicia, la cultura, el arte y la verdad. Director: Ramón Rosa Galeano. Semanal. N° 1, el 9 de marzo de 1940. Imp. Cálix Oliva, Tela. 29x39 cm. 6p.
Ahora se edita en San Pedro Sula, en la Imprenta Galeano.

FIDES
Tegucigalpa. Orientación y defensa católica. Director y fundador: P. J. Alfonso Molina. Semanal. N° 1, el 17 de septiembre de 1953. Imp. CENSA. 15x22 cm. 1 hoja pleg. 4p.
Actualmente es de 8p. y de 22x36 cm.

LA GACETA
Tegucigalpa. Periódico oficial del Gobierno de Honduras. Director: Heriberto Gómez. Diario. N° 1, el 25 de octubre de 1876. Tip. Nacional. 24x36 cm. 8p.

GUÍA DE LA SUERTE
Tegucigalpa. Publicación oficial de la Lotería Nacional. Mensual. N° 1, el 5 de septiembre de 1950. Imp. Lotería Nacional. 36x56 cm. 1 hoja pleg.

EL HERALDO
La Ceiba, Atlántida. Semanario independiente. Director: Aníbal Cruz Garín. Semanal. N° 1, el 1 de diciembre de 1936. 30x45 cm. 6p.
Su director actual es don Amílcar Cruz Garín.

EL HERALDO
San Pedro Sula. Órgano de la Sociedad Cívica y Unionista "La Juventud". Director: Maximino Mondragón y Pedro C. Cortés. Semanal. N° 1, el 18 de abril de 1914. Imp. La Juventud. 30x45 cm. 8p.
Lo dirige actualmente el Licenciado Humberto Rivera y Morillo.

IMPACTO
Tegucigalpa. Semanario hondureño al servicio del pueblo. Director: Raúl Barnica López. Semanal. N° 1, el 15 de septiembre de 1966. Imp. Calderón. 31x40 cm. 12p.

ÍNDICE
Comayagua. Órgano informativo, doctrinario, eminentemente independiente. Director: Mario Bardales Meza. Semanal. N° 1, el 15 de abril de 1957. Imp. La República, Tegucigalpa. 27x38 cm. 8p.

JUNIOR SAMPEDRANO
San Pedro Sula. Órgano de divulgación de la Cámara Junior de San Pedro Sula. Sin periodicidad. N° 1, en junio de 1964. 21x27 cm. 4p.

EL LASALLISTA
Choluteca. Dios. Patria. Juventud. Anual. N° 1, el 11 de junio de 1964. 28x29 cm. 6p.

NOTICIAS DE COLOMBIA
Tegucigalpa. Órgano oficial de la Embajada de Colombia en Honduras. Director: Alberto Losada Lara. Mensual. N° 1, el 15 de octubre de 1965. 22x39 cm. 8p.

NOTICIERO HONDUREÑO
Tegucigalpa. Mensual. N° 1, en enero de 1957. USIS. 48x63 cm. 1 hoja pleg.

OBRERO CRISTIANO
Santa Rosa de Copán. Órgano de la Sociedad de Caballeros Católicos "San José". Lema: Trabajar intensamente por la conservación de la fe católica; por la Patria y por el implantamiento de las sanas costumbres. Quincenario. N° 1, el 1° de mayo de 1965. 30x40 cm. 4p.

ORIENTACIÓN
La Ceiba, Atlántida. Semanario libre y de combate. Director: Carlos M. Ramírez. Semanal. N° 1, el 4 de julio de 1964. Mimeo. 30x45 cm. 8p.

PLUS ULTRA
Tela, Atlántida. Periódico informativo. Director: Pedro Xatruch. Semanal. N° 1, el 31 de julio de 1941. Imp. La Marina. 39x45 cm. 4p.

LA PRENSA
San Pedro Sula. Diario independiente al servicio del comercio, la industria y la cultura. Director: Andrés Alvarado L. Diario. N° 1, el 26 de octubre de 1964. Imp. La Prensa. 28x40 cm. 32p.

EL PUEBLO
Tegucigalpa. Órgano del Partido Liberal de Honduras. Al servicio de las fuerzas democráticas de la Nación. Director: Darío Montes. Diario. N° 1, el 15 de octubre de 1949. Imp. Renovación. 40x56 cm. 8p.

REFLEJOS DE LA STANDARD
La Ceiba. Departamento de Personal. Mensual. N° 1, en abril de 1966. s.i. 22x28 cm. 6p.

SEMÁFORO
Comayagüela. Grita al pueblo las verdades que otros periódicos le ocultan. Director: Tito Aplícano M. Semanal. N° 1, el 2 de mayo de 1953. Imp. Calderón. 30x45 cm. 8p.

EL SINDICALISTA
La Lima, Cortés. Periódico obrero independiente de ideología democrática. Por la redención del trabajador. Director: Sabas Libio Pineda H. Quincenario. N° 1, el 1 de septiembre de 1955. Imp. Renovación, San Pedro Sula. 29x38 cm. 6p.
Director actual: Juventino Sandoval P.

SOCIAL
El Progreso, Yoro. Semanario informativo. Director: Francisco (Tito) Calderón. Semanal. N° 1, el 2 de enero de 1933. Imp. Calderón. 23x35 cm. 6p.

TORNILLO SIN FIN
Tegucigalpa. Órgano de la Federación de Estudiantes Universitarios de Honduras. Anual. N° 1, el 11 de junio de 1932. 30x46 cm. 28p.

EL TRÓPICO
La Ceiba, Atlántida. Órgano al servicio de los intereses del pueblo y de la democracia. Director: Rodolfo Zavala. Semanario. N° 1, el 1 de agosto de 1938. Imp. Pro-Patria. 23x30 cm. 4p.

VANGUARDIA
Tegucigalpa. Órgano del Frente de Reforma Universitaria. Semanal. N° 1, el 13 de marzo de 1959. 30x45 cm. 4p.

EL VOCERO
San Pedro Sula. Gaceta educativa del Centro Cultural Sampedrano. Mensual. N° 1, en abril de 1963. 24x35 cm. 6p.

VOCERO EVANGÉLICO
San Pedro Sula, Cortés. Órgano oficial del Sínodo de la Iglesia Evangélica y Reformada de Honduras. Mensual. N° 1. 21x26 cm. 8p.

LA VOZ CATÓLICA
Comayagua. Jefe de Redacción: P. Geraldo Scarpone, O.F.M. Mensual. N° 1, en octubre de 1965. Imp. Alpha, Tegucigalpa. 30x41 cm. 4p.

VOZ TIPOGRÁFICA

Santa Rosa de Copán. Servir a la Patria y a la dignidad nacional. Anual. N° 1, el 24 de junio de 1958. 22x28 cm. 4p.

REVISTAS Y BOLETINES

ACCIÓN SOCIAL

Tegucigalpa. Por la armonía entre el capital y el trabajo. Director: Salvador Villeda Vidal. Mensual. N° 1, en enero de 1956. Imp. La República. 20x27 cm. 20p.

AGRO

Tegucigalpa. Órgano del Instituto Nacional Agrario. Mensual. N° 1, en diciembre de 1963. Imp. Bulnes. 23x30cm. 15p.

ANALES DEL ARCHIVO NACIONAL

Tegucigalpa. Directora: Ana Rosa V. de Carías. Subdirector: Julio Rodríguez Ayestas. Trimestral. N° 1, septiembre de 1967. Imp. Calderón. 21x27cm. 59p.

APUNTES AGRÍCOLAS

San Pedro Sula. Cortés. Revista de la Asociación de Profesionales Agrícolas de Honduras. Director: G. Manzanares U. Trimestral. N° 1, octubre-diciembre de 1962. Imp. La Cultura. 21x27cm. 18p.

ARIEL

Tegucigalpa. Director: Medardo Mejía. Mensual. Tercera etapa. Año VI. N° 143, julio de 1964. Imp. La Democracia. 21x29cm. 34p.

EL BECIANO

Tegucigalpa. Órgano informativo familiar del BCIE. Director: Luis Felipe Enamorado. Mensual. N° 1, el 9 de junio de 1967. Multilith. 22x33cm. 24p.

AHPF

Tegucigalpa. Asociación Hondureña de Planificación de Familia. Director: Mario Rietti Matheu. Mensual. N° 1, en julio de 1966. s.i. 22x31cm. 4p.

BOLETÍN DE LA ASOCIACIÓN DE MUNICIPIOS DE HONDURAS
Tegucigalpa. Director: Rogelio H. García. Mensual. N° 1, en enero de 1961. Multilith. 21x28cm. 6p.

BOLETÍN DE LA ASOCIACIÓN DE PROMOCIÓN HUMANA
Tegucigalpa. 1967. s.i. 16x19cm. 14p.

BOLETÍN BIBLIOGRÁFICO
Comayagüela. Directora: Olga Paredes. Bimestral. N° 1, mayo-junio de 1965. BANAFOM. 22x28cm. 22p.

BOLETÍN INFORMATIVO DEL COLEGIO DE PERITOS MERCANTILES Y CONTADORES PÚBLICOS
Tegucigalpa. Dirección: La Junta Directiva. Trimestral. N° 1, febrero-abril de 1967. Imp. Calderón. 23x29cm. 34p.

BOLETÍN ECLESIÁSTICO
Tegucigalpa. Órgano de la Provincia Eclesiástica de Honduras. Bimensual. N° 1, el 20 de mayo de 1931. Imp. Censa. 15x23cm. 81p.

BOLETÍN OFICIAL DE LA ESCUELA AGRÍCOLA PANAMERICANA
Valle de El Zamorano. Bienal. N° 1, en 1960. 15x23cm. 80p.

BOLETÍN INFORMATIVO
San Pedro Sula. Órgano de las Asociaciones Árabes. Director: Jorge Itech B. Mensual. N° 1, en febrero de 1965. Imp. Suyapa. 23x31cm. 20p.

BOLETÍN INFORMATIVO DE LA DIRECCIÓN GENERAL DE TRIBUTACIÓN DIRECTA
Tegucigalpa. Trimestral. N° 1, en septiembre de 1961. 21x27cm. 48p.

BOLETÍN DEL INSTITUTO CENTROAMERICANO DE DERECHO COMPARADO
Tegucigalpa. Director: Miguel R. Ortega. Anual. N° 1, en junio de 1962. Tip. Ariston. 15x21cm. 220p.

CANCIONERO LATINOAMERICANO
Tegucigalpa. Director: Jorge E. Morales. Mensual. N° 1, en julio de 1965. 15x22cm. 30p.

CANCIONERO SIKELANDIA
San Pedro Sula. Propulsor y baluarte del arte nacional. Director: Roberto C. Suárez. Mensual. N° 1, el 15 de diciembre de 1965. Imp. Antúnez. 15x23cm. 32p.

CANCIONERO TROPICAL PEERLESS
San Pedro Sula. Director: Juan E. Paredes. Mensual. N° 1, en noviembre de 1943. Imp. Panamericana. 11x15cm. 36p.

CARTA INFORMATIVA DEL BCIE
Tegucigalpa. N° 1, en enero de 1967. 17x24cm. 12p.

CASA PROPIA
Tegucigalpa. Publicación del Banco de la Propiedad. Mensual. N° 1, en mayo de 1954. 24x32cm. 4p.

CEIBA
Tegucigalpa. Valle de El Zamorano. Revista de la Escuela Agrícola Panamericana. Directores: A. G. Salomón y M. A. Cano. Sin periodicidad. N° 1, en enero de 1950. Imp. Calderón. 15x22cm. 73p.

CONCILIACIÓN NACIONAL
Tegucigalpa. Directora: Francisca Antúnez. Mensual. N° 1, en julio de 1965. Imp. Alpha. 22x30cm. 70p.

CONSEJO DE DEFENSA CENTROAMERICANO
Tegucigalpa. Órgano de información de la Comisión Permanente. Sin periodicidad. N° 1, en enero de 1966. Tip. Ariston. 16x22cm. 88p.

DESPERTAR AGRÍCOLA
Catacamas. Olancho. Director: Santiago Alejandro Ponce. Mensual. N° 1, en agosto de 1965. 19x22cm. 18p.

ECOS MISIONEROS DESDE HONDURAS
Comayagüela. Director: Virgilio Figueroa. Mensual. N° 1, en enero de 1966. Imp. Bulnes. 17x24cm. 16p.

EDUCACIÓN
Tegucigalpa. Órgano oficial del Ministerio de Educación Pública. Trimestral. N° 1, octubre, noviembre y diciembre de 1965. Imp. López y Cía. 23x29cm. 68p.

EN MARCHA
San Pedro Sula. Cortés. Informativo. Director: Martín Baide Galindo. Mensual. N° 1, en septiembre de 1950. Editorial Coello. 21x27cm. 24p.
Se fundó en El Progreso, Yoro.

ESTRELLA SOLITARIA
Tegucigalpa. Carta semanal nacionalista. Publicación del Comité Central del Partido Nacional de Honduras. Semanario. N° 1, en 1966. Departamento de Publicidad. 22x28cm. 8p.

EUREKA
San Pedro Sula. Revista masónica. Órgano de la Respetable Logia Simbólica Eureka N° 2. Director: Domingo Galván. Mensual. N° 1, el 1 de junio de 1920. Imp. El Comercio. 18x24cm. 21p.

EXTRA
Tegucigalpa. Revista mensual de la vida nacional. Director: Óscar Acosta. Mensual. N° 1, en agosto de 1965. Tip. Ariston. 22x30cm. 48p.

FACULTAD DE DERECHO
Tegucigalpa. Revista de la Facultad de Derecho. Semestral. N° 1, corresponde a enero-junio de 1960. 13x21cm. 248p.

FORO HONDUREÑO
Tegucigalpa. Órgano de la Sociedad de Abogados de Honduras. Mensual. N° 1, en enero de 1912. Imp. Papelería e Imprenta Calderón. 19x27cm. Paginación variable.

FUEGO

Tegucigalpa. Revista centroamericana. Órgano oficial de divulgación de los Cuerpos de Bomberos de Centroamérica y Panamá. Director: Mario Aly Allan. Mensual. N° 1, en agosto de 1966. 22x28cm. 60p.

FULGORES

San Pedro Sula. Revista anual del Instituto de Señoritas y Colegio de Niñas "San Vicente de Paúl". Anual. N° 1, en diciembre de 1953. 21x27cm. 28p.

GACETA JUDICIAL

Tegucigalpa. Órgano de la Corte Suprema. Mensual. N° 1, en septiembre de 1895. Tip. Nacional. 25x33cm. 4p.

GUÍA DE HONDURAS

Tegucigalpa. Director: Pedro Aplícano Mendieta. Mensual. N° 1, en enero de 1962. Imp. La Democracia. 15x22cm. 44p.

HONDURAS

San Pedro Sula. Revista mensual ilustrada. Director: José A. Chávez. Mensual. N° 1, en marzo de 1967. Imp. Suyapa. 14x22cm. 48p.

HONDURAS CAFETALERA

Tegucigalpa. Banco Nacional de Fomento. Director: Juan Ramón Molina. Bimensual. N° 1, en enero de 1965. BANAFOM. 21x27cm. 30p.

HONDURAS ILUSTRADA

Tegucigalpa. Hondureñista, imparcial, independiente. Director: Carlos Manuel Arita. Mensual. Imp. López y Cía. 25x33cm. 40p.

HONDURAS PEDIÁTRICA

Tegucigalpa. In Puero Homo. Asociación Pediátrica de Honduras. Director: Luis A. Barahona. N° 1, agosto-noviembre de 1965. 16x23cm. 118p.

HONDURAS ROTARIA
Tegucigalpa. Órgano de los Clubs Rotarios de Honduras. Director: Jorge Fidel Durón. Mensual. N° 1, en abril de 1943. Tip. Nacional. 22x30cm. 28p.

HORIZONTE
La Ceiba. Revista de arte, letras, información. Director: José de la Rosa Muñoz. Mensual. N° 1, en octubre de 1965. 22x28cm. 28p. s.i.

LA INDUSTRIA
Tegucigalpa. Boletín de la Asociación Nacional de Industriales. Director: Planas. Mensual. N° 1, el 14 de febrero de 1959. Imp. Calderón. 21x28cm. 24p.
Esta revista empezó siendo un boletín semanal y de 8 páginas.

INDUSTRIA Y COMERCIO
San Pedro Sula. Revista ilustrada. Director: Ángel Raudales. Mensual. N° 1, en octubre de 1966. Imp. Suyapa. 21x27cm. 44p.

INFORMACIONES DE HONDURAS
Tegucigalpa. Ministerio de la Presidencia de la República. Director: Alejandro Castro H. Mensual. N° 1, en abril de 1966. Tip. Ariston. 22x27cm. 16p.

LABOR
San Pedro Sula. Boletín informativo del Instituto Americano para el Desarrollo del Sindicalismo Libre en Centro América. Director: Jesús Artigas Carbonell. Mensual. N° 1, en mayo de 1964. Editora Nacional. 22x28cm. 12p.

MADRE TIERRA
Nacaome. Valle. Órgano de la Asociación Campesina Social Cristiana. Quincenal. N° 1, en octubre de 1964. 21x29cm. 20p.

MENSAJERO LEONÍSTICO
Tegucigalpa. Órgano del Club de Leones de Tegucigalpa. Director: David Abraham Galo. N° 1, en junio de 1965. (IV época). Imp. La República. 21x30cm. 30p.

MICRÓFONO
Tegucigalpa. Revista independiente de Radio y Televisión. Director: Wilfredo Mayorga Alonzo. Mensual. N° 1, en diciembre de 1967. Imp. CENSA. 14x21cm. 48p.

MICRÓFONO Y CONSOLA
San Pedro Sula. Director: Wilfredo Mayorga. Mensual. N° 1, en noviembre de 1967. Imp. Suyapa. 21x28cm. 28p.

MINERVA
San Pedro Sula. Órgano de publicidad del Instituto Minerva. Director: Rafael Aguilar. Mensual. N° 1, en abril de 1960. Imp. La Juventud. 21x28cm. 20p.

MORAZÁNIDA CONTINENTAL
Tegucigalpa. Revista cultural y académica del Bloque de Prensa. Director: Sigfrido Pineda Green. Mensual. N° 1, en septiembre de 1966. Imp. Calderón. 22x29cm. 56p.

EL MOTORISTA
San Pedro Sula. Órgano de la Asociación de Motoristas Profesionales. Director: Gumercindo G. Paniagua. Mensual. N.º 1, en noviembre de 1965. Editora de Honduras. 21×21 cm. 24 p.

EL MUNICIPIO
Tegucigalpa. Órgano de Información de la Asociación de Municipios de Honduras. Director: Godofredo Alvarado C. N.º 1, en septiembre de 1967. Mimeo. 21×20 cm. 10 p.

NOTICIAS DE HONDURAS
Boletín de la Oficina de Información y Prensa de la Presidencia de Honduras. Director: Óscar Acosta. Mensual. N.º 1 (Tercera época), el 5 de julio de 1965. Tip. Ariston. 24×31 cm. 22 p.

NOTICIERO BANCATLAN
Tegucigalpa. Publicación de los empleados del Banco Atlántida. Mensual. N.º 1, en abril de 1966. Imp. Calderón. 23×30 cm. 12 p.

NOVEDADES

San Pedro Sula. Revista mensual informativa. Órgano al servicio de la cultura nacional. Director: Martín Baide Galindo. Mensual. N.º 1, en abril de 1967. Imp. Censa. 21×29 cm. 24 p.

OLIMPIA

Tegucigalpa. Revista Nacional de Deportes. Director: Efraín L. González. Mensual. N.º 1, en octubre de 1966. Imp. La República. 21×30 cm. 40 p.

LA PATRIA

San Pedro Sula. Director: Rubén Sierra Lemus. Mensual. N.º 1, en marzo de 1967. Publicidad Lemus-Herrera. 22×30 cm. 28 p.

PENSAMIENTO Y ACCIÓN

Juticalpa. Por la superación cultural y espiritual de todos los valores humanos. Director: Miguel Ángel Osorio. Mensual. N.º 1, el 31 de diciembre de 1947. Imp. Alba. 22×29 cm. 40 p.

PRESENTE

Tegucigalpa. Revista de arte y letras de Centroamérica. Directores: Óscar Acosta y Roberto Sosa. Mensual. N.º 1, en agosto de 1964. Imp. López y Cía. 22×29 cm. 48 p.

PROSPERIDAD

Tegucigalpa. Revista extraordinaria. Directora: Marta Luz Mejía. Mensual. N.º 1, en septiembre de 1966. Imp. Lotería Nacional. 21×27 cm. 16 p.

RECURSOS NATURALES

Comayagüela. Órgano oficial del Ministerio de Recursos Naturales. Mensual. N.º 1, en agosto de 1965. 21×30 cm. 40 p.

REFLEJOS BÍBLICOS

Tegucigalpa. Órgano oficial de la Asociación de Iglesias Centroamericanas. Mensual.

REVISTA DE ECONOMÍA
Tegucigalpa. Órgano del Colegio Hondureño de Economistas. Director: J. Aníbal Delgado Fiallos. Trimestral. N.º 1, en agosto-octubre de 1963. Editorial Paulino Valladares. 17×22 cm. 78 p.

REVISTA DE ECONOMÍA POLÍTICA
Tegucigalpa. Publicación del Instituto de Investigaciones Económicas Sociales. Trimestral. N.º 1, en octubre-diciembre de 1962. 21×29 cm. 59 p.

REVISTA DE LA SOCIEDAD DE GEOGRAFÍA E HISTORIA
Tegucigalpa. Trimestral. N.º 1, en julio de 1955. Tip. Nacional. 19×25 cm. Paginación variable.

REVISTA DE INGENIERÍA DE HONDURAS
Tegucigalpa. Director: León Paredes Lardizábal. Bimestral. N.º 1, en diciembre de 1965 y enero de 1966. Imp. La República. 22×30 cm. 40 p.

REVISTA ISTMO
San Pedro Sula. La publicación mensual ilustrada que llegará a convertirse en su compañera. Director: Raúl Espinoza Ríos. Mensual. N.º 1, en abril de 1967. Imp. Suyapa. 14×21 cm. 104 p.

REVISTA MÉDICA HONDUREÑA
Tegucigalpa. Órgano de la Asociación Médica Hondureña. Director: Antonio Vidal. Mensual. N.º 1, en mayo de 1930. s. i. 17×24 cm. 47 p.

REVISTA MUNICIPAL
San Pedro Sula. Órgano de divulgación de la Corporación Municipal. Bimensual. N.º 1, enero-febrero de 1964. 21×27 cm. 32 p.

REVISTA 1966 DE INFORMACIÓN CENTROAMERICANA
Tegucigalpa. Semanal. N.º 1, en marzo de 1966. Talleres edificio Landa Blanco. 20×28 cm. 44 p.

REVISTA DE QUÍMICA Y FARMACIA
Tegucigalpa. Órgano de la Asociación de Químicos y Farmacéuticos de Honduras. Trimestral. N.º 1, enero-marzo de 1964. 18×24 cm. 56 p.

REVISTA TRIMESTRAL DEL BANCO CENTRAL DE HONDURAS
Tegucigalpa. Director: La Gerencia. Trimestral. N.º 1, enero-marzo de 1966. Imp. Talleres Banco Central de Honduras. 20×30 cm. v-83 p.

REVISTA DE LA UNIVERSIDAD
Tegucigalpa. Director: Héctor Bermúdez Milla. Bimestral. IV etapa; N.º 1, septiembre-octubre de 1967. Imp. La Democracia. 16×21 cm. 82 p.

SUCESOS
Tegucigalpa. Revista informativa e ilustrada. Director: Luis Alemán. Mensual. N.º 1, en febrero de 1954. Imp. Calderón. 28×36 cm. 24 p.

LA TABLA DE AVISOS
Tegucigalpa. Boletín mensual del Colegio de Abogados. Mensual. N.º 1, en junio de 1965. s. i. 16×22 cm. 8 p.

TRABAJO
Tegucigalpa. Órgano del Ministerio de Trabajo y Previsión Social. Director: Óscar A. Flores. Mensual. N.º 1, el 1 de marzo de 1958. Tip. Ariston. 20×27 cm. 32 p.

VERDADES BÍBLICAS
La Ceiba, Atlántida. Revista evangélica. Director: Santiago Scollon. Mensual. N.º 1, en enero de 1951. Tip. Evangélica. 14×21 cm. 12 p.

VOZ FARMACÉUTICA
San Pedro Sula. Órgano de la Asociación de Químicos Farmacéuticos del Norte y Occidente de Honduras. Mensual. N.º 1, en agosto de 1958. 14×22 cm. 29 p.

LA VOZ DEL SINDICALISTA

Tegucigalpa. Director: Edgar Alvarenga. Mensual. N.º 1, en febrero de 1967. Imp. La República. 21×30 cm. 60 p.

1968: OBRAS GENERALES

ASOCIACIÓN Nacional de Cámaras Junior
Reglamento de Convenciones. Procedimientos Parlamentarios. Estatutos Asociación Nacional de Cámaras Junior de Honduras. Manual de Trabajo por Comisiones. Tegucigalpa. ANCJ. 1964. 84 p. 25 cm.

ASOCIACIÓN de Periodistas y Escritores Nacs. de Honduras
Congreso de la Asociación de Periodistas y Escritores. 11 p. 20 cm.

— Folleto Conmemorativo del XIV Congreso de la Asociación de Periodistas y Escritores Nacionales. Tegucigalpa. APENH. 1968. 36 p. ilus. 27 cm.

CLUB de Leones
Memoria de la Convención del Club de Leones del Distrito Múltiple "D" Istmania (27). Tegucigalpa. Club de Leones. 1968. 68 p. ilus. 23 cm.

EDITORA Nacional
Artes Gráficas. San Pedro Sula. Editora Nacional. 1968. 60 p. ilus. 24 cm.

FILOSOFÍA

AGUILAR, Augusto
Adaptación a Honduras del Test Otis. Modelo A. Tegucigalpa. UNAH. 1968.
49 p. 28 cm.

ILLAFRANCA R., Augusto (1908–1965)
Educación Moral y Cívica. III Curso del Ciclo Común de Cultura General. Sexta edición. 1968.
128–ii p. 22 cm.

RELIGIÓN

BLANCO GARCÍA, Martín. Pbro.

Los Nueve Miércoles del Padre Eterno. Tegucigalpa. Imp. La Democracia. 1968.
8 p. 16 cm.

DOMÍNGUEZ AGURCIA, Roberto
Cristianismo sin cadenas. Comayagüela. Imp. El Arte. 1968.
107 p. 21 cm.

/GERIN BOULAY, Marcelo/
El Señor convoca a los hombres. Catequesis y celebraciones para las Asambleas Cristianas durante Adviento, Navidad y Epifanía. Tegucigalpa. CENSA. 1968.
78 p. 27 cm.

CIENCIAS SOCIALES

ACADEMIA Hondureña de Geografía e Historia
Estatutos de la Academia Hondureña de Geografía e Historia. Tegucigalpa. Imp. López y Cía. 1968.
22 p. 15 cm.

ALDANA, Carlos
El problema agrario y nuestra tarea en el campo. Tegucigalpa. Editorial Compol. 1968.
31 p. 20 cm.

ARGUETA CARDOZA, José Antonio
Los problemas de la Educación Primaria en Tegucigalpa. Tegucigalpa. s. e.; s. i.; 1968.
44 p. mimeo. 27 cm.

AROSEMENA, Beatriz S. de y otros
Sin Fronteras. Cuarto Grado. Reimpresión N.º 2. Tegucigalpa. Ministerio de Educación Pública. 1968.
338 p. ilus. 21 cm.

BANCO Central de Honduras
Memoria 1966. Tegucigalpa. Banco Central de Honduras. 1968.
213 p. 27 cm.

— Memoria 1967. Tegucigalpa. Banco Central de Honduras. 1968. 220 p. 27 cm.

— Datos Básicos de la Economía de Honduras. Tegucigalpa. Banco Central de Honduras. 1968.

BANCO Centroamericano de Integración Económica
Séptima Memoria de Labores 1967/1968. Tegucigalpa. BCIE. 1968. 168 p. 28 cm.

BANCO Municipal Autónomo
Memoria de Labores 1967. Tegucigalpa. Banco Municipal Autónomo. 1968.
68 p. 27 cm.

BANCO Nacional de Fomento
Memoria 1967. Comayagüela. BANAFOM. 1968.
72 p.; 8 h. 28 cm.

— Datos sobre Honduras 1967. Comayagüela. BANAFOM. 1968. 15 p. 15 cm.

— Boletín Estadístico 1967/1968. Comayagüela. BANAFOM. 1968. 29 h. 29 cm. apais.

BANCO de los Trabajadores
Memoria anual 1967. Tegucigalpa. Banco de los Trabajadores. 1968. 48 p. 28 cm.

BARÓN LUPIAC, Juan F.
El Derecho Diplomático y la reforma de nuestro servicio exterior. Tegucigalpa. s. e.; s. i.; 1968.
128 p. mimeo. 27 cm.
— El Cheque Especial en nuestro Código de Comercio. Tegucigalpa. Imp. Ariston. 1968.
55 p. 24 cm.

BASCUNÁN VALDÉZ, Aníbal
Evaluación de los Estudios Jurídicos en la Universidad Nacional
Autónoma de Honduras. Tegucigalpa. UNAH. 1968.
vi-144 p. 28 cm.

CÁMARA de Comercio e Industrias de Cortés
Memoria de Labores 1967. San Pedro Sula. Editora Nacional. 1968.
69 p. 28 cm.

CARDONA, María Cristina Alfaro de
Mi Mejor Amigo. Libro Primero de Lectura para Adultos. Tercera
edición. Colaboración de Aura Julia N. de Matute. Tegucigalpa.
Ministerio de Educación Pública. 1968.
61 p. ilus. 21 cm.

CENTRO de Adiestramiento Artesanal de Valle de Ángeles
Prospecto del Centro de Adiestramiento de Valle de Ángeles.
Tegucigalpa. Ministerio de Educación Pública. 1968.
30 p. ilus. 22 cm.

CENTRO Cooperativo Técnico Industrial
Educrédito. Tegucigalpa. López y Cía. 1968.
12 p. 21 cm.
— Aspectos técnicos relacionados con la producción de la panela en
Honduras. Tegucigalpa. CCTI. 1968.
30 p. 28 cm.

CLUB de Leones
Folklore de Honduras. Tegucigalpa. 1968.

COOPERATIVA Algodonera del Sur Ltda.
Memoria. Ejercicio V. Cosecha 1966/1967. Comayagüela.
Cooperativa Algodonera del Sur Ltda. 1968.
26 p. 22 cm. apais.

CORPORACIÓN Centroamericana de Servicios de Navegación
Aérea
Informe del Gerente General de COCESNA al Consejo Directivo
1967. Comayagüela. COCESNA. 1968. 23 h. 29 cm.

DURÓN, Jorge Luciano
INVA en Gráficas 1957–1966. Tegucigalpa. INVA. 1968.
14 b. ilus. 29 cm.

EMPRESA Nacional Portuaria
Memoria de la Empresa Nacional Portuaria. Agosto 1966 a diciembre
de 1967. Puerto Cortés. Empresa Nacional Portuaria. 1968.
18 p. ilus. 28 cm.

ESCUELA Superior del Profesorado
Prospecto para 1968. Tegucigalpa. Escuela Superior del Profesorado
Francisco Morazán. 1968.
15 p. 21 cm.

FACULTAD de Ciencias Económicas
Estudio Socioeconómico de Limón, Departamento de Colón.
Tegucigalpa. Instituto de Investigaciones Económicas y Sociales.
1968.
48 p. 32 cm.

FONSECA, Buda Gautama
Curso de Derecho de Familia. Tegucigalpa. Imp. López y Cía. 1968.
304–iv p. 22 cm.

FONSECA FLORES, Abel
Vano afán del Doctor Villeda Morales. Tegucigalpa. López y Cía.
1968.
10 p. 21 cm.

FORTÍN MACHADO, Virgilio
Prácticas Forenses en materia de trabajo. Tegucigalpa. Imp. Calderón.
1968.
310 p. 22 cm.

GIRÓN, Roberto L.
Prontuario de Leyes de Honduras. 1965–1966. Tegucigalpa. s. e.; s.
e.; 1968.
23 p. 22 cm.

GUILLÉN DÍAZ, Isabel (1917–)
Siempre Amigos. Libro de Lectura I-1. Cuarta edición. Tegucigalpa.
Imp. Calderón. 1968.
103 p. ilus. 20 cm.
— El Premio de Luis y Elena. Libro de Lectura I-2. Tercera edición.
Tegucigalpa. Imp. Calderón. 1968.
80 p. ilus. 21 cm.

LABORIEL GOTAY, Hipólito
Derecho de terceros en relación a la porción conyugal. Comayagüela.
Imp. Soto. 1968.
23 p. 26 cm.

LAÍNEZ CALDERÓN, Carlos
Group Training for Iron and Steel. Tegucigalpa. Banco Central de
Honduras. 1968.

LAÍNEZ CALDERÓN, Carlos y Humberto León
Techno-Economic Basis for the Selection of the Technology for Iron
and Steel. Tegucigalpa. Banco Central de Honduras. 1968.

MARTÍNEZ SILVA, Práxedes
Cursillo de Técnicas de Mercadeo. Tegucigalpa. UNAH. 1968.
7 p. 22 cm.

MATUTE, Aura Julia M. de
Véase: Cardona, María Cristina Alfaro de.

MOREL, Saúl
Hoy, mañana y siempre. Tegucigalpa. Imp. La República. 1968.
26 p. 26 cm.

NAVARRO, Miguel. 1904–
Libro de Lectura. Segundo Grado. Décima edición. Comayagüela.
Publicaciones Navarro. 1968.
vi-170 p. ilus. 22 cm.
— Libro de Lectura. Tercer Grado. Sexta edición. Comayagüela.
Publicaciones Navarro. 1968.
viii-190 p. ilus. 22 cm.

— Libro de Lectura. Cuarto Grado. Séptima edición. Comayagüela. Publicaciones Navarro. 1968.

iii-215 p. ilus. 22 cm.

— Libro de Lectura. Quinto y Sexto Grados. Sexta edición. Comayagüela. Publicaciones Navarro. 1968.

vi-255 p. ilus. 22 cm.

PAREDES, Lucas

La Empresa de Pulpa y Papel y la industria nacional. Tegucigalpa. Imp. Honduras. 1968.

PARTIDO Nacional de Honduras

Memoria presentada a la Convención Ordinaria por el Comité Central. Período 1967/1968. Tegucigalpa. Comité Central. 1968.

122 p. ilus. 33 cm.

PINEDA PORTILLO, Noé

Nociones de Sociología. Desarrollo de los Programas de Comercio y Bachillerato. Segunda edición. Tegucigalpa. Imp. López y Cía. 1968.

171 p. 22 cm.

QUEZADA, Arturo

La Universidad y el Desarrollo. Tegucigalpa. UNAH. 1968.

44 p. 21 cm.

RIVERA, Amalia y otros

Aprendo Lenguaje. Segundo. Reimpresión N.º 2. Tegucigalpa. Ministerio de Educación Pública. 1968.

91 p. ilus. 28 cm. apais.

ROSALES C., Roberto Hernán

Apuntes de Estadística. Desarrollo del Programa Comercial. Tegucigalpa. Ediciones Guillén Zelaya. 1968.

49 h. 27 cm.

RUBÍ H., Héctor M.

Economía. Su estudio y aplicación. Primer Curso de Bachillerato y Comercio. Primera edición. Tegucigalpa. s. e.; s. i.; 1968.

42 h. mimeo. 32 cm.

— Problemas sociales de América. Primer Curso de Bachillerato y Secretariado; Segundo Bachillerato Nocturno; Tercero de Comercio. Primera edición. Tegucigalpa. s. e.; s. i.; 1968.
41 h. mimeo. 32 cm.

SÁNCHEZ CAMACHO, Jorge
El Quijotismo de Sancho. Tegucigalpa. Imp. López y Cía. 1968.
72 p. 22 cm.

SIERRA, Antonio de Jesús
Los juicios posesorios en materia civil. Tegucigalpa. s. e.; s. i.; 1968.
75 h. mimeo. 32 cm.
SOLARES, Blanca S. de y otros
Alborada. Guía para el Maestro. Tegucigalpa. Ministerio de Educación Pública. 1958. v-249 p. 21 cm.

TORRES RAMOS, Manuel
La Universidad. Tegucigalpa. 1968.

UNIVERSIDAD Nacional Autónoma de Honduras
Memoria de la Universidad Nacional Autónoma de Honduras 1967/1968. Tegucigalpa. UNAH. 1968.
433–ii p. 27 cm.

VÁSQUEZ, José Valentín. 1890–
Protección a la Maternidad. Comayagüela. Imp. Gómez. 1968.
197 p. 22 cm.

VELÁSQUEZ, Óscar
Alborada. Libro de Lectura. Tegucigalpa. Honduras Industrial. 1968.
249 p. 21 cm.

VEGAS, Juan Antonio
Guiones sobre Sociología. Tegucigalpa. CUEG. 1968.

VILLAFRANCA R., Augusto. 1908–1965
Educación Moral y Cívica. III Curso del Ciclo Común de Cultura General. Tercera edición. Tegucigalpa. Librería Molino. 1968.
133 p. 22 cm.

VILLEDA MORALES, Ramón. 1908–1971
Integración Nacional y Conciliación Política. Tegucigalpa. 1968.

ZELAYA, Albertina B. de
Institución de Reconocimiento de los Gobiernos de Facto.

LINGÜÍSTICA
AGUILAR PAZ, Jesús
Toponimias y Regionalismos Indígenas de Honduras. Tegucigalpa.
Instituto Geográfico Nacional de Honduras. 1968.
35 p. 28 cm.

ARDÓN, Víctor F. 1898–
Castellano. Primer Curso. Ciclo Común de Cultura General. Primera
edición. Tegucigalpa. Imp. La República. 1968.
222 p. 22 cm.

CIENCIAS PURAS

AGUILAR FERNÁNDEZ, Fernando
Números Complejos y algunas aplicaciones eléctricas. Tegucigalpa.
s. e.; s. i.; 1968.
37 p. 27 cm.

GUILLÉN DÍAZ, Isabel. 1917–
— Descubriendo la Naturaleza. Segundo Libro. Primera edición.
Tegucigalpa. Ministerio de Educación Pública. 1968.
194 p. 24 cm.
— Descubriendo la Naturaleza. Segundo Libro. Primera edición.
Tegucigalpa. Ministerio de Educación Pública. 1968.
176 p. 24 cm.
— Descubriendo la Naturaleza. Guía del Maestro. Tegucigalpa.
Ministerio de Educación Pública. 1968.
44 p. 21 cm.

MÉNEZ O., Rubén David
Ciencia II. Tegucigalpa. Imp. I.C. 1968.
97 p. 26 cm.

ORDÓÑEZ, Albertina y otros
Ciencias Tercero. Tegucigalpa. Ministerio de Educación Pública. 1968.
iii-196 p. 27 cm.
— Ciencias Tercero. Guía para el Maestro. Tegucigalpa. Ministerio de Educación Pública. 1968.
viii-106 p. 27 cm.

VALLE R., Orsy Norberto y otros
Ciencias Segundo. Tegucigalpa. Ministerio de Educación Pública. 1968.
146 p. 27 cm.
— Ciencias Segundo. Guía para el Maestro. Tegucigalpa. Ministerio de Educación Pública. 1968.
vi-97 p. 27 cm.

VILLAFRANCA R., Augusto. 1908–1965
Ciencias Naturales para el Segundo Grado. Séptima edición. Tegucigalpa. Librería Molino. 1968.
97 p. 22 cm.
— Ciencias Naturales para el Sexto Grado. Sexta edición. Tegucigalpa. Librería Molino. 1968.
115 p.–3 p. 22 cm.

CIENCIAS APLICADAS

ALVARADO, Francisco, Samuel Dickerman y José Garrao
Guía de Trabajos Prácticos de Fisiología. Tegucigalpa. UNAH. 1968.
145 p. 28 cm.

ANTÚNEZ CASTILLO, Rubén. 1899–
Almanaque Hondureño. San Pedro Sula. Droguería Nacional. 1968.
36 p. ilus. 22 cm.

ANECEH
Guía Telefónica Provisional 1968. Tegucigalpa. Asociación Nacional de Comunicaciones Eléctricas de Honduras. 1968.
33 p. 28 cm.

DÍAZ A., Horacio
Químicas Dinant y sus productos. Producción y control de calidad.
Tegucigalpa. DINANT. 1968.
24 p. 26 cm.

— Catálogo de Películas. Tegucigalpa. United States Information
Service. 1968.
230–20 p. 23 cm.

UNAH
Carta Teatral Universitaria. Tegucigalpa. UNAH. 1968.
32 p. 21 cm.

LITERATURA
ACOSTA, Óscar y Roberto Sosa
Antología del Cuento Hondureño. Prólogo de Arturo Quezada.
Tegucigalpa. UNAH. 1968.

BARAHONA, Alejandro
Viento y Agua. Tegucigalpa. UNAH. 1968.
59 h. 1 p. 21 cm.

BRITO, Javier Bayardo. 1942–
Tránsito de la Voz. Poemas. Tegucigalpa. Lotería Nacional. 1968.
72 p. 21 cm.

CANO ANDRADE, Daniel. 1941–
Primicias. Tegucigalpa. Ministerio de Gobernación. 1968.
77 p. 17 cm.

DÍAZ LOZANO, Argentina. 1909–
Mansión en la bruma. Guatemala. Editorial del Ejército. 1968.
124 p. 21 cm.

EGAN, Melbyn Douglas
Ramón Amaya Amador y "Prisión Verde". Tegucigalpa. 1968.
55 p. 27 cm. mimeo.

FIGUEROA, Francisco P. 1852–1952
Antología Poética. Tegucigalpa. Fléfil-Godoy. 1968.
93 p. 22 cm.

GÓMEZ MILLA, José Antonio. 1908–
Cuentos para Ud. Tegucigalpa. Imp. La República. 1968.
69 p. 15 cm.

HERNÁNDEZ ARGUETA, Gustavo Melán
Versos escolares. Editorial Paulino Valladares. 1968.
71 p. 16 cm.

JIMÉNEZ, Romero
Rocas y Agonía. Tegucigalpa. Tipografía Nacional. 1968.
30 p. 21 cm.

MARIÑAS OTERO, Luis
Huellas Ochocentistas de España. Tegucigalpa. Ministerio de
Educación. 1968.

MARTÍNEZ, Armando Antonio. 1928–1969
Quince Brochazos y tal vez una pincelada. Tegucigalpa. Imp. La
República. 1968.
73 p. 22 cm.

MARTÍNEZ, Enrique A.
Voces de luz y de sueño. Poemario. Tegucigalpa. Editorial Bustillo.
1968.
78 p. ret.; 20 cm.

MARTÍNEZ, José Dagoberto
Ensayo sobre El Guarizama de Andrés Morris. Tegucigalpa. 1968.
48 p. 27 cm. mimeo.

MERREN, Nelson Edmund
Calendario Negro. Tegucigalpa. Editorial Nosotros. 1968.
46 p. 21 cm.

MIRÓ, Marco Tulio. Seud.
Véase: Sánchez H., Francisco.

MOYA POSAS, David. 1929–1970
El Arpa de las Sílabas. Poemas. Tegucigalpa. s. i. 1968.
31 p. 21 cm.

PADILLA COELLO, Ramón. 1905–1931
El Alcázar de Cristal. Segunda edición. Tegucigalpa. Imp. Calderón.
1968.
132 p. ilus. 23 cm.

PEN CLUB
Poesías. Tegucigalpa. Imp. López y Cía. 1968.
133 p. 22 cm.

PÉREZ CADALZO, Eliseo. 1920–
Oro de Yuscarán. Tegucigalpa.

ROCA, Daniel de la. Seud.
Huellas del Recuerdo. San Pedro Sula. Editora Nacional. 1968.
135–iii p. 17 cm.

ROMERO PONCE, Rubén y otros
Antología Poética. Tegucigalpa. Escuela Militar General Francisco
Morazán. 1968.
65 h. ret. 17 cm.

ROSA, Marco Antonio. 1899–
Tegucigalpa, ciudad de remembranzas. Tegucigalpa. Cementos de
Honduras. 1968.
141 p. 21 cm.
Nota: Esta obra tiene como año de edición 1969, pero se distribuyó
desde el 2 de diciembre de 1968.

SALINAS, Gerardo. 1944–
Huellas en la Arena. Poemas. Tegucigalpa. Imp. Calderón. 1968.
69 p. 21 cm.

SÁNCHEZ H., Francisco
Mástiles. Poemas. La Ceiba. Tip. Orientación. 1968.
42 p. ret. 21 cm.

SÁNCHEZ CAMACHO, Jorge
El Quijotismo de Sancho. Tegucigalpa. Caballo de Fuego. 1968.
72 p. 22 cm.

SUASNÁVAR, Constantino
Sonetos de Honduras. Tegucigalpa. Imp. La Democracia. 1968.
25 p. 17 cm.

TROCHEZ, Raúl Gilberto
Poemas y Cuentos. Tegucigalpa. Ministerio de Educación Pública.
1968.
193 p. 22 cm.

ULLOA, Flavio
Intimidades. Tegucigalpa. Imp. La República. 1968.
45 p. 13 cm.

UNDURRAGA, Antonio de
Poesía en Mesa Redonda. Poesía apocalíptica, convivencial, jaikus.
Tegucigalpa. Imp. López y Cía. 1968.
140 p. 22 cm.

VALLE, Rafael Heliodoro. 1891–1959
Nacatamal de Nacaome. Tegucigalpa. s. e.; s. i.; 1968.
6 p. 14 cm.

VÁSQUEZ, José Valentín. 1890–
Cartas a un campesino. Comayagüela. Imp. Gómez. 1968.
77 p. 20 cm.

HISTORIA Y GEOGRAFÍA
ALVARADO, Néstor Enrique
El Día que rugió la Tierra. Comayagüela. Imp. Bulnes. 1968.
97 p. ilus. 21 cm.

ALVARADO GARCÍA, Ernesto. 1904–1972
Historia de Centro América. Séptima edición. Tegucigalpa. Librería Molino. 1968.
376 p. ret.; 21 cm.

CÁCERES LARA, Víctor. 1914–
Datos biográficos del Profesor Jesús Milla Selva. Tegucigalpa. Ministerio de Educación Pública. 1968.
31 p. ret.; 21 cm.

HISTORIA Y GEOGRAFÍA

CANALES SALAZAR, Félix
Controversia fronteriza con El Salvador. Conferencia dictada en el Paraninfo de la Universidad Nacional Autónoma de Honduras. Primera edición. Tegucigalpa. UNAH. 1968.
40 p. maps. 26 cm.
— Controversia fronteriza con El Salvador. Conferencia dictada en el Paraninfo de la Universidad Nacional Autónoma de Honduras. Segunda edición. Tegucigalpa. Academia de Geografía e Historia de Honduras. 1968.
40 p. maps. 26 cm.

CLEAVES, Roberto
Honduras, bella tierra de pinares. Cuarta edición. Tegucigalpa. Banco Atlántida. 1968.
161 p. ilus. 21 cm.

COELLO, Jorge A.
Historia del Himno Nacional de Honduras. Comayagüela. Asociación de Bibliotecarios y Archiveros de Honduras. 1968.
38–10–9 p. 16 cm.

DÍAZ LOZANO, Argentina. 1909–
Aquí viene un hombre. Biografía de Clemente Marroquín Rojas. Prólogo de Jorge Fidel Durón. México. Costa Amic. 1968.
251 p. 20 cm.

FERRO, Carlos A.
La Bandera Argentina, inspiradora de las banderas de Centro América. Tegucigalpa. Ministerio de Educación Pública. 1968.
156 p. 22 cm.

GIRÓN, Yanuario. 1827–1893
Apuntamientos biográficos del señor Presbítero don José Trinidad Reyes. Compilación y notas del Licenciado Juan Valladares Rodríguez. Tegucigalpa. UNAH. 1968.
123 p. 22 cm.

GONZÁLEZ, Ernestina González de y otros
Estudios Sociales. Segundo. Ilustraciones de Ranulfo Zelaya y Liliam Sánchez de Panameño. Tegucigalpa. Ministerio de Educación Pública. 1968.
iv-140 p. ilus. 27 cm.
— Estudios Sociales. Segundo. Guía para el Maestro. Ilustraciones de Ranulfo Zelaya y Liliam Sánchez de Panameño. Tegucigalpa. Ministerio de Educación Pública. 1968.
iv-145 p. ilus., maps. 27 cm.

GUERRA FLORES, Max
Documentos históricos. Creación del Municipio de San Lorenzo, Valle. Tegucigalpa. CENSA. 1968.
46 p. 23 cm.

MARTÍNEZ, Sebastián
Francisco Morazán, frente a la Historia. Tegucigalpa. Imp. Calderón. 1968.
45–iii p. 21 cm.

MARTÍNEZ CASTILLO, Mario Felipe
Apuntes sobre el Colegio Tridentino de Comayagua y la educación colonial en Honduras. Tegucigalpa. UNAH. 1968.
57 p. 21 cm.

MARTÍNEZ LÓPEZ, Eduardo
Biografía del General Francisco Morazán. Cuarta edición. San Pedro Sula. Ministerio de Educación Pública. 1968. 429–vii p. ret. 23 cm.

MÉNDEZ O., Rubén Darío
Estudios Sociales II. Comayagüela. Imp. Bulnes. 1968.
140 p. 26 cm.

MONCADA ELVIR, Mariano
El genocidio más horrible. Segunda edición. Tegucigalpa. [s. e.], 1968.

NAVARRO, Miguel. 1904–
Nuestro País. Estudios Sociales. Tercer Grado. Segunda edición. Comayagüela. Publicaciones Navarro. 1968.
168 p. ilus. 21 cm.
— Estudios Sociales. Centro América. Cuarto Grado. Tercera edición. Comayagüela. Publicaciones Navarro. 1968.
143 p. ilus. 23 cm.
— Estudios Sociales. América. Quinto Grado. Segunda edición. Comayagüela. Publicaciones Navarro. 1968.
160 p. ilus. 23 cm.
— Estudios Sociales. El Mundo. Sexto Grado. Reimpresión. Cuarta edición. Comayagüela. Publicaciones Navarro. 1968.
169 p. ilus. 23 cm.
— Nuestro País. Cuaderno de Trabajo. Comayagüela. Publicaciones Navarro. 1968.
62 h. 29 cm. apais.

OQUELÍ, Ramón e Irma Leticia de Oyuela
Notas sobre Ramón Rosa. Tegucigalpa. 1968.
137 p. 23 cm.

PÉREZ CADALZO, Eliseo. 1920–
Valle, Apóstol de América. Segunda edición. Tegucigalpa. Imp. Calderón. 1968.
244–iv p. 22 cm.

REINA VALENZUELA, José
Comayagua Antañona. 1537–1821. Tegucigalpa. Imp. La República. 1968.
157 p. ilus. 26 cm.

SIERRA LAGOS, Rafael Enrique
Sangre sobre la Patria. Comayagüela. Imp. Soto. 1968.
32 p. ilus. 22 cm.

VALLADARES RODRÍGUEZ, Juan
Véase: Girón, Yanuario.

VILLAFRANCA R., Augusto. 1908–1965
Estudios Sociales. Sexto Grado. Novena edición. Tegucigalpa.
Librería Molino. 1968.
174 p. ilus. 22 cm.
— La Comunidad Americana. Segundo Curso. Tercera edición.
Tegucigalpa. Librería Molino. 1968.
ii–264 p. 22 cm.

PUBLICACIONES GUBERNAMENTALES

CONGRESO Nacional
Contestación al Informe del señor Presidente de la República,
correspondiente al año económico de 1967/1968. Tegucigalpa.
Tipografía Ariston. 1968.

CONSEJO Nacional de Elecciones
Informe de Labores al Congreso Nacional 1967/1968. Tegucigalpa.
1968.
117 p. 21 cm. mimeo.

CONSEJO Superior de Planificación Económica
Plan de Acción 1968–1971. Versión Preliminar. Tegucigalpa. 1968.
359 p. 28 cm. mimeo.
— Región de Santa Rosa de Copán. (Regionalización). Tegucigalpa.
1968.
13 h. ilus. 28 cm. mimeo.

CONTRALORÍA General de la República
Informe al Congreso Nacional correspondiente al año de 1967/1968.
Tegucigalpa. 1968.
t. I–II. 28 cm.

CORTE Suprema de Justicia
Informe al Congreso Nacional correspondiente al año de 1967/1968.
Tegucigalpa. 1968. mimeo.

DIRECCIÓN General de Aeronáutica Civil
Almanaque Hondureño 1968. Tegucigalpa. DGAC. 1968.
36 p. ilus. 21 cm.

DIRECCIÓN General de Caminos
Informe Mensual. Septiembre de 1968. Tegucigalpa. DGC. 1968.
44 h. 28 cm. mimeo.

DIRECCIÓN General de Estadística y Censos

— Anuario Estadístico 1967. Tegucigalpa. D.G.E.C. 1968.
t. I–III. 28 cm.

— Comercio Exterior de Honduras. Enero–junio de 1967.
Tegucigalpa. D.G.E.C. 1968.
276 p. 28 cm.

— Comercio Exterior de Honduras. Enero–septiembre de 1967.
Tegucigalpa. D.G.E.C. 1968.
235 p. 28 cm.

— Comercio Exterior de Honduras con Centro América. 1967.
Tegucigalpa. D.G.E.C. 1968.
317 p. 28 cm.

— Comercio Exterior de Honduras. Exportación 1967. Tegucigalpa.
D.G.E.C. 1968.
vi–128 p. 28 cm.

— Comercio Exterior de Honduras. Importación 1967. Tegucigalpa.
D.G.E.C. 1968.
t. I–III. 32 cm. apais.

— Directorio Educacional 1967. Tegucigalpa. D.G.E.C. 1968.

160 p. 23 cm.

— Directorio Estadístico Industrial 1967. Tegucigalpa. D.G.E.C. 1968.

vii–168 p. 32 cm. apais.

— División Político–Territorial. Reedición 1964. Tegucigalpa. D.G.E.C. 1968.

229 p. 28 cm.

— Encuesta Centroamericana de Hogares. Manual de mano de obra. 1968. Tegucigalpa. D.G.E.C. 1968.

60 p. 28 cm.

— Encuesta Centroamericana. Manual de la Tarjeta de Registro de Hogares. 1968. Tegucigalpa. D.G.E.C. 1968.

34 h. 28 cm.

— Manual de Operación de Listados. Tegucigalpa. D.G.E.C. 1968.

34 h. 28 cm.

— Manual de Críticas y Codificación. Tegucigalpa. D.G.E.C. 1968.

50 p. 28 cm.

— Estadísticas Educacionales 1967. Tegucigalpa. D.G.E.C. 1968.

266 p. 28 cm.

— Estadísticas Vitales 1966. Tegucigalpa. D.G.E.C. 1968.

61 p. 37 cm. apais.

— Importaciones amparadas en la Ley de Fomento Industrial. 1966. Tegucigalpa. D.G.E.C. 1968.

177 p. 28 cm. apais.

— Importaciones amparadas en la Ley de Fomento Industrial. 1967. Tegucigalpa. D.G.E.C. 1968. 213 p. 28 cm. apais.

— Indicadores Económicos 1967. Tegucigalpa. D.G.E.C. 1968.

65 h. 33 cm. apais.

— Índices de Comercio Exterior 1966. Tegucigalpa. D.G.E.C. 1968.

65 p. 23 cm. apais.
— Índices de Comercio Exterior 1967. Tegucigalpa. D.G.E.C. 1968.
57 p. 28 cm.

— La Industria en Honduras. Censo de 1966. Tegucigalpa. D.G.E.C.
1968.
iii–188 p. 32 cm. apais.
— Superficie cosechada y producción de maíz, maicillo, frijoles,
arroz y café por Departamento y Municipio. Cifras preliminares.
Segundo Censo Nacional Agropecuario 1965–1966. Tegucigalpa.
D.G.E.C. 1968.
28 p. 28 cm. apais.

— Superficie de las fincas según tenencia de la tierra, equipo e
implementos agrícolas existentes en las fincas. Cifras preliminares.
Segundo Censo Agropecuario 1965–1966. Tegucigalpa. D.G.E.C.
1968.
37 p. 28 cm.

DIRECCIÓN GENERAL DE RECURSOS FORESTALES, CAZA Y
PESCA
— Guía Forestal para Maestros. Tegucigalpa. Dirección General de
Recursos Forestales, Caza y Pesca. 1968.
31 p. 28 cm.

EMPRESA NACIONAL DE ENERGÍA ELÉCTRICA
— Informe de Actividades 1967. Tegucigalpa. E.N.E.E. 1968.

EMPRESA NACIONAL PORTUARIA
— Memoria de la Empresa Nacional Portuaria 1966–1967. Puerto
Cortés. E.N.P. 1968.
18 p. ilus. 28 cm.

FERROCARRIL NACIONAL DE HONDURAS
— Memoria de Labores 1967. San Pedro Sula. F.N.H. 1968.
37 p. ilus. 27 cm.

INSTITUTO DE LA VIVIENDA
— Unidad Vecinal Presidente Kennedy. [s. i.] [s. e.]. [s. a.].

INSTITUTO GEOGRÁFICO NACIONAL
— Informe de Labores 1967. Tegucigalpa. Instituto Geográfico Nacional. 1968.
64 p. ilus., maps. 48 cm. apais.

— Perfil geográfico y económico de Honduras. Comayagüela. I.G.N. 1968.

— Mapa General de la República de Honduras. Segunda edición. Tegucigalpa. I.G.N. 1968.
83 × 56 cm. col.

JUNTA NACIONAL DE BIENESTAR SOCIAL
— Memoria anual 1967. Tegucigalpa. J.N.B.S. 1968.
41 p. 28 cm.

— ¿Qué es la Junta Nacional de Bienestar Social? Primera edición. Tegucigalpa. J.N.B.S. 1968.
18 p. 21 cm.

LEYES, DECRETOS, ETC.
— Sistema de Jubilaciones y Pensiones de los empleados del Gobierno de Honduras. Tegucigalpa. Ministerio de Economía y Hacienda. 1968.
11 h. 22 cm.

— Ley Orgánica de la Contraloría de la República. 1956. Tegucigalpa. Ministerio de Economía y Hacienda. 1968.
25 p. 23 cm.

— Ley Orgánica de Educación 1966 y Reglamento General de Educación Primaria 1967. Tegucigalpa. Ministerio de Educación Pública. 1968.
113 p. 22 cm.

— Ley de Servicio Civil. Tegucigalpa. Ministerio de Economía y Hacienda. 1968.
23 p. 23 cm.

— Ley de Fomento Industrial 1958. Tegucigalpa. 1968.
14 h. 28 cm.

— Ley Electoral 1966. Reglamento, Reformas y Concordancias. Tegucigalpa. Consejo Nacional de Elecciones. 1968.
176 p. 22 cm.

— Ley de Probidad Administrativa 1954. Tegucigalpa. Ministerio de Economía y Hacienda. 1968.
8 p. 23 cm.

— Ley de Impuestos de Consumo. Ley de Prohibiciones de aumento indebido de precios de las mercaderías. Tegucigalpa. Dirección General de Tributación Directa. 1968.
91 p. 12 cm.

— Ley de Impuesto sobre Ventas, 1963. Tegucigalpa. Ministerio de Economía y Hacienda. 1968.
240 p. 23 cm.

— Leyes Tributarias. Tegucigalpa. Ministerio de Economía y Hacienda. 1968.

— Presupuesto por Programas. Año Fiscal 1968. Tegucigalpa. Dirección General de Presupuesto. 1968.
v–1690 p. 28 cm.

— Presupuesto por Programas. Organismos Descentralizados. Ejercicio Fiscal 1968. Tegucigalpa. Dirección General de Presupuesto. 1968.
vii–378 p. 28 cm.

— Reglamento General de Educación Primaria. Tegucigalpa. Ministerio de Educación Pública. 1968.

PRESIDENCIA DE LA REPÚBLICA
LÓPEZ ARELLANO, Oswaldo, Pres.

Tercer Informe de Labores al Congreso Nacional 1967/1968. Tegucigalpa. Tip. Ariston. 1968.

PROCURADURÍA GENERAL DE LA REPÚBLICA
— Memoria al Congreso Nacional 1967. Tegucigalpa. 1968.
105 h. 28 cm. mimeo.

PUERTO CORTÉS, MUNICIPALIDAD DE
— Memoria Municipal 1967/1968. Puerto Cortés. 1968.
25 p. 28 cm.

SECRETARÍA DE COMUNICACIONES Y OBRAS PÚBLICAS
— Informe al Congreso Nacional 1967/1968. Tegucigalpa. Ministerio de C.C. y P.P. 1968.
101 h. 32 cm.

SECRETARÍA DE DEFENSA Y SEGURIDAD PÚBLICA
— Informe al Congreso Nacional 1967/1968. Tegucigalpa. Ministerio de Defensa y Seguridad Pública. 1968.
156 p. 28 cm.

SECRETARÍA DE ECONOMÍA Y HACIENDA
— Informe al Congreso Nacional 1967/1968. Tegucigalpa. Ministerio de Economía y Hacienda. 1968.
101 p. anexos. 31 cm.

SECRETARÍA de Educación Pública
Informe al Congreso Nacional 1967/1968. Tegucigalpa. Ministerio de Educación Pública. 1968.

SECRETARÍA de Gobernación y Justicia
Informe al Congreso Nacional 1967/1968. Tegucigalpa. Ministerio de Gobernación y Justicia. 1968.
221 p. 22 cm.
SECRETARÍA de la Presidencia de la República
Informe al Congreso Nacional 1967/1968. Tegucigalpa. Ministerio de la Presidencia de la República. 1968.

SECRETARÍA de Recursos Naturales
Informe al Congreso Nacional 1967/1968. Tegucigalpa. Ministerio de
RR. NN. 1968.

SECRETARÍA de Relaciones Exteriores
Informe al Congreso Nacional 1967/1968. Tegucigalpa. Ministerio de
Relaciones Exteriores. 1968.
328–3 h. 34 cm. mecanog.

SECRETARÍA de Salud Pública y Asistencia Social
Informe al Congreso Nacional 1967/1968. Tegucigalpa. Ministerio de
Salud Pública y Asistencia Social. 1968.
98 p. 28 cm.
— Anuario Estadístico 1966. Tegucigalpa. Ministerio de Salud
Pública y Asistencia Social. 1968.
v–301 p. 28 cm.

SECRETARÍA de Trabajo y Previsión Social
Informe al Congreso Nacional 1967/1968. Tegucigalpa. Ministerio de
Trabajo y Previsión Social. 1968.
84 h. 28 cm.
— Estadísticas del Trabajo 1967. Tegucigalpa. Ministerio de Trabajo
y Previsión Social. 1968.
144 h. 32 cm. apais.
— Memoria del Consejo de Trabajo y Previsión Social de la ODECA
(4). Tegucigalpa. Ministerio de Trabajo y Previsión Social. 1968.
t. I–II. 28 cm.
— Informe Final de la IV Reunión del Grupo de Trabajo Regional
Interamericano sobre Desarrollo de la Comunidad en Centro
América, México y Panamá. 1967. OEA. Tegucigalpa. 1968.
42 p. 26 cm.

TRATADOS, CONVENCIONES, ETC.
— Convenio Internacional del Café 1968. Tegucigalpa. Oficina del
Café. 1968. 60 p. 20 cm.

PUBLICACIONES PERIÓDICAS

ACCIÓN EDUCATIVA NACIONAL
Tegucigalpa. Órgano de divulgación del Ministerio de Educación Pública. Mensual. N.º 1, en agosto de 1967. Editorial del Ministerio. 28×41 cm. 12 p.

ACCIÓN OBRERA
Tegucigalpa. Órgano de información y orientación del Sindicato de Trabajadores y Empleados de la Cervecería Tegucigalpa. Bimestral. N.º 1, en mayo de 1963. 22×30 cm. 4 p.

EL ALFILER
San Pedro Sula. Crítica y buen humor. Director: Víctor Hernández Mejía. Semanario. N.º 1, el 6 de febrero de 1960. Edit. Nacional. 26×39 cm. 8 p.
Director actual: Pedro Escoto López (Pito Pérez).

LA ANTORCHA
Puerto Cortés. Semanario independiente de crítica y combate. Director: Gustavo Carvajal Castro. Semanal. N.º 1, el 6 de abril de 1957. Imp. La Marina. 29×46 cm. 4 p.

ARTES GRÁFICAS
Tegucigalpa. Por la unificación y dignificación de la clase trabajadora. Director: Rodolfo Rico V. Anual. N.º 1, el 24 de junio de 1959. Imp. Calderón. 30×45 cm. 8 p.

EL ATLÁNTICO
La Ceiba, Atlántida. Semanario de intereses generales. Director: Ángel Moya Posas. Semanario. N.º 1, el 4 de noviembre de 1926. Imp. Moya Posas. 28×40 cm. 2 p.
En la actualidad es de 4 p.

BARAGUÁ
Tegucigalpa. Órgano del Movimiento Revolucionario del Pueblo (M.R.P.), II Frente Nacional del Escambray y Alpha 66. Director: Celestino Fernández Juárez. Mensual. N.º 1, el 1 de septiembre de 1965. Imp. Calderón. 30×45 cm. 12 p.

BOLETÍN INFORMATIVO DEL BANCO DE LOS TRABAJADORES

Comayagüela. Mensual. N.º 1, en noviembre de 1967. Imp. Soto. 24×32 cm. 4 p.

BOLETÍN CAFETALERO

San Pedro Sula. Órgano de difusión cafetalera al servicio de todos los caficultores de Honduras. Director: Recaredo Radillo Najarro. Sin periodicidad. N.º 1, en junio de 1965. Mimeo. 22×28 cm. 4 h.

EL BUEN AMIGO

San Pedro Sula. Semanario católico. Semanal. Casa Cural. N.º 1, el 3 de septiembre de 1932. 23×30 cm. 4 p.

CARTA COMERCIAL PARA HONDURAS

Tegucigalpa. Para fomentar el comercio y la inversión entre Honduras y los Estados Unidos de América. Sin periodicidad. N.º 1, en julio de 1965. USIS. 23×37 cm. 4 p.

CARTA INFORMATIVA DEL SANAA

Tegucigalpa. Servicio Autónomo Nacional de Acueductos y Alcantarillados. Mensual. N.º 1, en agosto de 1967. Mimeo. 20×28 cm. 4 p.

CASA PROPIA

Tegucigalpa. Publicación del Banco de la Propiedad. Mensual. N.º 1, en mayo de 1954. 24×32 cm. 4 p.

PUBLICACIONES PERIÓDICAS

CEIBA JUNIOR

La Ceiba, Atlántida. Servir a la Humanidad es la mejor obra de una vida. Mensual. N.º 1, en marzo de 1962. 21×30 cm. 4 p.

COLOQUIO

Tegucigalpa. Periódico quincenal de pensamiento y literatura. Director: Hernán Antonio Bermúdez. Quincenal. N.º 1, en febrero 29 de 1968. Mimeo. 22×33 cm. 8 h.

EL COMERCIO
Tegucigalpa. Órgano de publicidad de la Cámara de Comercio e Industrias de Tegucigalpa y de la libre empresa privada de Honduras. Semanario. N.º 1, el 4 de octubre de 1958. 31×46 cm. 8 p.

EL COMUNISTA
Tegucigalpa. Semanario independiente. Por una América libre de tiranía. Año 1, N.º 1, el mes de marzo de 1966.

CORREO DEL SUR
Choluteca. Semanario de combate y crítica sana. Semanal. N.º 1, el 24 de junio de 1965. 22×30 cm. 4 p.

EL CRISOL
Tela, Atlántida. Periódico de derechos democráticos. Director: Marcial Briceño Rivera. Semanal. N.º 1, el 4 de enero de 1933. Imp. La Marina. 27×40 cm. 8 p.

EL CRONISTA
Tegucigalpa. Periódico de información. Director: Alejandro Valladares. Diario. N.º 1, el 10 de abril de 1912. Editorial Paulino Valladares. 39×54 cm. 8 p.
Su primer Director fue Adán Canales y se imprimió en la Papelería e Imp. Calderón.

EL CHOROTEGA
Choluteca. Mensajero Leonístico. Director: Héctor Ramón Aguilera Martínez. Mensual. N.º 1, en julio de 1966. Imp. Leiva. 22×29 cm. 8 p.

EL DÍA
Tegucigalpa. Doctrinario e informativo. Director: Julián López Pineda. Diario. N.º 1, el 11 de junio de 1948. Imp. El Día. 45×57 cm. 12 p.
Su Director actual es el Arq. Julio López Pineda.

DIARIO DEL NORTE
San Pedro Sula. Director: Martín Baide Galindo. Diario. N.º 1, el 1 de junio de 1966. Editora Nacional. 45×57 cm. 8 p.

EL ESPECTADOR

San Pedro Sula. Por la patria, la paz, la libertad, la justicia, la cultura, el arte y la verdad. Director: Ramón Rosa Galeano. Semanal. N.º 1, el 9 de marzo de 1940. Imp. Cálix Oliva. Tela. 29×39 cm. 6 p.

Ahora se edita en San Pedro Sula en la Imp. Galeano.

FIDES

Tegucigalpa. Orientación y defensa católica. Director y fundador: P. J. Alfonso Molina. Semanal. N.º 1, el 17 de septiembre de 1951. Imp. CENSA. 15×22 cm. 1 hoja, 4 p.

Actualmente es de 8 páginas y de 22×36 cm.

LA GACETA

Tegucigalpa. Periódico oficial del Gobierno de Honduras. Director: Heriberto Gómez. Diario. N.º 1, el 25 de octubre de 1876. Tip. Nacional. 24×36 cm. 8 p.

GUÍA DE LA SUERTE

Tegucigalpa. Publicación oficial de la Lotería Nacional. Mensual. N.º 1, el 5 de septiembre de 1950. Imp. Lotería Nacional. 36×56 cm. 1 h. pleg.

EL HERALDO

La Ceiba, Atlántida. Semanario independiente. Director: Aníbal Cruz Garín. Semanal. N.º 1, el 1 de diciembre de 1946. 30×45 cm. 6 p.

El Director actual es don Amílcar Cruz Garín.

EL HERALDO

San Pedro Sula. Órgano de la Sociedad Cívica y Unionista "La Juventud". Directores: Maximiliano Mondragón y Pedro C. Cortés. Semanal. N.º 1, el 18 de abril de 1914. Imp. La Juventud. 30×45 cm. 8 p.

Lo dirige el Lic. Humberto Rivera y Morillo.

IMPACTO

Tegucigalpa. Semanario hondureño al servicio del pueblo. Director: Raúl Barnica López. Semanal. N.º 1, el 15 de septiembre de 1966. Imp. Calderón. 31×40 cm. 12 p.

ÍNDICE

Comayagua. Órgano informativo, doctrinario, eminentemente independiente. Director: Mario Bardales Meza. Semanal. N.º 1, el 15 de abril de 1957. Imp. La República. Tegucigalpa. 27×38 cm. 8 p.

JUNIOR SAMPEDRANO

San Pedro Sula. Órgano de divulgación de la Cámara Junior de San Pedro Sula. Sin periodicidad. N.º 1, en junio de 1964. 21×27 cm. 4 p.

EL LASALLISTA

Choluteca. Dios. Patria. Juventud. Anual. N.º 1, el 11 de junio de 1964. 20×29 cm. 6 p.

NOTICIERO HONDUREÑO

Tegucigalpa. Mensual. N.º 1, en enero de 1957. USIS. 28×63 cm. 1 hoja pleg.

ORIENTACIÓN

La Ceiba, Atlántida. Semanario libre y de combate. Director: Carlos M. Ramírez. Semanal. N.º 1, el 4 de julio de 1964. Mimeo. 30×54 cm. 8 p.

PLUS ULTRA

Tela, Atlántida. Periódico informativo. Director: Pedro Xatruch. Semanario. N.º 1, el 31 de julio de 1941. Imp. La Marina. 39×[¿?] cm. 4 p.

LA PRENSA

San Pedro Sula. Diario independiente al servicio del comercio, la industria y la cultura. Director: Andrés Alvarado L. Diario. N.º 1, el 26 de octubre de 1964. Imp. La Prensa. 40×56 cm. 8 p.

EL PUEBLO

Tegucigalpa. Órgano del Partido Liberal de Honduras. Al servicio de las fuerzas democráticas de la nación. Diario. N.º 1, el 15 de octubre de 1949. Imp. Renovación. 40×56 cm. 8 p.

REFLEJOS DE LA STANDARD

La Ceiba. Departamento de Personal. Mensual. N.º 1, en abril de 1966. s. i. 22×28 cm. 6 p.

SEMAFORO

Comayagüela. Grita al pueblo las verdades que otros periódicos le ocultan. Director: Tito Aplicano M. Semanal. N.º 1, el 2 de mayo de 1953. Imp. Calderón. 30×45 cm. 8 p.

EL SINDICALISTA

La Lima, Cortés. Periódico obrero independiente de ideología democrática. Por la redención del trabajador. Director: Sabas Lilio Pineda H. Quincenario. N.º 1, el 1 de septiembre de 1955. Imp. Renovación. San Pedro Sula. 29×38 cm. 6 p.
Director actual: Juventino Sandoval.

SOCIAL

El Progreso, Yoro. Semanario informativo. Director: Francisco (Tito) Calderón. Semanal. N.º 1, el 2 de enero de 1933. Imp. Calderón. 23×35 cm. 6 p.

TORNILLO SIN FIN

Tegucigalpa. Órgano de la Federación de Estudiantes Universitarios de Honduras. Anual. N.º 1, el 11 de junio de 1932. 30×46 cm. 28 p.

EL TRÓPICO

La Ceiba, Atlántida. Órgano al servicio de los intereses del pueblo y de la democracia. Director: Rodolfo Zavala. Semanario. N.º 1, el 1 de agosto de 1938. Imp. Pro-Patria. 23×30 cm. 4 p.

EL VOCERO

San Pedro Sula. Gaceta educativa del Centro Cultural Sampedrano. Mensual. N.º 1, en abril de 1963. 24×35 cm. 6 p.

VOCERO EVANGELISTA

San Pedro Sula, Cortés. Órgano oficial del Sínodo de la Iglesia Evangélica y Reformada de Honduras. Mensual. N.º 1. 21×36 cm. 8 p.

LA VOZ CATÓLICA
Comayagua. Órgano de la Diócesis de Comayagua. Jefe de Redacción: P. Geraldo Scarpone, C.F.M. Mensual. N.º 1, en octubre de 1965. Imp. Alpha. Tegucigalpa. 30×41 cm. 4 p.

VOZ TIPOGRÁFICA
Santa Rosa de Copán. Servir a la Patria y a la dignidad nacional. Anual. N.º 1, el 24 de junio de 1958. 22×28 cm. 4 p.

REVISTAS Y BOLETINES

ACCIÓN SOCIAL
Tegucigalpa. Por la armonía entre el capital y el trabajo. Director: Salvador Villeda Vidal. Mensual. N.º 1, en enero de 1955. Imp. La República. 20×27 cm. 20 p.

AGRO
Tegucigalpa. Órgano del Instituto Nacional Agrario. Mensual. N.º 1, en diciembre de 1963. Imp. Bulnes. 23×30 cm. 15 p.

ANALES DEL ARCHIVO NACIONAL
Tegucigalpa. Directora: Ana Rosa V. de Carías; Subdirector: Julio Rodríguez Ayestas. Trimestral. N.º 1, en septiembre de 1967. Imp. Calderón. 21×27 cm. 59 p.

APUNTES AGRÍCOLAS
San Pedro Sula, Cortés. Revista de la Asociación de Profesionales Agrícolas de Honduras. Director: G. Manzanares U. Trimestral. N.º 1, en octubre–diciembre de 1962. Imp. La Cultura. 21×27 cm. 18 p.

CEIBA
Tegucigalpa. Valle de El Zamorano. Revista de la Escuela Agrícola Panamericana. Directores: A. G. Salomón y M. A. Cano. Sin periodicidad. N.º 1, en enero de 1950. Imp. Calderón. 15×22 cm. 73 p.

CONCILIACIÓN NACIONAL
Tegucigalpa. Directora: Francisca Antúnez. Mensual. N.º 1, en julio de 1965. Imp. Alpha. 22×30 cm. 70 p.

CONSEJO DE DEFENSA CENTROAMERICANO
Tegucigalpa. Órgano de información.

EL COOPERATIVISTA
Comayagüela. Órgano oficial del Comité de Educación Cooperativa de empleados del Banco Nacional de Fomento. Directora: Olga Paredes. Trimestral. N.º 1, enero–marzo de 1968. BANAFOM. 21×28 cm. 36 p.

EDUCACIÓN
Tegucigalpa. Órgano oficial del Ministerio de Educación Pública. Trimestral. N.º 1, octubre–diciembre de 1965. Imp. López y Cía. 23×29 cm. 68 p.

EN MARCHA
San Pedro Sula, Cortés. Informativo. Director: Martín Baide Galindo. Mensual. N.º 1, en septiembre de 1950. Editorial Coello. 21×27 cm. 24 p.

ESTRELLA SOLITARIA
Tegucigalpa. Carta semanal nacionalista. Publicación del Comité Central del Partido Nacional de Honduras. Semanario. N.º 1, en 1966. Departamento de Publicidad. 22×28 cm. 8 p.

EUREKA
San Pedro Sula. Revista Masónica. Órgano de la Respetable Logia Simbólica Eureka N.º 2. Director: Domingo Galván. Mensual. N.º 1, el 1 de junio de 1920. Imp. El Comercio. 18×24 cm. 21 p.
Su Director actual es el Dr. Juan Ángel Bueso Arias.

FRATRA
Tegucigalpa. Revista mensual de la vida nacional. Director: Óscar Acosta. Mensual. N.º 1, en agosto de 1965. Imp. Ariston. 22×20 cm. 48 p.

FACULTAD DE DERECHO
Tegucigalpa. Revista de la Facultad de Derecho. Semestral. N.° 1, enero–junio de 1960. 13×21 cm. 248 p.

FACACIT INFORMA
Tegucigalpa. Director: Freddy Cuevas Bustillo. Trimestral. N.° 1, octubre–diciembre de 1968. s. i. 22×20 cm. 20 p.

FORO HONDUREÑO
Tegucigalpa. Órgano de la Sociedad de Abogados de Honduras. Director: Gonzalo S. Sequeiros. Redactor: Salatiel Rosales. Mensual. N.° 1, en enero de 1912. Imp. Papelería e Imprenta Calderón. 19×27 cm. Paginación variable.

FUEGO
Tegucigalpa. Revista centroamericana. Órgano oficial de divulgación de los Cuerpos de Bomberos de Centro América y Panamá. Director: Mario Aly Allam. Mensual. N.° 1, en agosto de 1966. 22×28 cm. 60 p.

FULGORES
San Pedro Sula. Revista anual del Instituto de Señoritas y Colegio de Niñas "San Vicente de Paúl". Anual. N.° 1, en diciembre de 1953. 21×27 cm. 28 p.

GACETA JUDICIAL
Tegucigalpa. Órgano de la Corte Suprema. Mensual. N.° 1, en septiembre de 1895. Tip. Nacional. 25×33 cm. 60 p.
El N.° 1 fue de 4 p.

GACETA MUNICIPAL
Santa Bárbara. Director: Juan Barahona H. Mensual. N.° 1, en marzo de 1968. Imp. Suyapa. San Pedro Sula. 22×29 cm. 44 p.

GUÍA DE HONDURAS
Tegucigalpa. Director: Pedro Aplicano Mondieta. Mensual. N.° 1, en enero de 1962. Imp. La Democracia. 15×22 cm. 44 p.

HOMENAJE

Tegucigalpa. Lealtad. Honor. Sacrificio. Anual. N.º 1, en octubre 3 de 1968. Imp. Bulnes. 22×31 cm. 104 p.

HOMENAJE AL MAESTRO

El Progreso, Yoro. Director: Marco A. Chávez. Anual. N.º 1, en septiembre de 1966. 23×30 cm. 80 p.

HONDURAS AGRÍCOLA

Tegucigalpa. Órgano oficial de divulgación de la Asociación de Graduados de la Escuela Agrícola Panamericana; Capítulo Centro-Sur-Oriental de Honduras. Director: Antonio Pérez Ordóñez. Bimestral. N.º 1, en septiembre–octubre de 1968. Imp. Calderón. 20×30 cm. 40 p.

HONDURAS CAFETALERA

Tegucigalpa. Banco Nacional de Fomento. Director: Juan Ramón Molina. Bimestral. N.º 1, en enero de 1965. BANAFOM. 21×27 cm. 30 p.

HONDURAS ILUSTRADA

Tegucigalpa. Hondureñista, imparcial, independiente. Director: Carlos Manuel Arita. Mensual. Imp. López y Cía. 25×33 cm. 40 p.

HONDURAS PEDIÁTRICA

Tegucigalpa. In Puero Homo. Asociación Pediátrica Hondureña. Director: Luis A. Barahona. Cuatrimestral. N.º 1, agosto–noviembre de 1965. 16×23 cm. 118 p.

HONDURAS ROTARIA

Tegucigalpa. Órgano de los Clubes Rotarios de Honduras. Director: Jorge Fidel Durón. Mensual. N.º 1, en abril de 1943. Tip. Nacional. 22×30 cm. 28 p.

LA INDUSTRIA

Tegucigalpa. Boletín de la Asociación Nacional de Industriales. Director: Marco A. Planas. Mensual. N.º 1, el 14 de febrero de 1959. Imp. Calderón. 21×28 cm. 24 p.

INDUSTRIA Y COMERCIO
San Pedro Sula. Revista ilustrada. Director: Ángel Raudales. Mensual. N.º 1, en octubre de 1966. Imp. Suyapa. 21×27 cm. 44 p.

INFORMACIONES DE HONDURAS
Tegucigalpa. Ministerio de la Presidencia de la República. Director: Alejandro Castro H. Mensual. N.º 1, en abril de 1966. Imp. Ariston. 20×27 cm. 16 p.

LABOR
San Pedro Sula. Boletín informativo del Instituto Americano para el Desarrollo del Sindicalismo Libre de Centro América. Director: Jesús Artigas Carbonell. Mensual. N.º 1, en mayo de 1964. Editora Nacional. 22×28 cm. 12 p.

MENSAJERO LEONÍSTICO
Tegucigalpa. Órgano del Club de Leones de Tegucigalpa. Director: David Abraham Galo. Mensual. N.º 1, en junio de 1965 (IV época). Imp. La República. 21×30 cm. 30 p.

MINERVA
San Pedro Sula. Órgano de publicidad del Instituto Minerva. Director: Rafael Aguilar. Mensual. N.º 1, en abril de 1960. Imp. La Juventud. 21×28 cm. 20 p.

MORAZÁNIDA CONTINENTAL
Tegucigalpa. Revista cultural y académica del Bloque de Prensa. Director: Sigfrido Pineda Green. Mensual. N.º 1, septiembre de 1966. Imp. Calderón. 22×29 cm. 56 p.

EL MOTORISTA
San Pedro Sula. Órgano de la Asociación de Motoristas Profesionales. Director: Gumercindo G. Paniagua. Mensual. N.º 1, en noviembre de 1965. Editora de Honduras. 21×31 cm. 24 p.

EL MUNICIPIO
Tegucigalpa. Órgano de información de la Asociación de Municipios de Honduras. Director: Godofredo Alvarado C. Mensual. N.º 1, en septiembre de 1967. 21×28 cm. 10 p.

NOTICIERO BANCATLAN
Tegucigalpa. Publicación de los empleados del Banco Atlántida. Mensual. N.º 1, en abril de 1966. Imp. Calderón. 23×30 cm. 12 p.

NOVEDADES
San Pedro Sula. Revista mensual informativa. Órgano al servicio de la cultura nacional. Director: Martín Baide Galindo. Mensual. N.º 1, en abril de 1967. Imp. Censa. 21×29 cm. 24 p.

OCA
San Pedro Sula. Organización Cultural Americana. Director: Carlos A. García Cáceres. Mensual. N.º 1, en mayo de 1968. Imp. Suyapa. 21×27 cm. 44 p.

OLIMPIA
Tegucigalpa. Revista nacional de deportes. Director: Efraín González. Mensual. N.º 1, en octubre de 1966. Imp. La República. 21×30 cm. 40 p.

OVACIONES
Tegucigalpa. La Revista de la afición nacional. Director: Raúl Zaldívar Guzmán. Mensual. N.º 1, en octubre de 1968. Imp. Calderón. 21×28 cm. 42 p.

PANORAMA ECONÓMICO
San Pedro Sula. Director: Lillo Glorioso M. Mensual. N.º 1, en septiembre de 1968. Imp. Suyapa. 22×30 cm. 44 p.

LA PATRIA
San Pedro Sula. Director: Rubén Sierra Lemus. Mensual. N.º 1, en marzo de 1967. Publicidad Lemus-Herrera. 22×30 cm. 28 p.

PEN CLUB DE HONDURAS

Tegucigalpa. Poesía. Ensayos. Cuento. Debates. Director: Antonio Undurraga. Mensual. N.º 1, 1968. Imp. López y Cía. 15×22 cm. 133 p.

PENSAMIENTO Y ACCIÓN

Juticalpa. Por la superación cultural y espiritual de todos los valores humanos. Director: Miguel Ángel Osorio. Mensual. N.º 1, el 31 de diciembre de 1947. Imp. Alba. 22×29 cm. 40 p.

1° DE MAYO

Tegucigalpa. Anual. N.º 1, en abril de 1968. 22×29 cm. 44 p.

PRESENTE

Tegucigalpa. Revista de arte y letras de Centro América. Director: Roberto Sosa. Mensual. N.º 1, en agosto de 1964. Imp. López y Cía. 22×29 cm. 48 p.

PROSPERIDAD

Tegucigalpa. Revista extraordinaria. Directora: Marta Luz Mejía. Mensual. N.º 1, en septiembre de 1966. Imp. Lotería Nacional. 21×27 cm. 16 p.

RECURSOS NATURALES

Comayagüela. Órgano oficial del Ministerio de Recursos Naturales. Mensual. N.º 1, en agosto de 1961. 21×30 cm. 40 p.

REFLEJOS BÍBLICOS

Tegucigalpa. Órgano oficial de la Asociación de Iglesias Centroamericanas. Mensual.

REVISTA DEPORTES

Tegucigalpa. Director: Manuel Cerna Moncada. Mensual. N.º 1, en octubre de 1968. Imp. Calderón. 23×30 cm. 44 p.

REVISTA DE ECONOMÍA

Tegucigalpa. Órgano del Colegio Hondureño de Economistas. Director: Adalberto Córdova T. Trimestral. N.º 1, en agosto–octubre de 1963. Imp. Censa. 17×24 cm. 54 p.

REVISTA DE ECONOMÍA POLÍTICA

Tegucigalpa. Publicación del Instituto de Investigaciones Económicas Sociales. Trimestral. N.º 1, en octubre–diciembre de 1962. 21×29 cm. 59 p.

REVISTA DE EDUCACIÓN MEDIA

Tegucigalpa. Revista de orientación e información. Órgano de la Dirección General de Educación Media. Trimestral. N.º 1, en febrero–abril de 1968. Imp. López y Cía. 22×28 cm. 48 p.

REVISTA DE LA SOCIEDAD DE GEOGRAFÍA E HISTORIA

Tegucigalpa. Trimestral. N.º 1, en julio de 1955. Imp. Nacional. 19×25 cm. Paginación variable.

REVISTA DE INGENIERÍA DE HONDURAS

Tegucigalpa. Director: León Paredes Lardizábal. Bimestral. N.º 1, en diciembre de 1965. Imp. La República. 22×30 cm. 40 p.

REVISTA MÉDICA HONDUREÑA

Tegucigalpa. Órgano de la Asociación Médica Hondureña. Director: Antonio Vidal. Mensual. N.º 1, en mayo de 1930. s. i. 17×24 cm. 47 p.

REVISTA MUNICIPAL

San Pedro Sula. Órgano de divulgación de la Corporación Municipal. Bimensual. N.º 1, enero–febrero de 1964. 21×27 cm. 32 p.

REVISTA DE QUÍMICA Y FARMACIA

Tegucigalpa. Órgano de la Asociación de Químicos y Farmacéuticos de Honduras. Trimestral. N.º 1, en enero–marzo de 1964. 18×24 cm. 56 p.

REVISTA TRIMESTRAL DEL BANCO CENTRAL DE HONDURAS

Tegucigalpa. Director: La Gerencia. Trimestral. N.º 1, enero–marzo de 1966. Imp. Talleres Banco Central. 20×30 cm. v–83 p.

SUCESOS

Tegucigalpa. Revista informativa e ilustrada. Director: Luis Alemán. Mensual. N.º 1, en febrero de 1954. Imp. Calderón. 28×36 cm. 24 p.

TV GUÍA DE BOLSILLO
[sic]. N.º 1, el 5 de marzo de 1968. s. i. 9×16 cm. 40 p.

TRABAJO
Tegucigalpa. Órgano del Ministerio de Trabajo y Previsión Social. Director: Óscar A. Flores. Mensual. N.º 1, el 1 de marzo de 1958. Tip. Ariston. 20×27 cm. 32 p.

VERDADES BÍBLICAS
La Ceiba, Atlántida. Revista evangélica. Director: Santiago Scollon. Mensual. N.º 1, en marzo de 1951. Imp. Evangélica. 14×21 cm. 12 p.

VOZ FARMACÉUTICA
San Pedro Sula. Órgano de la Asociación de Químicos Farmacéuticos del Norte y Occidente de Honduras. Mensual. N.º 1, en agosto de 1958. 14×22 cm. 29 p.

LA VOZ DEL SINDICALISTA
Tegucigalpa. Director: Edgar Alvarenga. Mensual. N.º 1, en febrero de 1967. Imp. La República. 21×30 cm. 60 p.

1969: OBRAS GENERALES

LAGOS G., Humberto L.
Bibliotecas. Comayagüela. Imprenta Gómez. 1969.
36 p. 27 cm.

LAGOS, Irma Yolanda de
Bibliotecas en las escuelas primarias de Honduras. Comayagüela.
Imp. Gómez. 1969.
42 p. 27 cm.

NEMES, Lazzlo
Bibliotecas en Honduras. Tegucigalpa. UNAH. 1969.
6 h. 30 cm.

PERDOMO VALLECILLO, Mariano
El periodismo como profesión. Tegucigalpa. s. i. 1969.
56 p. 22 cm.

A. A.
Los doce pasos del libro, los doce pasos y las doce tradiciones.
Tegucigalpa. Centro de Distribución de Literatura para Honduras.
1969.
63 p. 21 cm.

GONZAGA, Quíno. Seud.
Véase: González, Joaquín.

GONZÁLEZ, Joaquín
Espiral del alcoholismo en la sociedad. Tegucigalpa. Tip. López y
Cía. 1969.
150 p. 21 cm.

VILLAFRANCA R., Augusto. 1908–1965
Educación Moral y Cívica. Primer Curso del Ciclo Común de Cultura
General. Sexta edición. Tegucigalpa. Librería Molino. 1969.
125 p. 22 cm.

— Educación Moral y Cívica. Primer Curso del Ciclo Común de Cultura General. Séptima edición. Tegucigalpa. Librería Molino. 1969.
125 p. 22 cm.

RELIGIÓN

FONTAIN, Tomás
Salud del cristianismo. Segunda edición. Dibujos de Rafael González. Tegucigalpa. Cultura Fundamental. 1969.
61 p. 22 cm.

HERNÁNDEZ P., José N.
Encuentra tu persona. ¿Quién triunfa? Tegucigalpa. s. e.; s. i. 1969.
44 p. 22 cm.

PALMA, Ernesto
Virgen Inmaculada de Concepción. Comayagüela. Centro Bibliográfico Labor. 1969.
13 p. 15 cm.

CIENCIAS SOCIALES

ALCERRO DÍAZ, Joaquín Donato
La Décima Tercera Reunión de Consulta de la Organización de Estados Americanos y el Tratado de Río de Janeiro. Tegucigalpa. CENSA. 1969.
42 p. 20 cm.

ALVARADO LAÍNEZ, Alfonso
Elementos naturales, artificiales y humanos en el desarrollo de Honduras. Tegucigalpa. 1969. 149 r. 28 cm. mimeo.

ÁLVAREZ ALVARADO, Florentino
El buque en la legislación hondureña. Tegucigalpa. s. i. 1969.
X–281–VIII p. 21 cm.

ANDONIE FERNÁNDEZ, Miguel
Con la bandera de una nueva Honduras. Tegucigalpa. s. i. 1969.
8 p. 23 cm.

AROSEMENA, Beatriz S. de y otros
Sin Fronteras. Cuarto Grado. Reimpresión N.º 3. Tegucigalpa. Ministerio de Educación Pública. 1969.
338 p. ilus. 21 cm.

BANCO Atlántida
Sea un buen Supervisor. Tegucigalpa. Banco Atlántida. 1969.
10 p. 21 cm.

BANCO Central de Honduras
Memoria 1968. Tegucigalpa. Banco Central de Honduras. 1969.

BANCO Centroamericano de Integración Económica
Séptima Memoria de Labores 1968/1969. Tegucigalpa. BCIE. 1969.
95 p. 28 cm.
— Novena sesión extraordinaria. Asamblea de Gobernadores. Tegucigalpa. López y Cía. 1969.
10 p. 20 cm.

BANCO Municipal Autónomo
Memoria anual 1968. Tegucigalpa. Banco Municipal Autónomo. 1969.

BANCO Nacional de Fomento
Memoria anual 1968. Comayagüela. BANAFOM. 1969. 91 p. 21 cm.

BANCO de los Trabajadores
Memoria anual 1968. Comayagüela. Banco de los Trabajadores. 1969.

CANO Llopis, Manuel
Introducción al estudio de Derecho Comparado. Metodología y Didáctica. Práctica. Tegucigalpa. UNAH. 1969. 134 p. 20 cm.

CASTAÑEDA LAÍNEZ, Obed.
Medios audiovisuales en los centros de educación primaria. Comayagüela. Imp. Gómez. 1969. 53 p. 27 cm.

CASTELLÓN GALLARDO, Samuel
Apuntes de Sociología General. Segunda edición. San Pedro Sula. Imp. Suyapa. 1969. 186 p. 21 cm.

CARIAS, Ana Rosa v. de y Raúl Gilberto Tróchez
Recuerdos de Historia Hondureña. Tegucigalpa. Archivo Nacional. 1969.

CARIAS, Marco Virgilio y otros
Análisis sobre el conflicto entre Honduras y El Salvador. Primera edición. Tegucigalpa. Facultad de CC.EE. 1969. viii-82-42 p. 27 cm.

COMPAÑÍA de Seguros Interamericana
Hay protección en el Hogar, si hay seguro de familia. Tegucigalpa. Compañía de Seguros Interamericana. 1969. s.p. 22 cm.

COMPAÑÍA Algodonera del Sur Ltda.
Memoria. Ejercicio VI. Cosecha 1967/1968. Tegucigalpa. CASL. 1969. 24 p. 22 cm. apais.

RAMÓN Ernesto y otros
Exposición de motivos y proyecto de Código Penal. Tegucigalpa. Tip. López y Cía. 1969.

DURÓN, Jorge Fidel. 1911-
La Batalla de Washington. Primera edición. Tegucigalpa. Tip. López y Cía. 1969.
30 p. 21 cm.
— La Batalla de Washington. Segunda edición. Tegucigalpa. Imp. Calderón. 1969.
30 p. 21 cm.

FLORES, Oscar Armando
¿Qué es la Patria? Tegucigalpa. Banco Municipal Autónomo. 1969. 15 p. 20 cm.

GIRÓN, Roberto
Prontuario de Leyes de Honduras. 1968/1969. Tegucigalpa. Tip. Nacional. 1969. 15 p. 23 cm.

— Prontuario de Leyes de Honduras. 1967/1968. Tegucigalpa. Tip. Nacional. 1969.
12 p. 23 cm.

GRANADOS CORTÉS, Leonidas
Manual de Evaluación Escolar. Segunda edición. Tegucigalpa. El Libro Selecto. 1969.
145 p. 27 cm.

GUILLÉN DÍAZ, Isabel
Vacaciones en el Puerto. 22. Segundo Grado. Tegucigalpa. Ministerio de Educación Pública. 1969.
136 p. 27 cm.

JONES FAJARDO, Roberto
El régimen de los incentivos a las industrias en el Mercado Común Centroamericano. Tegucigalpa. Corte Suprema de Justicia. 1969.
81-xxii h. 28 cm.
— Resistencia a la opresión. (El derecho de insurrección). Tegucigalpa. Facultad de CC. JJ. y SS. 1969.
241-4 h. 27 cm.

LANDA /Escober/, Luis. 1875-
Influencia de Chile en la cultura de Honduras. /Tegucigalpa. s.e. s.i. 1969/.
11 p. 21 cm.

LAÍNEZ H., Héctor
La lucha de Honduras por la defensa del derecho. Tegucigalpa. CENSA. 1969.

LEIVA VIVAS, Rafael
Los tratados internacionales de Honduras. Tegucigalpa.

MARTÍNEZ, Sebastián
El Folklore en los tiempos coloniales. Tegucigalpa. Imp. Calderón. 1969.
64 p. 22 cm. apais.

MARTÍNEZ ORTEGA, Rolando
Hablemos de educación sexual y de su incorporación al programa escolar primario. Comayagüela. Imp. Gómez. 1969.
40 p. 27 cm.

MATUTE S., Víctor Manuel
El analfabetismo en Honduras. Comayagüela. Imp. Gómez. 1969.
46 p. 27 cm.

MAYES HUETE, Guillermo
La Convención de Viena sobre relaciones diplomáticas. Tegucigalpa. UNAH. 1969.
61 h. 28 cm.

MEDRANO C., Arturo H.
Problemas económicos de Honduras. Tegucigalpa. 1969.
27 p. 22 cm. mimeo.

MEJÍA, Marta Luz
Mística cooperativista. Comayagüela. Cooperativa Prosperidad Ltda. 1969.
24 p. 20 cm.

MEJÍA, Medardo. 1907-
Historia de Honduras. Sociedad primitiva precolombina. Maya-Tolteca. Tegucigalpa. Editorial Andrade. 1969.
162 p. 21 cm.

MEJÍA P., Francisco Eduardo
La educación vocacional y el desarrollo nacional. Comayagüela. Imp. Gómez. 1969.
49 p. 27 cm.

MÉNDEZ O., Rubén Darío
Umbrales. Lecturas. Tegucigalpa. Honduras Industrial. 1969.
381 p. il. ups. 21 cm.

MÉNDEZ GUILLÉN, Napoleón
Desarrollo de la Comunidad. Segunda edición. Tegucigalpa. UNAH. 1969.
265 p. 22 cm.

MOLINA ARRIAGA, Dora Elizabeth
Diagnóstico de la educación hondureña. Comayagüela. Imp. Gómez. 1969.
44 p. 27 cm.

MONCADA FORNERO, Tomás
El Recurso de Casación y las reformas introducidas al mismo por el Decreto N° 92 del 18 de febrero de 1935. Tegucigalpa. CENSA. 1969.
29 p. 21 cm.

MORALES CASTELLANOS, Otilia
Administración de la escuela primaria. Tegucigalpa. s.e. s.i. 1969.
51 p. 27 cm.

NANCE, James
El comercio pre-español en las Islas de la Bahía. Traductor: M.I.N. Tegucigalpa. Instituto Geográfico Nacional. 1969.
16 p. Maps. 21 cm.

NAVARRO, Miguel. 1904-
Libro de Lectura. Segundo Grado. Undécima edición. Tegucigalpa. Publicaciones Navarro. 1969.
170 p. ilus. 22 cm.

OLAIZOLA Souza, Sabas
El Plan de Maestros Asociados o de ambientes especializados. Segunda edición. Tegucigalpa. Ministerio de Educación Pública. 1969.
255 p. 21 cm.

OLIVERA, David
La Supervisión Escolar en Honduras. Comayagüela. Imp. Gómez. 1969.
56 p. 27 cm.

OSORIO B., Luis Felipe
La escuela primaria y el analfabetismo. Comayagüela. Imp. Gómez. 1969.
41 p. 27 cm.

PARTIDO Nacional de Honduras
El Partido Nacional y la Legislación Laboral de Honduras. San José de Costa Rica. Antonio Lehmann. 1969.
423 p. 20 cm.

PERDOMO VALLECILLO, Mariano
El Periodismo como profesión. Tegucigalpa. s.e. s.i. 1969.
56 p. 27 cm.

PINEDA MEZA, Juan
Doble nacionalidad. Tegucigalpa. Facultad de CC. JJ. y SS. 1969.
108 p. 22 cm.

RIVERA, Amalia de
Nuevos Caminos. Tercer Grado. Reimpresión N° 4. Tegucigalpa. Ministerio de Educación Pública. 1969.
viii-183 p. ilus. 21 cm.

RUBÍ HENRÍQUEZ, Héctor Manuel
Curso de Derecho. Desarrollo del Programa de Primer Curso de Comercio. Nociones de Derecho y Derecho Mercantil del Segundo Curso de Comercio. Segunda edición. Tegucigalpa. 1969.
77 h. 32 cm. mimeo.
Economía. Su estudio y aplicación. Primer Curso de Bachillerato y Comercio. Segunda edición. Tegucigalpa. 1969.
54 h. 32 cm. mimeo.
Problemas sociales de América. Primer Curso de Bachillerato. Normal y Secretariado. Tercer Curso de Comercio. Tegucigalpa. 1969.
44 h. 32 cm. mimeo.

SANABRIA, Salomón M.
Temas tácticos de instrucción para el combate. San Pedro Sula. Imp. Suyapa. 1969. 219 p. 15 cm.

SANDOVAL C., Rigoberto
Exposición ante el Comité Central del Partido Nacional de Honduras.
Comayagüela. Imp. Gómez. 1969.
20 p. 20 cm.

SCOUT de Honduras
Reglamento de Uniformes y Condecoraciones. Tegucigalpa. Imp.
López y Cía. 1969.
11 p. 15 cm.

SITRAINGRAC
Informe 1968. Tegucigalpa. Tip. Ariston. 1969.

SOLÍS, Marcial
El Cooperativismo, el cambio y el desarrollo. Tegucigalpa. Imp.
Calderón. 1969.
156-iii p. 22 cm.

STANFORD Research Institute
Desarrollo económico del Sur de Honduras. Tegucigalpa. CSPE.
1969.
239 p. 26 cm.

TABACALERA Hondureña
Memoria de 1968. San Pedro Sula. 1969.

TÁBORA MEJÍA, Juan Manuel
Problemas del empirismo del maestro de educación primaria en
Honduras. Legislación y esfuerzos nacionales tendientes a solucionar
dicho problema. Comayagüela. Imp. Gómez. 1969.
48 h. 28 cm.

VANTYLL, Esperanza Tomé de
Manual para voluntarios sociales. San Pedro Sula. 1969.
45 p.

UNIVERSIDAD Nacional Autónoma de Honduras
Estadísticas universitarias. Período 1960-1968. Tegucigalpa. UNAH.
1969.

5 p. 33 cm. apais.
Plan de Desarrollo Integral 1967-1972. Tegucigalpa. UNAH. 1969.
51 p. 22 cm.
— Compendio Académico 1969. Tegucigalpa. UNAH. 1969.
s.p. 32 cm.

VALLADARES VELÁSQUEZ, Román
Programa de Introducción a la Economía. Tegucigalpa. Imp. La República. 1969.
149 p. 17 cm.

VALLE, José Cecilio del. 1777-1834
Memoria de Educación. Tegucigalpa. Ministerio de Educación Pública. 1969.
— El Pensamiento Económico de José Cecilio del Valle. Edición conmemorativa del Banco Central de Honduras. Tegucigalpa. Banco Central de Honduras. 1969.
217 p. 25 cm.

VÁSQUEZ, José Valentín. 1890-
Memoria. Conferencias Masónicas. Comayagüela. Imp. Gómez. 1969.
12 p. 20 cm.
— Pensando en nuestros niños. Comayagüela. 1969.

VELÁSQUEZ DÍAZ, Max
La aplicación del Tratado de Río y la agresión a Honduras. Tegucigalpa. UNAH. 1969.
162-iv p. map. 21 cm.

VILLAFRANCA R., Augusto. 1908-1965
Libro de Lectura para el Segundo Grado. El Amigo del Niño. Undécima edición. Tegucigalpa. Librería Molino. 1969.
100-ii p. 22 cm.

VILLEDA MORALES, Ramón. 1908-1971
Integración nacional y conciliación política. Tegucigalpa. 1969.
21 p. 21 cm.
— Crisis hondureño-salvadoreña. Tegucigalpa. 1969.

VILLEDA V., Oscar Humberto
La Prostitución. Comayagüela. Imp. Gómez. 1969.
62 p. 27 cm.

VIDAURRETA, Estela de
Apuntes de Estadística. Primer Curso de Educación Comercial.
Tegucigalpa. 1969.
58 h. 36 cm. mimeo.

LINGÜÍSTICA

ARDÓN, Víctor /Figueroa/. 1898-
Castellano. Primer Curso. Ciclo Común de Cultura General. Segunda edición. Tegucigalpa. Imp. La República. 1969.
218-iv p. 22 cm.
Castellano. Segundo Curso. Ciclo Común de Cultura General. Primera edición. Tegucigalpa. Imp. La República. 1969.
175-v p. 22 cm.
— Castellano. Tercer Curso. Ciclo Común de Cultura General. Primera edición. Tegucigalpa. Imp. La República. 1969.
167-iii p. 22 cm.

PÉREZ, Juan Pío
*/Diccionario Maya/. Coordinación alfabética de las voces del idioma maya, que se hallan en el arte y obras del Padre Fr. Pedro Beltrán de Santa Rosa /Yucatán/, con las equivalencias castellanas que en las mismas se hallan. Prólogo de Medardo Mejía. /Segunda edición/. Tegucigalpa. Editorial Andrade. 1969.
297 p. 22 cm.

CIENCIAS PURAS

AGUILAR S., Allan
Así doy mi clase de Conjuntos. Primer Curso. Primer trimestre. Tegucigalpa. Estudios Culturales. 1969.
43 h. 26 cm. mimeo.
Así doy mi clase de Conjuntos. Primer Curso. Segundo trimestre. Tegucigalpa. Estudios Culturales. 1969.
94 h. 26 cm. mimeo.

Geometría. Trigonometría. Tercer Curso. Plan Básico. Primer trimestre. Tegucigalpa. Estudios Culturales. 1969.
81 h. 26 cm. mimeo.
Geometría. Trigonometría. Tercer Curso. Segundo trimestre. Tegucigalpa. Estudios Culturales. 1969.
81 h. 26 cm. mimeo.

AGUILAR PAZ, Jesús. 1895-
Toponimias y regionalismos indígenas de Honduras. Tegucigalpa. López y Cía. 1969.

GUILLÉN, Mariano Enrique
Sistemas de Numeración. Tegucigalpa. s.e. s.i. 1969.
59 p. 27 cm.

GUILLÉN DÍAZ, Isabel. 1917-
Descubriendo la Naturaleza. Primer Libro. Segunda edición. Tegucigalpa. Ministerio de Educación. 1969.
194 p. ilus. 24 cm.
Descubriendo la Naturaleza. Segundo Libro. Segunda edición. Tegucigalpa. Ministerio de Educación. 1969.
176 p. ilus. 24 cm.

HERNÁNDEZ, Haydee Edelmira
Vectores. Tegucigalpa. s.c. s.i. 1969.
40 p. 27 cm.

MÉNDEZ O., Rubén Darío
Ciencias. Tercero. Guía para el Maestro. Tegucigalpa. s.i. 1969.
104 p. 26 cm.

NÚÑEZ LAGOS, B. Rolando
Breve estudio sobre los derivados parciales. Tegucigalpa. 1969.
60 p. 26 cm. mimeo.

PADILLA V., Jorge Iván
Nociones sobre cálculo diferencial. Tegucigalpa. s.i. 1969.
60 p. 27 cm. mimeo.

PONCE DÍAZ, Saúl
Breve estudio sobre vectores. Tegucigalpa. 1969.
41 p. 22 cm.

VILLAFRANCA R., Augusto. 1908-1965
Ciencias Naturales. Tercer Grado. Undécima edición. Tegucigalpa. 1969.
105-li p. 22 cm.
— Ciencias Naturales. Cuarto Grado. Décima edición. Tegucigalpa. Librería Molino. 1969.
98-iv p. 22 cm.

CIENCIAS APLICADAS

ACOSTA NAVARRO, Alejandro Elpidio
Compañías bananeras de Honduras. Comayagüela. Imp. Gómez. 1969.
61 p. 27 cm.

ALVARENGA, Jesús Armando
Circuito de amplificación. Tegucigalpa. s.i. 1969.
53 p. 27 cm.

ASSOCIATION of Honduras
Telephone Directory of United States Citizens residing in Tegucigalpa and Zamorano. Tegucigalpa. Imp. López y Cía. 1969.
55 p. ilus. 27 cm.

BONILLA CABALLERO, Amílcar
Botánica Médica Maya. San Pedro Sula. Imp. Panamericana. 1969.
27 p. 22 cm.

CENTENO GUELL, Carlos
Avicultura. Tegucigalpa. Ministerio de Agricultura. s.a.
38 p. 24 cm.

CORPORACIÓN Municipal Sampedrana
Memoria. Junio 19-1968, Junio 19-1969. San Pedro Sula. s.i. 1969.
54 h. láms. 28 cm.

FACULTAD de Ciencias Médicas
Memoria 1968. Tegucigalpa. Facultad de Ciencias Médicas. 1969.
81 p. 28 cm.

FLEFIL, Laura M. y José Garrao Carter
Curso Práctico de Farmacología. Tegucigalpa. UNAH. 1969.
80 h. ilus. 28 cm.

GREEN GONZÁLEZ, Celestino
Método de cultivo y tinción del género paramecium. Comayagüela.
Imp. Gómez. 1969.
33 p. 27 cm.

HERNÁNDEZ REYES, Julio Israel
Breve estudio bacteriológico de los alimentos. Tegucigalpa. s.i. 1969.
62 p. 27 cm.

LOZANO, Ramiro E.
La Vivienda en Honduras. Tegucigalpa. 1969.
38 p. 28 cm.

MARTÍNEZ RODAS, Rubén
El alcoholismo como problema social. Comayagüela. Imp. Gómez.
1969.
35 p. 27 cm.

ROSARIO Mining Company
Instrucciones para mineros. San Pedro Sula. Imp. Renovación. 1969.
41 p. ilus. 13 cm.

PINEDA ESCALANTE, Norma Judith
Estudio del árbol productor de cera en el país. Posibilidades de su
industria. Tegucigalpa. s.i. 1969.
21 p. 21 cm.

SALGADO URQUIA, Hilda
Algunos cultivos tropicales. Tegucigalpa. s.i. 1969.
58 p. 27 cm.
SANAA

Manual. Curso de diseño y construcción de alcantarillas. Tegucigalpa. SANAA. 1969.
125 p. 28 cm.

SATI de Honduras
Directorio Telefónico. Tegucigalpa. SATI de Honduras. 1969.
62-92 p. ilus. 28 cm.

SUÁREZ ROMERO, Justa
Cocina internacional. San Pedro Sula. Cervecería Hondureña. 1969.
194-9 p. 21 cm.

VALLADARES, José León
Análisis bromatológico de condimentos: vinagre, mostazas y mayonesas. Tegucigalpa. Tip. El Arte. 1969.
50 p. 22 cm.

ARTE Y RECREACIÓN

/GERIN, Marcelo/
Libro de Cantos. Celebración de la Pasión de Dios. Tegucigalpa. CENSA. 1969.
84-4 li p. 15 cm.
INSTITUTO Hondureño de Cultura Interamericano
El arte contemporáneo de Honduras. Tegucigalpa. IHCT. 1969.
40 p. ilus. 25 cm.

MORRIS BERMÚDEZ, Andrés
Trilogía Istmica. El Guarisama. Oficio de Hombres. La miel del aberrojo. Teatro. Tegucigalpa. UNA. 1969.
144 p. 28 cm.

PINEDA REYES, Horacio
Algunos fenómenos ondulatorios aplicados a cuerdas. Tegucigalpa. s.i. 1969.
49 p. 27 cm.

ROSA, José María Tobías. 1874-1933
La obra dramática.

SABILLÓN LOAUE, Luis
Fotografiando sin lente. Tegucigalpa. Escuela Superior del Profesorado. 1969.
69 p. 27 cm.

SÁNCHEZ CRUZ, Carlos A.
Aspectos de la educación física. Comayagüela. Imp. Gómez. 1969.
62 p. 27 cm.

LITERATURA

ALEMÁN, Adolfo. 1928-1970
Arenas movedizas. Cuentos. Ilustró: Samuel Cárcamo. Tegucigalpa. Lotería Nacional. 1969.
55 p. 20 cm.

ÁVILA, Jorge y Rigoberto Paredes
Barricada. Tegucigalpa. UNAH. 1969.
29 h. 21 cm.

BAHR, Eduardo
Fotografía del Peñasco. Cuentos. Tegucigalpa. Tip. Ariston. 1969.
65 p. 21 cm.

CODRINGTON, Guillermo
La Cosecha. Poemas y sonetos. Tegucigalpa. Tip. Nacional. 1969.
56 p. 21 cm.

ESCOTO, Julio
La Balada del Herido Pájaro y otros cuentos. Ilustró Jelacio Jiménez. Tegucigalpa. UNAH. 1969.
89 p. ilus. 21 cm.
— El Árbol de los Pañuelos. Tegucigalpa. 1969.

ESCOTO, Manuel. 1895-1938
El Silencio de las Montañas. Segunda edición. San Pedro Sula. Tip. Melara. 1969.

FLORES, Oscar Armando. 1912-
Presencia del Olvido. Tegucigalpa. Imp. López y Cía. 1969.
169-ii p. 19 cm.

FLORES OCHOA, Santiago
Ángeles Nocturnos. Buenos Aires. Schmidel. 1969.
92-ii p. 19 cm.

FUNES, Matías. 1910-1971
El Serio. Novela de humorismo y crítica. Tegucigalpa. Imp. Calderón.
1969.
178 p. 22 cm.

JIMÉNEZ, Homero
Rosas y Agonía. Imprenta Nacional. 1969.
30 p. 20 cm.
— Un espacio a mi poesía. Tegucigalpa. Imp. La República. 1969.
15 p. 21 cm.

PAGOAGA, Raúl Arturo. 1912-
Rubén Darío. En el centenario de su nacimiento. Tegucigalpa. 1969.
16 p. 18 cm.
— Poetisas hondureñas. Antología. Comayagüela. Imp. Cultura.
1969.
72 p. 23 cm.

REINA VALENZUELA, José
Médicos poetas de Honduras. Comayagüela. UNA. 1969.
63 p. 20 cm.

RIVERA FLORES, Humberto
La voz iluminada de Alfonso Guillén Zelaya. Tegucigalpa. UNAH.
1969.
29 p. 21 cm.

ROS, Beppi da
Camino del Amor. Tegucigalpa. 1969.
240 p. 22 cm.

ROSA, Marco Antonio. 1869-
Los Brujos. Tegucigalpa. Cervecería Honduras. 1969.
166 p. 21 cm.
— Estrella de Belén. Segunda edición. Tegucigalpa. 1969.

SOSA, Roberto. 1930-
Los Pobres. Madrid. Rialp. 1969.
25-9 p. 18 cm.

TROCHEZ, Raúl Gilberto
Poemas y Cuentos. Tegucigalpa. 1969.
— Breve estudio sobre la poesía y su creación. Tegucigalpa. Escuela
Superior del Profesorado. 1969.
13 p. 21 cm.

SUÁREZ, Clementina. 1906-
El poeta y sus señales. Antología. Tegucigalpa. UNAH. 1969.
133-ii p. 24 cm.
— Óleos. Tegucigalpa. UNAH. 1969.

UNDURRAGA, Antonio
Antología del cuento hondureño. Tegucigalpa.
— Poesía en Mesa Redonda. Tegucigalpa. Publicaciones y
Publicidad. 1969.
146 p. 22 cm.

VALLE, Ángela
Lúnulas. Poesías. Tegucigalpa. Escuela Superior del Profesorado.
1969.
12 p. 20 cm.

VALLE, Pompeyo del. 1929-
Retrato de un niño ausente. Primera edición. Tegucigalpa. Imp. López
y Cía. 1969.
61 p. 22 cm.

VÁSQUEZ, José Valentín. 1890-
Mensaje. Comayagüela. Imp. Gómez. 1969.
15 p. 16 cm.

VELASCO, Ana María
Los hijos naturales. Novela. Tegucigalpa. Imp. López y Cía. 1969.
141 p. 21 cm.

GEOGRAFÍA E HISTORIA

A.A.
Recuerdo de "Grupos Unidos" al conmemorarse el Noveno
Aniversario del nacimiento de la Sociedad Alcohólicos Anónimos de
Honduras. Comayagüela. Imp. Cultura. 1969.
40 p. 22 cm.

AGUILAR B., Carlos Antonio
Texto de enseñanza de la Geografía de Honduras. (Primer Trimestre).
Primer Curso del Ciclo Común de Cultura General. Tegucigalpa. Imp.
La República. 1969.
344-ii p. 22 cm.

AGUILAR HERNÁNDEZ, Héctor Francisco
Ramón Rosa y su tiempo. Comayagüela. Imp. Gómez. 1969.
29 p. 27 cm.

ALVARADO, Martín
Datos biográficos del Profesor Vicente Cáceres. Tegucigalpa.
Ministerio de Educación Pública. 1969.
31 p. 21 cm.

ALVARADO, Néstor Enrique
Cartilla Cívica. La vida admirable de José Cecilio del Valle.
Tegucigalpa. s.e. s.i. 1969.
30 p. ilus. 21 cm.

AMADOR, Ángel G.
La Comunidad Americana. Segundo Curso. Ciclo Común de Cultura
General. Tegucigalpa. 1969.
337-iii p. 22 cm. Multilith.

APLICANO MENDIETA, Pedro
Los Mayas de Honduras. Visión de un mundo extinguido.
Tegucigalpa. Imp. Calderón. 1969. 161-3 p. 22 cm.

BANCAHSA
La historia de Puerto Cortés es la historia de sus gentes. Tegucigalpa.
BANCAHSA. 1969.
20 p. ilus. 22 cm.

BARAHONA, María Teresa R. de
Breve estudio de la región central de Honduras. Tegucigalpa. s.e. s.i.
1969.
145 p. ilus. 27 cm.

BETANCOURT RIVERA, Jorge Alberto
Estudio geográfico y socioeconómico de la región del Pacífico de
Honduras. Tegucigalpa. s.e. s.i. 1969.
103 p. 27 cm.

DURÓN, Jorge Fidel. 1902-
La Batalla por la supervivencia de la Patria. Tegucigalpa. 1969.

FERRO, Carlos A.
El Caso de las Islas Santanilla. Tegucigalpa. Ministerio de Educación
Pública. 1969.
147-iii p. 22 cm.

GONZÁLEZ RAMÍREZ, César
Soberanía de Honduras en las Islas del Cisne. Tegucigalpa. 1969.

GUERRA, Max
Prontuario Cívico. Tegucigalpa. Tipografía Nacional. 1969.
93 p. ilus. 27 cm.

LEIVA VIVAS, Rafael
Un país en Honduras. Tegucigalpa. Imp. Calderón. 1969.
146 p. 21 cm.

MÉNDEZ O., Rubén Darío
Mi País. Estudios Sociales. Tercero. Tegucigalpa. Imp. Calderón.
1969.
81 p. 26 cm.

MOLINA, Juan Ramón. 1875-1908
Homenaje a Juan Ramón Molina: el Príncipe de los poetas hondureños. El Mochito. New York & Honduras Rosario Mining. 1969.
8 p. 21 cm.

MORENO D., Ramiro Humberto
Comayagua en la Historia de Honduras. Comayagüela. Imp. Gómez. 1969.
67 p. 27 cm.

OQUELÍ, Ramón e Irma Leticia Oyuela
Notas sobre Ramón Rosa. Tegucigalpa. UNAH. 1969.
137-7 p. 24 cm.

UNIVERSIDAD Nacional Autónoma de Honduras
Clementina Suárez. Tegucigalpa. UNAH. 1969.
s.p. ilus. 24 cm.

VALLADARES RODRÍGUEZ, Juan B.
José Cecilio del Valle nació en 1777. Tegucigalpa. Colegio de Abogados. 1969.
20 p. 27 cm.

VILLAFRANCA R., Augusto. 1908-1965
Estudios Sociales para el Sexto Grado. Décima edición. Tegucigalpa. Librería Molino. 1969.
174 p. ilus. 22 cm.
WALKER, William. -1860
Proceso contra el Filibustero William Walker. Tegucigalpa. Archivo Nacional. 1969.
50 h. 36 cm. apais.
Es copia fotostática del original manuscrito. Edición a cargo del Br. Julio Rodríguez Ayestas, Subdirector del Archivo Nacional. Contiene además:
Cartas de William Walker, la Constitución y Leyes Orgánicas de la Gran Logia Superior de la Liga de la Estrella Roja de los Estados Unidos. 1860.

YUSCARÁN

Historial conmemorativo de haberse decretado cabecera Departamental la ciudad de Yuscarán. Tegucigalpa. s.i. 1969. 25 p. 20 cm.

GEOGRAFÍA E HISTORIA

PARTIDO Nacional de Honduras
Agresión. Tegucigalpa. Comité Central del Partido Nacional de Honduras. 1969.
66 p. 31 láms. 32 cm.

PINEDA, Héctor R.
Puerto Cortés en un siglo. 1869-1969. Puerto Cortés. Impresora del Norte. 1969.

REINA VALENZUELA, José
Biografía del Dr. Antonio R. Vallejo. 112 aniversario de su nacimiento. Obra premiada al conmemorarse el 17 de marzo de 1966. Tegucigalpa. Ministerio de Educación Pública. 1969.
vii-314 p. retr. 21 cm.

RIVERA Y RIVERA, Norma Judith
Marco Aurelio Soto: la Administración y la Reforma en Honduras. Tegucigalpa. s.e. s.i. 1969.
44 p. 27 cm.

ROMERO, Eliseo
Monografía de Campamento. Departamento de Olancho, Honduras. Tegucigalpa. Tip. Hernández. 1969.
— Monografía de la ciudad de Yuscarán, tierra de oro y talento. Tegucigalpa. Imp. Honduras. 1969. 29 p. 22 cm.

ROSALES Z., Ángel Arturo
Honduras en la Federación. Tegucigalpa. s.e. s.i. 1969.
40 p. 27 cm.

PUBLICACIONES GUBERNAMENTALES

ARCHIVO Nacional de Honduras
Índice General de los Títulos de Tierras que se encuentran en el
Archivo Nacional. Tegucigalpa. Archivo Nacional. 1969.
303 h. 28 cm. mimeo.

CONSEJO Nacional de Elecciones
Informe al Congreso Nacional 1968. Tegucigalpa. Consejo Nacional
de Elecciones. 1969.

CONSEJO Superior de Planificación Económica
Resumen del Plan de Emergencia. Tegucigalpa. Consejo Superior de
Planificación Económica. 1969.
— Plan de Emergencia para rehabilitación e incorporación de zonas
fronterizas con El Salvador a la economía nacional. Tegucigalpa.
Consejo Superior de Planificación Económica. 1969.
26-76 h. 28 cm. mimeo.

CONTRALORÍA General de la República
Informe al Congreso Nacional. 1968. Tegucigalpa. Contraloría
General de la República. 1969.
t. 1-2. 28 cm.

CORTE Suprema de Justicia
Informe correspondiente al año de 1968. Tegucigalpa. Corte Suprema
de Justicia. 1969.

DIRECCIÓN General de Aeronáutica Civil
Almanaque Hondureño 1969. Tegucigalpa. Servicio Meteorológico
Nacional. 1969.
43 p. 21 cm.

DIRECCIÓN General de Estadística y Censos
Anuario Estadístico 1967. Tegucigalpa. DGEC. 1969.
t. 1-2. 28 cm.
— Comercio Exterior de Honduras. Enero-marzo de 1969.
Tegucigalpa. DGEC. 1969.

176 p. 28 cm.

— Comercio Exterior de Honduras con Centro América. 1968. Tegucigalpa. DGEC. 1969.

xi-155 p. 28 cm.

— Comercio Exterior de Honduras. Enero-junio 1969. Tegucigalpa. DGEC. 1969.

198 p. 32 cm. apais.

— Comercio Exterior de Honduras. Enero-septiembre de 1968. Tegucigalpa. DGEC. 1969.

231 p. 28 cm.

— Comercio Exterior de Honduras. 1968. Tegucigalpa. DGEC. 1969.

xi-155 p. 28 cm.

— Comercio Exterior de Honduras. Importación 1968. Tegucigalpa. DGEC. 1969.

t. 1-2-3. 32 cm. apais.

— Comercio Exterior de Honduras. Importaciones amparadas en la Ley de Fomento Industrial, concesiones de Leyes y Decretos Especiales y dispensa oficial. 1968. Tegucigalpa. DGEC. 1969.

174 p. 32 cm. apais.

— Directorio educacional 1968. Tegucigalpa. DGEC. 1969.

133 p. 28 cm.

— Estadísticas Educacionales. 1967. Tegucigalpa. DGEC. 1969.

296 p. 28 cm.

— Estadísticas Vitales 1967. Tegucigalpa. DGEC. 1969.

108 p. 27 cm. apais.

— Compendio Estadístico. Crecimiento de la población. 1967-1968. Comayagüela. DGEC. 1969.

266 p. 32 cm. apais.

— Primer Censo Industrial de 1966. Tegucigalpa. DGEC. 1969.

DIRECCIÓN General de Tránsito
Informe anual de la Comandancia General de Tránsito. 1968/1969. Tegucigalpa. Dirección General de Tránsito. 1969. 53 p. 28 cm.

EMPRESA Nacional de Energía Eléctrica
Memoria de Actividades 1968. Tegucigalpa. ENEE. 1969.

EMPRESA Nacional Portuaria
Memoria 1968. Puerto Cortés. Empresa Nacional Portuaria. 1969. 24 p. ilus. 26 cm. apais.

INSTITUTO Nacional Agrario
Seminario Nacional de Reforma Agraria para Sacerdotes. Tegucigalpa. INA. 1969.
v-/202/ p. láms. 27 cm.

INSTITUTO Nacional de la Vivienda
Presupuesto por Programas 1969. Tegucigalpa. INVA. 1969.
150 h. 33 cm. apais.

JUNTA Nacional de Bienestar Social
Informe 1967. Tegucigalpa. J.N.B.S. 1969.
149 p. 27 cm.
— Informe 1968. Tegucigalpa. J.N.B.S. 1969.
62-ii p. 28 cm.
— Un soldado en cada hondureño y en cada soldado un héroe. Tegucigalpa. J.N.B.S. 1969.
141 p. ilus. 24 cm.

LEYES, Decretos, etc.
Acta final de la Conferencia Internacional sobre Seguridad de la vida humana en el mar. Decreto N° 18-1967. Tegucigalpa. 1969.
251 p. 26 cm. mimeo.
— Código del Trabajo. 1959. Tegucigalpa. Ministerio de Economía y Hacienda. 1969.
222 p. 23 cm.
— Ley Orgánica del Instituto de Antropología e Historia. Tegucigalpa. Ministerio de Educación Pública. 1969.
17 p. 18 cm.
— Ley de Protección al Movimiento Scout. Tegucigalpa. Ministerio de Economía y Hacienda. 1969.
2 p. 23 cm.
— Anteproyecto de Ley de Reforma Agraria. Tegucigalpa. INA. 1969.
67 h. 33 cm.
— Disposiciones Generales del Presupuesto de 1969. Tegucigalpa. Dirección General de Presupuesto. 1969.
29 p. 26 cm.
— Reglamento General de Educación Media. Tegucigalpa. Dirección General de Educación Media. 1969. 113-5 p. 27 cm.

— Reglamento General de Educación Media. Tegucigalpa. Dirección General de Educación Media. 1969.
188 h. 28 cm.

— Reglamento de Patrullas. Tegucigalpa. Estado Mayor de las FF.AA. 1969.
146 p. 18 cm.

— Convenio Centroamericano de Incentivos Fiscales al Desarrollo Industrial. Protocolo al Convenio Centroamericano de Incentivos Fiscales al Desarrollo Industrial (Protocolo sobre Trato Preferencial a Honduras). Tegucigalpa. Ministerio de Economía y Hacienda. 1969.
74 p. 14 cm.

LÓPEZ ARELLANO, Oswaldo. Pres.
Informe al Congreso Nacional. 1968. Cuarto año de Gobierno. Tegucigalpa. Relaciones Públicas, Casa Presidencial. 1969.
24 h. 24 cm.

PROCURADURÍA General de la República
Memoria al Congreso Nacional. 1968. Tegucigalpa. Procuraduría General de la República. 1969.
75 h. 28 cm.

RAMÍREZ ORTEGA, Andrés
Declaraciones del señor Jefe de las Fuerzas Armadas. Tegucigalpa. Imp. Gómez. 1969.
s.p. 35 cm. apais.

SECRETARÍA de Comunicaciones y OO.PP.
Memoria presentada al Congreso Nacional. 1968. Tegucigalpa. Ministerio de Comunicaciones y OO.PP. 1969.
SECRETARÍA de Defensa
Informe presentado al Congreso Nacional 1968/1969. Tegucigalpa. Ministerio de Defensa. 1969.

SECRETARÍA de Economía y Hacienda
Memoria presentada al Congreso Nacional 1968/1969. Tegucigalpa. Ministerio de Economía y Hacienda. 1969.
115 p. anexos. 31 cm.

SECRETARÍA de Educación Pública
Informe presentado al Congreso Nacional 1968/1969. Tegucigalpa.
Ministerio de Educación Pública. 1969.
394 h. 27 cm.

SECRETARÍA de Gobernación y Justicia
Informe presentado al Congreso Nacional 1968/1969. Tegucigalpa.
Ministerio de Gobernación y Justicia. 1969.
164 p. 21 cm.

SECRETARÍA de la Presidencia de la República
Informe presentado al Congreso Nacional 1968/1969. Tegucigalpa.
Ministerio de la Presidencia de la República. 1969.
76 p. 28 cm.
— Agresión salvadoreña contra la República de Honduras.
Tegucigalpa. Ministerio de la Presidencia de la República. 1969.
26 p. maps. láms. 24 cm.

SECRETARÍA de Recursos Naturales
Informe presentado al Congreso Nacional 1968/1969. Tegucigalpa.
Ministerio de Recursos Naturales. 1969.

SECRETARÍA de Relaciones Exteriores
Lista Diplomática. 1969. Tegucigalpa. Ministerio de Relaciones
Exteriores. 1969.
259 p. 14 cm.
— Informe presentado al Congreso Nacional 1968/1969.
Tegucigalpa. Ministerio de Relaciones Exteriores. 1969.
455 p. 34 cm. mecanog.

SECRETARÍA de Salud Pública y Asistencia Social
Informe presentado al Congreso Nacional 1968/1969. Tegucigalpa.
Ministerio de Salud Pública y Asistencia Social. 1969.
— Anuario Estadístico 1968. Tegucigalpa. Ministerio de Salud
Pública y Asistencia Social. 1969.
149 p. 27 cm.

SECRETARÍA de Trabajo y Previsión Social

Informe presentado al Congreso Nacional 1968/1969. Tegucigalpa. Ministerio de Trabajo y Previsión Social. 1969.

118 h. 23 cm.

— Estadísticas de Trabajo 1968. Tegucigalpa. Ministerio de Trabajo y Previsión Social. 1969.

119 h. 32 cm. apais.

PUBLICACIONES PERIÓDICAS

ACCIÓN EDUCATIVA NACIONAL
Tegucigalpa. Órgano de divulgación del Ministerio de Educación Pública. Mensual. N.º 1, en agosto de 1967. Editorial del Ministerio.
28 × 41 cm. 12 p.

ACCIÓN OBRERA
Tegucigalpa. Órgano de información y orientación del Sindicato de Trabajadores y Empleados de la Cervecería Tegucigalpa. Bimestral. N.º 1, en mayo de 1963.
22 × 30 cm. 4 p.

EL ALFILER
San Pedro Sula. Crítica y buen humor. Director: Víctor Hernández Mejía. Semanal. N.º 1, el 6 de febrero de 1960. Editora Nacional.
26 × 39 cm. 8 p.
Director actual: Pedro Escoto López (Pito Pérez).

LA ANTORCHA
Puerto Cortés. Semanario independiente de crítica y combate. Director: Gustavo Carvajal Castro. Semanal. N.º 1, el 6 de abril de 1957. Imp. La Marina.
29 × 46 cm. 4 p.

ARTES GRÁFICAS
Tegucigalpa. Por la unificación y dignificación de la clase trabajadora. Director: Rodolfo Rico V. Anual. N.º 1, el 24 de junio de 1959. Imp. Calderón.
30 × 45 cm. 8 p.

EL ATLÁNTICO

La Ceiba, Atlántida. Semanario de intereses generales. Director: Ángel Moya Posas. Imp. Moya Posas.

28 × 40 cm. 2 p. Actualmente es de 4 p.

BARAGUÁ

Tegucigalpa. Órgano del Movimiento Revolucionario del Pueblo (N.R.P.), II Frente Nacional del Escambray y Alpha 66. Director: Celestino Fernández Juárez. Mensual. N.º 1, el 1.º de septiembre de 1965. Imp. Calderón.

30 × 45 cm. 12 p.

BOLETÍN INFORMATIVO DEL BANCO DE LOS TRABAJADORES

Comayagüela. Mensual. N.º 1, en noviembre de 1967. Imp. Soto.

24 × 32 cm. 4 p.

BOLETÍN CAFETALERO

San Pedro Sula. Órgano de difusión cafetalera al servicio de todos los caficultores de Honduras. Director: Recaredo Radillo Najarro. Sin periodicidad. N.º 1, en junio de 1965. Mimeo.

22 × 29 cm. 4 p.

EL BUEN AMIGO

San Pedro Sula. Semanario católico. Semanal. Casa Cural. N.º 1, el 3 de septiembre de 1932.

23 × 30 cm. 4 p.

CARTA COMERCIAL PARA HONDURAS

Tegucigalpa. Para fomentar el comercio y la inversión entre Honduras y los Estados Unidos de América. Sin periodicidad. N.º 1, en julio de 1965. USIS.

23 × 37 cm. 4 p.

CARTA INFORMATIVA DEL SANAA

Tegucigalpa. Servicio Autónomo Nacional de Acueductos y Alcantarillados. Mensual. N.º 1, en marzo de 1967. Mimeo.

20 × 28 cm. 4 p.

CASA PROPIA

Tegucigalpa. Publicación del Banco de la Propiedad. Mensual. N.º 1, en mayo de 1954.

24 × 32 cm. 4 p. Desaparece este año.

CEIBA JUNIOR

La Ceiba, Atlántida. "Servicio a la humanidad es la mejor obra de una vida". Mensual. N.º 1, en marzo de 1962.

21 × 30 cm. 4 p.

EL COMUNISTA

Tegucigalpa. Semanario independiente. "Por una América libre de tiranía." Semanal. N.º 1, en marzo de 1966.

22 × 30 cm. 8 p.

EL CRISOL

Tela, Atlántida. Periódico de derechos democráticos. Director: Marcial Briceño Rivera. Semanal. N.º 1, el 4 de enero de 1933. Imp. La Marina.

27 × 40 cm. 8 p.

EL CRONISTA

Tegucigalpa. Periódico de información. Director: Alejandro Valladares. Diario. N.º 1, el 10 de abril de 1912. Editorial Paulino Valladares.

39 × 54 cm. 8 p. Su primer director fue Adán Canales y se imprimió en la Papelería e Imprenta Calderón.

EL DEFENSOR HONDUREÑO

Tegucigalpa. Semidiario independiente y circunstancial. Director: Roberto Arellano Bonilla. Semanario. N.º 1, en septiembre 19 de 1969. Imp. La República.

23 × 34 cm. 4 p.

EL DÍA

Tegucigalpa. Doctrinario e informativo. Director: Julián López Pineda. Diario. N.º 1, el 11 de junio de 1948. Imp. El Día.

45 × 57 cm. 12 p.

Su actual director es el Arq. Julio López Pineda.

EL ESPECTADOR
San Pedro Sula. "Por la Patria, la paz, la libertad, la justicia, la cultura, el arte y la verdad." Director: Ramón Rosa Galeano. Semanal. N.º 1, el 9 de marzo de 1940. Imp. Cálix Oliva, Tela.
29 × 39 cm. 6 p.
Ahora se edita en San Pedro Sula en la Imprenta Galeano.

FIDES
Tegucigalpa. Orientación y defensa católica. Director y fundador: P. J. Alfonso Molina. Semanal. N.º 1, el 17 de septiembre de 1953. Imp. CENSA.
15 × 22 cm. 4 p.
Actualmente es de 8 páginas y de 22 × 36 cm.

LA GACETA
Tegucigalpa. Periódico oficial del Gobierno de Honduras. Director: Heriberto Gómez. Diario. N.º 1, el 25 de octubre de 1876. Tip. Nacional.
24 × 36 cm. 8 p.

GUÍA DE LA SUERTE
Tegucigalpa. Publicación oficial de la Lotería Nacional. Mensual. N.º 1, el 5 de septiembre de 1950. Imp. Lotería Nacional.
36 × 56 cm. 1 h. pleg.

EL HERALDO
La Ceiba, Atlántida. Semanario independiente. Director: Aníbal Cruz Garín. Semanal. N.º 1, el 1 de diciembre de 1936. s.i.
30 × 45 cm. 6 p.
El director actual es don Amílcar Cruz Garín.

EL HERALDO
San Pedro Sula. Órgano de la Sociedad Cívica y Unionista "La Juventud." Directores: Maximiliano Mondragón y Pedro C. Cortés. Semanal. N.º 1, el 18 de abril de 1914. Imp. La Juventud.
30 × 45 cm. 8 p.
Actualmente dirigido por el Lic. Humberto Rivera y Morillo.

IMPACTO

Tegucigalpa. Semanario hondureño al servicio del pueblo. Director: Raúl Barnica López. Semanal. N.º 1, el 15 de septiembre de 1966. Imp. Calderón.

31 × 40 cm. 12 p.

ÍNDICE

Comayagua. Órgano informativo, doctrinario, eminentemente independiente. Director: Mario Bardales Meza. Semanal. N.º 1, 15 de abril de 1957. Imp. La República, Tegucigalpa.

27 × 38 cm. 8 p.

JUNIOR SAMPEDRANO

San Pedro Sula. Órgano de divulgación de la Cámara Junior de San Pedro Sula. Sin periodicidad. N.º 1, en junio de 1964. s.i.

21 × 27 cm. 4 p.

EL LASALLISTA

Choluteca. "Dios. Patria. Juventud." Anual. N.º 1, el 11 de junio de 1964.

20 × 29 cm. 6 p.

NOTICIERO HONDUREÑO

Tegucigalpa. Mensual. N.º 1, en enero de 1957. USIS.

28 × 63 cm. 1 hoja pleg.

NOTICIAS UNIVERSITARIAS

Tegucigalpa, Ciudad Universitaria. Publicación de la Dirección de Extensión Universitaria. Director: Pompeyo del Valle. Mensual. N.º 1, en julio de 1969. Imp. Cultura.

22 × 29 cm. 4 p.

NUEVA ERA

Choluteca. Semanario al servicio de los intereses del Sur. Director: Santos Pérez García. Semanal. N.º 1, el 9 de agosto de 1969. Imp. Calderón, Tegucigalpa.

31 × 45 cm. 6 p.

ORIENTACIÓN
La Ceiba, Atlántida. Semanario libre de combate. Director: Carlos M. Ramírez. Semanal. N.º 1, el 4 de julio de 1964. Mimeo.
30 × 45 cm. 8 p.

PLUS ULTRA
Tela, Atlántida. Periódico informativo. Director: Pedro Xatruch. Semanario. N.º 1, el 31 de julio de 1941. Imp. La Marina.
30 × 45 cm. 4 p.

LA PRENSA
San Pedro Sula. Diario independiente al servicio del comercio, la industria y la cultura. Director: Andrés Alvarado L. Diario. N.º 1, el 26 de octubre de 1964. Imp. La Prensa.
40 × 54 cm. 8 p.

EL PUEBLO
Tegucigalpa. Órgano del Partido Liberal de Honduras. Al servicio de las fuerzas democráticas de la nación. Director: Darío Montes. Diario. N.º 1, el 15 de octubre de 1949. Imp. Renovación.
40 × 56 cm. 8 p.

REFLEJOS DE LA STANDARD
La Ceiba. Departamento de Personal. Mensual. N.º 1, en abril de 1966. s.i.
22 × ... cm. 6 p.

SEMÁFORO
Comayagüela. "Grita al pueblo las verdades que otros periódicos le ocultan." Director: Tito Aplícano M. Semanal. N.º 1, el 2 de mayo de 1953. Imp. Calderón.
30 × 45 cm. 8 p.

EL SINDICALISTA
La Lima, Cortés. Periódico obrero independiente de ideología democrática. "Por la redención del trabajador." Director: Sabas Lilio Pineda H. Quincenario. N.º 1, el 1 de septiembre de 1955. Imp. Renovación, San Pedro Sula.
29 × 38 cm. 6 p. Director actual: Juventino Sandoval.

SOCIAL
El Progreso, Yoro. Semanario informativo. Director: Francisco (Tito) Calderón. Semanal. N.º 1, el 2 de enero de 1933. Imp. Calderón. 23 × 35 cm. 6 p.

TEGUCITATHER
Published by The Joint Administrative Section. The American Embassy, Tegucigalpa, Honduras, Centro América. Semanal. USIS. N.º 1, en marzo de 1968. 23 × 32 cm. 8 p.

TORNILLO SIN FIN
Tegucigalpa. Órgano de la Federación de Estudiantes Universitarios de Honduras. Anual. N.º 1, el 11 de junio de 1932. s.i. 30 × 46 cm. 28 p.

EL TRÓPICO
La Ceiba, Atlántida. Órgano al servicio de los intereses del pueblo y de la democracia. Director: Rodolfo Zavala. Semanario. N.º 1, el 1 de agosto de 1938. Imp. Pro-Patria. 23 × 30 cm. 4 p.

VOCERO EVANGELISTA
San Pedro Sula, Cortés. Órgano oficial del Sínodo de la Iglesia Evangélica y Reformada de Honduras. Mensual. N.º 1. 21 × 36 cm. 8 p.

LA VOZ CATÓLICA
Comayagua. Órgano de la Diócesis de Comayagua. Jefe de Redacción: P. Geraldo Scarpone, C.F.M. Mensual. N.º 1, en octubre de 1965. Imp. Alpha, Comayagüela. 30 × 41 cm. 4 p.

REVISTAS Y BOLETINES
REVISTA AECE
Tegucigalpa. Órgano oficial de la Asociación de Estudiantes de Ciencias Económicas. Director: Luis Rietti M. Bimestral. N.º 1, febrero-marzo de 1969. s.i. 22 × 29 cm. 36 p.

ACCIÓN SOCIAL

Tegucigalpa. Por la armonía entre el capital y el trabajo. Director: Salvador Villeda Vidal. Mensual. N.º 1, en enero de 1956. Imp. La República. 20 × 27 cm. 20 p.

AGRO

Tegucigalpa. Órgano del Instituto Nacional Agrario. Mensual. N.º 1, en diciembre de 1963. Imp. Bulnes. 23 × 30 cm. 15 p.

ANALES DEL ARCHIVO NACIONAL

Tegucigalpa. Directora: Ana Rosa v. de Carías; Subdirector: Julio Rodríguez Ayestas. Trimestral. N.º 1, en septiembre de 1967. Imp. Calderón. 21 × 27 cm. 59 p.

APUNTES AGRÍCOLAS

San Pedro Sula, Cortés. Revista de la Asociación de Profesionales Agrícolas de Honduras. Director: G. Manzanares U. Trimestral. N.º 1, octubre-diciembre de 1962. Imp. La Cultura. 21 × 27 cm. 18 p.

ARIEL

Tegucigalpa. Director: Medardo Mejía. Mensual. Tercera etapa. Año VI. N.º 143, en julio de 1964. Imp. La Democracia.
21 × 28 cm. 34 p.

AHPF

Tegucigalpa. Asociación Hondureña de Planificación Familiar. Director: Mario Rietti. Mensual. N.º 1, en julio de 1966. s.i.
22 × 31 cm. 8 p.

AGAFM

Tegucigalpa. Órgano de la Asociación de Ganaderos y Agricultores de Francisco Morazán. Director: Juan Parodi. Bimestral. N.º 1, enero-febrero de 1969. Imp. López y Cía.
21 × 27 cm. 48 p.

APH

Tegucigalpa. Órgano de la Asociación de Prensa Hondureña. Director: Claudio Barrera. Mensual. N.º 1, en noviembre de 1968. Imp. La República. 22 × 29 cm. 48 p.

EL BECIANO

Tegucigalpa. Órgano informativo familiar del BCIE. Director: Luis Felipe Enamorado. Mensual. N.º 1, el 9 de junio de 1967. Multilith. 22 × 33 cm. 24 p.

BOLETÍN BIBLIOGRÁFICO

Comayagüela. Directora: Olga Paredes. Bimestral. N.º 1, mayo-junio de 1965. BANAFOM. 22 × 28 cm. 22 p.

BOLETÍN INFORMATIVO DEL COLEGIO DE PERITOS MERCANTILES Y CONTADORES PÚBLICOS

Tegucigalpa. Director: La Junta Directiva. Trimestral. N.º 1, febrero-abril de 1967. Imp. Calderón. 23 × 29 cm. 34 p.

BOLETÍN ECLESIÁSTICO

Tegucigalpa. Órgano de la Provincia Eclesiástica de Honduras. Dimensual. N.º 1, el 20 de mayo de 1931. Imp. CENSA. 15 × 23 cm. 81 p.

BOLETÍN ESTADÍSTICO

Comayagüela. Banco Nacional de Fomento. Mensual. N.º 1, el 31 de marzo de 1968. Imp. BANAFOM. 22 × 29 cm. 32 p.

BOLETÍN ESTADÍSTICO DE SALUD PÚBLICA

Tegucigalpa. Trimestral. N.º 1, julio-septiembre de 1968. Mimeo. 22 × 28 cm. 86 p.

BOLETÍN OFICIAL DE LA ESCUELA AGRÍCOLA PANAMERICANA

Valle de El Zamorano. Bienal. N.º 1, en 1960. 15 × 23 cm. 80 p.

BOLETÍN INFORMATIVO DE LA DIRECCIÓN GENERAL DE TRIBUTACIÓN DIRECTA

Tegucigalpa. Trimestral. N.º 1, en septiembre de 1962. 21 × 27 cm. 43 p.

BOLETÍN DEL INSTITUTO CENTROAMERICANO DE DERECHO COMPARADO
Tegucigalpa. Director: Miguel R. Ortega. Anual. N.º 1, en junio de 1962. Tip. Ariston.
15 × 21 cm. 220 p.

BOLETÍN MÉDICO DEL INSTITUTO HONDUREÑO DE SEGURIDAD SOCIAL
Tegucigalpa. Director: Gaspar Vallecillo T. Mensual. N.º 1, en enero de 1968. Tip. IHSS.
16 × 23 cm. 164 p.

CANCIONERO LATINOAMERICANO
Tegucigalpa. Director: Jorge E. Morales. Mensual. N.º 1, en julio de 1965.
15 × 22 cm. 30 p.

CANCIONERO SIKELANDIA
San Pedro Sula. Propulsor y baluarte del arte nacional. Director: Roberto E. Suárez. Mensual. N.º 1, el 15 de diciembre de 1965. Imp. Antúnez.
15 × 23 cm. 32 p.

CANCIONERO TROPICAL PEERLESS
San Pedro Sula. Director: Juan E. Paredes. Mensual. N.º 1, en noviembre de 1943. Imp. Panamericana.
11 × 15 cm. 36 p.

CEIBA
Tegucigalpa, Valle de El Zamorano. Revista de la Escuela Agrícola Panamericana. Directores: A. G. Salomón y M. A. Cano. Sin periodicidad. N.º 1, en enero de 1950. Imp. Calderón.
15 × 22 cm. 73 p.

EL CLARÍN
Tegucigalpa. Director: Carlos Ruiz Hernández. Semanal. N.º 1, en enero 4 de 1969. Imp. CENSA. 30 × 45 cm. 20 p.

EL COMERCIO

Tegucigalpa. Órgano de publicidad de la Cámara de Comercio e Industrias de Tegucigalpa y de la Libre Empresa Privada de Honduras. Semanal. N.º 1, el 4 de octubre de 1958.
31 × 46 cm. 8 p.

CONCILIACIÓN NACIONAL

Tegucigalpa. Directora: Francisca Antúnez. Mensual. N.º 1, en julio de 1965. Imp. Alpha.
22 × 30 cm.

EL COOPERATIVISTA

Comayagüela. Órgano oficial del Comité de Educación Cooperativa de Empleados del Banco Nacional de Fomento. Directora: Olga Paredes. Trimestral. N.º 1, enero-marzo de 1968. BANAFOM.
21 × 28 cm. 36 p.

EDUCACIÓN

Tegucigalpa. Órgano oficial del Ministerio de Educación Pública. Trimestral. N.º 1, octubre-diciembre de 1965. Imp. López y Cía.
23 × 29 cm. 69 p.

EN MARCHA

San Pedro Sula, Cortés. Informativo. Director: Martín Baide Galindo. N.º 3, en septiembre de 1950. Editorial Coello.
21 × 27 cm. 24 p.

ESTRELLA SOLITARIA

Tegucigalpa. Carta Semanal Nacionalista. Publicación del Comité Central del Partido Nacional de Honduras. Semanario. N.º 1, en 1966. Departamento de Publicidad.
22 × 28 cm. 8 p.

EUREKA

San Pedro Sula. Revista masónica. Órgano de la Respetable Logia Simbólica "Eureka" N.º 2. Director: Domingo Galván. N.º 1, el 1 de junio de 1920. Imp. El Comercio.
18 × 24 cm. 21 p.

EXTRA
Tegucigalpa. Revista mensual de la vida nacional. Director: Oscar Acosta. Mensual. N.º 1, en agosto de 1965. Tip. Ariston.
22 × 30 cm. 48 p.

FACACH INFORMA
Tegucigalpa. Director: Fredy Cuevas Bustillo. Trimestral. N.º 1, octubre-diciembre de 1968. s.i.
22 × 30 cm. 20 p.

FORO HONDUREÑO
Tegucigalpa. Órgano de la Sociedad de Abogados de Honduras. Director: Gonzalo S. Sequeiros. Redactor: Salatiel Rosales. Mensual. N.º 1, en enero de 1912. Papelería e Imprenta Calderón.
19 × 27 cm. Paginación variable.

FUEGO
Tegucigalpa. Revista centroamericana. Órgano oficial de divulgación de los Cuerpos de Bomberos de Centroamérica y Panamá. Director: Mario Aly Allan. Mensual. N.º 1, en agosto de 1966.
22 × 28 cm. 60 p.

FULGORES
San Pedro Sula. Revista anual del Instituto de Señoritas y Colegio de Niñas "San Vicente de Paúl". Anual. N.º 1, en diciembre de 1953. s.i.
21 × 27 cm. 28 p.

GACETA JUDICIAL
Tegucigalpa. Órgano de la Corte Suprema. Mensual. N.º 1, en septiembre de 1895. Tip. Nacional.
25 × 33 cm. 44 p.
El primer número fue de 4 p.

GUÍA DE HONDURAS
Tegucigalpa. Director: Pedro Aplícano Mendieta. Mensual. N.º 1, en enero de 1962. Imp. La Democracia.
15 × 22 cm. 44 p.

HOMENAJE

Tegucigalpa. Lealtad. Honor. Sacrificio. Anual. N.º 1, en octubre 3 de 1968. Imp. Bulnes.

22 × 31 cm. 104 p.

HONDURAS AGRÍCOLA

Tegucigalpa. Órgano oficial de divulgación de la Asociación de Graduados de la Escuela Panamericana: Capítulo Centro-Sur-Oriental de Honduras. Director: Antonio Pérez Ordóñez. Bimestral. N.º 1, en septiembre-octubre de 1968. Imp. Calderón.

20 × 30 cm. 40 p.

HONDURAS CAFETALERA

Tegucigalpa. Banco Nacional de Fomento. Director: Juan Ramón Molina. Bimensual. N.º 1, en enero de 1965. BANAFOM.

21 × 27 cm. 30 p.

HONDURAS ILUSTRADA

Tegucigalpa. Hondureñista, imparcial, independiente. Director: Carlos Manuel Arita. Mensual. N.º 1, en agosto 15 de 1965. Imp. López y Cía.

28 × 36 cm. 40 p.

HONDURAS LIBRE

Publicación del Instituto Morazán. Comayagüela. Director: Jorge Flores Mejía. Mensual. Imp. CENSA.

22 × 29 cm. 52 p.

HONDURAS ROTARIA

Tegucigalpa. Órgano de los Clubes Rotarios de Honduras. Director: Jorge Fidel Durón. Mensual. N.º 1, en 1943. Tip. Nacional.

22 × 30 cm.

HORIZONTES RADIALES

Tegucigalpa. Director: Carlos R. Soto. N.º 1, en agosto de 1969. Imp. Gómez. 22 × 28 cm. 44 p.

LA INDUSTRIA
Tegucigalpa. Boletín de la Asociación Nacional de Industriales. Director: Marco A. Planas. Mensual. N.º 1, el 14 de febrero de 1959. Imp. Calderón. 21 × 28 cm. 24 p.

INDUSTRIAS Y COMERCIO
San Pedro Sula. Revista ilustrada. Director: Ángel Raudales. Mensual. N.º 1, en octubre de 1966. Imp. Suyapa. 21 × 27 cm. 44 p.

INFORMACIONES DE HONDURAS
Tegucigalpa. Ministerio de la Presidencia de la República. Director: Alejandro Castro H. Mensual. N.º 1, en abril de 1966. Imp. Ariston. 20 × 27 cm. 16 p.

JUVENTUD LITERARIA
Tegucigalpa. Tribuna cultural identificada con el nuevo movimiento intelectual de Honduras. Director: Javier Bayardo Brito. Mensual. N.º 1, en diciembre de 1969. 22 × 29 cm. 60 p.

JUVENTUD MAGISTERIAL
San Pedro Sula. Órgano de divulgación del Tercer Curso Normal del Instituto José Trinidad Reyes. Director: Marco A. Garay. s.i. 21 × 30 cm. 40 p.

LABOR
San Pedro Sula. Boletín informativo del Instituto Americano para el Desarrollo del Sindicalismo Libre de Centro América. Director: Jesús Artigas Carbonell. Mensual. N.º 1, en mayo de 1964. Editora Nacional. 22 × 28 cm. 12 p.

LA LEY
Tegucigalpa. Órgano informativo del Colegio de Abogados de Honduras. Director: Mario Guillermo Durón. Trimestral. N.º 1, mayo-julio de 1969. Imp. La Democracia. 21 × 29 cm. 14 p.

MINERVA
San Pedro Sula. Órgano de publicidad del Instituto Minerva. Director: Rafael Aguilar. Mensual. N.º 1, en abril de 1960. Imp. La Juventud. 28 cm. 20 p.

MINERVA

Tegucigalpa. Revista al servicio de la cultura hondureña. Director: Rafael Jerez Alvarado. Mensual. N.º 1. Imp. ECA. 21 × 27 cm. 26 p.

MORAZÁNIDA CONTINENTAL

Tegucigalpa. Revista cultural y académica del Bloque de Prensa. Director: Sigfrido Pineda Green. Mensual. N.º 1, en septiembre de 1966. Imp. Calderón. 22 × 39 cm. 56 p.

EL MUNICIPIO

Tegucigalpa. Órgano de información de la Asociación de Municipios de Honduras. Director: Godofredo Alvarado C. Mensual. N.º 1, en septiembre de 1967. 21 × 28 cm. 10 p.

NOTICIERO BANCATLAN

Tegucigalpa. Publicación de los empleados del Banco Atlántida. Mensual. N.º 1, en abril de 1966. Imp. Calderón. 23 × 30 cm. 12 p.

NOVEDADES

San Pedro Sula. Revista mensual informativa. Órgano al servicio de la cultura nacional. Director: Martín Baide Galindo. Mensual. N.º 1, en abril de 1967. Imp. CENSA. 21 × 29 cm. 24 p.

OCA

San Pedro Sula. Organización Cultural Americana. Director: Carlos A. García Cáceres. Mensual. N.º 1, en mayo de 1968. Imp. Suyapa. 21 × 27 cm. 44 p.

OLIMPIA

Tegucigalpa. Revista nacional de deportes. Director: Efraín González C. Mensual. N.º 1, en octubre de 1966. Imp. La República. 21 × 30 cm. 40 p.

OVACIONES

Tegucigalpa. La revista de la afición nacional. Director: Raúl Zaldívar Guzmán. Mensual. N.º 1, en octubre de 1968. Imp. Calderón. 21 × 28 cm. 42 p.

PANORAMA ECONÓMICO
San Pedro Sula. Director: Lilio Glorioso N. Mensual. N.º 1, en septiembre de 1968. Imp. Suyapa. 22 × 30 cm. 44 p.

PARLANTE
San Pedro Sula. Órgano publicitario de Radio Club de Honduras. Director: Víctor Hernández Mejía. Mensual. N.º 1, en mayo de 1969. Imp. Suyapa. 18 × 25 cm. 14 p.

PENSAMIENTO Y ACCIÓN
Juticalpa. "Por la superación cultural y espiritual de todos los valores humanos." Director: Miguel Ángel Quourio. Mensual. N.º 1, el 31 de diciembre de 1947. Imp. Amba. 22 × 29 cm. 40 p.

POLIMNIA
Tegucigalpa. Órgano de difusión cultural de la Sociedad Literaria de Honduras. Director: Ronaldo Villanueva Chinchilla. Mensual. N.º 1, en enero de 1969. Imp. Calderón. 20 × 27 cm. 52 p.

1.º DE MAYO
Tegucigalpa. Anual. N.º 1, en abril de 1968.
22 × 29 cm. 44 p.

PRESENTE
Tegucigalpa. Revista de arte y letras de Centro América. Director: Roberto Sosa. Mensual. N.º 1, en agosto de 1964. Imp. López y Cía. 22 × 29 cm. 48 p.

PROSPERIDAD
Tegucigalpa. Revista extraordinaria. Directora: Marta Luz Mejía. Mensual. N.º 1, en septiembre de 1966. Imp. Lotería Nacional.
21 × 27 cm. 16 p.

PROYECCIONES MILITARES
Tegucigalpa. Boletín informativo de las Fuerzas Armadas de Honduras. Director: Efraín L. González. N.º 1, en marzo de 1969. s.i.
22 × 28 cm. 18 p.

RECURSOS NATURALES

Comayagüela. Órgano oficial del Ministerio de Recursos Naturales. Mensual. N.º 1, en agosto de 1965. s.i. 21 × 30 cm. 40 p.

REFLEJOS BÍBLICOS

Tegucigalpa. Órgano oficial de la Asociación de Iglesias Centroamericanas. Mensual.

REVISTA DE LA ACADEMIA HONDUREÑA DE GEOGRAFÍA E HISTORIA

Tegucigalpa. Director: Roberto Gómez Robelo. Trimestral. N.º 1, julio-septiembre de 1969. Imp. López y Cía.
18 × 26 cm. 72 p. Antes: Revista de la Sociedad de Geografía e Historia, fundada en 1904.

SITRAINGRAC

Tegucigalpa. Órgano del Sindicato de Trabajadores de las Industrias Gráficas y Conexos. Director: Roque Ochoa Hidalgo. Anual. N.º 1, en junio 24 de 1969. Imp. Ariston. 21 × 28 cm. 36 p.

SUCESOS

Tegucigalpa. Revista informativa e ilustrada. Director: Luis Alemán. Mensual. N.º 1, en febrero de 1954. Imp. Calderón.
28 × 36 cm. 24 p.

TRABAJO

Tegucigalpa. Órgano del Ministerio de Trabajo y Previsión Social. Director: Oscar A. Flores. Mensual. N.º 1, el 1 de marzo de 1958. Tip. Ariston.
20 × 27 cm. 32 p.

VERDADES BÍBLICAS

La Ceiba, Atlántida. Revista evangélica. Director: Santiago Scollon. Mensual. N.º 1, en marzo de 1951. Imp. Evangélica.
14 × 21 cm. 12 p.

VOZ FARMACÉUTICA

San Pedro Sula. Órgano de la Asociación de Químicos Farmacéuticos del Norte y Occidente de Honduras. Mensual. N.º 1, en agosto de 1958. 14 × 22 cm. 29 p.

LA VOZ DEL SINDICALISTA
Tegucigalpa. Director: Edgard Alvarenga. Mensual. N.º 1, en febrero
de 1967. Imp. La República.
21 × 30 cm. 60 p.

1970: OBRAS GENERALES

UNIVERSIDAD Nacional Autónoma de Honduras
Primera Exposición del Libro Español de Medicina. Tegucigalpa.
UNAH. 1970.
21 h. 28 cm.

FILOSOFÍA
HASBÚN, Michel
Dichos y Aforismos. Tegucigalpa. Almacén "La Moda de París."
1970.
50 p. 16 cm.

VILLAFRANCA R., Augusto. 1908-1965
Educación Cívica y Moral. Primer Curso. Ciclo Común de Cultura
General. Séptima edición. Tegucigalpa. Librería Molino. 1970.
124 p. 22 cm.

RELIGIÓN

CATECISMO de Primera Comunión
Breve Misalito. Alabados, oraciones y Santo Rosario. Comayagüela.
Parroquia de María Auxiliadora. 1970. 35 p. 14 cm.

COMISIÓN Provisional de Pastoral de Conjuntos
Primer encuentro nacional de Pastoral. Tegucigalpa. 1970.
317 p. 27 cm. Multi.

/GERIN, Marcelo/
Cristo Resucitado nos libera en la Iglesia. Tegucigalpa. CENSA.
1970. 118 p. 28 cm.

MARTÍNEZ, Sebastián
Dios y el Universo. Comayagüela. s.i. 1970.
43 p. láms. 21 cm.

SANTOS HERNÁNDEZ, Héctor Enrique y otros
Carta Pastoral Colectiva. Tegucigalpa. CENSA. 1970.
12 p. láms. 21 cm.

El Padre que nos reúne con Cristo Resucitado
Celebraciones dominicales de la Palabra de Dios para el tiempo de Cuaresma, Pascua y Resurrección. Choluteca. CENSA. 1970.
123 p. 28 cm.

CIENCIAS SOCIALES

ACCIÓN Cultural Popular Hondureña
Cartilla de Lectura y Matemáticas para adelantados. Tegucigalpa. Acción Cultural Popular Hondureña. 1970.

ALVARENGA, E.
La teoría marxista-leninista. Sobre la guerra y los ejércitos. Por V. Sokolovski. México–Tegucigalpa. 1970.
40 p. 21 cm.

APLICANO M., Pedro
Leyendas Mayas (Mayans Legends). Inglés–español. Tegucigalpa. Editorial Valladares. 1970.
186–iii p. 22 cm.

PIVEN, Amee
Nubes. Libro de lectura. Comayagüela. Imp. Bulnes. 1970.
182 p. 20 cm.

ARDÓN, Víctor F. 1898-
Fines y Objetos de la Educación. Tegucigalpa. Imp. La República. 1970. 88 p. 22 cm.

ARELLANO BONILLA, Roberto
Basta… para los hondureños. Tegucigalpa. 1970. 92 h. 20 cm. mimeo.

ARITA, Carlos Manuel. 1912-
Fábulas para los niños de Honduras. Tegucigalpa. Imp. López y Cía. 1970. 111 p. retr. ilus. 20 cm.

ASOCIACIÓN Hondureña de Planificación de Familia
Informe anual 1969. Tegucigalpa. Asociación Hondureña de Planificación de Familia. 1970.
36 p. ilus. 22 cm.
AYES CERNA, Armando
El derecho de la propia imagen. Tegucigalpa. s.i. 1970.
44 p. 22 cm.

BANCO Atlántida
Informe de la Junta Directiva sobre año económico 1969. Tegucigalpa. Banco Atlántida. 1970.
12 p. 20 cm.

BANCO Central de Honduras
Indicaciones de la Economía Hondureña. Tegucigalpa. Banco Central de Honduras. 1970.
— Informe anual 1969. Tegucigalpa. Banco Central de Honduras. 1970.
175 p. 27 cm.
— Manual Contable. Tegucigalpa. Banco Central de Honduras. 1970.
15 h.–103 p. 28 cm.

BANCO Centroamericano de Integración Económica
Informe de labores 1969/1970. Tegucigalpa. BCIE. 1970.
75 p. 28 cm.
— Organismo financiero de la integración económica. Tegucigalpa. BCIE. 1970.
45 p. 22 cm.

BANCO Municipal Autónomo
Décima memoria de labores. Tegucigalpa. Banco Municipal Autónomo. 1970.
66 p. 27 cm.

BANCO Nacional de Fomento
Curso de actualización de Ingeniería Industrial para profesionales. Comayagüela. BANAFOM. 1970.
15 p. 23 cm.

— Memoria anual 1969. Tegucigalpa. BANAFOM. 1970.
95 p. 28 cm.

BANCO de Occidente
Escritura Social y Estatutos del Banco de Occidente. San Pedro Sula.
Imp. Suyapa. 1970.
72 p. 13 cm.

BANCO de los Trabajadores
Memoria anual 1969. Tegucigalpa. Banco de los Trabajadores. 1970.
40 p. 28 cm.

BARDALES BUESO, Rafael. 1911-
Desarrollo de la Educación Nacional. Administración López
Arellano. Comayagüela. Ministerio de Educación Pública. 1970.
74 p. ilus. láms. 36 cm. apais.

BOGRÁN IDIAQUEZ, Roberto
El fenómeno biológico de la muerte ante el Derecho. Tegucigalpa.
Imp. Calderón. 1970.

BRACAMONTE RIVAS, Teodoro
El Juicio de Amparo. Tegucigalpa. CENSA. 1970.
68 p. 21 cm.

CÁMARA de Comercio e Industrias de Tegucigalpa
Memoria 1969. Tegucigalpa. Cámara de Comercio e Industrias de
Tegucigalpa. 1970.

CÁRCAMO, Germán Augusto
Cita con la Patria. Tegucigalpa. BANCAHSA. 1970.

CÁRCAMO TERCERO, Hernán
Apuntes. Tegucigalpa. Imp. Calderón. 1970.
134 p. 21 cm.

/CARIÁS, Marco Virgilio y Rigoberto Espinal/
Informe Proyecto Lempira. Tegucigalpa. UNAH. 1970.
42 p. 20 cm.

CARIÁS, Marco Virgilio y otros
Análisis sobre el conflicto entre Honduras y El Salvador. Segunda edición. Tegucigalpa. UNAH. 1970.
119 p. 22 cm.

CARIÁS CASTILLO, Tiburcio
Doctrina Carías Castillo. Comayagüela. Tip. Honduras. 1970.

CASTELLANOS GALLARDO, Samuel
Apuntes de Sociología General. Segunda edición. San Pedro Sula. Imp. Suyapa. 1970.

COLEGIO de Abogados
Primer Congreso Jurídico Nacional. Tegucigalpa. Imp. Calderón. 1970. 74 p. 23 cm.

CONTRERAS, Carlos A.
Entre el marasmo. (Análisis de la crisis del Partido Liberal, 1930–1970). Tegucigalpa. 93 p. 22 cm.

COUNTRY Club
La situación financiera del Country Club. Comayagüela. Country Club. 1970.

DA COSTA ZELAYA, Oswaldo
Cesión de Crédito. Tegucigalpa. s.i. 1970.
45 p. 21 cm.

DÍAZ, Jorge
Una necesaria respuesta a Oscar Gale Varela. Tegucigalpa. Ediciones Compol. 1970.
18 p. 20 cm.

HONDURAS Fosforera
Contrato colectivo de condiciones de trabajo entre la Empresa Honduras Fosforera, S. A. y el Sindicato de Trabajadores de la Industria Fosforera Hondureña. Comayagüela. Imp. Calderón. 1970.
31 p. 15 cm.

HENRÍQUEZ, Argelia Isabel Arita de
Los nuevos programas de Estudios Sociales. Tegucigalpa. Escuela Superior del Profesorado. 1970.
45 p. 27 cm. mimeo.

GÁLVEZ B., Carlos Alberto
Temas laborales. Código del Trabajo. Convenciones colectivas. Ley del Seguro Social Obligatorio. El Código del Trabajo y la Ley de Reforma Agraria. Comentarios de la O.I.T. Tegucigalpa. UNAH. 1970.
T. 1–2. 22 cm.

INSTITUTO de Investigaciones Económicas y Sociales
Bases para un Plan de Colonización de la Asociación Nacional de Campesinos de Honduras. Tegucigalpa. UNAH. 1970.
65 h. láms. 33 cm.

LANDA, Luis. 1875-
Rumbos de la enseñanza. Tegucigalpa. Imp. López y Cía. 1970.
8 p. 21 cm.

LAZARUS, Carlos E.
Civil Law Translations. Nueva Orleans. 1970.

LEIVA VIVAS, Rafael
Las fuerzas de la paz. Tegucigalpa. Imp. Calderón. 1970.
101 p. 22 cm.

LIZARDO, Virginia Izaguirre de
Institutos nocturnos de la capital. Comayagüela. Imp. Bulnes. 1970.
45 p. 26 cm.

LÓPEZ OSORIO, Carlos
Efectos de la simulación en los contratos mercantiles. Tegucigalpa. Tip. Ariston. 1970. 69 p. 25 cm.

MacARMOUR, Roberto A.
El arte del Guerrero. Táctica convencional e irregular. Política mundial desde 1919–1960. San Pedro Sula. 1970.

MARTELL, Juan Antonio
Apuntes de organización y administración de empresas. Tegucigalpa.
1970.

MATUTE MURILLO, Leonardo
Solución pacífica de los conflictos en el Derecho Internacional.
Tegucigalpa. Archivo Corte Suprema de Justicia. 1970.
69 p. 20 cm.

MAYES HUETE, Guillermo
Causas de nulidad de los acuerdos adoptados por las asambleas de
accionistas en las sociedades anónimas. Tegucigalpa. 1970.
43 p. 21 cm.

MEMBREÑO, María Elena de
Tendencias modernas de la Legislación Minera y Petrolera.
Comayagüela. Imp. Soto. 1970. 66 p. 21 cm.

MÉNDEZ, César Augusto
Marco jurídico de la integración Económica Centroamericana.
Tegucigalpa. Tip. Ariston. 1970. 63 p. 22 cm.

MOYA POSAS, Horacio
Declaración de principios y metas del Partido Nacional de Honduras.
Comayagüela. Imp. Gómez. 1970. 46 p. 15 cm.

NAVARRO, Miguel. 1904-
Libro de Lectura. Tercer Grado. Octava edición. Comayagüela.
Publicaciones Navarro. 1970.
190-iv p. 20 cm.
— Libro de Lectura. Segundo Grado. Doceava edición. Tegucigalpa.
Publicaciones Navarro. 1970.
170 p. ilus. 22 cm.

PARTIDO Comunista Hondureño
¿Quiénes somos y por qué luchamos? Tegucigalpa. Ediciones
Compol. 1970.
30 p. 21 cm.

PARTIDO Nacional de Honduras
Estatuto Fundamental del Partido Nacional de Honduras. Tegucigalpa. Comité Central del Partido Nacional de Honduras. 1970.
35 p. 17 cm.
— Guía práctica para los electores nacionalistas. Tegucigalpa. Comité Central del Partido Nacional de Honduras. 1970.

PINEDA GALINDO, José
Derecho Administrativo. Tegucigalpa. FEUH. 1970.
320 p. 28 cm.
Contenido:
Ley Orgánica de la Universidad, Ley Orgánica del Colegio de Abogados, Código de Procedimientos Administrativos, Ley de Amparo, Ley de Concesiones, Ley del Impuesto sobre Tradición de Inmuebles, Ley del Impuesto de Herencias, Legados y Donaciones, Ley del Impuesto sobre la Renta, Ley de Fomento Industrial, Ley de Marcas de Fábrica, Ley de Patentes de Invención.

PINTO MEJÍA, Edmundo
Índice Alfabético del Código del Trabajo. Tegucigalpa. Imp. La Democracia. 1970.
126 p. 22 cm.

RODRÍGUEZ ARMIJO, Evelio
Ideas y comentarios sobre el Derecho de la Contratación Colectiva en la Legislación Hondureña. Tegucigalpa. Imp. Calderón.
64 p. 20 cm.

RODRÍGUEZ M., Ligia
Investigación para el estudio y conocimiento del folklor en Honduras. Tegucigalpa. s.i. 1970.
22 h. 21 cm.

RUBÍ H., Héctor Manuel
Curso de Sociología. Primer Curso Normal, Bachillerato y Comercio. Tegucigalpa. 1970.
28 h. 30 cm. mimeo.

SAN PEDRO SULA
Memoria Municipal 1968/1969. San Pedro Sula. Alcaldía Municipal.
1969.
s.p. ilus. 28 cm.

STANFORD Research Institute
Desarrollo económico del Sur de Honduras. Tegucigalpa. CSPE.
1970.
30 p. 26 cm.

TELA Railroad Company
Hechos acerca del negocio del banano. Lima Nueva. 1970.
6 p. 20 cm.

UNIVERSIDAD Nacional Autónoma de Honduras
Memoria de la Universidad Autónoma de Honduras 1969/1970.
Tegucigalpa. UNAH. 1970.
426-2 p. 22 cm.

VARELA, Arturo
Golpe de Estado. Tegucigalpa. 1970.

VÁSQUEZ, José Valentín. 1890-
Álbum Cívico Hondureño. Segunda edición. Comayagüela. Imp.
Gómez. 1970.
249 p. 28 cm.

VELÁSQUEZ DÍAZ, Max
¡Viva la Constitución! Tegucigalpa. Imp. Calderón. 1970.
35 p. 21 cm.

VÍQUEZ, Beatriz S. de y otros
Umbrales. Sexto Grado. Primera edición. Tegucigalpa. Ministerio de
Educación Pública. 1970.
381 p. ilus. 21 cm.

ZÚÑIGA HUETE, Ángel. 1885–1953
Acotaciones a un libelo. "Se calentó la gusanera". Tegucigalpa.
Comité Central del Partido Nacional de Honduras. 1970.

14 h. 20 cm.
Nota: Edición pirata. Copia fotostática de la edición de 1946.
— Liberalismo. Tegucigalpa. Comité Central del Partido Nacional de Honduras. 1970.
52 h. 20 cm.
Nota: Edición pirata. Copia fotostática de la edición de 1963.

LINGÜÍSTICA

AGUILAR PAZ, Jesús
Toponimia. Tegucigalpa. Academia Hondureña de Geografía e Historia. 1970.
38 p. 23 cm.

ARDÓN, Víctor Figueroa. 1898-
Castellano Primero. Ciclo Común de Cultura General. Tercera edición. Tegucigalpa. Imp. La República. 1970.
211 p. 22 cm.
— Castellano Segundo. Ciclo Común de Cultura General. Segunda edición. Tegucigalpa. Imp. La República. 1970.
171-vi p. 22 cm.

GUILLÉN DÍAZ, Isabel. 1917-
Aprendamos Ortografía. Auxiliar de la Gramática. Ilustraciones por Lilian Sánchez de Panameño. Tegucigalpa. Ministerio de Educación. 1970.
79 p. ilus. 21 cm.

MÉNDEZ O., Rubén Darío
Lenguaje. Tercer Grado. Tegucigalpa. Honduras Industrial. 1970.
185 p. 26 cm.

WEITNAUER, Isabel de e Isabel Guillén Díaz
La enseñanza de la Gramática en la Escuela Primaria. Tegucigalpa. Ministerio de Educación Pública. 1970.
iv–174 p. 22 cm.

CIENCIAS PURAS

CARPENTIER, Roberto H.
La Geología de las Montañas de San Juancito y del distrito minero de El Rosario, República de Honduras. Traducción de Reniery Elvir A. Tegucigalpa. Instituto Geográfico Nacional.
30 p. 21 cm.

ELVIR A., Reniery Véase: Carpentier, Roberto H.
MEDINA VELÁSQUEZ, Luis Alberto
Huracán. Comayagüela. Servicio Meteorológico Nacional. 1970.
16 p. 21 cm.
NÚÑEZ CHINCHILLA, Jesús. –1973
Copán Ruins. Complete Guide of the Great Mayan City. Segunda edición. Tegucigalpa. Lito. López y Cía. 1970.
107 p. ilus. maps. 20 cm.

RODRÍGUEZ DERAS, Yolanda
Cómo deben enseñarse las ciencias naturales en la escuela primaria. Comayagüela. Imp. Gómez. 1970.
45 p. 27 cm.

VILLAFRANCA R., Augusto. 1908–1965
Ciencias Naturales para el Quinto Grado. Séptima edición. Tegucigalpa. Librería Molino. 1970.
122-v p. 22 cm.

CIENCIAS APLICADAS
ALVARADO, Francisco; Samuel Dickerman y José Garrao
Guía de Trabajos Prácticos de Fisiología. Tegucigalpa. UNAH. 1970.
3–102 h. 28 cm.

COMPAÑÍA Azucarera
Almanaque Azúcar. Choluteca. Impresora del Norte. 1970.
72 p. 20 cm.

CORRALES PADILLA, Hernán
Deficiencias mentales y piel. Tegucigalpa. UNAH. 1970.
144 p. 21 cm.

DIRECTORIO de Participantes del Programa de Adiestramiento de la USAID. Honduras 1952–1969
Tegucigalpa. USAID. 1970.
236 p. 24 cm.

EDITORA Nacional
Let's all be gourmets by the gourmet. San Pedro Sula. Editora Nacional. 1970.
260 p. 27 cm.

CIENCIAS APLICADAS

GIRÓN, Tulio y otros
Industrialización del tomate. Comayagüela. Consejo Superior de Planificación Económica. 1970.
xxi-158h. 28cm.

GRANA, Agustín Pedemonte da
Manual de Prevención de Protecciones contra Incendios. Tegucigalpa. Litografía López. 1970.
120p. 24cm.

LAÍNEZ, Vilma y otros
Proyecto procesamiento del cerdo. Comayagüela. Consejo Superior de Planificación Económica. 1970.
xix-134h. 28cm.

MANUAL de Primeros Auxilios. Comayagüela. Imp. Bulnes. 1970.
32p. 22cm.

MATAMOROS H., Rodolfo y otros
Proyecto de insecticidas. Tegucigalpa. Consejo Superior de Planificación Económica. 1970.
xix-133h. 28cm.

NÚÑEZ, Joaquín A.
Experiencias clínicas con un anticonceptivo inyectable. Tegucigalpa. s.i. 1970. 20p. 22cm.
ORELLANA SARMIENTO, Víctor Adrián

Nuevos conceptos de planes de orientación para el desarrollo de la educación dental. Tegucigalpa. UNAH. 1970.
12h. 28cm.

REYES SARMIENTO, Mario A.
Acciones de la letra de cambio. San Pedro Sula. Editora Nacional. 1970. 46p. 20cm.

SÁNCHEZ CRUZ, Carlos A.
Aspectos de la educación física. Comayagüela. Imp. Gómez. 1970. 62p. 26cm.

SATI de Honduras
Directorio Telefónico Tegucigalpa 1970. Tegucigalpa. SATI de Honduras. 1970. 72p. 28cm.

Directorio Telefónico San Pedro Sula 1970. San Pedro Sula. SATI de Honduras. 1970. 92p. 28cm.

ARTE Y RECREACIÓN

GÁLVEZ, Héctor
La educación musical. III Curso. Ciclo Común de Cultura General. Tegucigalpa. 1970. 30h. 28cm. mimeo.

LIGA Nacional de Fútbol
Leyes y Reglamentos de la Liga Nacional de Fútbol no Aficionados. San Pedro Sula. Editora Nacional. 1970.
121p. 24cm.

LÓPEZ RODEZNO, Arturo
Diez Estampas de Arturo López Rodezno. Tegucigalpa. Honduras Industrial. 1970. s.p. 24cm.

LITERATURA

ACOSTA NAVARRO, Elpidio
Ilva. La Ceiba. 1970.
24p. 21cm.

ALEMÁN, Vicente. 1911-1971
14 de Julio. Tegucigalpa. Librería Molino. 1970.
39p. 22cm.

Hojas de Otoño. Tegucigalpa. Tip. Nacional. 1970.
107-xip. 26cm.

AMAYA AMADOR, Ramón. 1916-1966
Estrella Roja. El Cronista. Diciembre 18/1970.

ARITA, Carlos Manuel. 1912-
Mensaje de amor a Guatemala. Tegucigalpa. 1970.
50p. 20cm.

BRITO, Javier Bayardo y Erasmo Suárez
La Última Góndola. Prólogo, recopilación y notas de... Tegucigalpa.
Ministerio de Gobernación y Justicia. 1970.
149p. 22cm.

CÁCERES LARA, Víctor. 1915-
Tierra Ardiente. Tegucigalpa. 1970.
329p. 22cm.

CARIAS ZAPATA, Marcos
La Ternura que Esperaba. Cuentos. Tegucigalpa. UNAH. 1970.
111p. 22cm.

FLORES, Oscar Armando. 1912-
La Voz está en el Viento. Tegucigalpa. Imp. López y Cía. 1970.
225p. 22cm.

GALEAS, Tulio
Las Razones. Poesía. Carátula de Luna. Tegucigalpa. Escuela
Superior del Profesorado. 1970.
16p. 20cm.

GATGENS GONZÁLEZ, Mario
Cuentos para dormir a Rasputín. Tegucigalpa. Imp. Morazán. 1970.
123p. 17cm.

GUILLÉN ZELAYA, Alfonso. 1888-1947
La voz iluminada de Alfonso Guillén Zelaya. Por Humberto Rivera Flores. Tegucigalpa. UNAH. 1970.
29p. 21cm.

LUNA LÓPEZ, Guillermo René
Breve historia de Santa Rosa de Copán. Santa Rosa, s.i., 1970.
78 p. 27 cm.

MARTÍNEZ, Celina
Poemas del amor y del olvido. Tegucigalpa, Tip. Ariston, 1970.
84 p. 22 cm.

MEJÍA, Otilia
La Máscara de Ropa. Novela. Por Gustavo Le Rouge. Traductora: Otilia de Mejía. Tegucigalpa, Imp. López y Cía., 1970.
91 p. ret. 20 cm.
Original en francés.

MEJÍA, Rudy
Santa Rosa de Copán. Santa Rosa, s.i., 1970.
55 p. 22 cm.

MERREN, Nelson E. 1931-
Color de Exilio. Carátula de Arturo Luna. Tegucigalpa, UNAH, 1970.
37 p. 21 cm.
— Color de Exilio. Poesía. Tegucigalpa, Escuela Superior del Profesorado, 1970.
16 p. 21 cm.

OSORIO, Mario. 1945-
Hojas sin rumbo. Tegucigalpa, Imp. Calderón, 1970.
76-II p. 22 cm.

OSORIO, Miguel Ángel
Acantillados Líricos. Tegucigalpa, Imp. Alba, 1970.
60 p. 22 cm.

PADGET, Herman Allan
Vida y Sociedad en Timburraca. Tegucigalpa, Imp. Calderón, 1970.
147 p. 22 cm.

PAGOAGA, Raúl Arturo. 1912-
San Rafael de las Mataras. Poemas. Tegucigalpa, Imp. López y Cía.,
1970.
49 p. 21 cm.

RIVERA FLORES, Humberto
Véase: Guillén Zelaya, Alfonso.

RODRÍGUEZ, Marisabel Guillén de
Amor. Tegucigalpa, FAFH, 1970.
31 p. 17 cm.

ROMERO, Eliseo
Rosas del Alma. Tegucigalpa.

RUBÍ, Edda O.
Poesía Femenina Hondureña. Tegucigalpa, Grupo Ideas, 1970.
16 h. 28 cm.

SALINAS, Gerardo
Mundo, duelo y pena. Tegucigalpa, Imp. Calderón, 1970.
90 p. 21 cm.

SUÁREZ, Clementina. 1906-
Salamar. Tegucigalpa, 1970.

UNDURRAGA, Antonio de
Honduras, Fábulas y Cuentos. Antología. Tegucigalpa, Tip. Nacional,
1970.
320 p. 21 cm.

VALLE, Pompeyo. 1929-
Nostalgia y Belleza del Amor. Tegucigalpa, UNAH, 1970.

VALLE, Rafael Heliodoro. 1891–1956
Tierras de Pan Llevar. San José de Costa Rica, 1970.
168–1 p. 17 cm.

VARELA, Arturo
Borrasca o Infierno de Pasión. Tegucigalpa, 1970.

VEGA, J. Heriberto
Penguaje.

VELASCO, Ana María
Los Hijos Naturales. Novela. Tegucigalpa, Imp. López y Cía., 1970.

VELÁSQUEZ, José Manuel
Forjadores de Honduras. Tegucigalpa, Imp. Calderón, 1970.
204 p. 21 cm.

VILLANUEVA CHINCHILLA, Armando
Juan Guaymuras. Tegucigalpa, Imp. López y Cía., 1970.
32 p. 27 cm.

HISTORIA Y GEOGRAFÍA

AGUILAR B., Carlos Antonio
Texto de Enseñanza de la Geografía de Honduras. Estudios Sociales.
(Segundo trimestre). Primer Curso del Ciclo Común de Cultura
General. Tegucigalpa, 1970.

AGUILAR PAZ, Jesús
Tlapalán. Tegucigalpa, Imp. López y Cía., 1970.
25 p. 23 cm.

ÁLBUM Cronológico de los Presidentes de Honduras.
Tegucigalpa, Promociones Culturales, 1970.
40 p. 21 cm. apais.

ALVARADO, Gustavo Adolfo
Véase: Jerez Alvarado, Rafael.

ALVARADO, Néstor Enrique
Cartilla Morazánica. Tegucigalpa, Librería Molino, 1970.
83 p. ilus. 22 cm.

APLICANO, Pedro
Introduction to the Mayan History. Tegucigalpa, s.i., 1970.
63 p. 22 cm.

ARDÓN, Juan Ramón. 1911-
Días de Infamia. A los pueblos libres de América. Primera edición.
Tegucigalpa, Paulino Valladares, 1970.
205 p. láms. 22 cm.

ARDÓN, Juan Ramón.
Días de Infamia. A los pueblos libres de América. Segunda edición.
Tegucigalpa, Paulino Valladares, 1970.
252 p. láms. 22 cm.

BACIU, Esteban
Ramón Villeda Morales, Ciudadano de América. San José de Costa
Rica, Litografía Lehmann, 1970.

CÁLIX PAVÓN, Raúl. Trad.
Véase: Rodríguez, Mario.

COELLO, Jorge
Historia del Himno Nacional de Honduras. Segunda edición
aumentada. Comayagüela, Centro Bibliográfico Labor, 1970.
59 p. ilus. 16 cm.

DURÓN, Jorge Fidel. 1902-
El Pensamiento vivo de don Dionisio de Herrera. Comayagüela,
Industrias Gráficas Tulín, 1970.
31 p. 22 cm.

FIALLOS A., José-Nery
Apuntes Históricos. Tegucigalpa, s.i., 1970.
214 p. 21 cm.

FLORES OCHOA, Santiago
El Retorno de Caín. Primera edición. Buenos Aires, Schmidel, 1970. 149–III p. 20 cm.
— El Retorno de Caín. Segunda edición. Buenos Aires, Schmidel, 1970. 149–III p. 20 cm.

FUNES, Juan Ramón e IVÁN ROMERO MARTÍNEZ
Aspectos culturales de Olanchito. Tegucigalpa, UNAH, 1970. 116 p. 28 cm.

GONZAGA, Quino. Seud.
Véase: González, Joaquín.

GONZÁLEZ C., Federico
Impresiones de las tierras del Laudo. Tegucigalpa, Imp. López y Cía., 1970.

GONZÁLEZ, Joaquín. 1921-
Los que se fueron y los que se quedaron. Tegucigalpa, Imp. López y Cía., 1970. 97 p. 21 cm.

HERRERA, Dionisio. 1783–1850
Véase: Durón, Jorge Fidel.

JEREZ ALVARADO, Rafael. 1914-
Gustavo Adolfo Alvarado. (Boceto Biográfico). Tegucigalpa, Ministerio de Educación Pública, 1970.
23 p. 21 cm.

MEJÍA, Medardo. 1907-
El Descubrimiento. La mundialización de Honduras. San Pedro Sula, 1970.
II–129 p. 22 cm.

MORAZÁN, Francisco. 1792–1842
Memorias del Benemérito General Don Francisco Morazán. Escritas por él mismo en David (Nueva Granada) en 1840. Segunda edición. Tegucigalpa, BANCAHSA, 1970. V–18 p. 15 cm.

NAVARRO, Miguel. 1904-
Nuestro País. Estudios Sociales. Tercer Grado. Comayagüela, Publicaciones Navarro, 1970.
172–III p. 23 cm.
— Estudios Sociales. Quinto Grado. Tercera edición. Comayagüela, Publicaciones Navarro, 1970.
160 p. ilus. 24 cm.
— Estudios Sociales. Sexto Grado. Quinta edición. Comayagüela, Publicaciones Navarro, 1970.
173 p. ilus. 24 cm.

PAREDES, Lucas
Los Culpables. Comayagüela, Imp. Honduras, 1970.
272 p. 22 cm.

PASCUA, Herman
(En la portada): En el Centenario del Ferrocarril Nacional. (En la carátula): Reseña Histórico-Administrativa del Ferrocarril Nacional de Honduras. Tegucigalpa, Imp. López y Cía., 1970.
107 p. 27 cm.

PAZ BARAONA, Miguel J. 1937-
Vida y obra del Doctor Miguel Paz Baraona. San Pedro Sula, 1970.
39 p. 26 cm.

RIVERA L., Carlos R. y otros
Fragmentos sobre la vida del pundonoroso militar hondureño General Trinidad Cabañas, con motivo del Primer Centenario de su muerte, 8 de enero de 1871. Tegucigalpa, Tip. Ariston, 1971.
33 p. 21 cm.

RODRÍGUEZ, Mario
Chatfield, Cónsul británico en Centro América. Versión (española) de Raúl Cálix Pavón. Tegucigalpa, Banco Central de Honduras, 1970.
XII–256–III p. 26 cm.
Título en inglés: A Palmerstoman Diplomat in Central America: Frederick Chatfield, Esq.

ROSARIO MINING CO.
El Héroe y el Sabio. El Mochito, New York & Honduras Rosario Mining Co., 1970.
11 p. ilus. 22 cm.

SAHSA
25 Aniversario. 1945–1970. Tegucigalpa, s.i., 1970.
14 p. ilus. 36 cm.

TROCHEZ, Raúl Gilberto. 1917-
El Cantor de Ilamatepeque. Tegucigalpa, Ministerio de Educación Pública, 1970.
24 p. ret. 18 cm.

VALENZUELA, Mario
Turismo. Hotel Honduras Maya. Tegucigalpa, Hotel Honduras Maya, 1970.
18 p. ilus. 22 cm.

VARELA, Arturo
Francisco Morazán, alma de Centro América. Tegucigalpa, Imp. Eca, 1970.

VILLAFRANCA R., Augusto. 1908–1965
Estudios Sociales para el Tercer Grado. Doceava edición. Tegucigalpa, Librería Molino, 1970.
156–V p. ilus. 22 cm.
— La Comunidad Nacional. Segundo Curso. Cuarta edición. Tegucigalpa, Librería Molino, 1970.
VII–264 p. ilus. 22 cm.

ZÚÑIGA HUETE, José Ángel
Autobiografía. Segunda edición. Comayagüela, Imp. Bulnes, 1970.
68 p. 21 cm.

PUBLICACIONES GUBERNAMENTALES

CONSEJO Nacional de Elecciones
Informe presentado al Congreso Nacional 1969/1970. Tegucigalpa, Consejo Nacional de Elecciones, 1970.
125 p. 28 cm.

CONSEJO Superior de Planificación Económica (CSPE)
Implicaciones de Rehabilitación en las áreas fronterizas con El Salvador. Tegucigalpa, CSPE, 1970.
89 h. 28 cm.
— Proyecto de Tecnificación del cultivo del maíz, arroz y frijoles de Honduras. Tegucigalpa, CSPE, 1970.
528 p. 28 cm.

CONTRALORÍA General de la República
Informe al Congreso Nacional 1969/1970. Tegucigalpa, Contraloría General de la República, 1970.

CORTE Suprema de Justicia
Informe al Congreso Nacional. Tegucigalpa, Corte Suprema de Justicia, 1970.

DIRECCIÓN General de Aeronáutica Civil
Almanaque Hondureño 1970. Tegucigalpa, Servicio Meteorológico Nacional, 1970.
48 p. 22 cm.

CONCEJO del Distrito Central
Plan de Arbitrios del Distrito Central 1970. Tegucigalpa, Imp. López y Cía., 1970.
22 p. 27 cm.

DIRECCIÓN GENERAL DE ESTADÍSTICA Y CENSOS (D.G.E.C.)
- Anuario Estadístico 1968. Tegucigalpa, D.G.E.C., [1970]. t. I–II. 28 cm.
- Anuario Estadístico 1969. Tegucigalpa, D.G.E.C., 1970. t. I–II. 28 cm.

- Comercio Exterior de Honduras. Enero–junio de 1970. Tegucigalpa, D.G.E.C., 1970. [22] p. 28 cm.
- Comercio Exterior de Honduras. Exportación 1969. Tegucigalpa, D.G.E.C., 1970. VI–164 p. 32 cm. apais.
- Comercio Exterior de Honduras. Importación 1969. Tegucigalpa, D.G.E.C., 1970. t. I–II. 32 cm. apais.
- Comercio Exterior de Honduras. Datos Generales 1969. Tegucigalpa, D.G.E.C., 1970. 13 p. 28 cm.
- Comercio Exterior de Honduras con todo el mundo y con Centro América. Primer semestre 1970. Tegucigalpa, D.G.E.C., 1970. 198 p. 28 cm.
- Encuesta de ingresos y gastos familiares 1967–1968. Tegucigalpa, D.G.E.C., 1970. XXV–178 p. 32 cm. apais.
- Estadísticas Educacionales 1968. Tegucigalpa, D.G.E.C., 1970. t. I–II. 30 cm. apais.
- Importaciones amparadas en la Ley de Fomento Industrial, concesiones de leyes y decretos especiales y dispensa oficial 1969. Tegucigalpa, D.G.E.C., 1970. 220 p. 28 cm. apais.
- Inventario Estadístico Nacional al 31 de diciembre de 1969. Tegucigalpa, D.G.E.C., 1970. V–228 p. 32 cm. apais.
- Números índices del comercio exterior 1968. Tegucigalpa, D.G.E.C., 1970. 55 p. 28 cm.
- El Registro Civil Hondureño. Tegucigalpa, D.G.E.C., 1970. 14 h. 22 cm.
- Segundo Censo Nacional Agropecuario 1965–1966. Tegucigalpa, D.G.E.C., 1970. X–263–68 p. 32 cm. Apais.

DIRECCIÓN General de Servicio Civil
Manual de Evaluación y Calificación de Servicios. Comayagüela, Dirección General de Servicio Civil, 1970.
46 p. 23 cm.

DIRECCIÓN General de Tránsito
Informe anual de la Comandancia General de Tránsito. Tegucigalpa, CES, 1970.
52 h. 28 cm.

EMPRESA Nacional Portuaria
Memoria de Labores 1969. Puerto Cortés, Honduras Industrial, 1970.

INSTITUTO Hondureño de Seguridad Social (IHSS)
Guía para trabajadores afiliados. Tegucigalpa, IHSS, 1970.
14 p. 21 cm.

JUNTA Nacional de Bienestar Social (JNBS)
Informe anual 1969. Tegucigalpa, JNBS, 1970.

JUNTA Nacional de Bienestar Social
¿Qué es la Junta Nacional de Bienestar Social? Folleto de Referencias. Tegucigalpa, JNBS, 1970.
45 p. 21 cm.

LEYES, DECRETOS, ETC.
Código de Minería. Español–inglés. Comayagüela, Dirección General de Minas e Hidrocarburos, 1970.
— Ley de Petróleo y su Reglamentación. Comayagüela, Dirección General de Minas e Hidrocarburos, 1970.
— Ley de Correos 1943 y sus reformas. Tegucigalpa, Ministerio de Economía y Hacienda, 1970.
45 p. 23 cm.
— Law of Petroleum. Tegucigalpa, Dirección General de Minas e Hidrocarburos, 1970.
— Ley del Consejo Superior de Planificación Económica. Tegucigalpa, Consejo Superior de Planificación, 1970.
10 p. 23 cm.
— Ley Orgánica de la Proveeduría General de la República. Tegucigalpa, Ministerio de Economía y Hacienda, 1970.
17 p. 23 cm.
— Presupuesto por Programas. Gobierno Central. Ejercicio Fiscal 1970. Tegucigalpa, Dirección General de Presupuesto, 1970.
448–V p. 36 cm.
— Disposiciones Generales del Presupuesto. Tegucigalpa, Dirección General de Presupuesto, 1970.
33 p. 35 cm.

— Regulations of the Law of Petroleum. Resolution No. 21 of January 11, 1963. Tegucigalpa, Dirección General de Minas e Hidrocarburos, 1970.
— Reglamento General de Educación Media. Tegucigalpa, Dirección General de Educación Media, 1970. 448–V p. 36 cm.

LÓPEZ ARELLANO, Oswaldo
Quinto Informe Presidencial 1969/1970. Tegucigalpa, Tip. Ariston. 53 p. 27 cm.

PROCURADURÍA General de la República
Informe anual 1969/1970. Tegucigalpa, Procuraduría General de la República, 1970.

RIVERA LÓPEZ, Mario
Contestación del Presidente del Congreso Nacional al Informe presentado por el señor Presidente de la República. Tegucigalpa, Tip. Ariston, 1970. 4 h. 23 cm.

SECRETARÍA de Comunicaciones
Informe presentado al Congreso Nacional 1969/1970. Tegucigalpa, Ministerio de Comunicaciones, 1970.

SECRETARÍA de Defensa
Informe del Secretario de Estado en el Despacho de Defensa y Seguridad Pública. Tegucigalpa, Ministerio de Defensa, 1970. IX–19–12–24–4–8 h. 28 cm.

SECRETARÍA de Economía y Hacienda
Informe presentado al Congreso Nacional por el Secretario de Estado en el Despacho de Economía y Hacienda 1969–1970. Tegucigalpa, Ministerio de Economía y Hacienda, 1970. 172 p. 31 cm.

SECRETARÍA de Educación Pública
Informe presentado al Congreso Nacional 1969/1970. Tegucigalpa, Ministerio de Educación Pública, 1970.
— Fiestas de la Patria. Programa Nacional conmemorativo del CXLIX/CIL/ Aniversario de nuestra emancipación. Tegucigalpa, Ministerio de Educación Pública, 1970. 17 p. 22 cm.

— Centro Técnico Hondureño–Alemán. Folleto informativo. San Pedro Sula, Editorial Nacional, 1970.
15 p. ilus. 23 cm.

SECRETARÍA de Gobernación y Justicia
Informe presentado al Congreso Nacional 1969/1970. Tegucigalpa, Ministerio de Gobernación y Justicia, 1970.

SECRETARÍA de la Presidencia de la República
Informe de la Secretaría de Estado en la Presidencia de la República 1969/1970. Tegucigalpa, Ministerio de la Presidencia de la República, 1970.
79 p. 27 cm.

SECRETARÍA de Recursos Naturales
Informe presentado al Congreso Nacional 1969/1970. Tegucigalpa, Ministerio de Recursos Naturales, 1970.

SECRETARÍA de Salud Pública y Asistencia Social
Informe de labores correspondiente al período 1969/1970. Tegucigalpa, Ministerio de Salud Pública, 1970.
155 h. 32 cm.
— Lineamiento general del Plan de Salud Pública 1970. Tegucigalpa, Ministerio de Salud Pública, 1970.
56 h. 39 cm. apais.
— Anuario Estadístico 1969. Tegucigalpa, Ministerio de Salud Pública, 1970. 60 p. 28 cm.

SECRETARÍA de Trabajo y Previsión Social
Estadística de Trabajo 1969. Tegucigalpa, Ministerio de Trabajo y Previsión Social, 1970.
103 h. 33 cm. apais.
— Informe de labores correspondiente al período 1969/1970. Tegucigalpa, Ministerio de Trabajo y Previsión Social, 1970.
155 h. 32 cm.

PUBLICACIONES PERIÓDICAS

ACCIÓN EDUCATIVA NACIONAL
Tegucigalpa. Órgano de divulgación del Ministerio de Educación Pública. Mensual.
N.º 1, en agosto de 1967. Editorial del Ministerio.
28 × 41 cm. 12 p.

ACCIÓN OBRERA
Tegucigalpa. Órgano de información y orientación del Sindicato de Trabajadores y Empleados de la Cervecería Tegucigalpa. Bimestral.
N.º 1, en mayo de 1963.
22 × 30 cm. 4 p.

A.H.P.F.
Tegucigalpa. Asociación Hondureña de Planificación de Familia. Director: Mario Rietti. Mensual. N.º 1, en julio de 1966. s.i.
22 × 31 cm. 8 p.

EL ALFILER
San Pedro Sula. Crítica y buen humor. Director: Víctor Hernández Mejía. Semanal. N.º 1, el 6 de febrero de 1960. Editora Nacional.
26 × 30 cm. 8 p.
Su director actual es Pedro Escoto López (Pito Pérez).

LA ANTORCHA
Puerto Cortés. Semanario independiente de crítica y combate. Director: Gustavo Carvajal Castro. Semanal. N.º 1, el 6 de abril de 1957. Imp. La Marina.
29 × 46 cm. 4 p.

ARTES GRÁFICAS
Tegucigalpa. Por la unificación y dignificación de la clase trabajadora. Director: Rodolfo Rico V. Anual. N.º 1, el 24 de junio de 1959. Imp. Calderón.
30 × 45 cm. 8 p.

EL ATLÁNTICO

La Ceiba, Atlántida. Semanario de intereses generales. Director: Ángel Moya Posas. Semanal. N.º 1, el 1 de noviembre de 1926. Imp. El Progreso.
28 × 40 cm. 8 p.
Con el N.º 5 cambió de tamaño y paginación: 39 × 54 cm. 4 p.

BARAGUÁ

Tegucigalpa. Órgano del Movimiento Revolucionario del Pueblo (M.R.P.), II Frente Nacional del Escambray y Alpha 66. Director: Celestino Fernández Juárez. Mensual. N.º 1, el 1.º de septiembre de 1965. Imp. Calderón.
30 × 45 cm. 12 p.

BOLETÍN CAFETALERO

San Pedro Sula. Órgano de difusión cafetalera al servicio de todos los caficultores de Honduras. Director: Recaredo Radillo Najarro. Sin periodicidad. N.º 1, en junio de 1965. Mimeo.
22 × 29 cm. 4 p.

BOLETÍN INFORMATIVO DEL CICH

Tegucigalpa. Órgano del Colegio de Ingenieros Civiles de Honduras. Director: Francisco Figueroa Z. Bimestral. N.º 1, el 24 de julio de 1970. Imp. La República.
22 × 28 cm. 6 p.

BOLETÍN INFORMATIVO DEL BANCO DE LOS TRABAJADORES

Comayagüela. Mensual. N.º 1, en noviembre de 1967. Imp. Soto.
24 × 32 cm. 4 p.

BOLETÍN ROTARIO

San Pedro Sula. Club N.º 4466. Distrito 424. Imp. Industrias Gráficas. Cas. S.A.
22 × 28 cm. 10 h.

BOLETÍN LEONÍSTICO

San Marcos de Colón. Mensual. N.º 1, en septiembre de 1970. s.i.
23 × 30 cm. 4 p.

EL BUEN AMIGO
San Pedro Sula. Semanario católico. Semanal. Casa Cural. N.º 1, el 3 de septiembre de 1932.
23 × 30 cm. 4 p.

CARTA COMERCIAL PARA HONDURAS
Tegucigalpa. Para fomentar el comercio y la inversión entre Honduras y los Estados Unidos de América. Sin periodicidad. N.º 1, en julio de 1965. USIS.
23 × 37 cm. 4 p.

CARTA INFORMATIVA DEL SANAA
Tegucigalpa. Servicio Autónomo Nacional de Acueductos y Alcantarillados. Mensual. N.º 1, en agosto de 1967. Mimeo.
24 × 32 cm. 4 p.

CEIBA JUNIOR
La Ceiba, Atlántida. Servir a la Humanidad es la mejor obra de una vida. Mensual. N.º 1, en marzo de 1969.
21 × 30 cm. 4 p.

EL COMUNISTA
Tegucigalpa. Semanario independiente. Por una América libre de tiranía. Semanal. N.º 1, en marzo de 1966.
22 × 30 cm. 8 p.

EL CRISOL
Tela, Atlántida. Periódico de derechos democráticos. Director: Marcial Briceño Rivera. Semanal. N.º 1, el 4 de enero de 1933. Imp. La Marina.
27 × 40 cm. 8 p.

EL CRONISTA
Tegucigalpa. Periódico de Información. Director: Alejandro Valladares. Diario. N.º 1, el 10 de abril de 1912. Editorial Paulino Valladares.
39 × 40 cm. 12 p.
Su primer director fue Adán Canales y se imprimió en la Papelería e Imprenta Calderón.

EL DÍA

Tegucigalpa. Doctrinario e informativo. Director: Julián López Pineda. Diario. N.º 1, el 11 de junio de 1948. Imp. El Día.
45 × 57 cm. 12 p.
El actual director es el Arq. Julio López Pineda.

EL ESPECTADOR

San Pedro Sula. Por la patria, la paz, la libertad, la justicia, la cultura, el arte y la verdad. Director: Ramón Rosa Galeano. Semanal. N.º 1, el 9 de marzo de 1940. Imp. Cálix Oliva, Tela.
29 × 39 cm. 6 p.
Ahora se edita en San Pedro Sula, en la Imp. Galeano.

ESTRELLA SOLITARIA

Tegucigalpa. Carta semanal nacionalista. Semanal. N.º 1, en 1966. Multilith.
22 × 28 cm. 28 p.

FIDES

Tegucigalpa. Orientación y defensa católica. Director y fundador: P. J. Alfonso Molina. Semanal. N.º 1, el 7 de septiembre de 1953. Imp. CENSA.
15 × 32 cm. 4 p.
Actualmente es de 8 páginas y de 22 × 36 cm.

LA GACETA

Tegucigalpa. Periódico oficial del Gobierno de Honduras. Director: Heriberto Gómez. Diario. N.º 1, el 25 de octubre de 1876. Imp. Nacional. 24 × 36 cm. 8 p.

GUÍA DE LA SUERTE

Tegucigalpa. Publicación oficial de la Lotería Nacional. Mensual. N.º 1, el 5 de septiembre de 1950. Imp. Lotería Nacional.
36 × 56 cm. 1 h. plegada.

EL HERALDO

La Ceiba, Atlántida. Semanario independiente. Director: Aníbal Cruz Garín. Semanal. N.º 1, el 1 de diciembre de 1936. s.i. 30 × 45 cm. 6 p. El director actual es don Amílcar Cruz Garín.

EL HERALDO

San Pedro Sula. Órgano de la Sociedad Cívica y Unionista "La Juventud". Directores: Maximiliano Mondragón y Pedro C. Cortés. Semanal. N.º 1, el 18 de abril de 1914. Imp. La Juventud.

30 × 45 cm. 8 p.

Lo dirige actualmente el Licdo. Humberto Rivera y Morillo.

IMPACTO

Tegucigalpa. Semanario hondureño al servicio del pueblo. Director: Raúl Barnica López. Semanal. N.º 1, el 15 de septiembre de 1966. Imp. Calderón. 31 × 40 cm. 12 p.

ÍNDICE

Comayagua. Órgano informativo, doctrinario, eminentemente independiente. Director: Mario Bardales Meza. Semanal. N.º 1, el 15 de abril de 1957. Imp. La República, Tegucigalpa.

27 × 38 cm. 8 p.

JUNIOR SAMPEDRANO

San Pedro Sula. Órgano de divulgación de la Cámara Junior de San Pedro Sula. Sin periodicidad. N.º 1, en junio de 1964. s.i.

21 × 27 cm. 4 p.

JUVENTUD

Tegucigalpa. Vocero de las juventudes nacionalistas. Director: Carlos Madrid Tábora. Semanal. N.º 1, en septiembre de 1970. Imp. Calderón. 30 × 45 cm. 12 p.

JUVENTUD

Tegucigalpa. Órgano del Bloque de Estudiantes Universitarios y de Secundaria. Director: Dionisio Sánchez R. Quincenario. N.º 1. Imp. La República. 27 × 38 cm. 8 p.

EL LASALLISTA

Choluteca. Dios. Patria. Juventud. Anual. N.º 1, el 11 de junio de 1964. 20 × 29 cm. 6 p.

EL MUNICIPIO

Tegucigalpa. Órgano de información de la Asociación de Municipios de Honduras. Director: Godofredo Alvarado C. Mensual. N.º 1, en septiembre de 1967. 21 × 28 cm. 10 p.

NOTICIAS UNIVERSITARIAS

Tegucigalpa. Ciudad Universitaria. Publicación de la Dirección de Extensión Universitaria. Director: Pompeyo del Valle. Mensual. N.º 1, en julio de 1969. Imp. Cultura. 22 × 29 cm. 4 p.

NOTICIERO BANCATLAN

Tegucigalpa. Publicación de los empleados del Banco Atlántida. Mensual. N.º 1, en abril de 1966. Imp. Calderón.
23 × 30 cm. 12 p.

NOTICIERO HONDUREÑO

Tegucigalpa. Mensual. N.º 1, en enero de 1957. USIS.
28 × 36 cm. 1 hoja plegada.

NOTI-JUNIOR

Tegucigalpa. Boletín de la Comisión de Extensión de la Cámara Junior. Director: Teófilo Martel. Mensual. N.º 1, en septiembre de 1970. Mimeo. 17 × 22 cm. 4 p.

NUESTRO CRITERIO

Tegucigalpa. Periódico independiente. Director: Lucas Paredes. Semanario. N.º 1, en mayo de 1970. Imp. Honduras.
23 × 21 cm. 12 p.

NUEVA ERA

Choluteca. Semanario al servicio de los intereses del Sur. Director: Santos Pérez García. Semanal. N.º 1, en agosto 9 de 1969.

ORIENTACIÓN

La Ceiba, Atlántida. Semanario libre y de combate. Director: Carlos M. Ramírez. Semanal. N.º 1, el 4 de julio de 1964. Mimeo.
30 × 45 cm. 8 p.
Los siguientes números fueron hechos en imprenta.

PLUS ULTRA
Tela, Atlántida. Periódico informativo. Director: Pedro Xatruch. Semanal. N.º 1, el 31 de julio de 1941. Imp. La Marina. 39 × 45 cm. 4 p.

LA PRENSA
San Pedro Sula. Diario independiente al servicio del comercio, la industria y la cultura. Director: Andrés Alvarado Lozano. Diario. N.º 1, el 26 de octubre de 1964. Imp. La Prensa. 29 × 43 cm. 24 p.

EL PUEBLO
Tegucigalpa. Órgano del Partido Liberal de Honduras. Al servicio de las fuerzas democráticas de la nación. Director: Darío Montes. Diario. N.º 1, el 15 de octubre de 1949. Imp. Renovación. 40 × 56 cm.

REFLEJOS DE LA STANDARD
La Ceiba. Departamento de Personal. Mensual. N.º 1, en abril de 1966. s.i. 22 × 28 cm. 6 p.

SEMÁFORO
Comayagüela. Grita al pueblo las verdades que otros periódicos le ocultan. Director: Tito Aplícano M. Semanal. N.º 1, el 2 de mayo de 1953. Imp. Calderón. 30 × 45 cm. 8 p.

LA SEMANA
Comayagüela. Magazine sabatino. Director: Lucas Paredes. Semanario. N.º 1, el 14 de noviembre de 1970. 27 × 34 cm. 8 p.

EL SINDICALISTA
La Lima, Cortés. Periódico obrero independiente de ideología democrática. Por la redención del trabajador. Director: Sabas Lilio Pineda. Quincenario. N.º 1, el 1.º de septiembre de 1955. Imp. Renovación, San Pedro Sula. 29 × 38 cm. 6 p.

SOCIAL
El Progreso, Yoro. Semanario informativo. Director: Francisco (Tito) Calderón. Semanal. N.º 1, el 2 de enero de 1933. Imp. Calderón. 23 × 35 cm. 6 p.

SOL
Comayagüela. Directora: Mariana Zepeda. Semanal. N.º 1, en julio de 1970. s.i.
26 × 36 cm. 8 p.

TEGUCITATHER
Published by The Joint Administrative Section. The American Embassy. Tegucigalpa, Honduras, Centro América. Semanal. USIS. N.º 1, en marzo de 1968.
23 × 32 cm. 8 p.

TIEMPO
San Pedro Sula. El diario de Honduras. Director: Manuel Gamero. Diario. N.º 1, el 7 de noviembre de 1970. Imp. Editorial Honduras.
29 × 39 cm. 24 p.

TIEMPO AGROPECUARIO
San Pedro Sula. Revista semanal. Director: Juan Parodi. Semanal. N.º 1, el 20 de noviembre de 1970. Editorial Honduras.
29 × 38 cm. 8 p.

TIEMPO CULTURAL
San Pedro Sula. Directores: Edmond L. Bográn, Manuel Gamero. Semanal. N.º 1, el 17 de octubre de 1970. Editorial Honduras.
29 × 38 cm. 4 p.

TIEMPO DEPORTIVO
San Pedro Sula. Director: César Quezada. Semanario. N.º 1, el 10 de noviembre de 1970. Editorial Honduras.
20 × 30 cm. 8 p.

TRIBUNA SINDICAL
La Ceiba, Atlántida. Órgano oficial del Sindicato de los Trabajadores de la Standard Fruit Company. Director: Antonio Ocampo Santos. Semanal. N.º 1, el 1 de mayo de 1970. Imp. La Marina.
27 × 37 cm. 8 p.

TORNILLO SIN FIN

Tegucigalpa. Órgano de la Federación de Estudiantes de Honduras. Anual. N.º 1, el 11 de junio de 1932. s.i.
30 × 46 cm. 28 p.

EL TRÓPICO

La Ceiba, Atlántida. Órgano al servicio de los intereses del pueblo y de la democracia. Director: Rodolfo Zavala. Semanario. N.º 1, el 1 de agosto de 1938. Imp. Pro-Patria.
23 × 30 cm. 4 p.

EL VOCERO

San Pedro Sula. Gaceta educativa del Centro Cultural Sampedrano. Mensual. N.º 1, en abril de 1963.
24 × 35 cm. 4 p.

VOCERO EVANGELISTA

San Pedro Sula, Cortés. Órgano oficial del Sínodo de la Iglesia Evangélica y Reformada de Honduras. Mensual. N.º 1.
21 × 36 cm. 8 p.

LA VOZ CATÓLICA

Comayagua. Órgano de la Diócesis de Comayagua. Jefe de redacción: P. Geraldo Scarpone, C.F.M. Mensual. N.º 1, en octubre de 1965. Alpha, Comayagüela.
30 × 41 cm. 4 p.

REVISTAS Y BOLETINES

ACCIÓN SOCIAL

Tegucigalpa. Por la armonía entre el capital y el trabajo. Director: Salvador Villeda Vidal. Mensual. N.º 1, en enero de 1946. Imp. La República. 20 × 27 cm. 20 p.

AGAFM

Tegucigalpa. Órgano de la Asociación de Ganaderos y Agricultores de Francisco Morazán. Director: Juan Parodi. Bimestral. N.º 1, corresponde a los meses de enero–febrero de 1969. Imp. López y Cía. 21 × 27 cm. 40 p.

AGRO
Tegucigalpa. Órgano del Instituto Nacional Agrario. Mensual. N.º 1, en diciembre de 1963. Imp. Bulnes, Comayagüela.
23 × 30 cm. 15 p.

ANALES DEL ARCHIVO NACIONAL
Tegucigalpa. Directora: Ana Rosa V. de Carias; Subdirector: Julio Rodríguez Ayestas. Trimestral. N.º 1, en septiembre de 1967. Imp. Calderón.
21 × 27 cm. 59 p.

APH
Tegucigalpa. Órgano de la Asociación de Prensa Hondureña. Director: Claudio Barrera. Mensual. N.º 1, en noviembre de 1968. Imp. La República.
22 × 29 cm. 48 p.

APUNTES AGRÍCOLAS
San Pedro Sula, Cortés. Revista de la Asociación de Profesionales Agrícolas de Honduras. Director: G. Manzanares U. Trimestral. N.º 1, en octubre–diciembre de 1962. Imp. Cultura.
21 × 27 cm. 18 p.

ARIEL
Tegucigalpa. Director: Medardo Mejía. Mensual. Tercera etapa. Año VI. N.º 143, en julio de 1964. Imp. La Democracia.
21 × 28 cm. 34 p.

EL BECIANO
Tegucigalpa. Órgano informativo familiar del BCIE. Director: Luis Felipe Enamorado. Mensual. N.º 1, el 9 de junio de 1967. Multilith.
22 × 33 cm. 24 p.

BOLETÍN BIBLIOGRÁFICO
Comayagüela. Directora: Olga Paredes. Bimestral. N.º 1, en mayo–junio de 1965. BANAFOM.
22 × 28 cm. 22 p.

BOLETÍN ECLESIÁSTICO
Tegucigalpa. Órgano de la Provincia Eclesiástica de Honduras. Bimensual. N.º 1, el 21 de mayo de 1931. Imp. CENSA.
15 × 23 cm. 81 p.

BOLETÍN ESTADÍSTICO
Comayagüela. Banco Nacional de Fomento. Mensual. N.º 1, el 31 de marzo de 1968. BANAFOM.
22 × 29 cm. 32 p.

BOLETÍN ESTADÍSTICO DE SALUD PÚBLICA
Tegucigalpa. Trimestral. N.º 1, en julio–septiembre de 1968. Mimeo.
22 × 28 cm. 86 p.

BOLETÍN OFICIAL DE LA ESCUELA AGRÍCOLA PANAMERICANA
Valle de El Zamorano. Bienal. N.º 1, en 1960.
15 × 23 cm. 80 p.

BOLETÍN INFORMATIVO DE LA DIRECCIÓN GENERAL DE TRIBUTACIÓN DIRECTA
Tegucigalpa. Trimestral. N.º 1, en septiembre de 1962. Mimeo.
21 × 27 cm. 43 p.

BOLETÍN DEL INSTITUTO CENTROAMERICANO DE DERECHO COMPARADO
Tegucigalpa. Director: Miguel R. Ortega. Anual. N.º 1, en junio de 1962. Tip. Ariston.
15 × 21 cm. 220 p.

BOLETÍN MÉDICO DEL INSTITUTO HONDUREÑO DE SEGURIDAD SOCIAL
Tegucigalpa. Director: Gaspar Vallecillo T. Mensual. N.º 1, en enero de 1968. Tip. IHSS.
16 × 23 cm. 164 p.

EL CAFÉ
Tegucigalpa. Órgano oficial de la Asociación Hondureña de Productores de Café. Director: Roberto Fuentes Zaldívar. Mensual. N.º 1, en agosto de 1970. CENSA.
22 × 29 cm. 36 p.

CANCIONERO LATINOAMERICANO
Tegucigalpa. Director: Jorge E. Morales. Mensual. N.º 1, en julio de 1965.
15 × 22 cm. 30 p.

CANCIONERO SIKELANDIA
San Pedro Sula. Propulsor y valuarte del arte nacional. Director: Roberto E. Suárez. Mensual. N.º 1. (Falta fecha).

CANCIONERO TROPICAL PEERLESS
San Pedro Sula. Director: Juan E. Paredes. Mensual. N.º 1, en noviembre de 1943. Imp. Panamericana.
11 × 15 cm. 36 p.

CARTA INFORMATIVA DEL BCIE
Tegucigalpa. Fundado en 1967. (Sin datos adicionales de volumen o formato).

CEIBA
Tegucigalpa, Valle de El Zamorano. Revista de la Escuela Agrícola Panamericana. Directores: A. G. Salomón y M. A. Cano. Sin periodicidad. N.º 1, en enero de 1950. Imp. Calderón.
15 cm. (sin especificar número de páginas).

COLPROSUMAH
Tegucigalpa. Órgano del Colegio de Profesores de Superación Magisterial de Honduras. Director: Luis Octavio Caballero. Anual. N.º 1, en septiembre de 1970. Imp. La República.
21 × 27 cm. 62 p.

EL COMERCIO
Tegucigalpa. Órgano de publicidad de la Cámara de Comercio e Industrias de Tegucigalpa y de la Libre Empresa Privada de

Honduras. Director: Carlos A. Padilla. Mensual. N.º 1, en marzo de 1970. CENSA.
22 × 29 cm. 44 p.

COMUNA
La Ceiba, Atlántida. Órgano municipal. Arte. Letras. Información. Justicia. Trabajo. Honestidad. Director: Francisco Aquino Pérez. Mensual. N.º 1, enero de 1970. Imp. Renacimiento.
21 × 28 cm. 36 p.

CONCILIACIÓN NACIONAL
Tegucigalpa. Directora: Francisca Antúnez. Mensual. N.º 1, en julio de 1965. Imp. Alpha.
22 × 30 cm. 70 p.

EL COOPERATIVISTA
Comayagüela. Órgano oficial del Comité de Educación Cooperativa de Empleados del Banco Nacional de Fomento. Directora: Olga Paredes. Trimestral. N.º 1, enero–marzo de 1968. BANAFOM.
21 × 28 cm. 36 p.

EDUCACIÓN
Tegucigalpa. Órgano oficial del Ministerio de Educación Pública. Trimestral. N.º 1, octubre–diciembre de 1965. Imp. López y Cía.
23 × 29 cm. 68 p.

EN MARCHA
San Pedro Sula, Cortés. Informativo. Director: Martín Baide Galindo. Mensual. N.º 1, en septiembre de 1950. Editorial Coello.
21 × 27 cm. 24 p.

EUREKA
San Pedro Sula. Revista masónica. Órgano de la Respetable Logia Simbólica "Eureka" N.º 2. Director: Domingo Galván. Mensual. N.º 1, el 1 de junio de 1920. Imp. El Comercio.
18 × 24 cm. 21 p.

EVOLUCIÓN
Puerto Cortés. Director: Manuel Serna. (Faltan datos de periodicidad y dimensiones).

EXTRA
Tegucigalpa. Revista mensual de la vida nacional. Director: Óscar Acosta. Mensual. N.º 1, en agosto de 1965. Tip. Ariston.
22 × 30 cm. 48 p.

FACACH INFORMA
Tegucigalpa. Director: Fredy Cuevas Bustillo. Trimestral. N.º 1, octubre–diciembre de 1968. s.i. 22 × 30 cm. 20 p.

FORO HONDUREÑO
Tegucigalpa. Órgano de la Sociedad de Abogados de Honduras. Director: Gonzalo S. Sequeiros. Redactor: Salatiel Rosales. Mensual. N.º 1, en enero de 1912. Papelería e Imprenta Calderón.
19 × 27 cm. Paginación variable.

FUEGO
Tegucigalpa. Revista centroamericana. Órgano oficial de divulgación de los Cuerpos de Bomberos de Centroamérica y Panamá. Director: Mario Aly Allam. Mensual. N.º 1, en agosto de 1966.
22 × 28 cm. 60 p.

FULGORES
San Pedro Sula. Revista anual del Instituto de Señoritas y Colegio de Niñas "San Vicente de Paúl". Anual. N.º 1, en diciembre de 1953. s.i.
21 × 27 cm. 28 p.

EN GUARDIA
Santa Rosa de Copán. Órgano oficial del CES de Santa Rosa de Copán. Director: Waldo Soriano Ortez. Mensual. N.º 1, el 30 de abril de 1970. Editora Nacional, San Pedro Sula. 22 × 30 cm. 26 p.

GACETA JUDICIAL
Tegucigalpa. Órgano de la Corte Suprema. Mensual. N.º 1, en septiembre de 1895. Tip. Nacional. 25 × 23 cm. 2 p. Actualmente el tamaño es de 21 × 28 cm y de 44 p.

GUÍA DE HONDURAS

Tegucigalpa. Director: Pedro Aplícano Mendieta. Mensual. N.º 1, en enero de 1962. Imp. La Democracia. 15 × 22 cm. 44 p.

HIBUERAS

Tegucigalpa. Revista de información y divulgación general, al servicio de Honduras y sus valores. Director: Raúl Lanza Valeriano. N.º 1, en enero-febrero-marzo de 1970. Imp. La República. 21 × 28 cm. 62 p.

HOMENAJE

Tegucigalpa. Lealtad. Honor. Sacrificio. Anual. N.º 1, en octubre de 1969. Imp. Bulnes. 22 × 31 cm. 104 p.

HONDURAS AGRÍCOLA

Tegucigalpa. Órgano oficial de divulgación de la Asociación de Graduados de la Escuela Agrícola Panamericana, Capítulo Centro–Sur–Oriental de Honduras. Director: Antonio Pérez Ordóñez. Bimestral. N.º 1, en septiembre–octubre de 1968. Imp. Calderón. 20 × 30 cm. 40 p.

HONDURAS CAFETALERA

Tegucigalpa. Banco Nacional de Fomento. Director: Juan Ramón Molina. Bimestral. N.º 1, en enero de 1965. BANAFOM. 21 × 27 cm. 30 p.

HONDURAS ILUSTRADA

Tegucigalpa. Hondureñista, imparcial, independiente. Director: Carlos Manuel Arita. Mensual. N.º 1, en agosto 15 de 1965. Imp. López y Cía. 28 × 36 cm. 40 p.

HONDURAS ROTARIA

Tegucigalpa. Órgano de los Clubes Rotarios de Honduras. Director: Jorge Fidel Durón. Mensual. N.º 1, en abril de 1943. Tip. Nacional. 22 × 30 cm. 44 p.

HORIZONTES RADIALES

Tegucigalpa. Órgano del Sindicato Radial Hondureño. N.º 1, en mayo de 1970. CENSA. 22 × 29 cm. 64 p.

LA INDUSTRIA

Tegucigalpa. Boletín de la Asociación Nacional de Industriales. Director: Marco A. Planas. Mensual. N.º 1, el 14 de febrero de 1959. Imp. Calderón. 21 × 28 cm. 24 p.

INDUSTRIA Y COMERCIO

San Pedro Sula. Revista ilustrada. Director: Ángel Raudales. Mensual. N.º 1, en octubre de 1966. Imp. Suyapa. 21 × 27 cm. 44 p.

INFORMACIONES DE HONDURAS

Tegucigalpa. Ministerio de la Presidencia de la República. Director: Alejandro Castro H. Mensual. N.º 1, en abril de 1966. Imp. Ariston. 20 × 27 cm. 16 p.

JUVENTUD LITERARIA

Tegucigalpa. Tribuna cultural identificada con el nuevo movimiento intelectual de Honduras. Director: Javier Bayardo Brito. Mensual. N.º 1, en diciembre de 1969. 22 × 29 cm. 60 p.

JUVENTUD MAGISTERIAL

San Pedro Sula. Órgano de divulgación del Tercer Curso Normal del Instituto José Trinidad Reyes. Director: Marco A. Garay. s.i. 21 × 30 cm. 40 p.

LA LEY

Tegucigalpa. Órgano informativo del Colegio de Abogados de Honduras. Director: Mario Guillermo Durón. Trimestral. N.º 1, mayo–julio de 1969. Imp. La Democracia. 21 × 29 cm. 14 p.

EL MENSAJERO

San Pedro Sula. Órgano del Bloque de Prensa Sampedrano. Director: la Junta Directiva. Mensual. N.º 1, en enero de 1970. s.i. 21 × 28 cm. 28 p.

EL MENSAJERO LEONÍSTICO

Tegucigalpa. El norte de nuestra acción es servir. Director: Medardo Izaguirre Zúñiga. N.º 1, febrero–marzo de 1970. Imp. Calderón. 23 × 31 cm. 32 p.

LIBRE EMPRESA

Tegucigalpa. Órgano del Consejo de la Empresa Privada. Director: Junta Directiva. Mensual. N.º 1, febrero–marzo de 1970. Imp. Calderón. 23 × 31 cm. 32 p.

MINERVA

San Pedro Sula. Órgano de publicidad del Instituto Minerva. Director: Rafael Aguilar. Mensual. N.º 1, en abril de 1960. Imp. La Juventud. 21 × 28 cm. 20 p.

MINERVA

Tegucigalpa. Revista al servicio de la cultura hondureña. Director: Rafael Jerez Alvarado. Mensual. N.º 1, en febrero de 1969. Imp. Eca. 21 × 27 cm. 26 p.

MORAZÁNIDA CONTINENTAL

Tegucigalpa. Revista cultural y académica del Bloque de Prensa. Director: Sigfrido Pineda Green. Mensual. N.º 1, en septiembre de 1966. Imp. Calderón. 22 × 29 cm. 56 p.

NORMAL DE SEÑORITAS ESPAÑA

Villa Ahumada, Danlí, El Paraíso. XIX Aniversario 1951–1970. Directora: Gloria Carvajal. Anual. N.º 1. Imp. La República. 20 × 27 cm. 34 p.

NOTICIERO BANCATLAN

Tegucigalpa. Publicación de los empleados del Banco Atlántida. Mensual. N.º 1, en abril de 1966. Imp. Calderón. 23 × 30 cm. 12 p.

NOVEDADES

San Pedro Sula. Revista mensual, informativa. Órgano al servicio de la cultura nacional. Director: Martín Baide Galindo. Mensual. N.º 1, en abril de 1967. Imp. CENSA. 21 × 29 cm. 24 p.

OCA

San Pedro Sula. Organización Cultural Americana. Director: Carlos A. García Cáceres. Mensual. N.º 1, en mayo de 1968. Imp. Suyapa. 21 × 27 cm. 44 p.

OLIMPIA
Tegucigalpa. Revista nacional de deportes. Director: Efraín González C. Mensual. N.º 1, en octubre de 1966. Imp. La República. 21 × 30 cm. 44 p.

PANORAMA ECONÓMICO
San Pedro Sula. Director: Lillo Glorioso M. Mensual. N.º 1, en septiembre de 1968. Imp. Suyapa. 22 × 30 cm. 44 p.

PENSAMIENTO Y ACCIÓN
Juticalpa. Por la superación cultural y espiritual de todos los valores humanos. Director: Miguel Ángel Osorio. Mensual. N.º 1, el 31 de diciembre de 1947. Imp. Alba. 22 × 29 cm. 40 p.

POLIMNIA
Tegucigalpa. Órgano de la difusión cultural de la Sociedad Literaria de Honduras. Director: Ronaldo Villanueva Chinchilla. Mensual. N.º 1, en enero de 1969. Imp. Calderón. 20 × 27 cm. 52 p.

1.º DE MAYO
Tegucigalpa. Anual. N.º 1, en abril de 1968. 22 × 29 cm. 44 p.

PRESENTE
Tegucigalpa. Revista de arte y letras de Centro América. Director: Roberto Sosa. Mensual. N.º 1, en agosto de 1964. Imp. López y Cía. 22 × 29 cm. 48 p.

PROSPERIDAD
Tegucigalpa. Revista extraordinaria. Directora: Marta Luz Mejía. Mensual. N.º 1, en septiembre de 1966. Imp. Lotería Nacional. 21 × 27 cm. 116 p.

PROYECCIONES MILITARES
Tegucigalpa. Boletín informativo de las Fuerzas Armadas de Honduras. Director: Efraín L. González. N.º 1, en marzo de 1969. s.i. 22 × 28 cm. 19 p.

RECURSOS NATURALES
Comayagüela. Órgano oficial del Ministerio de Recursos Naturales.
Mensual. N.º 1, en agosto de 1965. s.i.
21 × 30 cm. 40 p.

REFLEJOS BÍBLICOS
Tegucigalpa. Órgano oficial de la Asociación de Iglesias
Centroamericanas. Mensual. (Sin más datos).

REVISTA AECE
Tegucigalpa. Órgano oficial de la Asociación de Estudiantes de
Ciencias Económicas. Director: Luis Rietti M. Bimestral. N.º 1,
febrero–marzo de 1969. s.i.
22 × 29 cm. 36 p.

REVISTA DE LA ACADEMIA HONDUREÑA DE GEOGRAFÍA E
HISTORIA
Tegucigalpa. Director: Roberto Gómez Robelo. N.º 1, julio–
septiembre de 1969. Imp. López y Cía.
18 × 26 cm. 72 p.

REVISTA AÉREA HONDUREÑA
Tegucigalpa. Directores: Manuel E. Leiva V. y Héctor Alemán G.
Trimestral. N.º 1, en octubre de 1970. Imp. Calderón.
32 × 28 cm. 44 p.

REVISTA DEL COLEGIO DE PERITOS MERCANTILES Y
CONTADORES PÚBLICOS
Tegucigalpa. Dirección a cargo de la Junta Directiva. Trimestral. N.º
1, enero–marzo de 1970. Imp. Calderón.
23 × 30 cm. 36 p.
(Anteriormente se llamó Boletín. Cambia a Revista con el número 7,
siendo este el primero bajo esa denominación.)

REVISTA DE DERECHO
Tegucigalpa. Órgano de la Facultad de Ciencias Jurídicas y Sociales.
Director: Enrique Flores Valeriano. Segunda época. N.º 1, en 1969.
Tip. CENSA.
16 × 23 cm. 251 p.

REVISTA DE ECONOMÍA

Tegucigalpa. Órgano del Colegio Hondureño de Economistas. Director: Adalberto Córdova. Trimestral. N.º 1, en agosto–septiembre de 1963. CENSA.
17 × 24 cm. 54 p.

REVISTA DE ECONOMÍA POLÍTICA

Tegucigalpa. Publicación del Instituto de Investigaciones Económicas y Sociales. Trimestral. N.º 1, octubre–diciembre de 1962.
21 × 29 cm. 59 p.

REVISTA DE EDUCACIÓN MEDIA

Tegucigalpa. Revista de orientación e información. Órgano de la Dirección General de Educación Media. Trimestral. N.º 1, febrero–abril de 1968. Imp. López y Cía.
22 × 28 cm. 48 p.

REVISTA DE INGENIERÍA DE HONDURAS

Tegucigalpa. Director: León Paredes Lardizábal. Bimestral. N.º 1, en diciembre de 1965. Imp. La República. 22 × 30 cm. 40 p.

REVISTA MÉDICA HONDUREÑA

Tegucigalpa. Órgano de la Asociación Médica Hondureña. Director: Antonio Vidal. Mensual. N.º 1, en mayo de 1930. s.i.
17 × 24 cm. 47 p.

REVISTA MUNICIPAL

San Pedro Sula. Órgano de divulgación de la Corporación Municipal. Bimensual. N.º 1, enero–febrero de 1964. 21 × 27 cm. 32 p.

REVISTA NAVIDAD

Tegucigalpa. Sin directorio. Anual. N.º 1, diciembre de 1970.
21 × 28 cm. 36 p.

REVISTA DE QUÍMICA Y FARMACIA

Tegucigalpa. Órgano de la Asociación de Químicos y Farmacéuticos de Honduras. Trimestral. N.º 1, en enero–marzo de 1964. s.i.
18 × 24 cm. 56 p.

REVISTA TENCOA
Santa Bárbara. Publicación mensual de interés general. Director: Juan
Barahona. Mensual. N.º 1, en marzo de 1970. s.i.
21 × 28 cm. 36 p.

REVISTA TRIMESTRAL DEL BANCO CENTRAL DE
HONDURAS
Tegucigalpa. Director: Arturo H. Medrano. Trimestral. N.º 1, enero–
marzo de 1966. Talleres Banco Central de Honduras.
20 × 30 cm. V–83 p.

REVISTA DE LA UNIVERSIDAD
Tegucigalpa. Director: Pompeyo del Valle. Mensual. N.º 1, en julio
de 1970. Imp. Calderón. 21 × 25 cm. 48 p.

SENDEROS
Tegucigalpa. Órgano de prensa al servicio de la Patria. Director:
Eliseo Romero. Mensual. s.i. 15 × 22 cm. 18 p.

SITRAINGRAC
Tegucigalpa. Órgano del Sindicato de Trabajadores de las Industrias
Gráficas y Conexos. Director: Roque Ochoa Hidalgo. Anual. N.º 1,
en junio 24 de 1969. Imp. Ariston. 21 × 28 cm. 36 p.

TRABAJO
Tegucigalpa. Órgano del Ministerio de Trabajo y Previsión Social.
Director: Óscar A. Flores. Mensual. Tip. Ariston.
20 × 27 cm. 32 p.

VERDADES BÍBLICAS
La Ceiba, Atlántida. Revista evangélica. Director: Santiago Scollon.
Mensual. N.º 1, en marzo de 1951. Imp. Evangélica.
14 × 21 cm. 12 p.

VOZ FARMACÉUTICA
San Pedro Sula. Órgano de la Asociación de Químicos Farmacéuticos
del Norte y Occidente de Honduras. Mensual. N.º 1, en agosto de
1958. s.i.
14 × 22 cm. 29 p.

LA VOZ DEL SINDICALISTA
Tegucigalpa. Director: Edgar Alvarenga. Mensual. N.º 1, en febrero de 1967. Imp. La República.
21 × 30 cm. 60 p.

1971: OBRAS GENERALES

BANCO Central de Honduras
Boletín Bibliográfico 1968–1971. Tegucigalpa, Banco Central de Honduras, 1971.
190 p. 21 cm.

CONSEJO Superior de Planificación Económica
Nuevas adquisiciones. Comayagüela, CSPE, 1971.
19 p. 26 cm.

GARCÍA, Miguel Ángel. 1908–
Bibliografía Hondureña 1620–1930. Tegucigalpa, Banco Central de Honduras, 1971.
203 p. 24 cm.

RUBÍ, Edna O.
Una etapa del periodismo en Honduras (1930–1970). Tesis. Tegucigalpa, 1971.
236 p. láms. 28 cm. Multilith.

FILOSOFÍA

FLORES, María del Carmen Sauceda de
Actitudes del adolescente hondureño frente al sexo. Tegucigalpa, CENSA, 1971.
122 p. 21 cm.

RUBÍ H., Héctor Manuel
Lógica e introducción a la Filosofía. Primer Curso de Bachillerato. Tercer Curso de Comercio y Normal. Tegucigalpa, 1971.
55–2 p. 33 cm. Mimeo.
— Psicología. Segundo Curso de Comercio y Bachillerato. Tegucigalpa, 1971. 30 p. 28 cm. Multilith.

VILLAFRANCA R., Augusto. 1908–1965
Educación Moral y Cívica. Primer Curso. Octava edición, corregida y aumentada. Tegucigalpa, Librería Molino, 1971.
115–III p. 22 cm.

RELIGIÓN

BARRIOS GIL, Luz María
La religiosidad popular y las celebraciones de la Palabra de Dios en la zona Sur de Honduras. Tegucigalpa, 1971.
126 p. 27 cm. Mimeo.

CENTRO CATEQUISTA
Mamá catequista. Comayagüela, Industrias Gráficas Tulín, 1971.
207 p. 27 cm.
— Manual de instructores. Tegucigalpa, CENSA, 1971.
40 p. 21 cm.
— Misa Crismal y bendición de los óleos según el Misal y el Pontifical Romano. Tegucigalpa, s.i., (1971).
11 p. 25 cm.

GERIN BOULAY, Marcelo
El hombre y el trabajo. Celebraciones de la Palabra de Dios. Choluteca. Tegucigalpa, CENSA, 1971. 123 p. 28 cm.

VELLA, Diego
Huellas de Dios. La canción moderna en la catequística. Cantos de Honduras. Tegucigalpa, CENSA, 1971. 72 p. 21 cm.

CIENCIAS SOCIALES

A.A.
Esto es A.A. Comayagüela, Imp. Cultura, 1971.
14 p. 21 cm.
— Los doce pasos del libro. Los doce pasos y las doce tradiciones. Reedición. Comayagüela, Imp. Cultura, 1971. 63 p. 22 cm.

ALCÁNTARA G., Ligia y Pedro Saavedra G.
Cómo reaccionan los estudiantes ante la enseñanza de la Química. Tegucigalpa, Escuela Superior del Profesorado Francisco Morazán, 1971.
46 p. 28 cm. Mimeo.

ALEMÁN AVIAL, Vicente
El escolar de Sexto Grado en el Departamento de Lempira.
Tegucigalpa, Imp. Gómez, 1971. 26 p. 27 cm.

ALVARADO ESPINAL, René
Desintegración familiar en El Mirador. Tegucigalpa, Escuela Superior
del Profesorado Francisco Morazán, 1971. 43 h. 28 cm. Mimeo.

ASOCIACIÓN Hondureña de Distribuidores
Estatutos de la Asociación de Vehículos Automotores. Tegucigalpa,
Imp. López y Cía., 1971. 20 p. 13 cm.

ASOCIACIÓN Hondureña de Planificación Familiar
Informe anual 1970. Tegucigalpa, AHPF, 1971. 40 p. ilus. 22 cm.

ASOCIACIÓN Mutualista de Ahorro y Préstamo
Estatutos de Casa Propia. Tegucigalpa, Imp. López y Cía., 1971.
11 p. 21 cm.

ASOCIACIÓN Nacional de Scout
Asamblea Nacional de Scout (5). Informe de actividades. Abril de
1968. Tegucigalpa, 1971. 21 h. 27 cm. Mimeo.

ASOCIACIÓN de Promoción Humana
Informe sobre la encuesta de la población marginal. Tegucigalpa,
1971. 32 h. 28 cm. Multilith.

BANCO Atlántida
Memoria anual 1970. Tegucigalpa, Imp. Calderón, 1971.
12 p. 22 cm.

BANCO Central de Honduras
Memoria 1970. Tegucigalpa, BCH, 1971.
232 p. 27 cm.
— Informe económico 1970. Tegucigalpa, BCH, 1971.
199 p. 27 cm.
— Honduras en cifras 1971. Tegucigalpa, BCH, 1971.
15 p. 17 cm.

BANCO Centroamericano de Integración Económica
Décima Memoria 1970/1971. Tegucigalpa, BCIE, 1971.
103 p. 27 cm.

BANCO Municipal Autónomo
Undécima Memoria de Labores. 1970. Tegucigalpa, 1971.
68 p. 27 cm. Multilith.

BANCO Nacional de Fomento
Memoria 1970. Comayagüela, BNF, 1971.
114 p. 28 cm.

BANCO de los Trabajadores
Memoria anual 1970. Cuarta. Tegucigalpa, 1971.
38 h. 28 cm. Mimeo.

BARAHONA ROMERO, Felícita e Hilda Aurora ORDÓÑEZ
¿Qué opinan los egresados de Ciencias de la Educación sobre el
currículum que cursaron? Tegucigalpa, Escuela Superior del
Profesorado Francisco Morazán, 1971.
34 h. 28 cm. Mimeo.

BARDALES MEZA, Mario
Labor de conciliación. Tegucigalpa, Imp. La República, 1971.
39 p. 22 cm.

BONILLA, Iris y Elba Yolanda CÁLIX
Factores que influyen en los resultados de los exámenes de
Matemáticas del Ciclo Común de Cultura General en los institutos de
la capital. Tegucigalpa, Escuela Superior del Profesorado Francisco
Morazán, 1971.
76 h. 28 cm. Mimeo.

CAMIONES y Motores, S.A.
Contrato colectivo de condiciones de trabajo celebrado entre
CAMOSA y el Sindicato de Trabajadores. Comayagüela, Imp.
Bulnes, 1971.
35 p. 13 cm.

CANALES, Berta Haydeé y otras
¿Cuáles son los intereses ocupacionales de los adolescentes de San Pedro Sula? Por Berta Haydeé Canales, María Ester de Bahr y Lina Serrano. Tegucigalpa, Escuela Superior del Profesorado, 1971.
76 h. 28 cm. Mimeo.

CANTARERO CHINCHILLA, Rubén
Núcleos escolares de Honduras. Tegucigalpa, Escuela Superior, 1971.
35 p. 26 cm. Mimeo.

CARIÁS, Marco Virgilio
La Guerra Inútil. Análisis socioeconómico del conflicto entre Honduras y El Salvador. San José de Costa Rica, Educa, 1971.
338 p. 17 cm.

CASTAÑEDA C., Elsa Teodolinda
Elaboración de un test para medir el conocimiento de los decimales. Tegucigalpa, Escuela Superior, 1971.
76 h. 28 cm. Mimeo.

CASTRO DÍAZ, Marta Cristina y Marina Yolanda ROQUE FLORES
Las relaciones humanas en la Escuela Superior del Profesorado. Tegucigalpa, Escuela Superior, 1971.
98 h. 28 cm. Mimeo.

COLEGIO de PP.MM. y CC.PP.
Memoria anual 1970/1971. Tegucigalpa, 1971.
74 h. 28 cm. Mimeo.

CRUZ, Ramón Ernesto. 1903–
Entrevista del Presidente Cruz con periodistas costarricenses. Tegucigalpa, Oficina de Relaciones Públicas de la Presidencia, 1971.
11 p. 23 cm.
— Mensaje del candidato a la Presidencia de la República 1971–1977. Esbozo del programa de gobierno basado en la declaración de principios y metas del Partido Nacional de Honduras. Comayagüela, Comité del Partido Nacional, 1971.
35 p. 21 cm.

CHÁVEZ, Fanny M. de y Vilma Rosario M. de BAUTISTA
¿Cuál es la utilidad que las materias académicas le han brindado a los egresados del Instituto Vocacional Luis Bográn? Tegucigalpa, Escuela Superior del Profesorado, 1971.
46 h. 28 cm. Mimeo.

COMITÉ Cívico de Danlí
Programa Cívico 1971. Danlí, s.i., 1971.
30 p. 20 cm.

DEL CID, Thelma Serrano de
El escolar y su tiempo libre. Tegucigalpa, Escuela Superior, 1971.
64 h. 27 cm. Mimeo.

DÍAZ CHÁVEZ, Finlander
Hacia una dialéctica del subdesarrollo. México, Editorial Grijalva, 1971.
202 p. 20 cm.
— Economía política. Comayagüela, Imp. Cultura, 1971.
48 p. 20 cm. (B.N.)

DISCUA R., Ramón
Informe del Consejo de Administración de Honduras Importers Association, S.A. HIASA. Comayagüela, Imp. López y Cía., 1971.
18 p. 18 cm.

DOMÍNGUEZ, Raúl A.
Lógica y práctica de policía. Tegucigalpa, Imp. Calderón, 1971.
130–I p. ilus. 21 cm.

FEDERACIÓN de Estudiantes Universitarios de Honduras
Estatutos de la Federación de Estudiantes Universitarios de Honduras. Tegucigalpa, Imp. La República, (1971).
47 p. 14 cm.

FEHCOVIL
Memoria 1970. Tegucigalpa, 1971.
141 p. 27 cm. Multilith.

FRENTE Estudiantil Socialista
Ayudemos a Chile. Tegucigalpa, 1971.
6 p. 18 cm. Multilith.

FRENTE Revolucionario Estudiantil Independiente (FREI)
Estatutos del FREI. Tegucigalpa, Imp. La República, 1971.
27 p. 13 cm.

FLORES, María del Carmen Sauceda de
Actividades del adolescente frente al sexo. Tegucigalpa, CENSA,
1971. 129 p. 22 cm.

FLORES, María Teresa y Liliam BETANCOURT
Los Clubes de Amas de Casa y su papel en el desarrollo. Tegucigalpa,
Escuela de Servicio Social, 1971.
172 h. 27 cm. Mimeo.

GUTIÉRREZ FALLA, Laureano F.
Apuntes de Derecho Mercantil. Tegucigalpa, Imp. López y Cía.,
1971. 253 p. 26 cm.

HERNÁNDEZ, Cándida Rosa de y Waldo CASTELLANOS
Opinión de los alumnos de educación normal sobre el Plan de
Estudios y Programas que cursaron. Tegucigalpa, Escuela Superior
del Profesorado, 1971.
62 h. 28 cm. Mimeo.

HERNÁNDEZ, Regina E. y DINA BUSTAMANTE
¿Cómo están enseñando a leer los maestros de primer grado de las
escuelas del Distrito Central? Tegucigalpa, Escuela Superior del
Profesorado, 1971.
66 h. 28 cm. Mimeo.

INSTITUTO de Investigaciones Económicas y Sociales
Monografía de las condiciones económicas, sociales y plan de trabajo
de la Cooperativa Agropecuaria La Unión Limitada. Ajuterique.
Tegucigalpa, UNAH, 1971.
s.p. 33 cm. Mimeo.

INSTITUTO de Investigaciones Jurídicas
Estudio sobre el Anteproyecto de Ley de la Carrera Judicial. Tegucigalpa, UNAH, 1971.
18 p. 27 cm. Multilith.
— Estudio sobre el proyecto y dictamen para Arancel en asuntos judiciales, notariales y administrativos. Tegucigalpa, UNAH, 1971.
54 p. 27 cm.

JIMÉNEZ MUNGUÍA, F. Salomón
El domicilio en el Derecho Internacional. Tegucigalpa, s.i., 1971. (Sin datos completos).

LAGOS ANDINO, José Raúl
Organización, funcionamiento y labor del Patronato Nacional del Mobiliario Escolar. Tegucigalpa, 1971.
31 p. 22 cm.

LÁINEZ MEJÍA, Erdulfo
El depósito bancario en la legislación hondureña. Tegucigalpa, Imp. Calderón, 1971. 42–I p. 20 cm.

LEIVA VIVAS, Rafael
Los Tratados Internacionales de Honduras. Tegucigalpa, UNAH, 1971. 79 p. 24 cm.

LUPIAC TÁBORA, María Isabel y Socorro Isabel CRUZ BANEGAS
¿Cuál es el nivel de comprensión de la lectura en los grados superiores de la escuela primaria? Tegucigalpa, Escuela Superior del Profesorado, 1971. 54 h. 28 cm. Multilith.

MAC ARMOUR, Roberto A.
Plan de invasión salvadoreña. La Ceiba, Imp. Renovación, 1971. 31 p. 18 cm.

MARTÍNEZ, Gloria A. Isabel y Celia Esperanza DÍAZ ZELAYA
¿Qué y cómo evalúa el profesor de Química en las pruebas escritas? Tegucigalpa, Escuela Superior del Profesorado, 1971.
50 h. 27 cm. Multilith.

MARTÍNEZ, Olavida y Marta TORRES de DÍAZ
¿Cuáles son los principales problemas y deficiencias en el aprendizaje de la lectura? Tegucigalpa, Escuela Superior del Profesorado, 1971. 38 h. 27 cm. Multilith.

MARTÍNEZ A., Óscar Selan y Sergio Armando PAGOAGA O.
¿Qué opinión se tiene de la orientación en los institutos de educación media? Tegucigalpa, Escuela Superior del Profesorado, 1971. 65 h. 28 cm. Multilith.

MASS, Ruperto
Desenmascaramiento del aventurero. Tegucigalpa, Ediciones de Voz Popular, 1971. 20 p. 21 cm.

MATAMOROS HERNÁNDEZ, Rodolfo
Política de descentralización industrial para Honduras. Tegucigalpa, 1971. 117 p. 27 cm. Multilith.

MEDINA, Marta Ondina y María de Jesús DOMÍNGUEZ C.
¿Qué opinan los maestros sobre el currículum que cursan? Tegucigalpa, Escuela Superior del Profesorado, 1971. 45 h. 28 cm. Mimeo.

(MEJÍA, Medardo). 1907–
Avance con ocasión del 150 aniversario de la independencia de las Repúblicas de Centro América. Tegucigalpa, Rev. Ariel, 1971. 14 p. 14 cm.

MENCIA, Enrique
Dichos y refranes populares. Comayagüela, Imp. Cultura, 1971. 42 p. 18 cm.

MÉNDEZ GUILLÉN, Napoleón
Problemas sociales, culturales y económicos de Honduras. Tegucigalpa, Imp. Calderón, 1971. 163–VI p. 22 cm.

MEZA, Víctor
Economía política. Tegucigalpa, CENSA, 1971. 80 p. 21 cm.

MILLA, Gustavo Adolfo
Síntesis de la política hondureña. Nueva York, 1971.
(Sin más datos).

MINERA, Daisy
Fábulas. Tegucigalpa, Imp. Calderón, 1971.
(Sin datos de paginación ni dimensiones).

MOLINA CHOCANO, Guillermo
Integración centroamericana e integración internacional. Un ensayo de interpretación sociológica. San José, Costa Rica, Educa, 1971. 95 p. 17 cm.

MOLINA OSORIO, José Antonio
La verdadera labor del Notario en la vida institucional del Derecho. Tegucigalpa, s.i., 1971. 36 p. 21 cm.

NAVARRO, Miguel. 1904–
Libro de Lectura para el Segundo Grado. Trigésima edición. Comayagüela, Publicaciones Navarro, 1971.
190 p. 22 cm.
— Libro de Lectura para el Tercer Grado. Novena edición. Comayagüela, Publicaciones Navarro, 1971.
190–IV p. 22 cm.
— Libro de Lectura para el Cuarto Grado. Octava edición. Comayagüela, Publicaciones Navarro, 1971. 216 p. 22 cm.

NÚÑEZ SALMERÓN, María Estela
Estudio socioeconómico de los estudiantes del Instituto Central. Tegucigalpa, Escuela Superior del Profesorado, 1971.
52 h. 28 cm. Mimeo.

ORTEZ COLINDRES, Enrique
El derecho de asilo. Editorial Nuevo Mundo, 1971.
374 p. 22 cm.

PADRE Palau
Actividades de A.A. Comayagüela, Imp. Cultura, 1971.
52 p. 21 cm.

PARTIDO Comunista de Honduras
Tesis política. /Tegucigalpa, s.e., s.i., 1971/.
44 p. 13 cm.
— ¿Por qué deben ingresar al Partido Comunista de Honduras? /Tegucigalpa, s.e., s.i., 1971/.
30 p. 21 cm.

PARTIDO Liberal de Honduras
Estatutos. Programas del Partido Liberal de Honduras. Reglamento Interior del Consejo Central del Partido Liberal. Reglamentos de los Consejos Departamentales y Locales. Tegucigalpa, Consejo Local Liberal, 1971. 28 p. 28 cm.
— Planteamiento del Partido Liberal frente al Proyecto de Presupuesto General de Gastos e Ingresos de la República para 1972 y al Proyecto de Reforma Tributaria. Tegucigalpa, 1971.
(Sin datos de paginación o dimensiones).

PÉREZ CADALSO, Eliseo. 1920–
Puntos y comas de la diplomacia. Tegucigalpa, Tip. Ariston, 1971.
177–II p. 22 cm.

PINEDA GARCÍA, José León
Lo que Honduras necesita para ser más próspera, más fuerte y más respetada. Tegucigalpa, Tip. Renacimiento, 1971.
(Sin datos de paginación o dimensiones).

PINEDA GREEN, José Antonio
Influencia y trascendencia del periodismo en las relaciones internacionales. Veracruz, México, Universidad Veracruzana, 1971.
58 p. 23 cm.

PINEDA PORTILLO, Noé
Nociones de Sociología. Segunda edición. Tegucigalpa, Tip. López y Cía., 1971.
170 p. 19 cm.

PLATA VALLADARES, Benjamín Randolfo
Acción Cívica Militar en Honduras. Comayagüela, 1971.
36 p. 26 cm. Mimeo.

RIVERA RAPALO, Humberto
Informe gráfico de la obra realizada e iniciada por la Corporación Municipal de Choluteca. Tegucigalpa, Imp. Calderón, 1971.
28 p. 23 cm.

RUBÍ H., Héctor
Economía. Su estudio y aplicación. Tercera edición. Primer Curso de Bachillerato y Comercio. Tegucigalpa, 1971.
54 p. 33 cm. Mimeo.
— Problemas sociales de América. Segunda edición. Primer Curso de Bachillerato, Normal y Secretariado. III de Comercio. Tegucigalpa, 1971.
46 p. 33 cm. Mimeo.

SACOS Centroamericanos, S.A.
Contrato colectivo de trabajo entre la Compañía de Sacos Centroamericanos, S.A. y el Sindicato de Trabajadores de Casas Comerciales, Industriales y Afines. San Pedro Sula, SITRACCIA, 1971.
24 p. 31 cm.

SANDOVAL, Rigoberto
Tres años de labores. 1968–1969–1970. Tegucigalpa, INA, 1971.
92 p. 26 cm.

SERRANO B., J. Humberto
La enseñanza de la historia en la escuela primaria. Comayagüela, Imp. Gómez, 1971.
32 p. 21 cm.

SORIANO PIZZATI, Manuel
La dignidad humana y los derechos subjetivos. Tesis. Tegucigalpa, UNAH, 1971.
129 p. 22 cm.

SOSA, Grace Marlene
¿Cómo influye el aspecto de la escuela en el aprendizaje de los niños? Tegucigalpa, Escuela Superior del Profesorado, 1971.
41 h. 28 cm. Mimeo.

SUAZO, Efraín
Calendario Tributario de 1971/1972. Comayagüela, Imp. Bulnes, 1971.
(Sin datos de paginación o dimensiones).

UNIVERSIDAD Nacional Autónoma de Honduras
Carreras que se imparten en la Universidad Nacional Autónoma de Honduras. Tegucigalpa, UNAH, 1971.
24 p. 19 cm.
— Memoria de la Universidad Nacional Autónoma de Honduras 1970/71. Tegucigalpa, UNAH, 1971.
(Sin datos de paginación o dimensiones).

URTECHO JEAMBORDE, Andrés
Problema social del alcoholismo en Honduras. Tegucigalpa, Imp. La República, 1971.
18 p. 27 cm.

USIS
1821. 15 de Septiembre de 1971. Tegucigalpa, USIS, 1971.
8 p. ilus. 27 cm. apais.

VALLE, José Cecilio. 1777–1834
Memoria sobre la educación. /Segunda edición/. Tegucigalpa, CENSA, 1971.
55 p. 22 cm.
(Primera edición: Guatemala, 1829).

VALLE, Mary Julia y José Armando AGURCIA M.
¿Cómo se enseña la Química en educación media y quiénes la enseñan? Tegucigalpa, Escuela Superior del Profesorado, 1971.
45 h. 28 cm. Mimeo.

VALLE, Rafael Heliodoro. 1891–1959
El pensamiento vivo de José Cecilio del Valle. Segunda edición. Tegucigalpa, Ministerio de Educación Pública, 1971.
285 p. 17 cm.

VARELA Y VARELA, Olimpia. 1899–
Ideas hacia la unidad por la cultura. Tegucigalpa, s.i., 1971.
50 p. 21 cm.

VÁSQUEZ, José V. 1890–
Representaciones cívicas escolares. Comayagüela, Imp. Bulnes, 1971.
103 p. 21 cm.
— Tierra y habitantes. La familia. Comayagüela, Imp. Bulnes, 1971.
86 p. 20 cm.

VELÁSQUEZ, Óscar
Despertar. Lectura. Tegucigalpa, Ministerio de Educación, 1971.
343 p. ilus. 19 cm.

VILLAFRANCA R., Augusto. 1908–1965
Educación Moral y Cívica. Segundo Curso. Tercera edición. Tegucigalpa, Librería Molino, 1971.
138–V p. 22 cm.
— Educación Moral y Cívica. Tercer Curso. Cuarta edición. Tegucigalpa, Librería Molino, 1971.
130–IV p. 22 cm.

WORLD Education Inc.
Los campesinos. Tegucigalpa, s.i., 1971.
76 p. 22 cm.

ZÚÑIGA, Nabia Xiomara y Betine Rebeca ANDINO
¿Qué materias están sirviendo los egresados de Ciencias de la Educación y qué relación existe entre las asignaciones específicas del área y las asignaciones de educación normal? Tegucigalpa, Escuela Superior del Profesorado, 1971.
62 h. 28 cm. Mimeo.

ZÚÑIGA J., Román
Nociones de práctica de los Juzgados de Letras de lo Civil. Segunda edición. Comayagüela, Imp. Cultura, 1971.
259–II p. 22 cm.

LINGÜÍSTICA

ARDÓN, Víctor Figueroa. 1898–
Castellano. Primer Curso. Cuarta edición. Comayagüela, Industrias Gráficas Tulín, 1971.
196–IV p. 22 cm.
— Castellano. Segundo Curso. Segunda edición. Comayagüela, Industrias Gráficas Tulín, 1971.
173–VI p. 22 cm.
— Castellano. Tercer Curso. Segunda edición. Tegucigalpa, Industrias Gráficas Tulín, 1971.
160 p. 22 cm.

BARAHONA, Rubén
Apuntes de Analogía y Ortografía. Quinta edición. Cuarta reimpresión. México, Editorial Azteca, 1971.
220–V–VII p. 22 cm.

CENTRO Cooperativo Técnico Industrial
Catálogo de jeroglíficos mayas. Tegucigalpa, CCTI, 1971.
67 p. 22 cm.

CONGRESO Médico Social
Programa científico social. Tegucigalpa, Imp. López y Cía., 1971.
12 p. 22 cm.

HERNÁNDEZ, Aurora Ester y Melba Julia RIVERA
Uso de los sufijos en el habla hondureña. Tegucigalpa, Escuela Superior del Profesorado, 1971.
39 p. 28 cm. Mimeo.

MÉNDEZ O., Rubén Darío
Lenguaje. Tercer Grado. Guía para el maestro. Tegucigalpa, Honduras Industrial, 1971.
142 p. 22 cm.
— Lenguaje. Tercer Grado. Libro de Lectura. Tegucigalpa, Honduras Industrial, 1971.
220 p. 22 cm.

SEVILLA, Luis Hernán
El lenguaje del hampa en Honduras. Tegucigalpa, s.i., 1971.
60 p. 27 cm.

CIENCIAS PURAS

BONILLA, Idalia y Adolfo DÍAZ
Opinión de los profesores de Matemática sobre el Programa de Primer Curso del Ciclo Común de Cultura General. Tegucigalpa, Escuela Superior del Profesorado, 1971. 78 h. 27 cm. Mimeo.

ESTRADA C., Óscar Humberto
Introducción al estudio de los sistemas de coordenadas rectangulares y polares. Tegucigalpa, Escuela Superior del Profesorado, 1971.
55 h. 27 cm. Mimeo.

EUCEDA, Armando y Roque RAMOS M.
Las Matemáticas necesarias para continuar estudios en el Ciclo Normal. Tegucigalpa, Escuela Superior del Profesorado, 1971.
71 h. 27 cm. Mimeo.

NÚÑEZ CHINCHILLA, Jesús. –1973
Las Ruinas de Copán. Tegucigalpa, Tip. Ariston, 1971.
86 p. 22 cm.

PAGOAGA MARTÍNEZ, Rubén Orlando
Introducción a los números complejos. Tegucigalpa, Escuela Superior del Profesorado, 1971.
33 h. 27 cm. Mimeo.

PERDOMO, José Antonio y Juan de Dios PAREDES
Validez predictiva del D.A.T. Tegucigalpa, Escuela Superior del Profesorado, 1971.
55 h. 27 cm. Mimeo.

RAMÍREZ A., Ana Rosa y Aída Margarita MINDENCE L.
¿De qué sirve la Química en Educación Media a los alumnos de Educación Superior? Tegucigalpa, Escuela Superior del Profesorado, 1971. 182 h. 27 cm. Mimeo.

RIVERA ZALDÍVAR, Darío Arnaldo
¿Cuál es la Matemática necesaria para el desarrollo de los programas de Física de I y II Año de Bachillerato? Tegucigalpa, Escuela Superior del Profesorado, 1971.
76 h. 27 cm. Mimeo.

VILLAFRANCA R., Augusto. 1908–1965
Ciencias Naturales de Cuarto Grado. Undécima edición. Tegucigalpa, Librería Molino, 1971.
102 p. 22 cm.

CIENCIAS APLICADAS

ANECEH
Directorio telefónico. 1971. Tegucigalpa, Sati de Honduras, S.A., 1971.
X–91–98 p. 29 cm.

ASOCIACIÓN Nacional de Industriales
Directorio de Asociados. Tegucigalpa, ANI, 1971.
22 p. 25 cm.

BANCO Central de Honduras
Directorio telefónico de la Oficina Central. Tegucigalpa, BCH, 1971.
16 h. 21 cm.

BOBADILLA, José Ángel
Conferencia sobre nuevo programa de carreteras pavimentadas. Tegucigalpa, Rotary Club, 1971. 12 h. 27 cm.

BONILLA, Julio C.
Estudio canalítico en extractos de corteza de Spondias mombin L. (Jobo). Comayagüela, Imp. Cultura, 1971. 45 p. 21 cm.

BUSTILLO, Modesta de y Elvia Rosa CÁCERES
¿Se da educación sexual en los Institutos oficiales de la capital? Tegucigalpa, Escuela Superior del Profesorado, 1971.
57 h. 27 cm. Mimeo.

COMPAÑÍA Azucarera Hondureña, S.A.
Almanaque Azúcar. 1971. Tegucigalpa, s.i., 1971.
76 p. 20 cm.

CENTRO Médico Quirúrgico
Reglamento General de Abonados. Comayagüela, Imp. Bulnes, 1971.
32 p. 15 cm.

COLEGIO de Ingenieros de Honduras
Directorio Profesional y Firmas de Ingenieros y Constructores
registrados en el CICH. Tegucigalpa, Imp. Calderón, 1971.
210 p. 20 cm.

DÍAZ RIVERA, Domingo
Material del Curso de Contabilidad Pública. Tegucigalpa, Escuela
Superior del Profesorado, 1971. 28–29–18 p. 28 cm. Mimeo.

DOHEMY, Edward L.
Reforma agraria y desarrollo de la tierra. Tegucigalpa, Imp. López y
Cía., 1971. 37 p. 21 cm.

EDICIONES Turísticas Centroamericanas (ETCA)
Directorio de medios publicitarios de Centro América y el Caribe.
Tegucigalpa, ETCA, 1971. 420 p. 25 cm.

EMPRESA Nacional Portuaria
Puerto Cortés. Recuerdo. San Pedro Sula, ETCA, 1971.
20 p. ilus. 33 cm.
— Memoria 1970. Puerto Cortés, HISA, 1971. 22 p. 52 cm. apais.
IMPRENTA Eca
Almanaque Hondureño 1971. Año 1. Tegucigalpa, Imprenta Eca,
1971. 36 p. 20 cm.
—Almanaque Hondureño 1972. Año 2. Tegucigalpa, Imp. Eca, 1971.
38 p. 20 cm.

INDECO
Reglamento de Industrias de la Construcción, S.A. San Pedro Sula,
1971.
77 p. 14 cm.

LÓPEZ GALLARDO, Daniel Augusto
Ley de Reforma Agraria en Honduras. Tegucigalpa, 1971.
47 p. 26 cm. Multilith.

MAIRENA VALLE, Roberto y Rubén FLORES GUILLÉN
Breve reseña del abastecimiento de agua de la capital y sus futuras
mejoras. Tegucigalpa, SANAA, 1971.
29 h. 27 cm.

MANUFACTURA de Centro América
Reglamento de Trabajo y Reglamento Especial de Higiene y
Seguridad. San Pedro Sula, Macasa, 1971.
40 p. 22 cm.

MARTÍN, Ignacio
Influencia del ambiente sobre las estructuras del hormigón en
Honduras. Tegucigalpa, 1971. 41 h. 27 cm. Mimeo.

MEJÍA MOURRA, Reina C.
El transporte en Honduras. Tegucigalpa, Escuela Superior del
Profesorado, 1971. 31 h. 27 cm. Mimeo.

MONTOYA DÍAZ, Miguel Ángel
Contabilidad Financiera. San Pedro Sula, 1971.
La Prensa; Ag. 2/971. (Referencia incompleta)

OFICINA Técnica de Ingeniería
Ingenieros consultores; inspección y supervisión; estudios y
proyectos; agrimensura legal; aerofotogrametría. Tegucigalpa, Imp.
López y Cía., 1971. 18 p. 28 cm.

PUBLICACIONES Estudiantiles
Manual de Primeros Auxilios. Comayagüela, Imp. Bulnes, 1971.
32 p. 22 cm.

SATI de Honduras
Directorio comercial, industrial y turístico de Honduras. Tegucigalpa,
Honduras Industrial, 1971.
246 p. 24 cm.

SINDICATO de Transporte Urbano
Carnet y Estatutos. Unión. Trabajo. Libertad. Comayagüela, Imp. Bulnes, 1971.
57 p. 13 cm.

SUAZO, María Ester y otros
Necesidades educacionales del sector agrícola en las comunidades de Orocuina y La Trinidad. Tegucigalpa, Escuela Superior del Profesorado, 1971.
24 h. 28 cm. Mimeo.

TABACALERA Hondureña
Informe anual 1970. San Pedro Sula, Honduras Industrial, 1971.
22 p. 22 cm.

VALLADARES ARRIAGA, Héctor y Armando BARDALES RODRÍGUEZ
El traumatismo encéfalo craneano. Barcelona, España, Talleres Gráficos Seix y Barral, 1971.
(Sin datos de paginación).

VIERA O., Rudy
Guía del Conductor. Consejos útiles al motorista. Comayagüela, Imp. Bulnes, 1971.
48 p. ilus. 19 cm.

ARTES Y RECREACIÓN

MANZANARES A., Rafael. 1918–
Canciones de Honduras. Cuarta edición. Comayagüela, s.i., 1971.
64 p. 15 cm.

RIVAS, Nery
Feria Juniana. San Juan Bautista (Danlí). Tegucigalpa, Imp. Calderón, 1971. 24 p. 26 cm.

RIVERA LARA, Raúl
Cancionero Panamericano. Tegucigalpa, Tip. Ariston, 1971.
80 p. 21 cm.

SALAZAR MELÉNDEZ, Sara
En la portada: Formas y fotos de Honduras. En la carátula: Fatherland–Patria. /San Pedro Sula, Departamento de Comunicaciones de la Asociación de Instituciones Evangélicas de Honduras. Imp. del Norte, 1971/.
8 p. ilus. 23 cm. apais.

VIERA, Carlos Alberto
El Profesor de Fútbol. San Pedro Sula, 1971.
48 p. 22 cm.

ZEPEDA, Mariana
Galería de Arte del Instituto Hondureño de Cultura Interamericana. Primera década, 1961–1971. Tegucigalpa, Imp. Calderón, 1971.
32 p. ilus. 26 cm.

LITERATURA
ACOSTA ZELEDÓN, Óscar. 1933–
Mi País. Poemas. San José, Costa Rica, Educa, 1971.
69 p. 17 cm.
— Poesía hondureña de hoy. Antología. Tegucigalpa, Editorial Nuevo Continente, 1971.
276 p. 15 cm.

ACOSTA, Óscar y Pompeyo del VALLE. 1929–
Exaltación de Honduras. /Primera edición/. Antología. Tegucigalpa, UNAH, 1971.
333–V p. 22 cm.
— Exaltación de Honduras. Antología. Segunda edición. (Selección y notas de Óscar Acosta y Pompeyo del Valle). Tegucigalpa, Editorial Nuevo Continente, 1971.
333–V p. 22 cm.
Ambas obras, según el colofón, se terminaron de imprimir en la Papelería e Imprenta Calderón, el "2 de enero de 1971". En su parte física —la carátula, las solapas, portada, anteportada e introducción— son distintas; sin embargo, el contenido esencial de ambas es igual. En la parte final, en "autores incluidos en este libro", los errores de la edición universitaria permanecen en la edición de Nuevo Continente.

ACOSTA NAVARRO, Elpidio
Ilva. La Ceiba, 1971.
(Sin datos adicionales).

ALEMÁN, Marta Gladis
Enfoque social a la Trilogía Ístmica de Andrés Morris. Tegucigalpa, Escuela Superior del Profesorado, 1971. 47 h. 27 cm. Mimeo.

ARDÓN, Juan Ramón. 1911–
Al filo de un guarizama. Segunda edición. Tegucigalpa, Imp. Calderón, 1971.
416 p. 22 cm.

ARITA, Carlos Manuel. 1912–
El declamador nacional. Tegucigalpa, Imp. López y Cía., 1971.
162 p. 21 cm.
— Nuevas fábulas para los niños de Honduras. Primera edición. Tegucigalpa, Imp. López y Cía., 1971.
103 p. 22 cm.
— Poemas y cantares de Honduras. Tegucigalpa, Imp. López y Cía., 1971. 116 p. 21 cm.

BRIONES, José E.
Homenaje a la madre hondureña. Tegucigalpa, s.i., 1971.
31 p. 21 cm.

BRITO, Javier Bayardo
Seis sonetos laureados y otros poemas. Tegucigalpa, Ministerio de Educación Pública, 1971.
35 p. 21 cm.

BUESO GÓMEZ, Misael. 1933–
Esta palabra. Poesías. Tegucigalpa, Imp. López y Cía., 1971.
50 p. 21 cm.

CANALES, Adán
Dos palabras. Tegucigalpa, 1971.
125 p. 18 cm.

CARIÁS REYES, Marcos. 1905–1949
Trópico. Novela. Tegucigalpa, UNAH, 1971.
158 p. 22 cm.

CASONA, Alejandro
Nuestra Natacha. Teatro. Tegucigalpa, Imp. López y Cía., 1971.
36 p. 22 cm.

CENTRO de Perfeccionamiento y Asesoría para Latinoamérica
Cómo asegurar el éxito de una reunión. Tegucigalpa, Imp. La República, /1971/.
(Sin datos de paginación o dimensiones).

CESARIO M., Félix
Lamentos y protestas. Comayagüela, Imp. El Arte, 1971.
56 p. 20 cm.

DÍAZ LOZANO, Argentina. 1909–
Fuego en la ciudad. Tercera edición. Guatemala, 1971.
(Sin datos de paginación o dimensiones).

ESCOTO, Julio
La balada del herido pájaro. Tegucigalpa, UNAH, 1971.
88 p. 21 cm.

GUTIÉRREZ, Carlos
Angelina. Novelita histórica hondureña. /Segunda edición/. Tegucigalpa, Escuela Superior del Profesorado, 1971.
38 h. 32 cm. Mimeo.

HERNÁNDEZ ROSA, José de la Cruz
Cuatro lustros. Tegucigalpa, Relaciones Públicas de las FF.AA., 1971.
144 p. 22 cm.

MEJÍA, Medardo. 1907–
La Horcancina. Tegucigalpa, Imp. La República, 1971.
138 p. 18 cm.

MIRO, Ricardo (seudónimo)
Véase: Sánchez, Francisco.

NIETO GONZÁLEZ, Coronado
Voces del alma. Tegucigalpa, Imp. Calderón, 1971.
293 p. W/21 cm. (Nota: posible error de tipografía en el original).

NIETO MUNGUÍA, Roberto
Cruzando horizontes. Comayagüela, Imp. Cultura, 1971.
60 p. 22 cm.

ORTIA CANALES, José Santos
¿Angelina, romántica o naturalista? Tegucigalpa, Escuela Superior del Profesorado, 1971.
96 h. 27 cm. Mimeo.

OSORIO, Mario
Hojas sin rumbo. Comayagüela, Imp. Cultura, 1971.
80 p. 20 cm.

OSORIO COELLO, Pedro
Ilusión y vida. Tegucigalpa, 1971.
31 p. 24 cm. apais. Mimeo.

ROMERO GUERRA, Nicolás
Flor del Recuerdo. Tegucigalpa, s.e., s.i., 1971.
39 p. 22 cm.

ROJAS, Daniel M.
Estampas Yoreñas. San Pedro Sula, Editora Nacional, 1971.
38 p. 20 cm.

ROSA, Marco Antonio. 1899–
Jueves Jaracandosos. Tegucigalpa, Casa Uhler, 1971.
172 p. 21 cm.
— Mis tías las zanatas. Tercera edición, corregida y aumentada. Tegucigalpa, Imp. Calderón, 1971.
69 p. 22 cm.

SÁNCHEZ, Francisco
Poemas. La Ceiba, Tip. Orientación, 1971.
(Sin datos de paginación).

SOCIEDAD Literaria de Honduras
Cantera lírica. Tegucigalpa, 1971.
39–I p. ilus. 21 cm.

SOSA, Roberto. 1930–
Un mundo para todos dividido. Primera edición. La Habana, Cuba, Casa de las Américas, 1971.
94 p. 22 cm.
— Un mundo para todos dividido. Segunda edición. Tegucigalpa, Editorial Nuevo Continente, 1971.
94 p. 22 cm.

VILLANUEVA CHINCHILLA, Arnaldo
Ante el Vesubio. Italia, 1971.
(Sin datos de paginación o editorial).

VILLEDA ARITA, Samuel
Al pie del Ticante. Tegucigalpa, 1971. 32 p. 21 cm.

ZELAYA LOZANO, Cecilio
Discursos pronunciados por el rector de la Universidad Nacional Autónoma de Honduras, Licenciado Cecilio Zelaya Lozano. Tegucigalpa, UNAH, 1971. 54 p. 21 cm.

GEOGRAFÍA E HISTORIA

ACOSTA, Óscar e Irma Leticia OYUELA
Imágenes de Honduras. Tegucigalpa, Editorial Nuevo Continente, 1971.
211 p. ilus. 31 cm.

ALVARADO, Néstor Enrique
Morazán, político y maestro. Comayagüela, Imp. Bulnes, /1971/.
161 p. 20 cm.

ALVARADO GARCÍA, Ernesto. 1904–1972
Historia de Centro América. Séptima edición. Tegucigalpa, Librería Molino, 1971.
371–V p. ilus. 22 cm.

AMADOR, Ángel G.
La Comunidad Americana. Cuaderno de Trabajo para Estudios Sociales. Segundo Curso. Tegucigalpa, Imp. Calderón, 1971.
282 p. 28 cm.

ANDINO MARTÍNEZ, José Reynaldo
Movimientos preindependentistas de Centro América. Tegucigalpa, Escuela Superior del Profesorado, 1971.
79 h. 28 cm. Mimeo.

APLICANO MENDIETA, Pedro
Los Mayas. Un pueblo elegido. Tegucigalpa, Imp. Calderón, 1971.
122 p. 22 cm.

ARELLANO BONILLA, Roberto
Ramón Ernesto Cruz, o el presidente que merece y necesita Honduras. Tegucigalpa, s.i., 1971.
105 p. 22 cm.

BERGANZA DERAS, Alfonso
Prontuario mínimo geográfico de Honduras. Comayagüela, Relaciones Públicas de las Fuerzas Armadas, 1971.
11 p. 24 cm.
— Rodolfo Rojas, un maestro olvidado. Comayagüela, s.i., 1971.
20 p. 26 cm.

BLANCO, Francisco J. 1915–
Recopilación de breves datos históricos de la Universidad Nacional Autónoma de Honduras. Tegucigalpa, UNAH, 1971.
8 p. 16 cm.

CABAÑAS, José Trinidad. 1805–1871
Fragmentos sobre la vida del pundonoroso militar hondureño. Tegucigalpa, Tip. Ariston, 1971. 32 p. 22 cm.

— Centenario del General José Trinidad Cabañas. Comayagüela, Industrias Gráficas Tulín, 1971.
300 p. 22 cm.

CARÍAS ANDINO, Tiburcio. 1876–1969
Corona fúnebre. Homenaje del Partido Nacional de Honduras. Comayagüela, Talleres Comité Central, 1971.
134–VI p. 20 cm.

CORTÉS, Carlos R.
Biografía del Profesor Juan J. Castro. Tegucigalpa, 1971.
14 h. 28 cm. Mimeo.

DÍAZ BANEGAS, Estela
Conozcamos a Valle. Tegucigalpa, Centro de Producciones de Materiales, 1971.
XIX–55 p. 22 cm.

DÍAZ CHÁVEZ, Finlander
La independencia de Centro América. (Dilatado proceso histórico de la liberación nacional). San José, Costa Rica, Educa, 1971.
(Sin datos de paginación).

DURÓN, Jorge Fidel. 1902–
Cathay. Leyenda y realidad. Tapei, Taiwán, China Publishing Company, 1971. 33 p. 19 cm.

ESPINOZA, Leticia Calona de
Movimientos unionistas post-morazánicos. Tegucigalpa, Escuela Superior del Profesorado, 1971. 80 h. 28 cm. Mimeo.

FERRO, Carlos A.
Sanmartín y Morazán. Tegucigalpa, Editorial Nuevo Mundo, 1971.
254 p. ilus. 23 cm.

GARCÍA C., Cosme
Creación del Municipio de Danlí. Comayagüela, Imp. Cultura, 1971.
30 p. 21 cm.

GARCÍA TRINIDAD, Arnaldo Rafael
Síntesis monográfica del Municipio de Campamento. Tegucigalpa, Escuela Superior del Profesorado, 1971.
63 h. 28 cm. Mimeo.

GONZÁLEZ C., Federico
Impresiones de las tierras del Laudo. Tegucigalpa, Imp. López y Cía., 1971.
(Sin datos de paginación).

HERNÁNDEZ CASTAÑEDA, Betina y otros
Estudio comparativo de los municipios de Intibucá, La Esperanza y Yamaranguila. Tegucigalpa, Escuela Superior del Profesorado, 1971.
125 h. 28 cm. Mimeo.

JEREZ ALVARADO, Rafael. 1914–
Defendamos el Golfo de Fonseca. Tegucigalpa, Tip. Nacional, 1971.
(Sin datos de paginación).

JEVONS, Donald O. y Enrique MARTÍNEZ BOQUÍN
Honduras. Tegucigalpa, Honduras Industrial, 1971.
(Sin datos de paginación).

LAÍNEZ, Vitelia Castro de
Ensayo monográfico de las ciudades gemelas de Tegucigalpa y Comayagüela. Comayagüela, Imp. Cultura, 1971.
104 p. 22 cm.

MEJÍA, Medardo. 1907–
Trinidad Cabañas. Soldado de la República Federal. Tegucigalpa, Instituto Morazánico, 1971.
233–V p. 22 cm.

MEJÍA, Elena Antonia
La Revolución Liberal de Centroamérica. Tegucigalpa, Escuela Superior del Profesorado, 1971.
40 h. 28 cm. Mimeo.

MORALES BARAHONA, Francisco y otros
Monografía del Departamento de Valle. Por Francisco Morales B., Juan Jacinto Velásquez y Diógenes Arias Bonilla. Tegucigalpa, Escuela Superior del Profesorado, 1971.
146 ph. 28 cm. Mimeo.

MORAZÁN, Francisco. 1792–1842
Memorias del Benemérito General Don Francisco Morazán. Escritas por él mismo en David (Nueva Granada) en 1840. /Tercera edición/. Tegucigalpa, Tip. Ariston, 1971.
72 p. 18 cm.

NAVARRO, Miguel. 1904–
Nuestro País. Tercer Grado. Geografía de Honduras. Comayagüela, Publicaciones Navarro, 1971.
173–II p. 23 cm.
— Estudios Sociales. Centro América. Cuarto Grado. Comayagüela, Publicaciones Navarro, 1971.
156–III p. ilus. 27 cm.
— Estudios Sociales. América. Quinto Grado. Comayagüela, Publicaciones Navarro, 1971.
177 p. 22 cm.
— Estudios Sociales. El Universo. Sexto Grado. Comayagüela, Publicaciones Navarro, 1971. 176 p. 23 cm.

NIETO MUNGUÍA, Roberto
Cruzando horizontes... y de crónicas de viaje. Comayagüela, Imp. Cultura, 1971. 60 p. 21 cm.

ORELLANA, Carlos Alberto
Síntesis monográfica de Puerto Cortés. San Pedro Sula, Editora Nacional, 1971.
78 p. 24 cm.

PINEDA, Mario Antonio
Estudio de la ciudad de Siguatepeque. Tegucigalpa, Escuela Superior del Profesorado, 1971.
38 h. 28 cm. Mimeo.

ROBLES RODRÍGUEZ, Edith Daneba
Historia de la Universidad de Honduras. Tegucigalpa, Escuela
Superior del Profesorado, 1971. 63 h. 28 cm. Mimeo.

ROSA, Ramón. 1848–1893
Historia del Benemérito General Don Francisco Morazán, ex-
Presidente de la República de Centro América. Tegucigalpa, Instituto
Morazánico, 1971.
193–III p. 21 cm.
— Biografía de José Cecilio del Valle. Quinta edición. Tegucigalpa,
Oficina de Relaciones Públicas de la Presidencia de la República,
1971. 118 p. 22 cm.

SCOTT, David
Los viajes a la luna ensanchan la inteligencia del hombre.
Tegucigalpa, USIS, 1971. 10 p. 27 cm. apais.

SERVICIOS y Promoción Turística
Manual para guía de turistas. Tegucigalpa, Honduras Industrial, 1971.
274 p. 22 cm.

SIERRA AGUILAR, Joaquín
Intervenciones inglesas en Centro América. Tegucigalpa, Escuela
Superior del Profesorado, 1971. 84 h. 28 cm. Mimeo.

SUAZO PADILLA, Manuel
Monografía de la Isla de Guanaja. Tegucigalpa, Escuela Superior del
Profesorado, 1971. 63 h. 28 cm. Mimeo.

TOMÉ SALGADO, Amílcar
Segunda independencia de Honduras. Tegucigalpa, Escuela Superior
del Profesorado, 1971. 63 h. 28 cm. Mimeo.

TROCHEZ, Rafael Gilberto. 1917–
La odisea de un periodista hondureño. Tegucigalpa, Partido Nacional,
1971.
(Sin datos de paginación).
— Jerónimo J. Reina, poeta y estadista. Tegucigalpa, BANCAHSA,
1971. 35 p. 14 cm.

VALLEJO, Antonio R. 1844–1914
Réplica al Doctor Santiago I. Barberena. Comayagüela, Imp. Cultura, 1971. 20 p. 21 cm.

WOODWARD Jr., Ralph Lee
Impresiones norteamericanas de Centro América en los siglos XIX–XX. Tegucigalpa, 1971. 37 h. 28 cm. Multilith.

PUBLICACIONES GUBERNAMENTALES — 1971
AGÜERO, Martín H.
Contestación del Honorable Presidente del Congreso Nacional al informe del señor Presidente de la República. Tegucigalpa, Tip. Nacional, 1971. 5 p. 22 cm.

CONSEJO Nacional de Elecciones
Informe presentado al Congreso Nacional sobre las labores realizadas por el Consejo Nacional de Elecciones. Junio 1970 – mayo de 1971. Tegucigalpa, Tip. Ariston, 1971. 111 p. 28 cm.

CONSEJO Superior de Planificación Económica
Informe presentado al Congreso Nacional 1970/1971. Tegucigalpa, 1971.
32 p. 28 cm. Mimeo.
— Encuesta sobre requerimientos de personal técnico. Comayagüela, CSPE, 1971.
82 p. 28 cm. apais.
— Análisis del fenómeno de deslizamiento ocurrido en los barrios El Edén y La Cabaña. Comayagüela, CSPE, 1971.
53 p. 26 cm.
— Resumen y conclusiones al documento "Desarrollo hidroeléctrico del río Humuya (Estudio de alternativas), preparado por Motor Columbus Consulting Engineers, Inc., para la Empresa Nacional de Energía Eléctrica." Tegucigalpa, CSPE, 1971.
23 h. 27 cm. Multilith.

DIRECCIÓN General de Aeronáutica Civil
Almanaque Hondureño 1971. Comayagüela, Servicio Meteorológico Nacional, 1971.
32 p. 22 cm.

DIRECCIÓN General de Caminos
Especificaciones para la construcción de carreteras y puentes. Tegucigalpa, Dirección General de Caminos, 1971.
158 h. 27 cm. Mimeo.

DIRECCIÓN General de Educación Primaria
Programas de Español. Primero al sexto grado. Tegucigalpa, Imp. Calderón, 1971.
98 p. 23 cm.

DIRECCIÓN General de Estadística y Censos
Anuario Estadístico 1970. Tegucigalpa, DGEC, 1971.
T. I–V. 28 cm.
Contenido: Comercio, índice de precios, estadísticas bancarias, monetarias, ingresos y egresos del gobierno central, agropecuarias, producción de energía eléctrica, construcciones, transporte, educación, población, etc.
— Comercio exterior de Honduras con todo el mundo y Centro América. Primer semestre 1970. Tegucigalpa, DGEC, 1971.
918 p. 32 cm. apais.
— Comercio exterior de Honduras con todo el mundo y Centro América. Enero–septiembre de 1970. Tegucigalpa, DGEC, 1971.
XVI–197 p. 32 cm. apais.
— Estadísticas vitales. Informe anual. Por Fernando Montalvo. Tegucigalpa, DGEC, 1971.
29 p. 28 cm.
— Investigación industrial 1965. Tegucigalpa, DGEC, 1971.
84 p. 30 cm. apais.

DIRECCIÓN General de Recursos Naturales
Informe Anual 1970. Tegucigalpa, Desarrural, 1971.
42 h., gráfs., láms. 28 cm. Mimeo.

DIRECCIÓN General de Servicio Civil
Manual de evaluación y calificación de servicios. Tegucigalpa, Tip. Ariston, 1971.
46 p. 22 cm.

EMPRESA Nacional de Energía Eléctrica
Informe de actividades 1970. Tegucigalpa, ENEE, 1971.
22 p. 28 cm.

EMPRESA Nacional Portuaria
Informe de labores 1970. Puerto Cortés. San Pedro Sula, Honduras
Industrial, 1971.
32 p. 28 cm.

INSTITUTO Nacional de la Vivienda
8 años de servicio. Tegucigalpa, INVA, 1971.
17 p. ilus. 22 cm. apais.

INSTITUTO Hondureño de Turismo
Copán. Honduras. Tegucigalpa, Honduras Industrial, 1971.
(Sin datos de paginación).

JUNTA Nacional de Bienestar Social
Hechos evidentes en beneficio de Honduras. Tegucigalpa, JNBS,
1971. 22 p. 20 cm.
— Memoria anual 1970. Tegucigalpa, JNBS, 1971. 96 p. 28 cm.
— ¿Qué es la Junta Nacional de Bienestar Social? Cuarta edición.
Tegucigalpa, Tip. Ariston, 1971. 55 p. 21 cm.

LEYES, DECRETOS, ETC. — 1971
Ley de Institución del Seguro. 1965. Tegucigalpa, Ministerio de
Economía y Hacienda, 1971. 31 p. 23 cm.

Ley protectora de los hondureños dedicados al comercio y a la
industria en pequeña escala. Tegucigalpa, Ministerio de Gobernación
y Justicia, 1971. 9 p. 23 cm.

Ley de representaciones y distribuidores de casas comerciales.
Tegucigalpa, Ministerio de Gobernación y Justicia, 1971. 10 p. 23 cm.

DOCUMENTOS PRESIDENCIALES — 1971
LÓPEZ ARELLANO, Oswaldo. Pres.
Convenio político entre el Partido Nacional y el Partido Liberal.
Tegucigalpa, Tip. Ariston, 1971. 14 p. 18 cm.

— Informe al Congreso Nacional. Sexto año de Gobierno. Tegucigalpa, Tip. Ariston, 1971.
63 p. 24 cm.
— Mensaje del señor Presidente de la República, General Oswaldo López Arellano, al Congreso Nacional, en la ceremonia de clausura de las tareas legislativas 1971. Tegucigalpa, Oficina de Relaciones de Casa Presidencial, 1971. 14 p. 18 cm.

RIVERA LÓPEZ, Mario
Contestación del Congreso Nacional al informe del señor Presidente de la República. Tegucigalpa, Tip. Ariston, 1971. 5 p. 22 cm.

INFORMES MINISTERIALES — 1971
SECRETARÍA de Comunicaciones y Obras Públicas
Informe de la Secretaría de Comunicaciones y Obras Públicas al Congreso Nacional, correspondiente a 1970/1971. Tegucigalpa, Ministerio de Comunicaciones y OO.PP., 1971.
(Sin datos de paginación).

SECRETARÍA de Defensa
Informe de la Secretaría de Defensa al Congreso Nacional, correspondiente a 1970/1971. Tegucigalpa, Ministerio de Defensa, 1971. 194 h. 28 cm. Mimeo.

SECRETARÍA de Economía y Hacienda
Informe presentado al Congreso Nacional 1970/1971. Tegucigalpa, Tip. Ariston, 1971. T. I–III. 27 cm.

SECRETARÍA de Educación Pública
Informe que el Ministro de Educación Pública remite al Congreso Nacional de la República de Honduras en sus sesiones ordinarias de 1971. Tegucigalpa, 1971.
208 p. 28 cm. Mimeo.
— Programa conmemorativo del Centésimo Quincuagésimo Aniversario de la Independencia. Tegucigalpa, Tip. Nacional, 1971.
29 p. 24 cm.
— La maravilla de Copán. Tegucigalpa, Tip. Nacional, 1971.
10 p. 20 cm.

SECRETARÍA de Gobernación y Justicia
Informe de la Secretaría de Estado en el Despacho de Gobernación y Justicia presentado al Congreso Nacional en sus sesiones ordinarias de 1971. Tegucigalpa, Tip. Nacional, 1971.
122 p. 26 cm.

SECRETARÍA de la Presidencia
Informe de la Secretaría de Estado en el Despacho de la Presidencia de la República 1970/1971. Tegucigalpa, Tip. Ariston, 1971.
90 p. 28 cm.

SECRETARÍA de Recursos Naturales
Informe anual 1970. Tegucigalpa, Tip. Ariston, 1971.
41 p. apéndice. 28 cm.

SECRETARÍA de Salud Pública
Informe de la Secretaría de Salud Pública y Asistencia Social. Tegucigalpa, 1971.
190 p. 27 cm. Mimeo.

SECRETARÍA de Trabajo y Previsión Social
Estadísticas de Trabajo 1970. Tegucigalpa, 1971.
6–102 h. 32 cm. apais. Multilith.
— Informe de la Secretaría de Trabajo y Previsión Social presentado ante el Congreso Nacional de 1971.
140 h. 28 cm. Multilith.

PUBLICACIONES PERIÓDICAS — 1971

ACCIÓN OBRERA
Tegucigalpa. Al servicio de la clase campesina. Mensual. N.º 1, en mayo de 1970. Imprenta La Democracia.
30 × 44 cm. 8 p.
Órgano del Sindicato del SANAA y del Sindicato de Trabajadores de Industrias Gráficas y Conexos.

ACCIÓN SOCIAL
Tegucigalpa. Revista independiente. Director: Salvador Villeda Vidal. Mensual. N.º 1, en enero de 1956. Imprenta López y Cía.

22 × 27 cm. 24 p.

EL ALFILER
San Pedro Sula. Eminentemente apolítico. Semanario de crítica y buen humor. Director: Pedro Escoto López. Semanal. N.º 1, el 6 de febrero de 1960. Imp. Sula.
26 × 39 cm. 8 p.
Su primer director fue el Prof. Víctor Hernández Mejía.

ANALES DEL ARCHIVO NACIONAL
Tegucigalpa. Directora: Ana Rosa V. de Carías; Subdirector: Julio Rodríguez Ayestas. Trimestral. N.º 1, en septiembre de 1967. Imp. Calderón.
21 × 27 cm. 59 p.

LA ANTORCHA
Puerto Cortés. Independiente de crítica y combate. Director: Gustavo Carvajal Castro. Semanario. N.º 1, el 6 de abril de 1957. Tip. La Marina, S.P.S.
29 × 56 cm. 4 p.

APUNTES AGRÍCOLAS
San Pedro Sula. Revista de la Asociación de Profesionales Agrícolas de Honduras. Director: G. Manzanares U. Trimestral. N.º 1, octubre-diciembre de 1962. Imp. Editora Nacional. 21 × 27 cm. 18 p.

AGAFM
Tegucigalpa. Órgano de la Asociación de Ganaderos y Agricultores de Francisco Morazán. Director: Juan Parodi. Bimestral. N.º 1, enero-febrero de 1968. Imp. López y Cía. 21 × 27 cm. 48 p.

AHPF
Tegucigalpa. Asociación Hondureña de Planificación Familiar. Director: Mario Riette Matheu. Mensual. N.º 1, julio de 1966. s.i.
22 × 31 cm. 4 p.

ARTES GRÁFICAS
Tegucigalpa. Por la unificación y dignificación de la clase trabajadora. Director: Rodolfo Rico V. Anual. N.º 1, el 24 de junio de 1959. Imp. Calderón.

30 × 45 cm. 8 p.
AUDACES
Tegucigalpa. Órgano del Cuarto Curso de Bachillerato del Instituto San Miguel. Mensual. N.º 1, en julio de 1971. s.i. 22 × 29 cm. 20 p.

BARAGUÁ
Tegucigalpa. Órgano defensor de la democracia. Director: Celestino Fernández Suárez. Quincenal. N.º 1, el 1 de septiembre de 1965. Imp. Calderón.
30 × 45 cm. 12 p.

EL BECIANO
Tegucigalpa. Órgano informativo familiar del BCIE. Director: Luis Felipe Enamorado Flores. Mensual. N.º 1, el 9 de junio de 1967. Multilith. 22 × 33 cm. 24 p.

BOLETÍN DE LA ACADEMIA HONDUREÑA DE LA LENGUA
Tegucigalpa. Director: Luis Andrés Zúniga. Trimestral. N.º 1, julio-septiembre de 1955. Imp. Calderón. 15 × 21 cm. 152 p.

BOLETÍN ESTADÍSTICO
Tegucigalpa. Banco Central de Honduras. Director: el Directorio del Banco. Trimestral. Talleres del Banco Central de Honduras.
21 × 27 cm. 30 p.
El primer número apareció en julio de 1950 con el nombre Boletín del Banco Central de Honduras; el año pasado cambió el nombre, pero continuó con la misma numeración.

BOLETÍN BIBLIOGRÁFICO
Comayagüela. Consejo Superior de Planificación Económica. Mensual. N.º 1, en enero de 1970. Mimeografiado. 22 × 28 cm. 15 h.

BOLETÍN DEL CENTRO CULTURAL HONDUREÑO ÁRABE
Tegucigalpa. (Sin datos de director ni fecha exacta).

BOLETÍN ECLESIÁSTICO
Tegucigalpa. Órgano oficial de la Provincia Eclesiástica de Honduras. La revista del clero. Dirige la Cancillería Arzobispal. Bimestral. N.º 1, el 20 de mayo de 1931. Tip. Calderón. 14 × 25 cm. 27 p.

BOLETÍN OFICIAL DE LA ESCUELA AGRÍCOLA PANAMERICANA

Valle de El Zamorano. Bienal. N.º 1, en julio de 1960. Imp. Calderón. 15 × 23 cm. 80 p.

BOLETÍN INFORMATIVO DEL CICH

Tegucigalpa. Órgano de divulgación del Colegio de Ingenieros Civiles de Honduras. Director: Francisco Figueroa Z. Bimestral. N.º 1, en julio 24 de 1970. Imp. La República. 22 × 28 cm. 6 p.

BOLETÍN LEONÍSTICO

San Marcos de Colón. Órgano del Club de Leones. Director: Directiva del Club. Sin periodicidad. N.º 1, en septiembre de 1970. s.i. 23 × 30 cm. 4 p.

BOLETÍN ROTARIO

San Pedro Sula. Club N.º 4466. Distrito 424. Año de Toño. Industrias Gráficas. 22 × 28 cm. 1 h.

BOLETÍN SCOUT

Tegucigalpa. Asociación Nacional de Scouts de Honduras. Noticias, cursos, eventos, información, varios. 22 × 28 cm. 8 p.

BOMBEROS

Tegucigalpa. Número único. Noviembre 1 de 1971. s.i. 23 × 30 cm. 108 p.

EL BUEN AMIGO

San Pedro Sula. Semanario católico. Casa Cural. N.º 1, el 3 de septiembre de 1932. s.i. 23 × 30 cm. 4 p.

EL CAFÉ

Tegucigalpa. Órgano oficial de la Asociación Hondureña de Productores de Café. Director: Roberto Fuentes Zaldívar. Mensual. N.º 1, en agosto de 1970. CENSA. 22 × 39 cm. 36 p.

CANCIONERO TROPICAL PEERLESS
Tegucigalpa. Director: Juan E. Paredes. Mensual. N.º 1, en noviembre de 1943. Imp. Calderón.
11 × 15 cm. 36 p.
Ahora se edita en San Pedro Sula, en la Imprenta Panamericana.

CANDILEJAS
Tegucigalpa. Órgano de divulgación del Grupo Dramático de Tegucigalpa. N.º 1, en noviembre de 1970. Mensual.
22 × 33 cm. 8 p. Mimeografiado.

CARROUSEL DE AMÉRICA
Puerto Cortés. Director: José Antonio Chávez. Mensual. N.º 1, en marzo de 1971. s.i. 17 × 22 cm. 38 p.

CARTA COMERCIAL PARA HONDURAS
Tegucigalpa. Para fomentar el comercio y la inversión entre Honduras y los Estados Unidos de América. N.º 1, en julio de 1965. USIS.
23 × 37 cm. 4 p.

CARTA INFORMATIVA DEL BCIE
Tegucigalpa. N.º 1, en enero de 1967. s.i.
17 × 24 cm. 12 p.

CEIBA
Tegucigalpa, Valle de El Zamorano. Revista de la Escuela Agrícola Panamericana. Directores: A. G. Salomón y M. A. Cano. Sin periodicidad. N.º 1, en enero de 1950. Imp. Calderón.
16 × 22 cm. 73 p.

EL CENTINELA
Tegucigalpa. Director: Mario Landa Blanco. Anual. N.º 1, octubre de 1971. CENSA. 21 × 28 cm. 48 p.

CENTRO
Tegucigalpa. El Semanario Festivo de Honduras. Director: Orlando Pineda C. Semanal. N.º 1, el 31 de julio de 1971. Imp. CENSA.
30 × 44 cm. 8 p.

COLPROSUMAH

Tegucigalpa. Órgano del Colegio de Profesores "Superación Magisterial de Honduras". Director: Luis Octavio Caballero. Anual. N.º 1, en septiembre de 1970. Imp. La República.
21 × 27 cm. 62 p.

EL COMERCIO

Tegucigalpa. Boletín económico. Órgano de divulgación de la Cámara de Comercio e Industrias de Tegucigalpa. Director: Carlos A. Padilla. Mensual. N.º 1, en marzo de 1970. CENSA.
22 × 29 cm. 44 p.

COMUNA

La Ceiba. Órgano municipal. Arte, letras, información, justicia, trabajo, honestidad. Director: Francisco Aquino Pérez. Mensual. N.º 1, en enero de 1970. Tip. Renacimiento. 22 × 28 cm. 36 p.

CONCILIACIÓN NACIONAL

Tegucigalpa. Directora: Paca Antúnez. Mensual. N.º 1, en julio de 1965. Imp. Alpha. 22 × 30 cm. 70 p.

COPEMH

Tegucigalpa. Por una Honduras desarrollada. Director: José Lino Álvarez Sambulá. Sin periodicidad. N.º 1, en septiembre de 1971. Imp. La República. 23 × 30 cm. 62 p.

EL CRISOL

Tela. Periódico de derechos democráticos. Director: Marcial Briceño Rivera. Quincenal. N.º 1, el 14 de enero de 1933. Imp. La Marina.
27 × 37 cm. 4 p.

EL CRONISTA

Tegucigalpa. Periódico bisemanal. Director: Adán Canales. Dos veces por semana. N.º 1, el 10 de abril de 1912. Papelería e Imprenta Calderón.
26 × 36 cm. 4 p.
Propietario: Manuel M. Calderón.

EL CRONISTA FRANCISCANO
Tegucigalpa. Litografía Calderón. N.º 1, en septiembre de 1971. Órgano del Instituto San Francisco.
(Sin datos de paginación). Formato estándar.

CULTURA
San Pedro Sula. Director: Marco A. Meza. Mensual. N.º 1, en mayo de 1971. s.i.
16 × 21 cm. 60 p.

CULTURA COMERCIAL
Tegucigalpa. Revista mensual independiente al servicio de la industria, comercio, profesionales y estudiantes. Director: J. Efraín Suazo C. Mensual. Editorial: Paulino Valladares.
17 × 25 cm. 50 p.

EL CHISPASO
Tegucigalpa. Director: Edison E. Aguirre García. Sin periodicidad. N.º 1, el 12 de mayo de 1971. s.i.
29 × 38 cm. 12 p.

DEBATE
Comayagüela. Órgano periodístico libre, que divulga el pensar, sentir y actuar de la juventud. Director: Alex Tábora Rivera. Mensual. N.º 1, en octubre de 1971. Imp. La República.
28 × 35 cm. 8 p.

EL DÍA
Tegucigalpa. Doctrinario e informativo. Director: Julián López Pineda. Diario. N.º 1, el 11 de junio de 1948. Imp. El Día.
45 × 57 cm. 12 p.
Actualmente dirigido por el Arq. Julio López Pineda, hijo de don Julián.

DIÁLOGO REVOLUCIONARIO
Tegucigalpa. Órgano del Frente Revolucionario Estudiantil Social Cristiano. N.º 1, en marzo de 1971. Mimeo.
17 × 22 cm. 8 p.

ECONOMÍA POLÍTICA
Tegucigalpa. Segunda época. Trimestral. N.º 1, en octubre-noviembre de 1965. Imp. Cultura.
13 × 21 cm. 48 p.

ECOS NORMALISTAS
San Pedro Sula. Órgano de divulgación del Tercer Curso Normal del Instituto José Trinidad Reyes. Director: Dayle R. Hernández. Mensual. N.º 1, en 1971. Editora Nacional.
22 × 28 cm. 26 p.

EDUCACIÓN
Tegucigalpa. Órgano oficial del Ministerio de Educación Pública. Director: Rafael Bardales Bueso. Trimestral. N.º 1, octubre-diciembre de 1963. Imp. López y Cía. 24 × 32 cm. 68 p.

EDUCACIÓN PRIMARIA
Tegucigalpa. Órgano de orientación e información de la Dirección General de Educación Primaria. Coordinador General: Pablo Portillo Figueroa. Bimestral. N.º 1, en septiembre de 1971. s.i.
14 × 21 cm. 96 p.

EN GUARDIA
Puerto Cortés. Órgano informativo del Cuerpo Especial de Seguridad. Director: Waldo Soriano Ortiz. Mensual. N.º 1, el 30 de abril de 1970. Editora Nacional. S.P.S. 22 × 31 cm. 28 p.

EN MARCHA
El Progreso, Yoro. Director: Martín Baide Galindo. Mensual. N.º 1, en septiembre de 1950. Editorial Coello. S.P.S.
21 × 27 cm. 24 p.Actualmente se edita en San Pedro Sula, en su propia tipografía del mismo nombre.

EL ESPECTADOR
San Pedro Sula. Semanario de divulgación cultural, defensor de la democracia universal. Director: Ramón Rosa Galeano. Semanario. N.º 1, el 9 de marzo de 1940. Imp. Cálix Oliva. Tela.
29 × 39 cm. 6 p.
Ahora se edita en el propio San Pedro Sula, en la Imprenta Galeano.

ESTRELLA SOLITARIA
Tegucigalpa. Carta semanal nacionalista. Semanario. N.º 1, en marzo de 1966. Multilith.
22 × 28 cm. 8 p.

EUREKA
San Pedro Sula. Revista masónica. Órgano de la Respetable Logia Simbólica "Eureka" N.º 2. Director: Domingo Galván. Redactores: Miguel Paz Baraona, Salomón Bueso y Héctor Pérez Estrada. Mensual. N.º 1, el 1 de junio de 1920. Imp. El Comercio.
18 × 24 cm. 21 p.

EVOLUCIÓN
Tegucigalpa. (Tomado de Las Publicaciones en 1971, de Jorge Fidel Durón, publicado en El Día).

EXTRA
Tegucigalpa. Revista mensual de la vida nacional. Director: Oscar Acosta. Mensual. N.º 1, en agosto de 1965. Tip. Ariston.
22 × 30 cm. 48 p.

FIDES
Tegucigalpa. Órgano de orientación y defensa católica. Director y fundador: P. J. Alfonso Molina. Semanal. N.º 1, el 17 de septiembre de 1953. CENSA.
22 × 30 cm. 4 p.
En la actualidad (1971) se presenta en tamaño 28 × 36 cm., con 12 páginas. Su director es el sacerdote Alonso Tejeda Suazo.

FORO HONDUREÑO
Tegucigalpa. Revista quincenal de Jurisprudencia y Ciencias Sociales y Políticas. Director: Presentación Quesada. N.º 1, el 15 de septiembre de 1916. Imp. El Sol.
17 × 25 cm. 32 p.

LA GACETA
Tegucigalpa. Diario Oficial de la República de Honduras. Diario. N.º 1, el 25 de octubre de 1876. Tip. Nacional.
32 × 40 cm. 4 p.

GACETA JUDICIAL

Tegucigalpa. Quincenal. N.º 1, el 15 de septiembre de 1895. Tip. Nacional.

23 × 30 cm. 4 p.

La numeración sucesiva de la Gaceta Judicial actual se inicia precisamente el 15 de septiembre de 1895. Esta es la verdadera fecha de su fundación.

GOOL SEMANAL

Tegucigalpa. Revista deportiva semanal. Director: Nilo Valladares R. Semanal. N.º 1, el 30 de octubre de 1971. Imp. Bulnes.

21 × 27 cm. 18 p.

GUÍA DE BOLSILLO

Tegucigalpa. Director: Mario Membreño. Semanal. N.º 1, el 8 de abril de 1968. Tip. Ariston.

11 × 15 cm. 40 p.

GUÍA DE HONDURAS

Tegucigalpa. Revista de la Asociación de Prensa Hondureña. Director: Pedro Aplícano Mendieta. Mensual. N.º 1, en enero de 1962. Imp. La Democracia.

15 × 22 cm. 44 p.

GUÍA DE LA SUERTE

Tegucigalpa. Publicación oficial de la Lotería Nacional de Beneficencia. Mensual. N.º 1, el 5 de septiembre de 1950. Imp. Calderón.

32 × 42 cm. 2 p.

Actualmente se edita en los propios Talleres de la Lotería.

EL HERALDO

San Pedro Sula. Órgano de la Sociedad Cívica y Unionista "La Juventud". Directores: Maximino Mondragón y Pedro C. Cortés. Mensual. N.º 1, el 18 de abril de 1914. Imp. La Juventud.

30 × 45 cm. 8 p.

EL HERALDO
La Ceiba. Semanario independiente. Director: Aníbal Cruz Garín. Semanal. N.º 1, el 1 de diciembre de 1936. s.i.
30 × 45 cm. 6 p.
Don Amílcar Cruz Garín es su director actual.

HIBUERAS
Tegucigalpa. Revista de información y divulgación general al servicio de Honduras y sus valores. Director: Raúl Lanza Valeriano. Trimestral. N.º 1, en enero-marzo de 1970. Tip. La República.
21 × 28 cm. 62 p.

HOMENAJE
El Progreso, Yoro. Al maestro hondureño. Director: Marco Antonio Núñez. Anual. N.º 1, en septiembre de 1968. Editora Nacional. S.P.S.
22 × 30 cm. 84 p.

HOMENAJE
Comayagüela. Lealtad. Honor. Sacrificio. Director: Carlos Rigoberto Soto. Anual. Octubre de 1968. Imp. Soto.
22 × 34 cm. 64 p.

HONDURAS ILUSTRADA
Tegucigalpa. Hondureñista, imparcial, independiente. Director: Carlos Manuel Arita. Mensual. N.º 1, el 15 de agosto de 1965. Imp. López y Cía.
40 p. (sin formato específico indicado).

HONDURAS JCI
Tegucigalpa. Órgano oficial de la Asociación Nacional de Cámaras Junior de Honduras. Director: Luis Elvir Girón. Semestral. N.º 1, en agosto de 1971. Segunda etapa. CENSA. 21 × 30 cm. 36 p.

HONDURAS PORTUARIA
Puerto Cortés. Boletín informativo de la Empresa Nacional Portuaria. Director: Jerónimo Moncada Bueso. Mensual. N.º 1, el 15 de junio de 1971. Editora Nacional. S.P.S. 22 × 28 cm. 4 p.

HONDURAS ROTARIA
Tegucigalpa. Órgano de los clubes rotarios. Director: Jorge Fidel Durón. Mensual. N.º 1, en abril de 1943. Tip. Nacional.
22 × 30 cm. 27 p.

HORIZONTES
La Ceiba. Órgano de prensa del Bloque de Prensa ceibeño. Director: Juan José Funes. Mensual. N.º 1, en noviembre de 1967. Imp. El Heraldo.
21 × 28 cm. 34 p.

HUMANIDADES
Tegucigalpa. Dios. Patria. Cultura. Progreso. Director: Felipe Benicio Flores. Mensual. N.º 1, en julio de 1971. s.i.
21 × 27 cm. 28 p.

IDEALES JUVENILES
Tegucigalpa. Órgano del Instituto Sagrado Corazón. Directora: María Concha Puerto. Trimestral. N.º 1, febrero-abril de 1970.
22 × 33 cm. 27 p. Mimeo.

IDEAS
Tegucigalpa. Revista de letras femeninas. Hacia la unidad por la cultura. Directora: Olimpia Varela y Varela. Mensual. N.º 1, en mayo de 1971. s.i.
15 × 22 cm. 52 p.

IMPACTO
Tegucigalpa. Semanario hondureño al servicio del pueblo. Director: Raúl Barnica López. Semanal. N.º 1, el 15 de septiembre de 1966. Imp. Calderón.
31 × 40 cm. 16 p.

ÍNDICE
Comayagua. Órgano informativo, doctrinario, eminentemente independiente. Director: Mario Bardales Meza. Semanal. N.º 1, el 15 de abril de 1957. Imp. La República.
27 × 35 cm. 8 p.

LA INDUSTRIA

Tegucigalpa. Órgano de la Asociación Nacional de Industriales. Director actual: Trinidad Fiallos. Mensual. N.º 1, el 14 de febrero de 1959. Imp. La Democracia.
21 × 29 cm. 36 p.

LA INTELECTUAL

Tegucigalpa. Órgano de protesta del Comité Auxiliar Femenino de la Cámara Junior de Tegucigalpa. Sin periodicidad. N.º 1, en octubre de 1971.
22 × 36 cm. 6 h. Mimeo.

JUVENTUD

Tegucigalpa. Vocero de la juventud nacionalista. Semanal. N.º 1, en enero de 1971.

JUVENTUD

Tegucigalpa. Quincenario estudiantil de vanguardia. Órgano del Bloque de Estudiantes Universitarios y de Secundaria. Director: Dionisio Sánchez R. Quincenario. N.º 1, el 10 de marzo de 1970. Imp. La República.
27 × 36 cm. 8 p.

LIBRE EMPRESA

Tegucigalpa. Órgano del Consejo de la Empresa Privada. Director: Junta Directiva. Mensual. N.º 1, en febrero de 1970. Imp. Calderón.
23 × 31 cm. 32 p.

EL MENSAJERO

San Pedro Sula. Órgano del Bloque de Prensa de San Pedro Sula. Director: la Junta Directiva. Mensual. N.º 1, en enero de 1970. s.i.
21 × 28 cm. 28 p.

EL MENSAJERO LEONÍSTICO

Tegucigalpa. El norte de nuestra acción es servir. Director: Medardo Izaguirre Zúniga. Mensual. N.º 1, en julio de 1957. CENSA.
23 × 31 cm. 26 p.

MERIDIANO DE CORTÉS

San Pedro Sula. Órgano al servicio de los intereses de la patria. Director: Martín Baide Galindo. Semanario. N.º 1, el 4 de octubre de 1958. Imp. Alma Latina.
30 × 43 cm. 4 p.

LA NACION

Comayagua. Directores: Ixtayul Randolfo Núñez y José Winston Pacheco. Quincenal. N° 1, el 30 de octubre de 1971. Imp. La República. 23×45cm. 4p.

NAVIDADES DE HONDURAS

Tegucigalpa. Organo de divulgación nacional de Navidades. Director: Marco Rolando San Martín. Anual. N° 11, en diciembre de 1971. Imp. López y Cía. 21x27cm. 58p.

NOTICIERO BANCATLAN

Tegucigalpa. Publicación de los empleados del Banco Atlántida. Director: Oscar Pinto Russell. Mensual. N° 1, en abril de 1966. Imp. Calderón. 23x30cm. 12p.

NOTICIERO HONDUREÑO

Tegucigalpa. Mensual. N° 1, en enero de 1957. 48×63cm. 1 hoja. USIS.

NOTI-JUNIOR

Tegucigalpa. Boletín de la Comisión de Extensión de la Cámara Junior. Director: Teófilo Martell. Mensual. N° 1, en septiembre de 1970. s.i. 17x22cm. 4p.

NUEVA AMERICA

Tegucigalpa. Ediciones Internacionales. Director: Raúl A. Domínguez. Mensual. N° 1, el 15 de agosto de 1971. CENSA. 24x31cm. 52p.

NUEVA ERA

Choluteca. Semanario al servicio de los intereses del Sur. Director: Santos Pérez García. Semanal. N° 1, el 9 de agosto de 1969. Imp. Calderón. Teg. 31x45cm. 6p.

ORIENTACION
La Ceiba. Semanario independiente. Organo de intereses generales. Director: Carlos M. Ramírez. Semanal. N° 1, el 14 de marzo de 1967. s.i. 27x40cm. 6p.

PANORAMA ECONOMICO
San Pedro Sula. Organo de la Cámara de Comercio e Industrias de Cortés. Director: Lilio Glorioso M. Mensual. N° 1, en septiembre de 1968. Imp. Suyapa. 22x30cm. 44p.

EL PATRIOTA
San Pedro Sula. Revista mensual independiente. Director: Sergio Ortiz Chávez. Mensual. N° 1, en febrero de 1971. Imp. La República. Teg. 23x29cm. 28p.

PENSAMIENTO Y ACCION
Juticalpa. Por la superación cultural y espiritual de todos los valores humanos. Director: Miguel Ángel Osorio. Mensual. N° 1, el 31 de diciembre de 1947. Imp. Alba. 22x29cm. 40p.

EL PLANETA
Tegucigalpa. Director: Raúl A. Domínguez. Semanal. N° 1, el 5 de junio de 1971. Imp. Calderón. 31x45cm. 8p.

LA PRENSA
San Pedro Sula. Diario independiente al servicio del comercio, la industria y la cultura. Director: Consejo Editorial. Diario. N° 1, el 26 de octubre de 1964. Imp. La Prensa. 28×40cm. 32p.

PRESENTE
Tegucigalpa. Revista mensual de arte y letras centroamericanas. Director: Roberto Sosa. Mensual. N° 1, en agosto de 1964. Imp. López y Cía. 22x30cm. 48p.

1ro. DE MAYO
Tegucigalpa. Anual. N° 1, en mayo de 1966. Imp. Lotería Nacional. 22x30cm. 62p.

EL PUEBLO

Tegucigalpa. Diario del pueblo, por el pueblo y para el pueblo. Organo del Partido Liberal de Honduras. Director: Darío Montes. Diario. N° 1, el 15 de octubre de 1949. Imp. Renovación. 40x55cm. 8p.

REFLEJOS DE LA STANDARD FRUIT COMPANY

La Ceiba. Departamento de Personal. Mensual. N° 1, en abril de 1966. s.i. 22x28cm. 6p.

RENOVACION

Tegucigalpa. (Mencionado en el resumen de enero de 1972 de Jorge Fidel Durón.)

REVISTA DE LA ACADEMIA HONDUREÑA DE GEOGRAFÍA E HISTORIA DE HONDURAS

Tegucigalpa. Director: Roberto Gómez Robelo. Mensual. N° 1, julio-septiembre de 1969. Tip. López y Cía. 18x36cm. 72p.
Se remonta la antigüedad de esta Revista a la que originalmente se llamó Revista del Archivo y Biblioteca Nacionales, cuyo primer número apareció el 10 de noviembre de 1904, bajo la dirección del Licenciado y Profesor don Esteban Guardiola.

REVISTA ARIEL

Tegucigalpa. Director: Medardo Mejía. Tercera etapa. Año VI. N° 143. Julio de 1964. Imp. La Democracia. 21x29cm. 34p.

REVISTA EL CENTINELA

Tegucigalpa. Editores: Julio A. Mejía y H. Asención. Anual. N° 1, en octubre de 1970. Imp. Bulnes. 21x27cm. 76p.

REVISTA DEL COLEGIO DE PERITOS MERCANTILES Y CONTADORES PÚBLICOS

Tegucigalpa. Director: la Junta Directiva. Trimestral. N° 1, en febrero-abril de 1967. Imp. Calderón. 23x30cm. 34p.
Esta revista se llamó Boletín, cuyo primer número apareció en la fecha indicada; cambió a Revista con el número 7 en el trimestre septiembre-noviembre de 1970.

REVISTA DE DERECHO

Tegucigalpa. Organo de la Facultad de Ciencias Jurídicas y Sociales. Director: Enrique Flores Valeriano. Anual. Segunda época. N° 1, en 1969. Imp. El Arte. 16x23cm. 251p.

Se llamó Boletín, cuyo primer número apareció en el trimestre febrero-abril de 1967; cambió en el trimestre septiembre-noviembre de 1969.

REVISTA DE ECONOMÍA

Tegucigalpa. Organo del Colegio Hondureño de Economistas. Director: J. Aníbal Delgado Fiallos. Trimestral. N° 1, en agosto-octubre de 1963. Editorial Paulino Valladares. 17x22cm. 78p.

REVISTA DE INGENIERÍA DE HONDURAS

Tegucigalpa. Director: León Paredes Lardizábal. Bimestral. N° 1, en diciembre de 1965, enero de 1966. Imp. La República. 22x30cm. 40p.

REVISTA DE LA INTEGRACIÓN CENTROAMERICANA

Tegucigalpa. Banco Centroamericano de Integración Económica. Sin periodicidad. N° 1, en agosto de 1971. HISA. 17x24cm. 234p.

REVISTA JUNIOR

Tegucigalpa. Organo de la Cámara Junior de Tegucigalpa. Director: Sigfrido Pineda Green. Bimestral. N° 1. CENSA. 22x30cm. 40p.

REVISTA MÉDICA HONDUREÑA

Tegucigalpa. Organo de la Asociación Médica Hondureña. Director: Antonio Vidal M. Mensual. N° 1, en mayo de 1930. s.i. 17x24cm. 47-ixp.

REVISTA 1971

Tegucigalpa. De información hispanoamericana. Director: Néstor Casas Jácome. Semanal. N° 1, sin fecha ni lugar exacto de aparición; su publicación se remonta al año 1965, con el nombre de Revista 1965, cambiando cada año la cifra. Impresa en los talleres establecidos en el edificio Landa Blanco. 20x28cm. s.p.

REVISTA MISS HONDURAS 1971
San Pedro Sula. Directora: María Teresa Gerzhofer. Número único. Impresora del Norte. 21x28cm. 42p.

REVISTA PATRIA
Tegucigalpa. Director: Amílcar Santamaría y Zaldaña. Sin periodicidad. N° 1, en septiembre de 1971. Imp. La República. 23x30cm. 42p.

REVISTA SENDEROS
Tegucigalpa. Organo de Juventud Nacionalista. N° 1, en enero de 1971.

REVISTA 6 DE JUNIO
Tegucigalpa. Sin periodicidad. N° 1, el 6 de junio de 1971. s.i. 23x30cm. 60p.

REVISTA TENCOA
Santa Bárbara. Publicación de interés general. Director: Juan Barahona H. Mensual. N° 1, en marzo de 1971. s.i. 21x28cm. 36p.

REVISTA TRIMESTRAL DEL BANCO CENTRAL DE HONDURAS
Tegucigalpa. Director: la Gerencia. Trimestral. N° 1, enero-marzo de 1965. Imp. Banco Central. 20x30cm. v-83p.

REVISTA DE LA UNIVERSIDAD
Tegucigalpa. Director: Pompeyo del Valle. Mensual. N° 1, en julio de 1970. Imp. Calderón. 21x25cm. 48p.

REVISTA UNIVERSITARIA
San Pedro Sula. N° 1, en septiembre de 1971. Impresora del Norte. 21x29cm. 92p.

SEMAFORO
Comayagüela. Grita al pueblo las verdades que otros periódicos le ocultan. Director propietario: Tito Aplícano Mendieta. Semanal. N° 1, el 2 de mayo de 1953. Imp. Calderón. 30x45cm. 8p.

LA SEMANA
Tegucigalpa. Magazine sabatino. Director: Lucas Paredes. Semanario. N° 1, el 14 de noviembre de 1970. Tip. Honduras. 27x34cm. 8p.

SENDEROS
Tegucigalpa. Organo de prensa al servicio de la Patria. Director: Eliseo Romero. Mensual. N° 1, en julio de 1970. s.i. 15x22cm. 18p.

SEÑALES
Tegucigalpa. Revista de la Federación de Estudiantes Universitarios de Honduras. Director: Hernán Antonio Bermúdez y Roberto Flores B. Mensual. N° 1, en febrero de 1971. s.i. 15x22cm. 8p.

SESQUICENTENARIO
Tegucigalpa. Director: Marco Rolando San Martín. Número único. Septiembre de 1971. Imp. La República. 21x28cm. 64p.

7 DÍAS EN DEPORTE
San Pedro Sula. Director: Norman Serrano Miralda. Semanal. N° 1, el 14 de septiembre de 1971. Editorial Honduras. 29x39cm. 40p.

SIMPROH
Tegucigalpa. Organo de divulgación del Sindicato de Motoristas Profesionales de Honduras. Director: I. Mejía. Semestral. N° 1, el 10 de julio de 1971. Imp. Cultura. 22x30cm. 36p.

EL SINDICALISTA
La Lima, Cortés. Razón, derecho y justicia social. Organo del Sindicato de Trabajadores de la Tela Railroad Company. Director: Sabas Lilio Pineda M. Quincenal. N° 1, en septiembre de 1955. Imp. Renovación. S.P.S. 29x38cm. 6p.

SITRAINGRAC
Tegucigalpa. Revista. Organo del Sindicato de Trabajadores de la Industria Gráfica y Conexos. Director: Roque Ochoa Hidalgo. Anual. N° 1, el 24 de junio de 1969. Imp. Ariston. 21x28cm. 36p.

SOCIAL
El Progreso, Yoro. Semanario informativo. Director: Francisco (Tito) Calderón. Semanal. N° 1, en enero 2 de 1933. Imp. Calderón. 23x35cm. 6p.

SOL
Tegucigalpa. Organo del Instituto Hondureño de Cooperación Interamericana. Director: Vance Pace. Mensual. N° 1, en julio de 1970. Lito. Calderón. 26x30cm. 4p.

TELE-VANGUARDIA
Tegucigalpa. Órgano oficial de la Asociación Nacional de Empleados de Comunicaciones Eléctricas de Honduras. Director: Mariano de J. Ponce. Sin periodicidad. N° 1, en julio de 1970. Imp. La República. 30x46cm. 8p.

TIEMPO
San Pedro Sula. Diario de Honduras. Director: Manuel Gamero. Diario. N° 1, el 7 de septiembre de 1970. Editorial Honduras. 29x39cm. 32p.

TIEMPO AGROPECUARIO
San Pedro Sula. Revista mensual. Director: Juan Parodi. Semanal. N° 1, el 20 de noviembre de 1970. Editorial Honduras. 29x38cm. 8p.

TIEMPO CULTURAL
San Pedro Sula. Director: Edmond L. Bográn. Semanal. N° 1, el 17 de octubre de 1970. Editorial Honduras. 29x38cm. 4p.

TIEMPO DEPORTIVO
San Pedro. Director: César Quezada. Semanario. N° 1, el 10 de noviembre de 1970. Editorial Honduras. 29x39cm. 8p.

TORNILLO SIN FIN
Tegucigalpa. Órgano de la Federación de Estudiantes Universitarios de Honduras. Director: un Coyoludo. Anual. N° 1, el 11 de junio de 1932. 36x48cm. 32p.

TRABAJO

Tegucigalpa. Órgano del Ministerio de Trabajo y Previsión Social. Director: Oscar A. Flores. Mensual. N° 1, el 1 de marzo de 1958. Tip. Ariston. 20x27cm. 31p.

TRABAJO

Tegucigalpa. Órgano oficial del Comité Central del Partido Comunista de Honduras. N° 1, en 1970. Multilith. 15x22cm. 22p.

TRIBUNA LIBERAL

Tegucigalpa. Director: Salvador Turcios h. Semanario. N° 1, el 26 de noviembre de 1971. Imp. Cultura. 29x42cm. 8p.

TRIBUNA SINDICAL

La Ceiba. Órgano oficial del Sindicato de los Trabajadores de la Standard Fruit Company. Director: Antonio Ocampo Santos. Semanal. N° 1, el 1 de mayo de 1970. Tip. La Marina. 27x37cm. 8p.

TRIBUNA SOCIALISTA

Tegucigalpa. Órgano del Frente Estudiantil Socialista. Redactor: Directorio Central. N° 1, en junio de 1971. Imp. La República. 22x28cm. 4p.

EL TRÓPICO

La Ceiba, Atlántida. Órgano al servicio de los intereses del pueblo y de la democracia. Director: Rodolfo Zavala. Semanario. N° 1, el 1 de agosto de 1938. Imp. Pro-Patria. 22x32cm. 4p.

EL UNIVERSITARIO

Tegucigalpa. Vocero oficial de la Federación de Estudiantes de la Universidad de Honduras. Director fundador: Br. Ramón Villeda Morales. Mensual. N° 1, en junio de 1932. Imp. Calderón. 24x32cm. 8p.
(Dato tomado del número 462 correspondiente a octubre de 1971).

VANGUARDIA REVOLUCIONARIA

Tegucigalpa. Vocero democrático al servicio del pueblo. Director: Tomás Napky G. Semanario. N° 1, el 5 de agosto de 1971. Imp. La República. 30x39cm. 8p.

LA VERDAD
Tela. Director: J. León Urtecho. N° 1, el 17 de agosto de 1970. Tip. La Marina. 26x37cm. 6p.

VERDADES BÍBLICAS
La Ceiba, Atlántida. Revista evangélica. Director: Santiago Scollon. Mensual. N° 1, en enero de 1949. Imp. Evangélica. 12x21cm. 12p.

EL VOCERO
San Pedro Sula. Gaceta educativa del Centro Cultural Sampedrano. Director: Robert N. Minutillo. Mensual. N° 1, en abril de 1963. s.i. 23x30cm. 8p.

VOCES DE AMÉRICA
San Pedro Sula. Director: Salvador López Arias. Mensual. N° 1, en octubre de 1971. Multilith. 22x28cm. 22p.
(Esta publicación es puramente comercial. No trae lugar, ni numeración alguna. Es ocasional).

LA VOZ BAUTISTA
Tegucigalpa. Órgano de la Convención Bautista de Honduras. Director: Pedro Espinoza Dubón. Sin periodicidad. N° 1, en 1963. s.i. 18x23cm. 20p.

LA VOZ ESTUDIANTIL
Comayagüela. Órgano de divulgación del Primer Curso de Bachillerato del Instituto Inmaculada Concepción. Director: Julio F. Gon. Bimestral. N° 1, en julio-agosto de 1970. Imp. Calderón. 27x36cm. 8p.

VOZ FARMACÉUTICA
San Pedro Sula. Publicación de la Asociación de Químicos Farmacéuticos del Norte y Occidente de Honduras. Bimestral. N° 1, en agosto de 1958. Imp. Panamericana. 14x21cm. 32p.

VOZ POPULAR
Tegucigalpa. Órgano del Partido Comunista. Sin periodicidad. Editado en multilith. El número 94 corresponde al 20 de junio de

1971, año VI. Es difícil obtener el año de su fundación por la falta de periodicidad. 16x24cm. 12p.

LA VOZ DEL SINDICALISTA
Tegucigalpa. Director: Edgar Alvarenga. Mensual. N° 1, febrero de 1967. Imp. La República. 21x30cm. 60p.

CONTENIDO

www.ingramcontent.com/pod-product-compliance
Lightning Source LLC
Chambersburg PA
CBHW061545120626
46550CB00004B/1366